能源法学研究

（第4辑）

Studies in Energy Law. Vol 4

主　编　卫德佳

副主编　郑　翔　王　浩

四川大學出版社
SICHUAN UNIVERSITY PRESS

项目策划：徐丹红
责任编辑：徐丹红
责任校对：李勇军
封面设计：墨创文化
责任印制：王　炜

图书在版编目（CIP）数据

能源法学研究．第4辑 / 卫德佳主编．— 成都 ：四川大学出版社，2021.5
ISBN 978-7-5690-4726-4

Ⅰ．①能… Ⅱ．①卫… Ⅲ．①能源法－研究－中国－文集 Ⅳ．①D922.674-53

中国版本图书馆CIP数据核字（2021）第085876号

书名　能源法学研究（第4辑）

主　　编	卫德佳
出　　版	四川大学出版社
地　　址	成都市一环路南一段24号（610065）
发　　行	四川大学出版社
书　　号	ISBN 978-7-5690-4726-4
印前制作	四川胜翔数码印务设计有限公司
印　　刷	郫县犀浦印刷厂
成品尺寸	185mm×260mm
印　　张	21.75
字　　数	440千字
版　　次	2021年5月第1版
印　　次	2021年5月第1次印刷
定　　价	76.00元

◆ 读者邮购本书，请与本社发行科联系。
电话：(028)85408408/(028)85401670/
(028)86408023　邮政编码：610065
◆ 本社图书如有印装质量问题，请寄回出版社调换。
◆ 网址：http://press.scu.edu.cn

四川大学出版社
微信公众号

目　录

新时代的能源形势与能源法治

新时代能源法律体系建设

其他相关能源立法问题研究

新时代的能源形势与能源法治

“一带一路”背景下国际能源投资的立法应对

卫德佳① 王佳佳②

摘　要：“一带一路”背景下，国际能源投资立法旨在解决能源投资法律依据问题。由于“一带一路”沿线国家及地区投资环境各异，投资法律风险也呈现出复杂化、多元化、专业化样态。当前，国际能源投资主要依靠一系列多双边协议，初步形成了国际能源投资法律框架。然而，现行国际能源投资法律规范尚不完善，机制性障碍仍是能源合作中的突出问题。为有效应对国际能源投资风险，促进国际能源投资安全发展，有必要从立法层面夯实国际能源投资法律基础，完善国际能源合作法律框架，实现“一带一路”合作共赢的愿景。

关键词：“一带一路”；国际能源投资；法律风险；立法应对

引　言

2013年以来，在“一带一路”倡议的带动下，我国与沿线国家的能源投资和贸易呈上涨趋势。据统计，2017年中国对“一带一路”倡议相关国家直接投资超过200多亿美元，同比增长超过三成③。且投资行业日趋多元化，分布在采矿业、电力热力供应等多个行业。其中，采矿业投资额占11.6%，电力、热力、燃气及水的生产供应业占10.8%④。此外，加强能源投资以及能源产能合作也成为2017年“一带一路”倡议峰会上的重要内容。同时，随着《能源发展“十三五”规划》和《石油发展“十三五”规划》的相继出台，“一带一路”国际能源投资向纵深发展。然而，能源投资风险和挑战近年来也逐步显现，突出表现为能源投资法律依据不足、能源投资立法分散，导致能源投资体制不畅、能源投资立法滞后、能源投资运行机制不顺。为此，为实现能源可持续安全发展，有必要从

① 卫德佳，西南石油大学法学院教授、院长，硕士生导师，研究方向：行政法学、能源法学。

② 王佳佳，西南石油大学2018级法律硕士研究生，研究方向：行政法学、能源法学。

③ 中华人民共和国商务部：《中国对外投资发展报告2018年》，http://images.mofcom.gov.cn/fec/201901/20190128155348158.pdf，访问时间2019年10月1日9：00。

④ 商务部、国家统计局、国家外汇管理局：《2017年度中国对外直接投资统计公报》。

立法层面来规制“一带一路”国际能源投资。本文通过分析现有国际能源投资法律制度现状，提出立法建议。

一、“一带一路”背景下国际能源投资立法的必要性

一是落实全面依法治国的重要举措。自依法治国工作的深入推进，在能源领域，国家能源局为贯彻落实全面依法治国精神，出台《关于能源行业深入推进依法治理工作的实施意见》，将推进能源立法纳入工作任务。《能源体制革命行动计划》也重申应建立健全能源法治体系。鉴于此，良好的法治环境是形成高质量营商环境的基础，对当前的能源投资发展更是如此。“一带一路”倡议的提出，使得能源合作成为重要内容，能源投资尤为突出，国际能源署发布的《世界能源投资报告 2019》显示，2018 年中国能源投资额居全球首位[①]。可见，中国在能源领域的投资力度与日俱增。这就需要全面落实中央对依法治国的根本要求，通过完善的能源投资立法，创造更好的营商环境，体现改革开放的成果。

二是保障能源安全目标的稳步实现。能源安全不仅关系经济持续稳定发展，而且关系国计民生和国家安全。加强国际能源投资立法，为维护我国能源安全提供了制度保障。具体而言：一方面，一直以来，我国能源的对外依存度不断上升，2018 年中国能源对外依存度约 21%，同比增长 1 个百分点。能否合理控制能源对外依存度，直接关系我国的能源安全。加强国际能源投资立法，为合理控制能源对外依存度提供了法律依据。另一方面，由于国际能源开采投资，涉及“一带一路”倡议参与国自然资源主权问题，在能源合作过程中，在投资准入以及运营阶段，我国企业往往面临更多的限制[②]。此外，受外国当地政局、政策等的不确定性的影响，能源投资风险显著增大，涉及我国的能源安全。因此，在能源投资中，除需要足够的政策支持外，还需要为国际能源投资的业务开展提供安全的商业环境，为国际能源投资提供法律保障。

三是为“一带一路”国际能源投资提供法律保障。此前，国务院办公厅印发《能源发展战略行动计划（2014—2020 年）》，明确将拓展能源国际合作作为五大战略任务之一，强调深化国际能源双边多边合作，建立区域性能源交易市场的重要性。此前公布的《推动丝绸之路经济带和 21 世纪海上丝绸之路能源合作愿景与行动》也明确提出要加强能源投资合作。随着“一带一路”国际能源投资项目的复杂与多样，面临的能源投资风险也日益增大。当前我国双多边的能源投资合作法律框架主要由双多边协议以及政府间的各类合作协议、备忘录等构成。现有

---

① http://www.nea.gov.cn/2019-05/20/c_138073483.htm，访问时间 2019 年 10 月 16 日 10：00。

② 詹晓宁、钱志清：《国际能源领域投资：冲突、安全和可持续性》，《国际经济合作》2009 年 7 月：4-8。

的能源投资合作法律法规不足以应对日益增大的能源合作。“一带一路”能源投资合作是一项系统工程，需要完备的能源法律法规体系为能源投资合作提供制度保障。因此，加强国际能源投资立法是应时之举。

二、“一带一路”背景下国际能源投资的立法现状分析

“一带一路”背景下的国际能源投资领域包括天然气、石油、采矿业等各个方面，而“一带一路”背景下的国际能源投资法律制度包括“一带一路”沿线国家及地区对我国的能源投资法律制度与我国对“一带一路”沿线国家及地区的能源投资法律制度。因此，分析“一带一路”国际能源投资的立法现状有必要从以下两方面展开：

一方面是“一带一路”背景下国际能源投资的国际法律基础。一是多边条约，主要有《能源宪章条约》《多边投资担保机构公约》《解决国家与他国国民间投资争议公约》《与贸易有关的投资措施协议》等。二是双边条约，在“一带一路”国际能源投资中，大多以签订双边条约的形式肯定能源投资。当前，中国与“一带一路”沿线国家及地区在能源投资领域展开了诸多合作，签订了诸多双边条约、协定。由于“一带一路”沿线国众多，与之签订的条约协定不胜枚举，而中亚五国是与中国在能源领域有密切合作的国家，其中中国与中亚五国之一的哈萨克斯坦签署的双边投资协定主要有 1992 年的《中华人民共和国政府和哈萨克斯坦共和国政府关于鼓励和相互保护投资协定》，确定了中国勘探和开发自然资源的权利。2015 年 8 月 31 日签署的《中华人民共和国政府与哈萨克斯坦共和国政府关于加强产能与投资合作的框架协议》，明确在油气方面加强产能与投资合作。三是区域组织的能源投资制度。当前，中国与“一带一路”沿线国家与地区成立有上海合作组织、中国—东盟“10＋1”、亚太经合组织等区域组织。在区域组织内，组织成员国在能源领域也展开了一定范围合作，签订了一些能源合作条约。其中，有关能源投资的规定大多散见于各类联合公报与经贸合作纲要中，少有专门的能源投资协定。如 2001 年上海合作组织签署的《上海合作组织成员国政府间关于开展区域经济合作的基本目标和方向及启动贸易和投资便利化进程的备忘录》、2002 年签署的《上海合作组织宪章》、2004 年签署的《上海合作组织成员国多边经贸合作纲要》，明确提出要建立良好的投资环境，并加强能源领域合作。①

另一方面是“一带一路”背景下国际能源投资的国内法律基础。主要体现在

---

① 《上海合作组织成员国多边经贸合作纲要》，http://z.iyaxin.com/content/c241258.html，访问时间 2019 年 10 月 2 日 10：00。

我国对国际能源投资的国内法律规定，包括规定我国到境外能源投资的法律法规与外商到我国进行能源投资的法律规定。其一，我国对海外能源投资的立法现状。《境外投资管理办法》对境外投资的备案和核准程序以及违反规定应承担的责任等方面做了详细规定，是目前有关境外投资较为全面详细的部门规章。但该法规并未就能源投资作出专门规定。有关能源投资的规定主要散见于其他单行法规以及有关电力、石油的专门法中。其二，就外商到我国能源投资的立法基础。此前，2019 年 3 月 15 日通过的《中华人民共和国外商投资法》作为专门规范外商投资的法律为外商安全投资提供了法律基础，但该法自 2020 年 1 月 1 日起施行。

三、“一带一路”国际能源投资立法障碍

由于“一带一路”国际能源投资面临诸多法律风险，通过完善立法防控以上风险十分必要。然而，现行“一带一路”国际能源投资法律制度尚无法有效应对以上风险，主要原因在于现存的“一带一路”国际能源投资法律依据不足，导致能源投资体制不顺、投资运行机制不畅，亟待从立法层面对此作出回应。

（一）国际能源投资法律依据不足

一方面，对外能源投资依据不足。首先，缺乏能源综合性立法。目前能源综合性立法缺乏。作为综合性立法的《能源法》数易其稿，目前仍未出台实施。其次，对外能源投资立法层级低，且无专门的对外能源投资法规，影响能源投资实效。当前我国已有的能源投资立法主要表现为行政法规以及部门规章，尚未上升至法律层面。有关对外投资的核准审核主要依据《境外投资管理办法》等规制办法。最后，缺乏专门的对外能源投资立法，有关能源对外投资的相关规定散见于各类规章办法中。另一方面，国内法律制度对外商在我国进行能源投资的关注度不够。我国尚无专门规定外商能源投资的法律法规，但此前出台的《外商投资法》一定程度上为外商在我国进行能源投资提供了行动指南。

（二）国际能源投资立法零散，导致投资体制不畅

目前我国关于能源方面的立法主要分散于各类主要能源，如石油、电力等具体领域，有关能源投资方面的规范性文件主要散见于各类地方性法规、规章，以及国务院的各类规章中，导致我国能源投资体制不畅。主要体现在内外两方面：一方面，国家能源局的成立一定程度上改变了以往能源领域宏观指导乏力，缺乏统一规划指导的局面，然而，现有的国家能源局在处理国际能源投资领域仍存在一定问题，主要表现为职权交叉现象。例如能源局国际司具体负责对外能源合作事宜，拟定对外开放的规划与政策，包括有关能源投资的总体规划，而涉及具体能源领域，如油气领域的能源投资则由油气司具体负责。此外，国际能源投资不

仅由能源局总体统筹，也需要外交部、发改委等部门相互协调，因此，如何加强各部门间的协调联动也十分重要。另一方面，当前能源的战略地位与作用日益凸显，国际能源市场复杂，国际能源投资需面临更大的投资风险，能源投资争端也日益激烈，因此需要加强法治，为国际能源投资营造良好的营商环境。

（三）国际能源投资立法滞后，导致投资运行机制不顺

“一带一路”国际能源投资日益增长，而国际能源投资立法尚比较滞后，如在国际条约方面，我国虽已和100多个国家签订了国际投资保护协定，但在国内法律方面，还缺乏全面、系统的法律规定，导致国际能源投资的运行机制不顺。当前，“一带一路”国际能源投资运行机制不顺主要体现在三个方面：一是“一带一路”国际能源投资程序复杂；中国企业在对外进行能源投资前往往需经过资格认定，需提交诸多繁杂的审批程序。二是“一带一路”国际能源投资方式传统；在国际能源投资中，跨国并购是最主要的投资方式，应用范围相比产品分成协议、特许协议、绿地协议更广泛，其具有的充分应用被并购者资源的优势能有效降低勘探、基建风险，但同时应当注意，此种投资方式具有更大的财政风险与经营风险。三是“一带一路”能源投资争端解决机制滞后。当前，国际能源投资争端机制主要有国际投资争端解决中心的争端解决机制（ICSID）、WTO争端解决机制和国际能源争端解决机制（ECT）等。而当中国企业在与“一带一路”参与国发生能源投资争端时，能适用的争端解决机制主要是WTO与ICSID，而WTO主要解决的是国家间的贸易争端，当出现能源投资争端时，适用的可能性相对较少。同时，目前也尚无运用ICSID解决能源投资争端的案例，加之我国尚未加入ECT，当然也无法适用ECT解决争端。由此可见，我国在面临国际能源投资争端时选择较少。

四、“一带一路”背景下国际能源投资立法应当坚持的原则

法律原则对立法具有指导作用[①]。明确能源立法原则，对确定能源立法的基本价值追求具有重要意义。由于能源资源的战略性地位，能源立法则既要维护国家能源安全，也要保证能源效率，同时兼顾生态环境保护。能源投资立法也不例外，应当体现以上价值取向。

首先，坚持能源安全原则。能源安全是指在能源基础设施、供应链、能源投资等方面确保能源供应稳定。能源安全是我国能源发展领域的重要内容，在维护国家安全方面意义非凡。能源安全原则是指在能源立法中应当坚持以维护能源安全为价值追求。有关能源立法、政策、能源规划等应在确保能源安全的基础上开

① 张文显：《法理学》，法律出版社，1997年。

展立法活动。由于“一带一路”国际能源投资涉及众多因素，而能源作为传统的敏感行业是可能会引起“国家安全”顾虑的行业。我国企业在对外能源投资过程中还面临贸易救济调查、反垄断调查与国家安全审查、环境保护等方面的法律风险。那么如何防范这些风险则是开展“一带一路”国际能源投资的重要课题。而立法作为应对国际能源投资法律风险的重要举措，应当以能源安全为首要的能源投资立法的价值选择。以能源安全原则指导国际能源投资立法是保障能源投资安全的客观需要。能源投资安全是保证国际能源投资顺利进行，实现能源投资目的实现的基础。

其次，坚持可持续发展原则。可持续发展是指在满足当代人需求的同时，又不对后代人满足其需求的能力构成危害的发展。一般认为它由环境与生态要素、社会要素、经济要素三方面内容构成。在能源领域，要实现能源资源的可持续发展，就要求在能源开采、挖掘、投资等方面要坚持可持续理念。在能源投资方面，能源投资既要满足经济发展与社会发展，同时也应当兼顾环境生态。当前，能源供应的可持续已成为中国面临的能源挑战之一，实施可持续的能源发展战略是必然选择。那么如何确保能源供应的可持续，如何确保能源投资的可持续，是能源领域亟待解决的问题。为此，需要通过立法纾解能源投资的经济发展与生态环境的矛盾。当前能源可持续发展要求在保证能源安全的前提下，优先发展清洁能源、倡导节能，调整能源供应结构，维护生态环境，同时促进市场发展。由于能源投资项目大多具有资金量大、项目复杂、投资周期长的特点，实现能源投资目的需要足够的资金保障、稳定的能源供应与安全的能源市场。强调能源立法坚持可持续发展原则，是贯彻落实可持续发展战略的重要举措。

最后，坚持效率原则。能源投资立法坚持效率原则即要求从立法层面注重提高能源投资效率。能源投资效率，作为投资效率在能源方面的表现，体现为在能源投资活动方面的所得与所费、产出与投入的比例关系。“一带一路”能源投资应当以尽量少的消耗获取最优效益。最优效益即既要注重经济效益，也要满足社会效益、环境效益。《国民经济和社会发展第十三个五年规划纲要》明确提出“围绕有效需求扩大有效投资，优化供给结构，提高投资效率”，同时强调要“加快建设资源节约型、环境友好型社会”。此外，《推动丝绸之路经济带和21世纪海上丝绸之路能源合作愿景与行动》也指出要坚持绿色发展，提高能源利用效率。因此，能源投资立法有必要坚持效率原则。

能源安全原则、可持续发展原则、效率原则三者相互交融、相互影响。能源投资立法并非将能源安全原则、可持续发展原则、效率原则三者简单独立运用于立法行动中。能源投资立法强调在可持续发展的前提下，注重效率，最终实现能源安全。

五、“一带一路”背景下国际能源投资立法完善路径

（一）充实“一带一路”国际能源投资法律依据

一方面，夯实我国参与国际能源投资的国内法律基础。首先，尽快制定具有基本法统摄作用的《海外投资法》，加紧落实《外商投资法》。制定《海外投资法》，为我国与“一带一路”参与国进行境外能源投资提供法律保障；推进落实《外商投资法》，自2020年1月1日起，《外商投资法》开始施行，其为我国与外商投资者进行投资合作提供了法律框架，同时，有关外商能源投资的配套法规也应加紧制定出台。其次，加紧制定出台《能源法》《石油天然气法》等专门法律，完善能源法律体系。当前，《中华人民共和国能源法》正在起草阶段，应当加紧通过进程，从而为国际能源投资提供法律层面的统一指导。同时，也应当尽快将《石油天然气法》纳入立法进程中，通过对石油天然气领域的专门规定，为完善我国能源投资法律提供基础。第三，通过修订相关税法，给予国际能源投资企业扶持。如为能源企业进口其在海外投资开发的产品降低进口增值税率。最后，修改外汇管理及其他金融法规，增强对能源投资企业进行国际能源投资资金的扶持①。

另一方面，积极推进“一带一路”国际立法。一是积极签订双边能源投资协定。通过与“一带一路”沿线国家签订鼓励和保护投资协定，尤其是能源方面的专门协定，以此来促进我国与“一带一路”倡议沿线国家沟通交流、合作，形成能源合作共识。二是积极签订多边条约。目前，能源多边合作相较于双边合作还不是很多，其主要原因在于能源多边合作风险往往高于双边合作，然而，能源多边合作对促进能源国际合作具有重要意义，因此，有必要促进多边交流、合作，通过签署多边条约的形式规范多边能源合作。三是参加相应的国际条约。《能源宪章条约》作为当前国际上的能源合作条约，对国际能源条规的规定较为完善，尤其是针对国际能源投资争端，对争端的解决提供了较好的解决方案。目前，我国尚未加入该条约，由于该条约是在发达国家主导下制定的，我国可在不违背国家利益的前提下，考虑加入该条约②。

（二）立法应明确多元国际能源投资主体地位

“一带一路”国际能源投资之路是合作共赢之路，立法应当肯定多元国际能源投资主体法律地位。一方面，优化能源局各司职责，明确权力清单与责任清

---

① 李兴国：《完善我国企业海外能源投资的法律体系》，《福建行政学院福建经济管理干部学院学报》，2007年第6期，第37－41页。

② 杨丽艳、雷晓航：《2FTA战略下我国海外能源投资的法律问题研究——以我国投资澳洲能源为例》，《政法论丛》，2009年第4期，第67－73页。

单，同时加强能源局与其他部门之间的协调配合。另一方面，在能源投资立法中，要明确发挥市场配置资源的基础性作用，实行政企分开，减少行政干预。此外，由于我国能源投资主体多为独立投资，单一主体不足以面对国外投资风险。随着“一带一路”倡议的提出，能源投资风险明显提高，独立投资的弊端凸显。因此有必要创新能源投资主体模式，通过联合东道企业、联合跨国公司，利用东道国企业享有的先天优势，跨国公司的先进技术，分担风险，实现能源投资合作。

（三）立法应规范国际能源投资程序

首先，简化审批程序。一方面是简化我国对外投资的审批程序。当前我国企业对外投资需经三个部门进行核准、备案、登记，发改委、外汇部门、商务部在各自职责范围内负责对外投资的核准和备案。为简化审批程序，可通过设置集发改委、外汇部门以及商务部的功能于一体的综合服务中心，形成具备综合服务能力的对外投资服务体系，同时精简审批手续，省去不必要的审查程序。另一方面，简化外商投资程序。当前《外商投资法》的落地实施，一定程度上简化了审批程序，改变了以往逐案审批的模式，实行准入前国民待遇加负面清单的新型模式。其次，明确审批内容。设置明确的审查标准，例如对外汇使用及流出进行的审查，审查重点在外汇使用风险评估，对于该风险的评估，需确定明确的风险评估标准。最后，实现审批全过程透明。对外投资由于审批耗时耗力，而“一带一路”倡议参与国国内情况时刻变换，及时公示审批情况，有利于企业及时掌握审批情况。

（四）立法应引导审慎选择国际能源投资方式

当前，国际能源投资国际合作方式有产品分成协议、特许协议、绿地协议、跨国并购[①]。由于“一带一路”沿线各国法治环境复杂、经济水平不一，我国在参与国际能源投资中应当结合各类投资方式特点与优势、综合考量当地经济发展水平、政权稳定情况等因素，审慎选择国际能源投资方式。首先，明确各类国际能源投资方式的优劣。其中，跨国并购相比绿地投资，前者受东道国限制更多，后者虽限制相对较少，进入难度相比较少，但由于建设项目周期长，不确定风险更大。其次，多方考量投资参与国的投资环境。综合考量“一带一路”倡议参与国的国内政治环境，例如考量国内政体是否稳定、国内企业是否受政治影响或支配等的政治因素，考量当地基础设施建设情况、经济发展水平等经济实力，考量当地自然环境、生产开发能源资源的地理条件，考量参与国当地法律法规对能源

① 李婧：《“一带一路”项目国际信贷合同的法律适用——以中资银行为视角》，《山西大学学报》（哲学社会科学版），2018年第2期。

投资的限制等。以俄罗斯为例，俄罗斯的投资环境相对稳定，但容易受地方政府主导，中国企业在俄的绿地投资易受地方政府的限制，但跨国收购受其支持，我国对俄的跨国收购在俄的审批程序也更为快捷。因此，应当综合考量投资参与国的投资环境。最后，审慎选取适宜的投资方式。通过综合考量各种投资模式的弊端，并结合其优点，通过组合投资模式的方式，并结合参与国投资环境，审慎作出选择。

（五）立法应健全国际能源投资争端机制

如前文所述，现行国际能源争端解决中均存在一定程度的缺陷，为弥补上述缺陷，有必要从以下方面完善现行国际能源投资争端机制：其一，加强多边、双边能源投资协定的合作。一方面，利用多边协定中的投资协定规则，及时掌握多边协定参与国在该协定中的承诺，运用多边投资机制解决能源投资争端[①]。另一方面，利用双边投资协定，解决双方的投资争端。将投资准入、退出等纳入双边协定内容中，使双边协定能更有效、更具针对性地解决投资争端。其二，考虑加入能源宪章条约。能源宪章条约争端解决机制在一定程度上能解决我国投资者与"一带一路"倡议东道国之间的能源冲突，其注重对投资者利益的保护，符合我国企业参与能源投资的利益。其三，建立专门的争端解决机构，并以此为核心建立"一带一路"国际投资争端解决机制。该机制旨在满足"一带一路"需求，促进"一带一路"国际能源投资，应当从明确争端解决机制宗旨、目标、法律地位、组织机构、成员资格、加入与退出等方面组建具体的争端解决机构，形成"一带一路"国际投资争端解决中心。

① 任雪：《〈能源宪章条约〉的投资争端解决机制研究》，云南财经大学硕士论文，2017年。

"一带一路"海上能源通道安全国际合作的立法回应

卫德佳[①] 黄 菁[②]

摘 要："一带一路"海上能源通道安全国际合作的立法回应是从立法层面构建适用于"一带一路"沿线国家联合协作共同保障海上能源通道安全以实现互利共赢的法律制度。但是国际法中缺失海上能源通道安全国际合作的顶层制度设计，国内法中不完善的海上能源通道安全国际合作法律制度会导致难以形成有效的国际能源合作格局。习近平主席在印尼提出建设"21世纪海上一带一路"，保持与沿途国家良好经贸合作关系。"一带一路"海上能源通道安全国际合作的立法应遵循能源主权安全原则、能源平等互信原则、能源互利共赢原则与能源可持续发展原则，构建"一带一路"海上能源通道安全国际合作专门性公约，并完善沿线国家多边合作协议，在确保国家安全的条件下实现"一带一路"国家之间互利互惠和多方共赢。

关键词："一带一路"；海上能源通道安全；国际合作；立法

引 言

据2010年国际能源署的预测报告，中国石油2020年和2030年对外依存度分别高达72%和81%，石油进口量将分别达到4.5亿吨和5.7亿吨[③]。一方面，中国石油对外依存度较高。中国作为石油消费大国，石油产销量正在逐步上升，石油自给率较低，石油对外依存度不断上升。另一方面，海上能源通道安全稳定性较差。中国的石油进口源地和来源国家主要来源于世界主要产油区，如俄罗斯、哈萨克斯坦和沙特阿拉伯。尽管有中亚和中俄管道，但近80%的进口油气仍需经马六甲海峡通过海上通道运往国内。然而海上贸易线路的安全稳定性远不如管道运输，不仅有美国虎视眈眈，海盗和海上恐怖主义也是威胁海上能源通道

① 卫德佳，西南石油大学法学院教授、院长，硕士生导师，研究方向：行政法、能源法。

② 黄菁，西南石油大学2018级法律硕士研究生，研究方向：行政法学、能源法学。

③ 方创琳、毛汉英、鲍超等：《"丝绸之路经济带"中亚能源合作开发对我国能源安全的保障风险及防控建议》，《中国科学院院刊》，2018年第6期。

安全的重要因素。以国际合作的方式打造安全的海上能源通道是推进我国“一带一路”发展的重要方式。建立统一有效的海上能源通道国际合作顶层制度设计，将有利于不同主权国家政府、国家石油公司或国际石油经济组织在石油生产领域或运输领域进行长期的石油经济协作活动。

一、“一带一路”背景下海上能源通道安全国际合作立法的必要性

（一）能源战略趋向

“一带一路”背景下的海上能源通道安全国际合作立法是我国的能源战略趋向。“能源是我国现代化发展进程中的基础和引擎，能源的安全和供应与我国现代化建设全局息息相关。”① 众所周知，人类赖以生存的重要自然资源之一是能源。但是国与国之间存在着的巨大的能源差异促进和加剧了国际能源博弈，其次这种能源差异化也促使事关能源的国际关系快速发展，并且极大地推动各国建立与完善有关能源领域的国际法。

当前，能源问题已经达到了国民经济、国家生计、国家安全、国际政治的战略高度，甚至事关人类福祉。但是中国对石油气、天然气与矿产资源的外部依赖要仍然居高不下。中国油气资源进口一直并且将长期依赖海上能源通道，然而现有的海运线路过于单一，极大受制于“马六甲”困局；其次中美关系的严峻现状和海上恐怖主义极大地限制了海上能源通道的发展。由此，我国提出共建共享“21世纪海上一带一路”的重大倡议以应对巨大的能源需求，邀请海上丝路沿线国家开展能源国际合作，共同打造一个拥有油气管道、输电线路、海陆空交通运输以及通信网络的、横跨欧亚大陆的立体的综合性网络。这种新的历史机遇毋庸置疑需要有力的顶层制度设计来给予保障。

建立“一带一路”海上能源通道安全国际合作立法制度，不仅能保障与海上丝绸之路沿线的能源进口、出口国以及途经国建立共建共治共享的能源关系，并且能顺利开展能源外交策略，又能通过互联互通的方式促进各国的繁荣发展。总的来说，合作共享的“一带一路”海上能源通道安全顶层制度设计对于确保我国能源安全和缓解现有能源危机具有非常重要的战略意义。②

（二）现实制度需求

“一带一路”背景下海上能源通道安全国际合作立法是我国的现实制度需求。其一，能源国际合作是“一带一路”倡议的重要合作内容。2013年习近平主席

---

① 杨卓越：《我国地热资源立法研究》，河北地质大学硕士论文，2018年。

② 张才圣：《21世纪海上丝绸之路背景下的东南亚海上通道安全问题研究》，《广西师范大学学报（哲学社会科学版）》，2015年第6期。

在印尼提出建设“21世纪海上一带一路”，与倡议沿线国保持良好的合作经贸关系，这对于保障我国海上能源通道安全有重大的现实意义。2015年《推动共建丝绸之路经济带和21世纪海上丝绸之路的愿景与行动》的倡议由国家发展改革委、商务部和外交部联合发布。目前为止，一百多个国家和国际组织已经同中国签署了共建“21世纪海上一带一路”合作协议。具体而言，大量能源领域的区域合作与双边合作已经由我国与“21世纪海上一带一路”沿线国家协同开展。不仅如此，双方还签署了关于能源管道安全运输、能源科技合作协议、投资和贸易融资、战略合作伙伴关系以及和平利用核能等一系列能源合作协议。

其二，国际合作是调整利益冲突的基本模式。毋庸置疑，利益冲突是国与国之间产生争议的最基本的原因，而能源资源的地缘化特征在一定程度上决定了拥有不同能源状况的国家之间一定存在相应的利益冲突。完善的海上能源通道国际合作顶层制度设计，将会是海上能源通道安全的有效屏障，甚至是未来稳定国际社会的重要保障。具有约束力的国家行为将是促进国际法和谐发展的源动力。国际合作法律制度的建立和完善与“一带一路”海上能源通道安全国际合作的推进与发展息息相关。

二、“一带一路”背景下海上能源通道安全国际合作的立法现状及问题

（一）“一带一路”背景下海上能源通道安全国际合作的立法现状

当前，国际社会现行法律框架中尚有双边性、区域性和全球性的关于海上能源通道安全的国际条约和合作协议，但是由于国家实践比较有限，尚未形成维护海上能源通道安全的体系化法律制度，有针对性地涉及海上能源通道安全的国际条约也有一定缺位。

1. 多边国际条约

海上能源通道安全国际合作的国际法的编纂和发展依托于联合国，各国以此为平台开展涉及海上能源通道安全的各种合作，由此形成各种国际公约、国际条约以及国际规则，共同推进经济快速发展，共同促进世界安全和平。

国际条约	内容
1919年《国际联盟盟约》	应确保公平贸易、过境自由以及通讯自由，但是该条约受制于已有的或此后达成的国际公约
1921年《过境自由公约与规范》	作为第一个维护过境自由的国际条约，特别规定了“非歧视原则”，为经铁路或水路的自由过境提供便利是各缔约国的义务，不因国籍、船旗、产地等因素而区别对待，平等征税政策也是该条约的重要内容

续表

国际条约	内容
1958 年《日内瓦海洋法公约》	其他国家在大陆架上敷设或维持管道不受沿海国的阻碍，但沿海国有权为探测大陆架、开发本国天然资源采取更为合理的措施
1965 年《内陆国过境贸易公约》	具体规定了内陆国过境自由：过境国的运输和运输工具拥有过境自由和税务便利的权利，过境国与缔约国可以约定将能源管路与煤气管线包含在运输工具之内
1982 年《联合国海洋法公约》	所有国家都有权在专属经济区、大陆架或公海铺设电缆和管道。此外，该公约还具体规定了破坏或损害海底管道、因管道造成海洋污染的赔偿责任，并对海盗行为进行了定义与规制。该公约全面总结了国际海洋法制度，中国也是签署国之一，这对中国海上能源通道安全具有非常重要的意义
1988 年《制止危及海上航行安全非法行为公约》	具体明确了涉及海上航行的各种犯罪行为、刑事管辖权以及引渡条款等等，充分体现和维护了各国海上能源的通道安全与和平
1998 年《能源宪章条约》	该条约为无障碍的海上能源安全运输建立了具体详细的立体法律框架。条约制定了海上能源过境运输的基本原则：过境自由原则、不妨碍原则和非歧视原则，还设立了能源宪章会议，约定了国际能源管道过境运输和国际争端解决机制。该条约是最具法律约束力和影响力的国际能源领域多边条约

2. 能源合作协议

1998 年《能源宪章过境运输议定书》要求各沿线国公开透明海上能源运输政策，明确能源通道能被各国以同等待遇获取，确保管线、能源运输网以及海运站等固定设施都被能源过境运输调控综合应用。

2009 年《中国与马来西亚海上合作谅解备忘录》在北京签署，中国与马来西亚共同约定了主要涉及马六甲海峡的海运海事、安全救援和隧道航运等方面的内容。马六甲海峡是连通太平洋和印度洋以及欧洲、亚洲、非洲的重要国际海运通道。中国进口原油大约五分之四是通过马六甲海峡运输的，马六甲海峡为中国海上石油生命线。在推进海上“一带一路”合作的过程中，中国在涉及非敏感领域的海上能源通道安全事务方面，例如，援助海上能源设施建设、海上安全联合巡逻和海上突发灾害救灾救助等，与海上“一带一路”各沿线国家进行了一系列的双边协作。①

2014 年《国际能源纲领协议》建立综合的国际能源运输信息系统，保障能源运输通道的安全，确保石油供应量，即使在紧急状态下能源也能自给自足等。

（二）“一带一路”背景下海上能源通道安全的国际合作面临多重困境

由于保障我国海上能源通道安全的适用法律依据分散于国际公约、能源普遍性原则以及能源合作协议之中，② 尚未形成一个完善的、有高适用性的、局有普

① 任虎：《中国与一带一路沿线国家能源合作法律制度研究》，《国际经济合作》，2016 年第 9 期。

② 岳树梅：《国际能源合作法律问题研究》，西南政法大学硕士论文，2007 年。

遍效力的国际合作立法网络；而国内涉及海上能源运输的法律法规建设长期滞后，缺乏战略性的统领全局的能源合作法律体系，如果上述难题难以解决，将不利于解决危及海上能源运输安全行为时的冲突或是明确刑事管辖权等法律问题，更不利于我国海上能源通道安全国际合作法律体系的建设。

1. 国际法中海上能源通道安全国际合作的顶层制度设计的不完善

传统安全与非传统安全因素、船舶标准和航道维护等技术因素产生各种问题共同影响国际社会合作解决海上能源通道安全的问题。① 但是现行的涉及海上能源通道安全的国际法律制度，包括多边国际协议和能源合作协议等，尚未形成一个完善的、有普遍效力的国际合作立法网络，这使得有关海上能源运输通道安全保护网络呈现零散化、碎片化的状态。而只有在国家与国家之间、国家和各国际组织之间开展深入的国际合作，才能共同推进统一的海上能源通道安全国际合作立法网络的完善与发展。

其一，海上能源通道安全的国际公约具有局限性效力。联合国主导的国际公约中涉及海上能源通道运输安全国际合作的法律制度的效力具有局限性，未形成具有普遍效力的国际公约。尽管保障海上能源运输通道安全的法律制度可以通过应对传统安全问题和非传统安全问题等的法律条约或协议间接地实现该有的效果，但这些具有局限性效力的法律条文的约束范围仅限于成员国，并未充分有效地保障海上能源通道安全。

其二，海上能源通道安全的国际公约的低适用性。首先，由于涉及海上能源通道安全的国际公约中大部分法律规范都不具有强制法特征，反而属于任意法规则。这就意味着在实际操作中，成员国可以通过明式行为或默式方式来限制或抵制国际公约的正常行使。② 其次，由于有关国际公约普遍缺乏相对应的违约责任，缺乏强制性措施保障国际公约的有效履行。那么一旦国际公约缔约的成员国对于公约中的某些条款不予认可，消极履行或是不履行该国际公约，在这种情况下，即使中国一直坚持条约优先原则积极履行条约责任，海上能源通道的安全通行也难以保障，国际公约的全面效力也很难充分实现，国际能源合作格局也会难以有效形成。

2. 国内法中海上能源通道安全国际合作法律体系战略性布局的缺乏

一方面，我国缺乏战略性的统领全局的能源合作法律体系。现行的国际能源合作多边协议确立的海上能源通道安全合作法律体系深受第一世界国家主导的国际能源旧秩序的影响。显而易见，这种旧秩序下的海上能源通道合作法律体系并

① 辛莫野：《我国能源法建设和研究面临的困境及解决对策》，《法制与社会》，2015 年第 2 期。
② 张小军：《丝绸之路经济带国际能源合作法律机制探析》，《生产力研究》，2015 年第 9 期。

不完全契合发展中国家法律制度的需要。而中国作为世界上最大的发展中国家，现行的国际能源安全多边合作协议并不能满足实际中我国海上能源通道安全的需要。其次，我国大多是与中亚国家签订一些双边协议以进行海上能源通道安全的国际合作，实际缺少具有战略性的、占据统领地位的、涉及海上丝路经济带各沿线国家的能源合作法律体系。缺乏有效的多边法律体系，致使难以统一规范和约束海上丝路沿线国家开展海上能源运输的合作工作。①

另一方面，国内涉及海上能源运输的法律法规建设长期滞后。首先，从国内法来看，我国涉及海上能源运输的法律法规建设长期滞后，能源体系仍不健全。自 20 世纪 80 年代末我国开始建设能源法律体系，能源法律发展至今，只有宪法和能源单行法律法规能够为海上能源运输提供法律依据，能源领域处于基础地位的法律法规尚且缺乏，处于发展阶段的能源法律体系也尚未健全完备，更勿论是涉及海上能源运输安全的专门能源法。其次，国内关于海上能源通道运输安全的规范性依据不足。2010 年《中华人民共和国石油天然气管道保护法》成功颁布，其目的主旨在于保障石油和天然气等能源能安全地运输，以此保证公共安全和维护国家能源安全。但是石油天然气管道保护法主要规范在中国境内的石油天然气管道运输，而对于涉及国外的海上能源运输的安全问题鞭长莫及。

三、“一带一路”背景下海上能源通道安全国际合作的立法目的与原则

（一）“一带一路”背景下海上能源通道安全国际合作的立法目的

如同其他形式的经济交流一样，在“一带一路”背景下的海上能源通道安全的国际协同合作，进一步可以维护国际秩序的稳定和平，促进国际贸易的和谐发展，退一步也可能引发国际争端，造成海上能源通道的安全问题的发生。

首先，应当遵循现行的合理有效的法律制度。唯有当海上丝路经济带沿线国家各自遵循现行的合理有效的法律制度，才会最大限度地降低各国在海上能源运输时可能会发生的风险冲突，优化来自海上能源运输国家的合法利益。其次，建立海上能源运输的立体法律保护网络。我国与海上丝路经济带沿线国家共同成立合作组织，订立有效的全面的有关海上能源运输通道的国际合作协议，共商共治共建海上能源通道合作法律体系，形成一个海上能源运输的立体的法律保护网络。唯有如此，才可以全方位地有效规范规制海上能源运输国际合作中可能存在的各种法律事务问题，才能有更有利于维护和保障海上能源的生命线的运输安

① 钟明池：《中国与东盟间的海上通道安全合作问题研究》，广西师范大学硕士论文，2016 年。

全，制止和打击威胁海上能源通道安全的恐怖活动。[①]

（二）“一带一路”海上能源通道安全国际合作的原则

1．能源主权安全原则

为维护海上能源通道安全的国际合作的稳定秩序，最重要的也是首先应当坚持的原则——能源主权安全原则。能源主权安全原则是指海上丝路经济带沿线的能源生产国、海上能源过境国和能源消费国拥有处理本国能源事务的独立的、排他的最高权力。能源主权原则是海上丝路经济带沿线各国的能源战略利益和能源战略布局的根基，并且与各国的国土安全、政治利益和经济发展等息息相关。总而言之，能源问题既是政治、安全问题，也是经济、发展问题。立足于能源主权安全原则，维护海上丝路经济带沿线国家的能源战略利益，共商共建共治海上能源通道合作法律体系，实现能源合作共赢。

2．能源平等互信原则

为维护海上能源通道安全的信息合作平台等有序发展，应当坚持能源平等互信原则。能源平等互信原则是指不分大小贫富或强弱，海上丝路经济带沿线的能源生产国、海上能源过境国和能源消费国，都是国际海上能源运输合作的平等一员。深入贯彻互相信任、互相依存和互相包容的方针，各参与国共同构建海上能源运输国际合作的稳定秩序和新型格局。联合制定海上丝路经济带各沿线国的资金、技术、资源和市场的合理协作布局，进一步提升各参与国的国际海上能源运输合作水平，维护海上丝路经济带沿线的能源生产国、海上能源过境国和能源消费国的能源生产、运输以及买卖安全，协同保障海上丝路经济带国际能源运输市场和平稳定的发展。

3．能源互利共赢原则

为维护海上能源通道的长期稳定合作，应当坚持能源互利共赢原则。能源互利共赢原则是指不同信仰、不同种族、不同文化背景的海上丝路经济带沿线的各国通过互惠合作，共同应对可能会发生的能源风险，以实现互利互惠的发展局面。具体而言，从共同的能源利益和能源安全为起点，制定高效协同的能源政策，构建新型海上能源运输合作机制，需要海上丝路经济带沿线国家的长期稳定合作。另外，建立海上丝路经济带石油区域储备和应急反应机制，提高海上能源运输的国际配置效率，以达到实现一带一路海上能源通道安全国际合作的互利互惠和多方共赢的美好局面。

4．能源可持续发展原则

为保障海上能源通道安全国际合作的可持续发展，应坚持能源可持续发展原

① 朱雄关：《“一带一路”背景下中国与沿线国家能源合作问题研究》，云南大学硕士论文，2016年。

则。能源可持续发展原则指的是海上丝路经济带沿线的各国合作开展能源可持续发展战略布局，以实现经济发展、能源保护与海洋生态环境保护的协调一致。一方面，海上丝路经济带沿线的各参与国要明确优化配置能源战略方案。各参与国家应当贯彻执行能源高效利用战略和能源节能优先战略，使能源国际合作和能源可持续发展能继续和谐稳定。另一方面，通过环境保护策略促进各参与国实施能源可持续发展战略方案。积极拓展石油天然气等海上能源运输领域的科技技术合作，加快转变能源发展结构，有效解决涉及海上能源运输过程中的可能发生的环境保护问题。①

四、“一带一路”海上能源通道安全国际合作的具体制度设计

（一）完善海上丝路经济带沿线国家的多边合作协议

自“一带一路”倡议提出以来，为了顺利开展维护海上能源通道安全的国际合作，海上丝路经济带各沿线国家签订了多份双边或多边协定，但是若要在确保国家主权安全的前提下进一步实现“一带一路”国家之间的互利互惠和多方共赢，就要各参与国签订完善的、具有统领地位的海上能源通道安全多边合作协议。

针对海上丝路经济带沿线国家的重点领域合作法律体系建设，可以编制多边合作协议示范文本，如此一来不仅可以为协议各方提供有效参考，高效地规范各参与国缔约有关海上能源通道安全的国际合作协议，共同建设海上能源运输网络，有效保障海上能源通道的运输安全。就海上能源通道安全多边合作协议的具体内容而言，首先，协议各参与国可以约定海上能源便利运输条款，比如订立实现海上能源运输科技的现代化，以及联合发展各国领海间运输设施的科技化。其次，可以在海上能源通道安全多边合作协议中约定东道国的责任，可以加入“稳定条款”，“稳定条款”要求东道国采用相对稳定的法律制度，保证海上能源运输的法律环境，并且需要海上能源运输投资者遵守东道国的法律法规。东道国应当同意协议各参与国共同建设维护和平稳定的海上能源运输工作环境。当协议参与国在海上运输中出现传统问题或非传统问题时，东道国应及时与其沟通交流提供帮助。最后，为了保护海洋生态环境，还可以在海上能源通道安全多边合作协议中加入海上能源运输过程中的环境损害条款。

（二）签订“一带一路”海上能源通道安全的国际合作公约

根据现行国际法中涉及海上能源通道安全的国际法律制度、国际原则和国际规则，由我国参与主导，海上丝路经济带沿线国家参与拟订“一带一路”海上能

① 沈绿筠：《“丝绸之路经济带”石油供给地位演变与中国的石油合作》，南京师范大学硕士论文，2016年。

源通道安全国际合作公约，吸纳相关国际组织的经验，规制各参与国的基本权利和义务，合理约定协定各方的违约责任，力图制定出一部处于统领和指导地位，规范海上能源运输的，保障海上能源通道安全的，契合“一带一路”能源合作、能源安全和能源发展精神的国际合作公约。

就具体内容而论，拟订的“一带一路”海上能源通道安全国际合作公约可以包涵下列内容：

第一，合作公约应当明确海上能源过境运输的法律原则。首先应当将联合国公约中的基础原则蕴含在内，例如自由通行原则、非歧视原则等。其次，公约应当遵循能源主权安全原则、能源平等互信原则、能源互利共赢原则与能源可持续发展原则的精神与内涵，为海上能源过境运输的安全通行提供关键的指导思路，为持续发展、巩固细化具体海上能源过境规则提供合理标准。

第二，合作公约应当创建一个信息共享与信息交换的合作平台。引入“一带一路”互联互通的核心理念，建立平等无障碍对话平台，保证各参与国海上能源运输合作信息交流通畅无阻。

第三，合作公约可以创建一个海上丝路能源通道运输安全管理机构。由该专门机构规范参与国的海上能源运输的具体规则和司法解释，协调处理各参与国海上能源运输的合作协议公平谈判，兼顾国内国际各项资源调配，统筹有关海上运输通道安全问题的工作。

第四，合作公约应当要求各参与国制定政策和目标应对安全风险问题。确立海上能源通道安全措施条款，创建快速有效的风险预警机制和危机反应合作机制；明确规定涉及各参与国的海上能源运输领域的通关、税收和服务等贸易政策；重视海洋环境保护问题，提高海上能源运输效率，避免不必要的环境污染和环境损害。

第五，合作公约应当明确违反该公约时应当承担的法律责任和法律后果。[①]合作创建防止争端发生机制和争端解决机制，并且协议解决争端的执行方案和执行监督条款；应当界定海上能源通道安全犯罪的定义，明确管辖权的归属，制订抓捕、引渡、起诉等方案。

通过“一带一路”海上能源通道安全国际合作公约，建立法律体系，形成一个立体的法律保护网络，精准打击海上的破坏能源运输行为的犯罪活动以及恐怖主义活动，维护海上的能源通道安全。

① 翟语嘉：《21世纪海上丝绸之路框架下能源通道安全保障法律机制探究》，《法学评论》，2019年第2期。

“能源独立”视域下的能源立法

——由沙特油田事件展开

张　虹[①]

内容提要：2015年《能源法》立法重启。基于2019年9月的沙特油田突然遭到轰炸，能源独立的重要性在复杂的地缘政治、风云变化的国际局势之中愈加突出。能源独立应当提高到国家安全的高度，未雨绸缪。十九大报告明确提出：“推进能源生产和消费革命，构建清洁低碳、安全高效的能源体系。”能源独立的重要性何以在能源立法中体现？能源立法低碳化、清洁化的变革方向何以推动能源生产和消费革命？根据能源生产国际国内的新近数据分析得出：放眼国际，形成煤、油、气、新能源各据一方的态势；立足国内，形成煤炭一家独大，石油、天然气、新能源占比较小，构成“一大三小”的中国能源结构新特色。根据2019年夏季中国电力企业联合会在北京发布的《中国电力行业年度发展报告2019》，新能源新增装机容量占比超五成。法治的引力作用对于资源配置至关重要。《能源法》2015年立法重启，立足生态文明探讨《能源法》所应当的倚重之处。守正创新的《能源法》包容性制度构建是能源结构调整、实现生态文明的所指与能指：《能源法》立法应当以政党政治的高度回应改革，立足于运筹全局的改革思维布局能源战略；《能源法》应当是弘扬低碳经济的促进法；推进可再生能源、新能源的产业振兴法；平等使用生产要素、形成利益衡量机制；激励与贮备并行，本土油气勘探应优先于获取海外资源与贮备本土能源体系安排；平衡多元利益是创新能源法制度的关键。以此，推动能源消费、供给、技术、体制革命和国际合作，以能源高质量发展为经济社会持续健康发展提供坚实保障。

关键词：能源独立；立法；多元利益规范

“能源是支撑所有社会发展的命脉。”

——英国邓迪大学能源法教授沃克尔·罗本（Volker Roeben）

---

① 张虹，四川省社会科学院法学所副研究员，硕士生导师，研究方向：立法学、环资能源法、经济法。

一、问题的提出

今年9月沙特油田被轰炸，引发全球的原油期货、股票市场的连锁反应。能源作为一国经济发展的基础，能源独立的重要性在复杂的地缘政治、风云变化的国际局势之中愈加突出。能源独立应当提高的国家安全的高度，未雨绸缪！

21世纪，全球面临能源危机、环境危机，以低碳化、清洁化为变革方向的能源革命是势之所趋，无可避免。十九大报告明确提出："推进能源生产和消费革命，构建清洁低碳、安全高效的能源体系。"能源独立的重要性如何在能源立法中体现？能源立法变革方向怎样推动能源生产和消费革命？

二、能源生产国际国内的新近趋向分析

（一）能源生产的国际国内新近形势

放眼国际，"2018年，世界能源产量为138亿吨油当量，其中煤炭占28%、石油占32%、天然气占24%、新能源占16%，已形成煤、油、气、新能源各据一方的局面"。

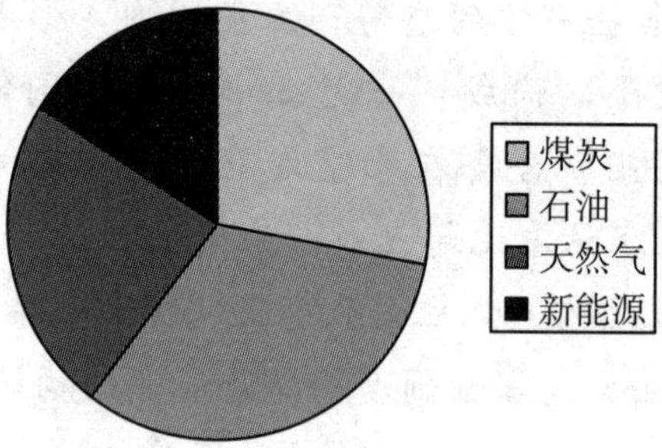

2018年世界能源产量分布图

放眼国内，我国能源生产从解放初期的"一穷二白"，发展为能源科技强国与生产大国，也成为消费大国和进口大国。1949年新中国成立时，生产总量仅有0.2亿吨标准煤，其中，原煤产量0.3亿吨、原油产量12.0万吨、天然气产量0.1亿立方米，发电量43.0亿千瓦小时。70年来，我国能源科技实现全面自主创新，陆相成油、海相成气、非常规油气理论技术支撑油气规模生产，太阳能、风能、水电与核电等技术支撑新能源跨越发展，煤炭清洁化技术实现突破，中国成为能源科技强国和生产大国。2018年，能源生产总量达37.7亿吨标准煤，其中，原煤产量36.8亿吨、原油产量1.9亿吨、天然气产量1602.7亿立方米，发电量达到71117.7亿千瓦小时，能源生产总量增长157.8倍。"'富煤但油气不足'的先天资源禀赋，决定了我国不清洁、不安全的能源结构。我国正处在以煤炭生产与消费为主的能源时代，煤炭一家独大，石油、天然气、新能源占比

较小，形成‘一大三小’的中国能源结构新特色。”[①] 2019年夏季，中国电力企业联合会在北京发布的《中国电力行业年度发展报告2019》显示，“2018年，全国发电新增生产能力（正式投产）12785万千瓦。其中，火电4380万千瓦，已连续4年减少；核电884万千瓦，创核电年投产新高；并网风电和太阳能发电2127万千瓦和4525万千瓦，其合计新增占全国新增装机容量的52.0%”[②]。

概览主要大国，通常因地制宜解决能源独立和能源安全问题。例如：“美国和俄罗斯目前是依靠油气为主导，辅助可再生能源满足各自能源需求，并能出口部分油气赚取外汇，美俄两国已探明的煤炭资源都比中国丰富，因其污染严重，煤炭消费量占能源消费总量比重都较低。欧洲富裕发达的小国如丹麦，则战略性放弃污染严重的煤炭和石油作为能源主体，整个国家和人民选择本土可再生能源作为能源战略发展优选方向，丹麦石油则卖掉石油资产，专心发展海上风电业务，仅海上风电一项就能满足丹麦百分之四十多的电力需求。”[③] 保罗·史蒂文斯（Paul Stevens）作为英国智库查塔姆研究所能源、环境与资源专家，在文章中表示，全球能源经济正在经历从化石燃料到可再生能源的转型。

（二）能源领域“黑天鹅”和“灰犀牛”事件的警示

世界能源领域历史上“黑天鹅”和“灰犀牛”两个重大事件。“黑天鹅”事件是指美国的黑色“页岩油气革命”，实现“能源独立”战略，以深刻影响全球能源政治经济格局。而“灰犀牛”事件，是指日本福岛核事故后“弃核转氢”，提出以发展氢能汽车为先导，2050年前建成“氢能社会”。随着科技创新不断出现，氢能、核聚变、储能等新能源，这种未来变化的方向，恰似“灰犀牛”般体型笨、反应迟，但却一波波，不断向我们袭来，不管你是否思维转换，不管你是否有暇应对，不管你是否乐意，不可预知的“灰犀牛”们正从远处向我们奔袭而来。

十九大报告明确指出，加快生态文明体制改革，建设美丽中国，提出“构建市场导向的绿色技术创新体系，发展绿色金融，壮大节能环保产业、清洁生产产业、清洁能源产业。推进能源生产和消费革命，构建清洁低碳、安全高效的能源体系。推进资源全面节约和循环利用，实施国家节水行动，降低能耗、物耗，实现生产系统和生活系统循环链接。倡导简约适度、绿色低碳的生活方式，反对奢侈浪费和不合理消费，开展创建节约型机关、绿色家庭、绿色学校、绿色社区和绿色出行等行动”。“黑天鹅”和“灰犀牛”事件在能源领域不断发生，警示我们必须重视“能源独立”之重要性。能源立法体系化、整体推动不同类型的能源革

---

① 邹才能：《中国“能源独立”的启示与机遇》，《石油观察家》2019年。

② 中国电力行业年度发展报告：《新能源新增装机容量占比超五成》，《经济日报》2019年6月19日。

③ 许江风：《能源革命进行时中国如何实现能源独立?》，《能源杂志》2018年。

命，才能更好实现十九大提出的“推进能源生产和消费革命，构建清洁低碳、安全高效的能源体系”目标。

三、能源立法的变革方向：能源法律的包容性制度构建

习近平总书记2014年主持召开中央财经委员会第六次会议，就我国能源安全战略提出“四个革命一个合作”的指引方向，即：推动能源消费、能源供给、能源技术和能源体制“四个革命”和加强全方位国际合作。2015年《能源法》立法重启，如何推动生态文明建设、弘扬低碳经济，并立足生态文明探讨《能源法》守正创新所应当的倚重之处。守正创新的《能源法》包容性制度构建是能源结构调整、实现生态文明的所指与能指。

（一）能源革命催生《能源法》守正创新的契机

1. 以政党政治的高度回应改革，《能源法》成为政党政治和能源战略的重要组成

十八大以来，十八届三中全会做出的《中共中央关于全面推进依法治国若干重大问题的决定》中，提出了“市场在资源配置中起决定作用”，是历史性的重大变革。五位一体总体布局中的生态文明建设是未来改革的总纲。十九大报告明确提出：“推进能源生产和消费革命，构建清洁低碳、安全高效的能源体系。”从京东议定书到哥本哈根会议，再到2015年底巴黎气候大会通过的《巴黎协议》，以及习近平总书记庄严承诺2017年启动全国碳排放交易市场，能源领域的能源革命是势之所趋，正如马克思早就有的经典判断：革命标志着社会维护更高阶段发展的本质性飞跃。因而，能源革命是全面深化改革的深刻洞见，能源革命的深刻意义和难度，就在于能源革命是将要对当前以石化燃料为基础的能源系统做出变革甚至是彻底变革！未来清洁能源在应然上应当取代石化能源，但在实然上，清洁能源究竟能在多长阶段、多大范围真正取代石化能源，绝不是一蹴而就的。能源紧缺是普遍存在的世界性问题，能源战略必须并已经成为国家安全的重大问题。因而，应当以政党政治的高度回应改革，能源革命的趋势和能源领域反腐的态势、能源战略的国家安全问题等，都促成《能源法》成为政党政治和能源战略的重要组成。值得欣慰的是，“能源革命”已经写入了十八届五中全会的十三五规划建议。

能源革命与科学技术如影随形，科学技术的进步承载了工业革命的发展与转型。从电力革命到资源革命，再到清洁能源革命（或者谓之第三次工业革命），能源革命在国外发展了20来年，也非一日之功。我国目前能源革命冲突的根源在很大程度上是化石燃料、核能、可再生能源的系统需求在现阶段不能共存。因而，诱发化石能源与非化石能源、国有经济利益集团与私有经济利益集团的博

弈。进而，引发法律制度创新选取的维度是采取维持性创新抑或破坏性创新的艰难选择。是故，《能源法》改革任务之艰巨、触动利益之广泛，都催生能源法守正创新。

2. 能源法立足于运筹全局的改革思维

《能源法》立法进程可谓一波三折，能源法是能源领域基础性的法律。早在2008年已完成能源法（送审稿），2009年还曾列入一类立法项目——似乎距离报送全国人大常委会只一步之遥——2015年升级进入“全面深化改革和全面依法治国急需的项目”，2016年4月13日再次回到二类立法项目。2015年之前，国务院立法工作计划按优先级分为三类：第一类是“力争年内完成的项目”；第二类是“预备项目”；第三类是“研究项目”。2015年开始增加“全面深化改革和全面依法治国急需的项目”，优先于第一类立法项目。2011年至2014年，能源法一直被列为第二类立法项目，2015年升级进入“全面深化改革和全面依法治国急需的项目”。2016年4月13日，国务院公布2016年立法工作计划。计划共有239个立法项目，能源类立法项目中，《电力法（修订）》和《原子能法》被列入最高优先级项目；《能源法》《核电管理条例》属于第二类立法项目；第三类研究项目包括《能源监管条例》《国家石油储备管理条例》和《海洋石油天然气管道保护条例》。[①] 遗憾的是2016年的立法计划中，能源法又一次回到第二类立法项目。其实，能源领域的单行法一直快于《能源法》。2016年4月《电力法（修改）》和《原子能法》成为优先立法项目意味着已经上报至国务院法制办，若经过国务院常务会议审议后就可报送全国人大常委会。而且《电力法（修改）》和《原子能法》在2015年就被列入“全面深化改革和全面依法治国急需的项目”中，从中可以管窥国家对电力改革与核能发展的重视以及对新能源立法的探索。而《能源法》从“全面深化改革和全面依法治国急需的项目”再次回到“二类立法项目”，可以管窥《能源法》改革任务艰巨、触动利益广泛，立法渐次推进的艰难。

以习近平同志为核心的领导集体，基于对中国经济社会发展规律和改革开放经验的深刻把握，在十八届三中全会做出了《中共中央全面深化改革若干重大问题的决定》，在十八届四中全会做出了《中共中央关于全面推进依法治国若干重大问题的决定》，坚持以改革的思维和改革方式全面推进依法治国。四中全会的《中共中央关于全面推进依法治国若干重大问题的决定》，就是攻坚克难，以法治思维推进改革，使得改革于法有据，破除全面推进依法治国的体制机制障碍。依

① 《国务院2016年立法计划公布：能源法立法优先级下调》，http://power.in-en.com/html/power-2257323.shtml。

法治国是国家治理的重大变革。习近平总书记在中央全面深化改革委员会第六次会议上强调："对依法治国具有重要意义的改革举措，纳入改革任务总台账，一体部署、一体落实、一体督办。"[①]《能源法》应当立足于运筹全局的改革思维，十八届三中、四中、五中全会大多数改革措施、决定，都触及了权力格局调整和利益关系分配的"硬骨头""老大难"。全面依法治国的进程中"既要面对常规的法治建设任务，更要面对超常规的法治改革任务。惟其艰难、更显勇毅。必须以大无畏的政治勇气和高超的政治智慧，才能推进改革和'变法'"[②]。

（二）能源法包容性制度构建的路径

1. 低碳经济：《能源法》应当是弘扬低碳经济的促进法

2015年1月1日施行的《环保法》写入了"保护优先"原则。在生态文明建设的进程中，是重大的理念变革。2014年12月中央经济工作会议指出，我国环境承载能力已达到或接近上限。这是中央高层会议首次明确提出环境问题的严峻性。经济发展新常态的趋向下，必须推动绿色低碳循环发展新方式。而转换经济发展方式的关键是制度，以法律的制度配置资源、建设生态文明、用严格的法律保护环境；转换经济发展的方向的是减少高消耗、高污染、高排放的"三高"工业，优化能源结构，逐步淘汰落后产能，产业升级。十八届五中全会关于第十三个五年规划的建议中明确指出："推进能源革命，加快能源技术创新，建设清洁低碳、安全高效的现代能源体系。"[③]《能源法》应当成为弘扬低碳经济的促进法。

2. 产业振兴：《能源法》应当推进可再生能源、新能源走向产业振兴

生态文明的实现，恐怕最大的障碍恰恰在于中国目前的"能源结构病"。以石化为主的能源结构加剧了环境污染、生态恶化、能源紧缺。而改变能源结构和能源制约的治本之策，正在于促进可再生能源的发展。当下，以"绿色技术""云技术"为标志的第三次工业革命在全球化的趋势下，正在发生。第三次工业革命已经悄然催生了新能源与互联网的结合。新能源与互联网的结合启动了能源商业模式的转变。当下又是互联网与金融结合的新金融形式频出的"e时代"，对于金融市场内生的定价机制、资金融通功能、矫正的合理性，仍需经过理论与实践的检验。[④] 但不能否认，未来能源、金融与互联网的结合空间广阔。以智能电网为代表的新型能源服务，以分布式能源为代表"藏能于民"的小型化、模块

① 《学习贯彻党的十八届四中全会精神　运用法治思维和法治方式推进改革》，《人民日报》2014年10月28日，第1版。

② 张文显：《习近平法治思想研究》，《法制与社会发展》2016年2期。

③ 《中共中央关于制定国民经济和社会发展第十三个五年规划的建议》。

④ 杨东：《互联网金融风险规制路径》，《中国法学》2015年3期。

化能源管理模式，不仅推动了科技进步、竞争格局、产业重组，而且孕育了大量的就业机会，有利于“万众创新、大众创业”的国家战略。实际上，分布式能源在发达国家很受重视，例如：日本法律规定分布式能源的多余电量由电网公司收购。美国重视能源安全与系统有效，军用设施转化为民用可再生能源发电设施。丹麦则对分布式能源实施贷款、补贴等优惠。中央审时度势、高瞻远瞩，在十八届五中全会关于第十三个五年规划的建议中明确指出：“提高非化石能源比重，推动煤炭等化石能源清洁高效利用。加快发展风能、太阳能、生物质能、水能、地热能，安全高效发展核电。加强储能和智能电网建设，发展分布式能源，推行节能低碳电力调度。”[①] 我国能源形势下中央高层高屋建瓴的环境、能源态势研判，期待我国的新能源管理体系有所突破。因而，《能源法》应当推进可再生能源、新能源走向产业振兴。

3. 平衡多元利益：利益衡量机制是创新能源制度的关键

能源革命与科学技术如影随形，科学技术的进步承载了工业革命的发展与转型。从电力革命到资源革命，再到清洁能源革命（或者谓之第三次工业革命），能源革命在国外发展了20来年，也非一日之功。我国目前能源革命冲突的根源在很大程度上是化石燃料、核能、可再生能源的系统需求在现阶段不能共存。因而，诱发化石能源与非化石能源、国有经济利益集团与私有经济利益集团的激烈博弈。进而，引发法律制度创新是采取维持性创新抑或破坏性创新的艰难选择。是故，《能源法》改革任务之艰巨、触动利益之广泛，都导向能源法守正创新。

利益衡量机制是创新能源制度的关键。《能源法》可以采取维持性创新的立法技术，渐进式地推进改革，并使得改革于法有据，在时空条件成熟时可以采取破坏性创新的立法技术。国有经济利益集团与私有经济利益集团的博弈中，应当实行国有资本和私有资本的平等保护，才能促成多元主体的创新、公平竞争格局。发达国家对于关系国计民生的能源领域同样实行监管，我国在能源领域国有、民营资本并存的现实基础上，应当实践十八大以来提出的“权利公平、机会公平、规则公平的法律制度”。同时，民营资本的适度进入为能源发展成功转型提供契机。《能源法》应当平衡多元利益，才能在严峻的环保形势、能源紧缺的形势面前，实现能源法律的守正创新。

4. 平等使用生产要素：能源革命与《能源法》守正创新的契机

十八大后提出“平等使用生产要素”，发展混合所有制、加强重点领域立法，《能源法》重新列入一类立法计划。中央高层以高度的政治魄力在2015年底的十八届五中全会关于第十三个五年规划的建议中明确指出：“加强市场法律制度建

① 《中共中央关于制定国民经济和社会发展第十三个五年规划的建议》。

设，编纂民法典，制定和完善发展规划、投资管理、土地管理、能源和矿产资源、农业、财政税收、金融等方面法律法规，促进商品和要素自由流动、公平交易、平等使用。”①《能源法》立法重启，2016年4月国务院2016年立法计划公布，《能源法》从“全面深化改革和全面依法治国急需的项目”再次回到“二类立法项目”。《能源法》立法重启一波三折，可以折射出全面深化改革的进程中，面对能源领域的改革与法律、法律与政策、市场与政府和企业的深层难题，解决之道真是任重道远。例如，能源定价牵一发而动全身，因而，“政府在定价时应当遵循公开、明确、合理、公众参与的原则”②。传统能源管理体制所形成的正式制度和非正式制度根深蒂固，既得利益集团出于本性的天然抗拒与法律公平正义的价值之间产生胶着的冲突，能源领域国有资本与民营资本之间呈现出多元主体并存与竞争的冲突，能源体制革命使权力与市场之间产生激烈博弈。

能源革命及《能源法》破解之道应当溯本求源，回归能源商品属性，平等使用生产要素并兼顾国家安全，才能建构有效竞争市场和能源管理体制。以保护私人产权为重点，形成公平竞争、自由交易、提供公用服务的开放市场体系；弘扬低碳经济，逐渐改变能源结构；厘清权力清单、负面清单，实现政府职能转变，促进多元主体公平竞争，形成促进平等使用生产要素的机制。

5. 激励与贮备并行：本土油气勘探应优先于获取海外资源与贮备本土能源体系安排

中国本土油气田资产战略价值远高于境外，中国目前且到相当长的一段时间，是石化能源与新能源并存的局面。《能源法》应当鼓励，本土油气勘探应优先于获取海外资源。

值得注意的是，油气勘探开发投资和工作量，在我国960万平方公里陆地国土面积和广阔的海域面积上有限，在探井密度上远低于美国。而过度依赖境外油气田产量、向国外购买油气，一旦战争爆发，封锁关键航道后，油气资源难以输送中国，因此，必须高度重视我国本土的油气勘探开发。我国在发现大庆油田之前，被世界认为是贫油国家，但事实增添了国家的底气，改变了油气资源高度依赖外国的困窘。而且，近年来，伴随页岩气开采技术的突破，我国储量丰富的页岩气具备资源支撑和开采技术支持，必然大大提高我国本土天然气的产量。在观念转变上，能源立法应当发挥引领作用，弘扬创新、促进科技进步、激发主体的积极性与创造性。制度设计中应当允许勘探成功率低于境外，重奖发现油气田的科技、开采有功人员，激励中国石油大军在中国本土勘探开采出更多油气。能源

① 《中共中央关于制定国民经济和社会发展第十三个五年规划的建议》。
② 黄振中等：《中国能源法学》，法律出版社，2015年。

立法应当确立本土油气勘探应优先于获取海外资源的原则，提升我国本土油气勘探开发投资重点主导地位。同时值得注意的是，对一些能源保护性储存、贮备本土能源资源是国家战略和可持续发展的长远之策。

结 语

我国《能源法》应当借助能源革命，立足实际，采用维持性创新的立法技术，渐进式地推进改革，使改革于法有据。科学立法、体系推进、立体布局。地表上，发展水电、风电、光伏、生物质热电、垃圾热电、核电；地表下，发展天然气、石油、煤炭、地热等本土资源，与此同时，促进节能建筑发展。一方面，确保了能源安全，解决能源独立问题；一方面，促进能源革命，解决能源安全与独立问题。《能源法》立法重启，必然促进将权力关进制度的笼子。守正创新的《能源法》包容性制度构建是调整能源结构、实现生态文明的所指与能指。对于能源生产和消费革命的引领作用举足轻重，能源立法对于保障能源独立至关重要，应当加快制定实施能源科技创新路线，以立法推动传统能源、新能源、智能源等科技创新，释放制度红利。

以此，推动能源消费、供给、技术、体制革命和国际合作，以能源高质量发展为经济社会持续健康发展提供坚实保障，成就国之重器。

我国新能源汽车产业政府补贴：从“政策”到“法治”转向

张　虹[①]　孟令峰[②]

摘　要：我国近年来基于政府补贴的大力支持，新能源汽车产业发展势头强劲，新能源汽车的产销量增速喜人。值得注意的是目前新能源汽车产业在政府补贴之下，呈现出产销数量与用户使用量的巨大数据落差、汽车产业竞争失衡以及部分新能源车企骗补问题，必须注意政府补贴的“双刃剑”效应。如何从“政策”转向“法治”，是必须思量的问题。应该以法治理念为指导，建立一个事先评估、事中调整、事后追责的政府补贴机制，在实体法与程序法的建设中完善法律法规，实现新能源汽车产业政府补贴从“政策”到“法治”的转向，从而规范相关政府补贴，使得相关政府补贴补之有效、补之实效、补之公平，促进低碳经济发展。

关键词：新能源汽车；政府补贴；法律规制

一、问题提出

2019 年 10 月 22 日，太原能源低碳发展论坛在山西太原开幕，习近平致贺信。习近平指出“能源低碳发展关乎人类未来。中国高度重视能源低碳发展，积极推进能源消费、供给、技术、体制革命。中国愿同国际社会一道，全方位加强能源合作，维护能源安全，应对气候变化，保护生态环境，促进可持续发展，更好造福世界各国人民”。能源低碳是势之所趋，汽车产业的低碳化无可避免。各地新能源汽车补贴政策密集出台，但仍然存在骗补、地方保护、生态安全等问题。法治是最好的营商环境，面对现状，新能源汽车产业政府补贴，如何从“政策”转向“法治”，是本文试图分析的内容。

① 张虹，四川省社会科学院法学所副研究员，硕士生导师。研究方向：立法学、环资能源法、经济法。
② 孟令峰，四川省社会科学院法律硕士研究生。

二、我国新能源汽车发展概况

当今世界，面临传统化石能源不可再生的消耗压力以及其应用所带来的日益严峻的环境问题，秉持绿色发展、可持续发展的发展理念，国家大力支持替代性、可再生的清洁能源的开发与利用。发展新能源汽车就是实现绿色发展、可持续发展的重要且关键的一环。一般意义上来讲，以非传统化石能源作为动力的汽车被统称为新能源汽车，其具体细分类型主要包括，纯电动汽车（BEV）、增程式电动汽车（EREV）、混合动力汽车（HEV）、燃料电池汽车（FCEV）等。自21世纪初，新能源汽车被列入国家“十五”计划期间的“863重大课题”以来，在国家的政策支持之下，新能源汽车实现了巨大的跨越式发展。我国新能源汽车从商用车领域起步，经过近十年的发展，在家用车领域也呈现出与传统能源车辆角力之势。自2011年来我国新能源汽车销量逐年看涨，近八年的具体数据为：2011年0.81万辆，2012年1.28万辆，2013年1.51万辆，2014年5.85万辆，2015年17.7万辆，2016年32万辆，2017年55.6万辆，2018年101.9万辆。[①]新能源汽车产销量的显著增长与国家出台的一系列配套补贴优惠政策密不可分。以消费者为补贴目标，以车辆购置税补贴政策为主，综合了政府采购、电价扶持、配套基础设施的建设支撑等，基本涵盖了全产业链的产业扶持政策。从原材料供应、动力电池、整车控制器等关键设备的研发与制造，到整车的设计制造以及充电桩等配套设施建设，我国新能源汽车行业已经形成了比较完备的上下游产业链，具备了产业化基础。依靠国家补贴发展的新能源汽车行业达到了国家预想的迅速提升市场占有率的目的但也存在一些严重问题：政府介入导致的市场不平衡，政府补贴与相关公共政策不协调，其中最为严重的是部分新能源车企存在通过多种方式骗领国家补贴的情形。2016年财政部发布的《关于地方预决算公开和新能源汽车推广应用补助资金专项检查的通报》（以下简称《2016检查通报》）公布对2013年—2015年已获得中央财政补贴的新能源汽车的调查情况并且公布了五个典型骗补案例，无一例外均为客车生产企业；并且中央财政支出的补贴统计数据显示，每年获得大额补贴企业在很大比例上也都是客车生产企业；并且根据我国新能源汽车政府补贴的退坡政策，针对新能源客车的补贴还将持续较长一段时间，因此造成部分不法新能源客车生产企业试图套取政策红利。2017年发布的对93家核心新能源车企骗补的调查结果显示，一共有72家车企申报了76374辆车，骗补92.707亿元，骗补数额巨大，涉及企业之多，取平均数分析，

① 数据来源：中国汽车工业信息网。

一辆车骗补就达到 12 万![1] 由此冰山一角，可见在新能源汽车尤其是新能源客车领域的骗补现象严重。长此以往不仅仅会造成巨额国家财政资金的流失以及社会资源的严重浪费，也将严重影响新能源汽车行业的良性发展乃至我国产业升级进程以及绿色发展的实现。

我国近八年新能源汽车销量附表

三、我国新能源汽车产业的政府补贴概况

1. 政府补贴

政府补贴，是指为了实现和维护公共利益，由政府或其授权组织所实施的为个人、企业以及其他社会组织带来利益的财产性资助行为。[2] 政府补贴出于其公共目的性，一般由公法人实施，由私法人受领。在实践中以政府拨款、政府贷款、政府资本注入、政府贷款担保、政府免除税费、政府提供除一般基础设施以外的货物及服务、政府采购、政府向筹资机构付款以及政府委托指令私营机构实施的上述行为等作为具体的表现形式。[3]

我国作为社会主义经济体，政府在国民经济中一直居于主导地位，大量、全面、直接的政府补贴具有一定的历史惯性。在计划经济时代，政府补贴在我国经济领域就已发挥作用，受这一历史因素的影响，我国自 1978 年改革开放以来，政府补贴被作为政府管理经济、影响经济的重要手段在多行业广泛应用，并且也取得了显著的经济成效。各种税收优惠、非税优惠、政府采购在多行业内屡见不鲜，更多的时候，这些政府补贴起到了迅速扶持弱势产业、扩大弱势产业市场占有率的作用，指导社会经济走向与民众消费趋势的有利影响。受此影响，我们看到的更多是政府补贴的正向影响，这似乎形成了其天然的正当性，很长一段时间

① 《新能源骗补完整名单泄露 72 家车企狂骗 92 亿》，http://auto.sohu.com/20160913/n468352167.shtml。

② 冯辉：《新能源汽车产业政府补贴的法律规制研究》，《政治与法律》，2017 年第 12 期。

③ 郭晓丹、何文韬、肖兴志：《战略性新兴产业的政府补贴、额外行动与研发活动变动》，《宏观经济研究》2011 年第 11 期。

内，政府补贴的负面影响被人们所忽视。但是在近年来的经济实践中我们也发现，国家补贴并非单纯地发挥出正向的外部影响，其实是正外部影响与负外部影响兼而有之。国家补贴一方面能显著发挥出国家宏观调控的直接、迅速的干预作用，能够在短时间就实现国家设定的经济目标，帮助弱势产业迅速发展壮大。这不仅仅是在我国，在社会经济、混合经济深耕的当今世界，各国早已有之。但是持续、直接的国家补贴也有可能给一个产业造成诸如政府介入导致的市场供需失衡，产业企业过度依赖补贴导致退补后大面积销量滑坡，甚者有可能到这部分产业企业骗补影响该产业的长久发展这样的负面影响，使得国家补贴似乎不能单纯靠其天生的正当性来证成其实施的必要性①。以政府补贴运转的时间为主要维度构建一个国家补贴的评估体系显得颇为必要。

2. 我国政府补贴在新能源车企领域的应用现状

（1）对新能源汽车扶持力度大

我国自2010年起开展加大对新能源汽车的扶持力度，以全国的部分重点城市为试点，逐渐推进到全国的大中城市群，并且相继出台了一系列的补贴政策。由工信部牵头制订的《节能与新能源汽车发展规划（2011年—2020年）》（以下简称《发展规划》）于2012年出台，中央财政将拿出超千亿的资金用以支持节能和新能源汽车行业及其产业链的发展，并且对于相关汽车企业，如列入《国家重点支持的高新技术领域》的整车企业和关键零部件企业，将享受国家有关高新技术企业所得税税收优惠。2014年国务院出台的《加快新能源汽车推广应用的指导意见》，进一步细化了对新能汽车行业的补贴政策，从研发、生产、销售多渠道、全产业链给予新能源汽车产业财政与金融支持，国家的新能源汽车的补贴政策日益详细。（此外国务院各部委在近年来也发布了一系列通知，以下简称《部委通知》，在下附表。）

（2）对新能源汽车产业的政府补贴特点

我国目前针对新能源汽车产业的政府补贴呈现出了：央地协力、全产业链覆盖、补贴对象明晰、补贴方式逐渐退坡的特征。以消费者为补贴的直接目标，有利于针对汽车这一高附加值、高需求的行业实现以消费促生产、以消费保研发的消费驱动模式；实现了对刚刚起步的新能源汽车行业从研发、生产、销售、配套的产业链的全面覆盖，使我国在短短10余年间形成相对完整的产业化基础；以新能源乘用车、商用车为主要补贴对象，并且在全国东部沿海地区的大中城市明确了诸如邮政、环卫、公交、专车等商用车的传统能源车的退出时间表，并且逐渐明确除燃料电池汽车外的其他新能源汽车的补贴逐渐退坡的补贴方式，以政府

① 冯辉：《新能源汽车产业政府补贴的法律规制研究》，《政治与法律》2017年第12期。

补贴为导向，有利于我国建立起科学、先进的新能源汽车产业政策。

（3）新能源汽车产业补贴政策密集

我国新能源汽车补贴政策附表

时间	部门	名称	主要内容
2012.06.28	国务院	《节能与新能源汽车产业发展国务院规划 2012—2020 年》	确立纯电动车是新能源车发展的主要战略取向，重点推动纯电和插电式混动发展①
2013.09.13	财政部、工信部、科技部、发改委	《关于继续开展新能源汽车推广应用工作的通知》	依托城市推广新能源汽车，对购车消费者给予补贴，对推广新能源车示范城市给予财政补贴②
2014.01.28	工信部	《关于进一步做好新能源汽车推广应用的通知》	2014 年 1 月 1 日起，补贴退坡幅度做了减半的调整；补助标准从原年度较 2013 年下降 10%和 20%调整为 5%和 10%③
2015.0429	财政部、工信部、科技部、发改委	《关于 2016—2020 年新能源汽车推广应用财政支持政策的通知》	确定并细化了 2016—2020 年新能源车补贴标准，2017—2020 年补贴相对 2016 年会有退坡④
2016.12.30	财政部、工信部、科技部、发改委	《关于调整新能源汽车推广应用财政补贴政策的通知》	提高了 2017—2020 年的补贴门槛，降低补贴力度，2017—2018 年退坡 20%，2019—2020 年退坡 40%⑤

在如此密集的国家政策的支持下，新能源汽车行业迅猛发展，2011 年我国新能源汽车产销量规模仅为 0.82 万辆，2018 年全国新能源汽车销量就达到了 101.9 万辆，提前实现业内年销超百万的预期，发展速度惊人。但是在新能源汽车产销增速喜人的数据背后，从宏观来看，还存在着一些问题。从市场数据来看，我国新能源汽车的产销数据和用户实际用量数据并不相符，并且呈现出了巨大的数据落差。

（4）新能源汽车产业补贴政策被骗补现象

最后从财政资金的使用上来看，部分新能源车企并且不乏一些名优企业均出现了不同程度的骗补问题。这在社会上乃至学界都引起一阵反对政府补贴的声音，这在我国“光伏产业骗补”问题后就已经存在。但是断然否定政府补贴的正向影响，全面否定财政补贴的作用显然是不现实的。并且在现今世界，市场经济主流下，各国政府均采取了各种财政金融手段来引导、刺激经济发展，并且将之作为经济社会管理的常规手段，在我国全面反对政府补贴显然也没有必要。但是

① 《节能与新能源汽车发展规划（2011 年－2020 年）》。

② 《关于继续开展新能源汽车推广应用工作的通知》。

③ 《关于进一步做好新能源汽车推广应用的通知》。

④ 《关于 2016－2020 年新能源汽车推广应用财政支持政策的通知》。

⑤ 《乘用车企业平均燃料消耗量与新能源积分并行管理办法》。

现今要求市场在资源配置中起决定性作用的要求之下，如何规范政府补贴，使得政府补贴补之有效、补之实效、补之公平就显得尤为重要。

四、我国新能源汽车产业政府补贴存在的问题

大规模、全覆盖的新能源汽车政府补贴在强力刺激我国新能源汽车产业迅速发展的同时同样存在一些问题。

1. 政府补贴存在地方保护主义的倾向

对各地制定的新能源汽车相应补贴细则加以比较分析，不难发现各地通过设立指导目录、限定享受补贴的车型、设置技术壁垒等手段限制外地车企进入本地市场。北京市针对新能源汽车补贴就仅限于纯电动汽车，而市场上的插电混动类车型因此在北京地区就与传统燃油车无异，难以享受政策优惠；西安等地要求新能源车企必须在本地设立独立的销售或者生产机构，平添了新能源车企的资金负担[①]。究其源头，这是我国地方政府“GDP 考核”为主所遗留下来的政策惯性在新能源汽车政府补贴中的反映。

2. 政府补贴的补贴方向存在缺陷

我国新能源政府补贴以新能源汽车的消费者以及生产者作为主要的补贴对象，补贴政策较多集中于新能源汽车产业链中的消费端，而像诸如电池生产等上游企业并不能直接获得新能源政府补贴。针对消费者、生产者的政府补贴能够短时间内刺激消费需求，扩大新能源汽车的市场占有率，但从长远来看，对上游关键企业的补贴缺位，不利于我国新能源汽车产业核心竞争力的增强以及新能源汽车的长久发展。这也反映了我国新能源汽车政府补贴政策制定过程中缺乏对市场信息的充分调研、了解。

3. 政府补贴缺乏有效监管

我国大量的财政资金支持的新能源汽车政府补贴政策，自实行以来就缺乏有效的监管。而监管制度的缺位也是造成新能源汽车领域骗补现象丛生的一大重要原因。根据我国的新能源汽车政府补贴政策，在央地 1∶1 配套补贴的背景下，大型新能源客车的补贴额度最高可达 60 万元，在巨额的补贴诱惑下，部分车企甚至通过自买自卖的方式套取高额补贴。我国新能源汽车政府补贴急需以法治化为导向进行有效监管。

五、我国新能源汽车产业政府补贴的法治转向

2009—2019 年既是我国新能源汽车产业蓬勃发展的十年，也是我国新能源

---

① 刘进，《我国新能源汽车财政补贴效应研究》，中国财政科学研究院博士论文，2017 年，第 119 页。

汽车领域法律缺位的十年。十年间我国通过国务院、中央各部委、地方政府的一系列政策取得了激励新能源汽车产业的发展的积极效果，但同样也带来了企业骗补、竞争失衡、地方保护的弊端。在全面依法治国的背景下，坚持依法治国、依法执政、依法行政是需要共同推进的，而在新能源汽车领域，这三者的前提要求就是要有一部科学、合理、专门、适时的《新能源法》。同样作为汽车大国的美国也十分重视新能源汽车行业的发展，其于2008年制定的《能源独立与安全法》中对新能源汽车的专项税收抵扣做出了相关规定[①]并且在实施过程中进行了一系列相关立法，来补充完善本国的新能源汽车法律，使得美国新能源汽车产业取得了不错的发展成果。德国的《可再生能源法》虽不涉及新能源汽车领域，但是其实施后使德国在可再生能源领域成为取得最大成功的国家，足以给我们启示[②]，新能源汽车产业的政府补贴急需法治化。

政府补贴本质上是国家财政资金的支出应用，目前我国政府补贴主要是依照《中华人民共和国预算法》加以规制，侧重于对政府财政资金的使用以及监管。但是这忽视了政府补贴在市场经济条件下，在部分产业的投入是否必要以及是否合乎该产业的经济发展规律。市场经济条件下，大规模、持续性、全覆盖的政府补贴在实体以及程序上的合理性并不能由政府本身所具备的经济社会管理职能而自动证成其合法性，也不能因此而忽视对政府补贴进行必要、合理、可行的绩效评估。由此，在新能源汽车政府补贴的立法中从程序以及实体两层面，依法治理念构建一套新能源汽车政府补贴的事前评估、事中调整、事后追责的体系就成为必要。

1. 新能源汽车产业政府补贴程序上的法治化

市场经济下政府补贴是否有必要、补贴至何种程度、补贴至何种行业都需要市场参与主体的意见与建议，这就要求政府在进行补贴之前充分吸收市场信息，听取市场主体的意见与建议，以法治理念为指导进行事先评估，实现程序法治。在新能源汽车领域，政府作为获取信息的弱势主体，其获取新能源相关主体所释放的相关市场信息总是相对滞后的。由此，更应重视对新能源主体市场信息的调查与了解。

新能源汽车产业政府补贴程序上的法治化，首先就是补贴启动程序的法治化。在我国现行尚未具备统一的行政程序法的大背景之下，在现有的法治框架内在程序上实现合法的事先评估还需以《预算法》为基础[③]。政府补贴本质上是国家财政资金的应用，应该严格依照预算法的规定针对补贴事项、补贴对象、补贴

① 成洁、靳洪玲、马欣怡、叶玉霞、于子纯：《中国新能源汽车消费补贴财政分析》，《中国商论》。
② 张立锋、冯红霞：《德国〈可再生能源法〉的演进及对中国的启示》，《河北法学》。
③ 冯辉：《新能源汽车产业政府补贴的法律规制研究》，《政治与法律》，2017年第12期。

规模、补贴资金的监管制定相应的程序，严格依照《预算法》对应划拨的补贴资金进行编制、审查、批准、执行、调整、监督等程序。并且将对诸如新能源汽车产业的政府补贴纳入重大行政决策程序的范畴，并加以严格履行。其中最为重要的就是公众参与程序，政府补贴之前，应当以召开听证会、座谈会等形式，邀请补贴对象代表、竞争行业代表、消费者代表等利益相关主体充分讨论，深入调研，尽可能获得详尽充分的市场信息，避免新能源汽车产业政府补贴中的随意性。如此，尽可能在将来避免再次出现以往政府补贴中的财政资金的浪费，将政府补贴补到实处。详细的公众参与程序可以参照我国现行环境法中关于公众参与的办法进一步做详细制定。

新能源汽车产业政府补贴在实施之后并不是一劳永逸的，应当根据具体实行情况以及市场因素的变化，及时地进行动态调整，使之与市场规律相适应，与其他公共政策相协调。目前我国新能源汽车产业的补贴政策主要是由各部委牵头，逐年以政府规章的形式发布政策性通知，但是其中也出现部委不一致、调整机制不灵活、面对市场反馈不及时的问题。我国缺乏临时性的调整机制，为此应建立起一个常态化的、定期性的政府补贴的定期评估机制，根据市场主体的反馈，及时对新能源汽车补贴的规模、方向进行适度的合理调整，将政府补贴的实效最大化。为此在专门制定的《新能源汽车法》或者在我国尚未出台的《能源法》中，针对新能源产业的政府补贴，应在程序上规定一个常态化调整机制。在我国现今新能源汽车产业政府补贴政策具体实施过程中，根据市场的反馈，对新能源客车以及专用车的补贴力度过大，引得许多诟病，并且在相关客车生产企业也较易引发骗补问题。针对于此，我国关于新能源汽车以及专用车的补贴应当根据市场反馈，及时作出调整，适当做出减量反应，以实现最低程度对市场发展自身规律的影响。

2. 新能源汽车政府补贴实体上的法治化

新能源汽车政府补贴在实质层面的法治更为重要。我国作为汽车大国，针对新能源汽车的发展并没有相关实体法的规定来进行保障。考察同样作为汽车大国的美国，发展新能源汽车也是其国家战略，2008 年美国制定的《能源独立与安全法》中对新能源汽车的专项税收抵扣做出了相关规定[①]。而我国对于新能源汽车产业发展的支持多以政策形式表现出来，一方面存在稳定性不强的弊端，另一方面因缺乏相关惩戒机制，效力也较微弱。作为有形的手干预经济社会的政府补贴，其影响是正向与负向兼具的。我国应当考虑在实体规定上做好同行业不同企业间、竞争行业间的利益平衡与法律规制，尽早出台一部相关的《新能源汽车

---

① 成洁、靳洪玲、马欣怡、叶玉霞、于子纯：《中国新能源汽车消费补贴财政分析》，《中国商论》。

法》，或者在我国未来制定的《能源法》中对新能源汽车的相关规制问题做出明确规定。对新能源汽车产业的补贴对象、补贴条件、补贴方式、补贴规模以法律的形式规定下来，一方面可以破除当前新能源汽车地方政府补贴地方保护的壁垒；另一方面也可以发挥法律的强有力的指引作用。

此外在我国新能源汽车产业的政府补贴中，初期还出现了对产业的补贴和其他公共政策不协同的问题。目前市场中根据消费者反馈，新能源汽车的公用充电桩数量、质量都难以保证，本来就存在里程焦虑的新能源汽车只能成为单纯的市区代步工具，这降低了非大型限牌城市刚需消费者的购买预期，而使得汽车行业这一以需求为导向的企业在产业补贴退坡制“后补贴时代”发展疲软。在我国制定相关《新能源汽车法》或者《能源法》中的新能源章节时，应当注重与公共政策的协同，注重政府补贴与诸如城市限牌政策、分时电价、停车优惠、新能源汽车上下游产业的协调。

3. 新能源汽车政府补贴责任的法治化

在新能源汽车政府补贴的法治化中责任的法治化同为重点。明确责任主体，明晰责任红线，以明确的法律责任来保障新能源汽车产业政府补贴的科学实施。一方面应明确骗补主体的法律责任。目前，我国针对骗补问题并不存在一套与之相适应的惩戒规范，基本上是采取警告、罚款等一般惩戒行政相对人的规范。而这些相对程度较弱的惩戒措施，使得一些不良企业不惧风险，将骗补作为其唯一的经营目标。针对政府补贴的骗补问题在我国并非首次出现，之前光伏产业就曾出现过大规模的骗补问题，在新能源汽车行业再次出现使得我们不得不加以重视。在我国财政部发布的《2016 检查通报》中也对骗补的新能源汽车生产企业苏州吉姆西，取消其生产资质的行政处罚①，为此我们可以考虑将之制度化为构建新能源汽车行业黑名单制度，结合社会信用制度，针对骗补企业的实际控制人、事务执行人，实行一定期限乃至是终身的行业禁入。并且加大政府补贴实行过程中的阶段调查，对查实骗补的企业以及个人要严厉追究其民事行政责任，甚至是刑事责任。

除此之外，骗取政府补贴的事后追责的另一方面，同样也是更为重要的方面，就是要进行源头追责。政府补贴并不能因政府的经济社会管理职能而证成其合理性，也应该关注政府补贴的绩效。从源头限制行政行为的随意，以及出现随意行政行为后需对相关责任人进行严肃处理。这在我国现行法律体系之下，应该以政府内部绩效考核为主，细化相关考核目标。现今社会是市场经济，市场经济更是法治经济，应当以市场要素为指标，以法治理念为导向进一步完善政府内部

① 财政部：《关于地方预决算公开和新能源汽车推广应用补助资金专项检查的通报》，2016 年。

绩效考核的内容；同时加强人大的监督作用，在我国现行法律体系之下，应当充分发挥各级人民代表大会的作用，使得人大代表质询实质化；最后要落实行政主体责任，对违法违规的串通骗补的行政责任人员给予严肃的行政处罚。

六、结语

发展新能源汽车不仅有利于我国降低对进口石油的依赖，保障我国能源安全；还对降低温室气体排放、保护生态环境、实现可持续发展大有裨益。但是我国新能源汽车产业的政府补贴政策实施过程中也出现了诸如地方保护主义、补贴方向缺陷、缺乏有效监管等等弊端。针对新能源汽车行业政府补贴产生的"双刃剑"效应，以法治理念为指导，将新能源汽车产业的政府补贴进行实体和程序两层面的法治化构建，并且明确相应主体的法律责任，从而规范新能源汽车产业政府补贴，使得该政府补贴补之有效、补之实效、补之公平，更好地发挥政府与市场的合力，实现政府的经济社会管理职能。能源低碳发展攸关人类未来，新能源汽车产业应当在安全稳定、环保节能、成本合理的低碳之路前行。安全高效的新能源汽车不断"飞入寻常百姓家"，也是以人民为中心的体现。

参考文献

冯辉．新能源汽车产业政府补贴的法律规制研究［J］．政治与法律，2017（12）．

杨蔚林，赵若汀．我国新能源汽车法律制度中的四个矛盾及其解决［J］．河北法学，2018（2）．

郭晓丹，何文韬，肖兴志．战略性新兴产业的政府补贴、额外行动与研发活动变动［J］．宏观经济研究，2011（11）．

成洁，靳洪玲，马欣怡，叶玉霞，于子纯．中国新能源汽车消费补贴财政分析［J］．中国商论，2019（18）．

张立锋，冯红霞．德国《可再生能源法》的演进及对中国的启示［J］．河北法学，2017（10）．

刘进．我国新能源财政补贴效应研究［D］．中国财政科学研究院博士论文，2017（119）．

新发展理念下的能源法治向度

张　虹[①]　胡　洲[②]

摘　要：能源是经济发展的基石，习近平总书记指出，“构建绿色低碳的能源治理格局”，“坚定不移推动能源革命向纵深发展”。长期以来，能源法律是平衡能源革命发展与构建绿色低碳能源治理格局的“调控器”，是通过国家强有力的手段使能源发展“生态化”的基石。纵观我国当前能源法律体系，能源法律过于原则化、“独立化”，显露单薄，不足以满足生态文明的国策，不足以解决日益复杂的能源纠纷。面对不足，我国能源法治向度应以“五大发展理念”为指引，主体上，从企业责任出发，构建企业责任制度；秩序上，构建公平竞争的市场环境；体系上，将能源法律与《环境与资源保护法》等相衔接，形成完备的能源法律体系，并建立从能源生产到能源消费的理念“革命”，从能源开采到利用全过程监督制度，开创能源发展新局面，使能源规制与经济发展“鱼”与“熊掌”兼得。

关键词：能源法；生态化；企业责任；法律衔接

一、引言：兼得的“鱼”与“熊掌”

能源是人类社会发展的基石，是世界经济增长的动力。[③] 从远古到现今，从“蒸汽时代”到“电气时代”，人类生活离不开能源资源。三次工业革命促使着世界经济迅速发展，能源利用呈井喷现象，却也加剧了环境污染。人们对经济发展与环境保护的关注度随着各种自然灾害的频发越来越高，许多国家对能源使用过程进行了严格规定，因此环境污染在一定程度上得到缓解，然而，经济发展因对能源的规制受到影响。有人认为能源利用与环境保护相抵触，二者常常以对立面存在。习近平总书记提出“绿水青山就是金山银山”，指出环境本是经济的一部分。有学者研究认为，经济下行的原因在于忽视有限的环境容量，无限制地追求

① 张虹：四川省社会科学院法学所副研究员，硕士生导师。研究方向：立法学、环资能源法、经济法。
② 胡洲：四川省社会科学院法律硕士研究生。
③ 杜东川：《能源发展史及前景展望》，《中国科技博览》，2014 年第 16 期。

粗放式经济总量。[①] 自2003年《节约能源法》以及2005年《可再生能源法》颁布以后，我国GDP持续上升，虽然其中需要考虑的因素良多，但不能认为能源适用的法律监管与经济腾飞是不可兼得的。能源的开发、利用、保护，与经济发展，是可以兼得的"鱼"与"熊掌"。

二、能源法治管窥：初具雏形

我国从新中国成立初期到改革开放前，因为社会背景与经济状况等原因，法治体系不完善，能源利用没有如今广泛，《能源法》更是可有可无之物。到改革开放初期，因为石油产业发展迅速，能源问题得到系统研究，于是召开了第一次能源座谈会。随后，党的十二大确定了能源发展的战略地位，但由于这个时期法制建设的背景，各种部门法的相继出台，能源法相关问题仍然以政策等方式规定，没有制定专门的《能源法》。[②] 直到《电力法》《煤炭法》《节约能源法》《可再生能源法》等一系列法律的相继出台，我国才有了调整能源保护、能源利用、能源监管关系的法律规范。

表1　法律条文章节内容

法律名称	第一章	第二章	第三章	第四章	第五章	第六章	第七章	第八章	第九章	第十章
《节约能源法》(1998.1.1)	总则	节能管理	合理使用与节约能源	激励措施	法律责任	附则				
《环境保护法》(2015.1.1)	总则	监督管理	保护和改善环境	防止污染和其他公害	信息公开和公众参与	法律责任	附则			
《可再生能源法》(2006.1.1)	总则	资料调查与发展规划	产业指导与技术支持	推广与应用	价格管理与费用补偿	经济激励与监督措施	法律责任	附则		
《电力法》(1996.4.1)	总则	电力建设	电力生产与电网管理	电力供应与使用	电价与电费	农村电力建设和农业用电	电力设施保护	监督检查	法律责任	附则
《水污染防治法》(2008.6.1)	总则	水污染防治的标准和规划	水污染防治的监督管理	水污染防治措施	饮用水水源和其他特殊水体保护	水污染事故处置	法律责任	附则		

① 常纪文：《不能把经济下行的原因归于环境保护》，http://huanbao.bjx.com.cn/news/20150706/638367.shtml。

② 陈兴华：《我国能源法律与政策关系的历史考察及其对〈能源法〉立法的启示》，http://www.pkulaw.cn/fulltext_form.aspx?Gid=335615327&keyword=&Search_Mode=。

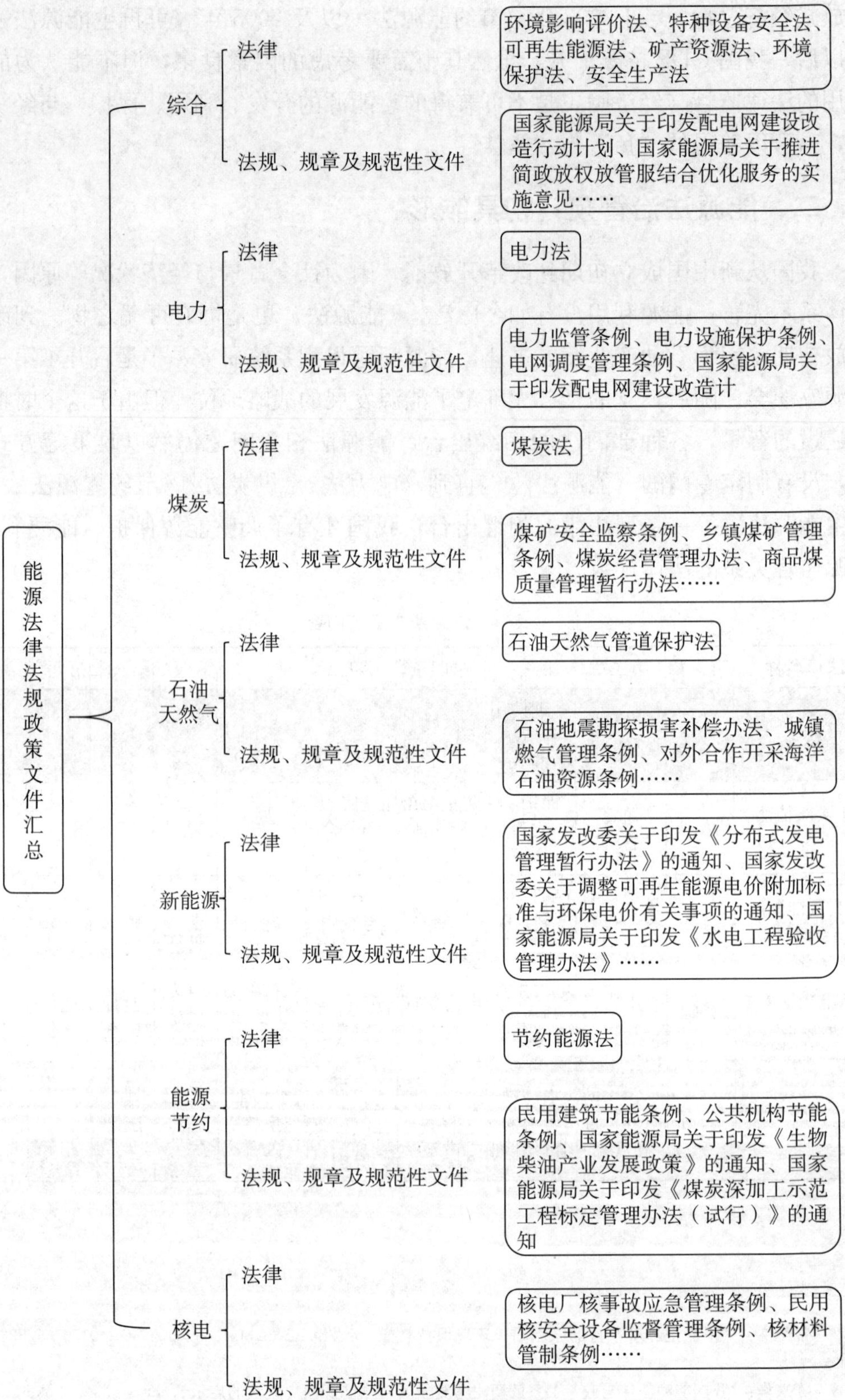

图1　能源法律法规政策性文件

三、能源法治的不足：璞玉有瑕

如同习近平总书记所说，“保护环境就是保护生产力，改善环境就是发展生产力。在生态环境保护上，一定要树立大局观、长远观、整体观，不能因小失大、顾此失彼、寅吃卯粮、急功近利”。能源法律必须树立大局观、整体观。尽管我国已有上述规范，但在能源法方面仍然存在不足。我们唯有查漏补缺，完善体系，才能不以环境为代价更好地促进能源建设向纵深发展。

（一）立法理念未及时转变，不利于社会发展

随着环境污染加剧、自然灾害频发，人们认识到保护环境的重要性与必然性，发展理念随之从粗放型经济发展模式向绿色循环低碳发展模式转变，绿色发展的观念越来越受到重视。这一转变反映在国家层面，表现在《节约能源法》与《可再生能源法》中，“节约能源”“提高利用效率”“改善能源结构”等提法的出现很好地印证了此现象。然而，尽管公民、立法者的理念发生了变化，甚至也反映于法律法规之中，但并不能够说明立法理念的彻底转变。细究两法可发现，“生态化”的能源发展理念并未完全融入规范之中，两法中表现出来的“生态化”的理念是初级阶段、浅层次的，不利于合理调整人与自然之间的关系、平衡能源利用与环境保护的关系。

（二）缺乏企业责任之规定，未形成完整责任追责体系

企业是推动经济发展的主体，是环境资源的主要消费者，同时也是落实新发展理念的主体，这就决定了企业在新发展理念下的能源建设中发挥着举足轻重的作用。企业社会责任萌芽于20世纪初，指“企业与关键利益相关者的关系、价值观、遵纪守法以及尊重人、社区和环境有关的政策和实践的集合”。[①] 可见，企业环境责任是企业社会责任的一部分。在当今社会，企业社会责任是企业发展获得成功的关键，作为其责任中的一部分的环境责任当然也是为企业赢得良好信誉的法宝之一。为了规范企业合理运用能源资源，促进企业蓬勃发展，法律有必要对企业的环境责任加以具体规定。《节约能源法》与《可再生能源法》中对企业责任的规定较少，不足以承担起合理规范企业对能源的合理利用，并规范企业滥用或不合理利用能源资源的作用。

（三）法律规范原则化，实务操作困难

法律之生命在于实施。现有《节约能源法》与《可再生能源法》是我国在能源法发展中的里程碑式的进步，然而究其具体内容，还有诸多可完善之处。《节约能源法》共七章八十七条，法律责任一章共十八条，法条数量不是评价法律好

① 田翠香、常超、张亚铭：《论企业的社会责任及其评价》，《环境保护与循环经济》2013年第6期。

坏的标准，却可以反映出一定的立法背景与立法技术问题。《节约能源法》中大多数法条是从管理者角度加以规定，法条主体多为政府、国家，内容主要是二者应当怎样监督，鼓励企业合理使用能源，且多是原则性规定。《可再生能源法》共八章三十三条，具体章节分类比《节约能源法》细致，内容上与其类似，以“国家”、“国务院”为主体较多。从以上两法律规定来看，因多为原则性规定，在处理具体能源案件时，不能充分参照法条之规定，给法官判案带来了一定困难。在法律运行的过程中，立法乃首要性、关键性之环节。法律制定的好坏关系到法律关系的调整、社会秩序的维持以及公民权利的保护，因此制定便于操作的法律规范对于法律运行来说至关重要。

（四）缺乏专门法律调整，能源基本法缺位

我国对能源资源整体的法律调整，最主要的是《电力法》《煤炭法》《节约能源法》与《可再生能源法》，纵观能源法的发展过程，从国务院关于海洋石油开采、保护的行政条例，到《电力法》《煤炭法》之类的具体能源分类的单行法等，我国关于能源资源的利用与保护的法律规范不能说不足，但是缺乏一部对能源资源整体规范的法律，这给能源资源的保护与发展带来了一定的困难。首先，没有统一立法，无明确能源法之立法目的与立法理念，能源使用者在利用时没有明确理念进行自我规制，资源滥用情况时有发生；能源使用的监管者在对能源资源利用进行监管的过程中，缺乏明确理念指引，可能会对监管目的理解模糊化，或是监管方向错误；法律裁判者在对能源案件进行审理时，判决结果可能与立法理念相违背，不能合理调整能源利用、监管关系。其次，没有统一立法，在我国能源单行法立法不完善的情况下，对类型多样化的能源资源保护不足。能源多种多样，化石燃料、地热能、核能等等，并不是每种能源资源都有单行法予以规定，当今社会力推新型能源，也不是每种新型能源都必须制定法律予以保护。能源种类繁多，开采利用量急剧增加，制定专门《能源法》具有现实必要性和可行性。最后，没有能源基本法，多数对能源资源的调整是国务院以法规形式进行规定，导致执行力不足。从我国法律体系的效力来看，宪法具有最高效力，其次是法律，然后是行政法规等。因为法规效力不及法律，所以在处理能源问题时，现有的行政法规、部门规章往往缺乏执行力。作为基本法的《能源法》，应当加快出台。

（五）缺乏系统的能源法体系，法律规范之间不衔接

能源法的本质是对能源进行原则性调整的法律规范，因为能源数量及种类的限制，不可能把所有能源资源的规制都罗列其中，因此，增加不同种类能源的立法，以形成统一完备的能源法体系非常重要。中国能源法律整体格局中，单行法律以《节约能源法》《可再生能源法》《电力法》《煤炭法》为主，其他多以规章

和规范性文件加以规定，如《国家计委、科技部关于进一步支持可再生能源发展有关问题的通知》《能源部实施〈总会计师条例〉暂行办法》《民用航空节约能源管理实施细则》等。这给能源监管过程带来了重重困难。首先，我国没有能源法，但假设我国已经颁布并实施了《能源法》，但能源法因为要调整所有能源的运用、监管等问题，对各种能源的规定不会面面俱到，主要从能源保护的立法理念、基本原则等具有宏观层面的角度进行调整，在实务操作层面仍然缺乏可操作性。

其次，能源资源的利用与环境和经济密切相关，能源法律和《经济法》《环境保护法》存在着千丝万缕的联系。在制定法律的过程中，立法者需要对法律之间的协调性加以考量，仅是单纯地把某一法律独立出来，容易导致法律之间的规定相冲突，不能协调一致，不能形成统一的法律体系。最后，与能源有关的法律规范之间缺少呼应。《经济法》宗旨中的目标包括四点——促进经济稳定增长、保障基本人权、保障社会公共利益、促进良性运行与协调发展。尽管保障公共利益这一目标中涉及合理利用能源、保护环境，但不够明确，不能和《环境保护法》的立法宗旨、立法理念相互照应。

四、能源法治向度：新发展理念指引

根据习近平总书记对于五大理念的论述，在能源领域，“创新”是牵动经济发展的“牛鼻子”，能源法的制定更需要专注于对新型能源利用的监督与治理，掌握引领发展的主动权；“协调”：在唯物辩证法理论中认为，事物是普遍联系的，坚持唯物辩证法就要从能源法律与《经济法》及相关法律的内在联系中去把握能源问题的开发与利用；“绿色”：生态环境没有替代品，建立以“生态化”为指引的能源法治体系，是大局观、长远观、整体观的需要；“开放”：实践告诉我们，要发展壮大，必须主动适应全球化潮流，在制定能源法过程中，不能闭门造车，应当从我国国情出发，充分吸收域外立法经验；“共享”理念实质是坚持以人民为中心，能源法治的建构需要人民发挥其主动性，参与其中，做到权为民所用、利为民所谋。

（一）明确立法理念，树立“生态化”能源发展目标

立法理念是法的精髓和灵魂，主导着法的形成、发展，奠定了法的基本制度和体系。立法理念是立法者在立法之前应该重点考虑的内容，对整个立法过程起到宏观的指引作用。能源局印发的《能源行业深入推进依法治理工作的实施意见》中明确了能源行业依法治理需要遵循的四项原则：突出党的领导、以人民为核心、坚持法治的引领作用以及坚持法治精神和理念。《能源法》的立法理念也应当包含这些内容，特别是坚持党的领导和以人民为中心。习近平总书记在党的

十九大报告中指出，伟大的事业必须有坚强的党来领导，要确保党在世界形势深刻变化的历史进程中始终走在时代前列，在应对国内外各种风险和考验的历史进程中始终成为全国人民的主心骨，在坚持和发展中国特色社会主义的历史进程中始终成为坚强领导核心。① 人民是国家和社会的主人，是社会建设的主体，坚持以人民为中心，就是要坚持维护人民的合法权益，在《能源法》中就是既要维护人民的经济利益，也要维护人民的环境利益，做到二者兼得。

能源法的生态化是指将生态伦理学的观点、理论，融入能源法的立法之中，完善能源发展的生态化结构，从而达到保护环境的目的。这一立法理念是符合当下环境污染严重、生态日趋恶化、社会发展转型等问题的解决需要的。我国地大物博，能源资源十分丰富，“富煤、缺油、少气”是显著特征，煤矿资源的大量开采和使用，产生地表沉陷、影响植被生长、空气质量差等环境问题。在转变经济发展模式的要求下，需要提高新型能源的利用比例，减少煤、油等资源的利用，减少温室气体的排放、酸雨的产生以及粉尘对人体的呼吸系统带来的伤害。《宪法》第九条中有规定“合理使用自然资源”，这是能源法立法理念的重要来源，同时说明能源法立法理念不是重新创造，而是在相关法律中已经涉及，因此能源法立法理念的建立具有现实可行性与必要性。

（二）确立企业环境责任，推进经济可持续发展

《节约能源法》第六章专门规定了法律责任，包括生产单位、用能单位、认证机构等主体违反《节约能源法》需要承担的以罚款为主的法律责任，其中企业占了大部分。不可否认，企业是用能的主体，社会主体与社会关系的存在不能完全依靠外部力量强制调整，还需要主体自身进行约束。这正是企业的社会责任，企业主动承担社会责任对其自身发展、社会发展具有重要意义。企业在追求自身利益最大化的同时，不能忽略因为自身行为带来的种种社会、环境问题。在调整经济结构的今天，企业应更多地采用新型能源、清洁能源，从环境污染的源头开始把控，减少污染物的排放，做到人与自然和谐相处。

能源企业作为用能主体，存在着许多潜在不确定性。经济主体以追逐利益为目标，没有法律规制，在无外力约束的情况下，会忽视环境责任，如震惊全国的腾格里沙漠污染事件、百亿晶科能源环境污染事件等等，这类例子层出不穷。只有将企业作为主体，用法律强制要求企业承担环境责任，以国家为后盾，才能使企业在逐利性的驱使下自觉保护环境，减少环境污染。经济发展与环境保护不是矛盾的一组概念，确立企业环境责任，推进经济可持续发展，能够做到经济发展与环境保护并重。

---

① 汪亭友：《要毫不动摇地坚持和维护党的核心领导地位》，《红旗文稿》2018 年。

（三）以“生态化”为目标，具体法律条文内容，增强可操作性

我国《节约能源法》《可再生能源法》是在能源与环境关系紧张，经济发展与环境保护出现明显对立，急需法律进行调整时制定的。与《环境保护法》相同，《节约能源法》和《可再生能源法》都是统筹概括性地对其调整对象进行了规定，规定原则性强，甚至多是“喊口号”式的立法，在具体应用时存在无法可依的现象。2018 年通过了新修订的《节约能源法》，在之前立法的基础上更加注重政府和市场的双重调节，增加了节能的监管制度。如其第三十四条，明确规定国务院主管部门、县级以上人民政府主管部门负责能源的监管工作，该条规定明确规定了负责监管工作的主体，但监管的具体措施以及监管的内容没有明确规定。在遇此类纠纷时，不能确定监管内容，可能会造成监管者不愿履行职权，致使该法条形同虚设。法律的生命在于实施，法律的尊严也在于实施。我国并不处于能源相关法律的萌芽阶段，在经过一定历史时期与社会时间的检验，我们能发现现有法律之不足，并有一些规制措施。因此，在“五大发展理念”的立法背景下，在能源法立法过程、以及相关法律的修改中，应当以“生态化”为目标，不断对能源措施具体化，提高能源法律的可操作性。

（四）制定与经济转型相适应的《能源法》，对能源资源进行系统化、体系化配置

我国在能源这一方面的立法相对缺乏，以法律形式表现的不多，大多是国务院或国务院部门制定的行政法规和部门规章，从内容方面看，调整的能源法律关系不完整；从效力上看，终究行政法规和部门规章的效力不及法律。在能源利用增多，环境问题日益严重的今天，制定与经济转型相适应的《能源法》是存在必要性与可行性的。习近平总书记曾提出，要推动能源生产和消费革命，并在实践中形成了“四个革命、一个合作”的能源安全战略。因此，制定《能源法》是国家发展战略的需要，是符合经济可持续发展的需要，更是符合能源安全的需要。

《能源法》在能源法律体系中的地位，相当于《宪法》在法律体系中的地位一般，处于统帅作用，《能源法》内容之规定应当是原则性的，如确立生态化的能源发展理念，符合“四个革命、一个合作”的战略需要，对《电力法》《煤炭法》等法律给予指引。其内容更应当是宏观性的，能够对能源的开发、利用、监管的所有环节与过程起到调整作用，如从能源的开采、销售到能源的监管环境都应有原则性的规定，其他具体能源种类法律规范再进行细化调整。

（五）以新发展理念相衔接，完善能源法律体系，推进能源革命向纵深发展

能源体系不完善存在两方面的问题，一是配套的法律规定不完备，仅有煤、电力、可再生能源资源的立法，没有包含新型能源的规范；二是与能源有关的法律不衔接，甚至相冲突。构建完善的能源法律体系，需要共同的立法原则相衔

接，新发展理念能很好地把能源法律联系在一起。以“绿色”为基础，运用法律规范对各种能源资源进行调整，能源种类繁多，不能一概而论，但也不需要逐一立法，如电力、燃气等利用多，在社会中发挥着重要地位的能源则需要独立立法，对某些稀有能源、利用率低的能源，可以参照《能源法》之规定。能源法的立法理念、目的应当与《经济法》相衔接，但不能因为一味地追求经济效益而忽视环境效益。在责任方面，违反能源法之规定可以与刑法相衔接，在现有的能源立法中，对责任的规定主要是金钱的赔偿，无须承担刑事责任。在《刑法》中增加此类责任，加重违法者负担，能更好地约束能源法主体守法，推进能源革命的发展。

结　语

随着经济发展，能源利用增加，急需能源法对社会关系进行调整。在现有能源立法不完备，法律内容原则性与其他法律不相衔接的背景下，制定以“五大发展理念”为立法指引的专门《能源法》，加强对企业环境责任的规制，完善能源法律体系具有重要意义。能源法治向度应当规定，以制度弘扬企业积极承担环境社会责任，以机制促进能源监管有效实施，能源法律关系才能良好运行，能源的利用和环境保护才能得到平衡发展。良法善治必将实现，能源规制与经济发展成为兼得的“鱼”与“熊掌”。

参考文献

常纪文，专家视角：环境保护是经济下行的原因吗？［N］．中国环境报，2015－07－07（02）．
毕茜，彭珏，中国企业环境责任信息披露制度研究［M］．北京：科学出版社，2014．
陈臻，杨卫东，周章贵．能源与环境法律政策新观察（2013－2014）［M］．北京：法律出版社，2014．
赵仕玲．能源法立法研究［D］．北京：中国地质大学（北京），2008．
叶荣泗，吴钟瑚．中国能源法律体系研究［M］．北京：中国电力出版社，2006．
钱爱菊．我国能源管理体制的法律构建［D］．济南：山东大学，2010．
杨解君．变革中的中国能源法制［M］．广东：世界图书出版广东有限公司，2013．
张剑虹．中国能源法律体系研究［M］．北京：知识产权出版社，2012．
熊敏瑞，胡孝红．能源法生态保护思想的溯源性思考［J］．生态经济，2012（11）．
肖国兴．《能源法》与中国能源法律制度结构［J］．中州学刊，2010．
刘惠荣，刘玲．法律生态化的重新界定［J］．中国海洋大学学报（社会科学版），2013．

“一带一路”视域下国际能源合作的立法应对研究

傅晶晶[①] 李 庆[②]

摘 要：“一带一路”视域下国际能源合作立法旨在为构建全方位开放新格局，实现各国互联互通、互利共赢，构建人类命运共同体提供制度保障。“一带一路”建设以开放为导向，在国际能源合作方面，始终秉持共商、共建、共享的全球治理观，为促进资源高效配置而努力。自倡议提出以来，国际合作领域不断拓宽，新的合作模式不断产生，为世界打造了良好的合作平台。但当前社会，能源已是影响国家经济发展的核心要素之一，国际能源合作法制尚不健全、立法进程受到多方限制及国际能源合作相关法律法规的滞后性，导致能源供应良莠不齐、能源安全无法保障，这都与“一带一路”倡议背道而驰。因此，在“一带一路”倡议良好运转的情况下，为维护各国核心关切和能源安全，必须以国际能源合作立法原则为指导，立足于国际、国内能源合作立法现状，完善我国能源合作相关立法，与时代同步，维护我国在国际能源合作中的国家利益和国家安全。

关键词：“一带一路”；国际能源合作；立法；能源安全

引 言

千百年来，“和平合作、开放包容、互学互鉴、互利共赢”的丝绸之路精神薪火相传，为实现人类共同的美好愿景和理想追求，在21世纪多极化、全球化的复杂世界格局下，习近平总书记于2013年9月和10月，先后提出共建“丝绸之路经济带”和“21世纪海上丝绸之路”的重大倡议，为促进全球治理和世界各国和谐有序发展提供了新的合作方式。

进入21世纪以来，能源促进国家发展和增强国家核心竞争力的作用日益凸显，也越来越成为各国竞相争夺、比拼的目标。“一带一路”倡议为应对各国肆意争夺能源，尤其是不可再生资源，提出了“共商、共建、共享”的全球治理

① 傅晶晶，西南石油大学法学院教授、副院长，西南石油大学法治与社会治理研究院院长，硕士生导师，研究方向：环境资源保护法、能源法。

② 李庆，西南石油大学法学院2019级法学硕士研究生，研究方向：环境保护法学。

观，这不仅对经济、多边贸易、军事、文化交流等合作领域有重要的指导作用，对能源、交通等基础设施的建设更是起着重要的规制作用。在“一带一路”倡议下，本着合作共赢的理念，国际能源合作日益密切，能源市场化深入发展，越来越多的国家期望在全球治理体系下开展能源务实合作，相互促进经济发展。但在多极化格局下，某些发达国家和能源大国掌控着能源市场的话语权，严重影响了世界各国的能源安全和国际合作。因此，必须加强国际能源合作的立法工作，以国内法和国际法共同规制大国强权，维护国际能源合作和谐稳定，响应“一带一路”倡议的合作共赢理念，营造美好世界图景，为共建人类命运共同体搭建实践平台。

一、“一带一路”倡议下国际能源合作立法的必要性

（一）解决能源安全问题的迫切需要

作为世界上最大的发展中国家，中国一直致力于迈入世界发达国家行列，始终以建设现代化强国为目标，因此保障能源供给持续稳定，减少对外国家的能源依存度，促进经济持续稳定发展，是一项长期的战略任务。基于世界能源市场化发展趋势和我国经济发展对能源的需求状况，必须重视能源安全问题，维护能源安全以维护国家安全。

“能源是各国合作共赢、普惠共治的平台，不是相互博弈斗争的竞技场；是加强合作的纽带、发展的动力，不是影响世界安全的潘多拉魔盒。”① 能源的发展和变革始终是社会发展进步的一把标尺，经历了两次石油危机之后，国际能源安全已上升到了国家的高度，各国都制定了以能源供应安全为核心的能源政策，能源作为国家经济的重要物质基础，其供应、使用和存量也日渐成为衡量国家综合实力高低的标杆。

两次石油危机发生后，世界各国均意识到石油对经济发展和国家内部运作的重要影响力，没有任何一个国家能够离开与他国的合作而满足能源充足供应和经济持续健康发展。石油是“工业的血液”，是当前工业社会中国家发展速度、发展水平的决定性因素之一；石油是不可再生资源，特性决定了价值，石油不仅成为国际上重要的战略物资，其国际地位也随着国家石油依赖度和储量减少而日益攀升。但各国石油资源储量不一，对其依赖程度也不同，因此某些拥有丰富储量或石油用量巨大的国家很可能会出现冲突，严重影响国际关系和国家安全。石油或其他能源造成摩擦冲突、冷战热战频发，阻碍了国际能源合作友好，违背了“一带一路”倡议提出的互利共赢、友好合作倡议，更威胁着我国能源安全和国

① 卢延国：《命运共同体：国际能源合作的最高愿景》，《能源》2019 年第 6 期，第 48 页。

家安全，因此加强“一带一路”倡议下国际能源合作立法成为保障能源安全的迫切需要。

（二）新时代建设法治国家的要求

建设法治国家是中国几代领导人的迫切愿望，是治理国家的基本方略，是坚持中国特色社会主义的重要保障，是现代化强国的基本要求，也是实现中华民族伟大复兴中国梦的法治前提。国际能源合作法律体系是新时代中国特色社会主义法治体系的重要组成部分，完善国际能源合作相关立法是全面推进法治国家建设的重要一环。此外，法律与经济、政治、思想文化相互联结，国际能源合作领域的法律缺失不仅阻碍法治国家建成，更容易产生政治、经济、军事等问题威胁国家安全，引发国家系统性危机，由此造成的严重后果难以估量。因此，国际能源合作领域虽然是能源领域的一部分，但一片雪花仍有引起雪崩之害的风险，每个领域都是不可忽视的部分。国际能源合作立法是建设法治国家的关键性台阶，只有完善国际能源合作相关立法，才能为建设富强中国、营造美好世界提供法治保障。

（三）建立国际能源合作新秩序的前提

经济全球化和世界多极化格局下，能源资源也呈现着全球化和市场化的趋势，但利益的驱使、能源供应与能源需求的不匹配，导致国际能源合作处于乱序状态。虽然某些国家已逐步改善与他国的能源关系，但仍难以改变现状，国际能源合作新秩序的建立需要全世界的协同努力。恰逢“一带一路”倡议提出，互利共赢的理念更加贴合发展中国家对能源供应的需求，各国家都能通过能源合作发挥各自的比较优势，增加全球能源开发、生产和供应能力，共同进行基础设施建设，推进全球能源市场互联互通、紧密联系。

然而，“一带一路”倡议始终只是中国提出的美好愿景，难以形成强制力和保护力，不能避免能源市场恶性竞争和暴力掠夺行为。强制力是法律的形式要素，法律以国家强制力为后盾，新的国际能源合作秩序不仅需要各国协同参与，更需要法律刚性保障。耶林曾说，罗马曾三次征服世界，第三次是以法律。现代社会，法律不适用“征服”，而是“影响”，我国完善国际能源合作立法，以完备的法律体系吸引世界各国的目光，彰显大国智慧，在能源合作法律相互借鉴的格局下，建立友好合作的国际能源合作新秩序，既改善有关国家和地区的人民生活，也促进国际能源合作顺利进行，顺应能源资源全球化和市场化的趋势。

（四）“一带一路”倡议良好运行的法制保障要求

“一带一路”倡议为国际能源合作搭建平台，国际能源合作是“一带一路”倡议的助力和体现，两者相辅相成，共同促进。自 2013 年习近平总书记提出“一带一路”倡议以来，“一带一路”倡议的和谐共处、合作共赢的理念吸引了世界各国的目光，不仅是沿线国家，拉美等非沿线国家也积极参与其中，为世界各国经济、政治、文化交流提供了国际平台和有力支撑。“一带一路”建设贯穿亚非欧大陆，其沿线是全球化石能源最为富集的地区，而且是中国最主要的能源进口来源地，中国提出建立“一带一路”能源合作伙伴关系，是立足于当下国际能源合作取得实效和未来更加深入务实合作的前景；是协同保障能源安全的内在需要，将通过基础设施互联互通、资金融通、技术研发等方面的合作发挥各国在能源资源禀赋、产业发展、能源结构等方面的互补优势，共同提高能源供应保障水平；是推动能源转型发展的必然要求，是完善全球治理体系、落实全球治理观的有效路径。“一带一路”倡议下，各国能源合作日益密切，共建“一带一路”能源伙伴关系也得到了全世界的热烈响应和积极参与，全球能源市场正朝着均衡包容、互利互惠的方向发展，国际能源友好合作不仅满足了我国对油气资源、矿产资源等能源的需求，也使各国在能源领域有了更深切的合作。

能源，在《中华人民共和国节约能源法》中是指煤炭、石油、天然气、生物质能和电力、热力以及其他直接或者通过加工、转换而取得有用能的各种资源，是“一带一路”合作倡议的有机组成部分。但当前全球能源发展水平参差不齐、能源分布不均、国家经济水平差异较大。因此某些发达国家能源消费水平高、浪费严重，而某些发展中国家基本生活能源供应都得不到满足，由此产生的能源发展不均衡性导致了能源合作的差异性。国际能源合作立法不仅是对我国利益的保护，更有利于打造友好合作的能源合作秩序，贴合“一带一路”倡议互利共赢理念。

二、中国及国际上关于国际能源合作的立法现状

（一）中国国内能源合作立法现状

我国“能源法”[①] 相关法律法规等文件有：《中华人民共和国节约能源法》《中华人民共和国可再生能源法》《中华人民共和国矿产资源法》《中华人民共和国电力法》《中华人民共和国煤炭法》5部现行法律；关于贯彻实施《中华人民共和国节约能源法》的《交通行业实施节约能源法细则》等6部部门规章；《内蒙古自治区实施〈中华人民共和国节约能源法〉办法》《四川省〈中华人民共和国节约能源法〉实施办法（2014年修订）》等29部地方性法规；《青岛市人民政府关于宣传贯彻〈中华人民共和国节约能源法〉的通知》等10份地方规范性文件以及94份立法资料、41份司法资料和少数中国港澳台法律法规。

我国“能源合作”[②] 相关法律法规仅有《国家能源局综合司关于建立中国参

① 在中国法院网、法信、法律图书馆等平台以该关键词搜索后，综合所得结果。
② 同上。

与 APEC 能源合作伙伴网络的通知》等 4 部部门规章、9 份地方性规范文件、12 份立法资料、22 份司法资料及少数港澳台法规。

我国“国际能源合作”[①] 相关法律法规仅有 2 部部门规章、2 份地方性规范文件、2 份立法资料、17 项司法资料以及部分港澳台法规。

能源“对外合作”相关法律法规有：《中华人民共和国对外合作开采海洋石油资源条例》《中华人民共和国对外合作开采陆上石油资源条例》两部行政法规和部分部门规章。

此外，2007 年曾出台《中华人民共和国能源法》（征求意见稿）、《中华人民共和国环境保护法》、《中华人民共和国固体废物污染防治法》、《中华人民共和国大气污染防治法》、《中华人民共和国清洁生产促进法》等法律也对能源活动有一定规定。

由此可见，我国《能源法》基本法和《国际能源合作法》等专门法律都尚未出台，当前已有的法律法规虽然少数涉及国际能源合作，但多是为《节约能源法》《可再生资源法》而制定的法律法规，不能保障我国国际能源合作中国家、企业和个人的利益，也不能良好规制和惩戒国际能源合作中的违法犯罪行为。

（二）国际上能源合作立法现状

国际上，与能源合作相关的多是双边条约和多边协定，自新中国成立以来签署共计约 2000 项，包括国家间签署的双边条约和有国际组织如 WTO、上海合作组织等参与的多边协定和国际条约。就其内容来看，包括与能源合作有关的战略同盟协定；涉及能源贸易、投资的专门协定；能源管道运输、科技合作协定以及和平利用核能等协定。[②]

三、“一带一路”倡议下国际能源合作的立法困境

（一）缺乏国际能源合作顶层设计

经统计，我国目前尚无《能源法》基本法，也无《国际能源合作法》等涉及能源合作的相关法律，仅有五部法律及少数部门规章、地方性法规等规范性法律文件，能源法律零散、系统性不强，且大多数相关立法几乎都是以“条例”“办法”的形式出台，不成体系且相互交错、规定不一，某些问题上甚至相互矛盾。随着重工业不断扩大与发展，能源发展与人类生活变得更加密不可分。同时，错综复杂的能源进出口、推进新能源开发利用、降低能源消耗等问题，促使能源法律建设迫在眉睫。虽然某些法律法规中涉及能源合作问题，但“一带一路”倡议

---

① 在中国法院网、法信、法律图书馆等平台以该关键词搜索后，综合所得结果。

② 任虎：《中国与“一带一路”沿线国家能源合作法律制度研究》，《国际经济合作》2016 年第 9 期，第 91—93 页。

下，能源合作有了更广阔的平台，必然产生更多双边、多边合作，当前仅有的法律条文难以覆盖整个合作领域，也难以解决不断出现的法律问题。顶层设计的缺失不仅破坏国家间、企业间、国家与企业之间的友好合作，更损害我国相关企业的实际利益，阻碍我国能源转型升级，与习近平总书记提出“一带一路”倡议的初衷背道而驰。

（二）国际能源合作法律滞后性严重，体系凌乱

我国现行国际能源合作法律法规、制度条例存在逻辑不完善、相互冲突和严重滞后性等问题，难以适应瞬息万变的时代发展。法律与社会发展总是不相匹配的，社会时时处于运动状态，而法律却在一起时间段相对静止，因此在某些领域，法律总是慢于社会发展，这是不可避免的社会规律。但这一规律只能说明存在法律与社会间的相对滞后，而不能为法律与社会严重脱节而开脱。我国能源各领域的法律都亟待完善，能源基本法急需出台，各具体领域的法律也需要完善，如近日我国四川盆地探明了千亿方级大气田，而关于天然气和页岩气的法律甚至还未制定出台，现行地方性法规和条例也难以保障整个大气田开采生产、运输和消费过程的合理运行。此外，煤炭、石油等不可再生资源仍占据我国能源格局中的主要地位，工业生产和日常生活都离不开煤炭和石油，但关于此领域的国内法律也存在滞后性，对企业和市场的体制约束不到位，能源企业很可能发展成垄断企业，破坏我国能源市场秩序，不仅损害消费者的利益，更使中国在国际能源合作市场中的竞争力下降，受西方能源公司压制，最终危害中国能源安全。

同时，由于国际能源合作专门法律的缺乏，我国关于国际能源合作的规定分布在其他法律、行政法规、地方性法规等规范性文件中。但由于时间和地域的限制，各条文之间规定杂乱，某些领域规定不一，某些领域却缺乏规定，导致许多问题无法及时解决。而因各条文尤其是地方性法规的奖惩不一，很可能造成某些地区国际能源合作密切，外资投资力度大，而某些地区却无人问津，妨碍国家经济发展。

（三）国际能源合作立法受多方限制

“‘一带一路’沿线分布着哈萨克斯坦、乌兹别克斯坦等重要能源生产国，也分布着中国、印度等众多能源消费国，其中还包括能源合作需要过境的国家。”① 各国国情复杂，尤其中亚、西亚国家社会动荡，国际能源合作存在许多不稳定因素。此外美欧、俄罗斯等发达国家也对这些国家虎视眈眈，激烈争夺在亚洲的能源利益，冷战热战频发，使国际能源格局异常复杂。此外，国际能源合作也因贸易、投资或税收等经济问题产生争端。国际经济、政治、军事甚至文化引发的问

① 钟飞腾：《构建“一带一路”的能源“朋友圈”》，《中国石油报》2016 年，第 1 页。

题，使国际能源合作情况复杂，要对其立法不仅要考虑能源安全，还需要考虑国家主权、国家利益和国家安全等问题。

此外，国内能源企业和国家之间也存在利益分歧和博弈。企业作为“经纪人”，以实现其利润最大化为目标，而国家政府立足于整个国家，以实现公共价值和维护最广大的人民利益为目标，两者利益冲突下，能源合作相关问题解决机制和法律制定就必须考虑更多方面，致使国际能源合作立法难度加大。

（四）未考虑国际能源合作中的环境问题

“绿色发展是能源合作的基本方向。”① 习近平总书记在十九大报告中强调：构建人类命运共同体，就是要建设持久和平、普遍安全、共同繁荣、开放包容、清洁美丽的世界。而某些国家对能源的无限制使用和肆意开发，引发了严重的环境问题，给全球环境造成了不可逆转的伤害，违背“一带一路”倡议和构建人类命运共同体的美好愿景，因此当前国内、国际能源立法与环境立法都迫切重要。就我国而言，现代化美丽国家和生态文明建设都立足于发展绿色经济。能源包含可再生能源和不可再生能源，目前，我国境内已发现大量可燃冰、页岩气等新能源，但就新能源的开发使用都尚未制定法律加以规制，许多对外合作开采项目中的企业为了满足其更高的利益需求，过度开采、不合理开采等情况屡见不鲜。对于这种仅注重产出而忽视生态破坏、水资源污染、温室效应等环境问题的行为，急需立法加以规制。

四、国际能源合作立法应遵循的法律原则

法律原则是能作为法律规则基础或本源的原理和准则，制定法律必须遵循法律原则，在原则的指导下，才能保持法律的合理性、有效性。国际能源合作立法不仅要遵循宪法规定的基本原则，还要遵循能源合作领域的特殊原则：

（一）能源主权安全原则

“能源问题既是经济问题、发展问题，也是政治问题、安全问题。”② 能源在国家经济发展和国家安全中越来越占有突出地位。在法律中明确国家能源主权，才能积极应对能源合作的挑战，规避和化解国际能源合作的消极因素。立法先行，以法律为指导，采取正确恰当的能源合作政策和战略，权衡利弊得失，趋利避害，实现好、维护好国家政治利益、安全利益和发展利益。

（二）能源互利共赢原则

中国既是能源生产大国，也是能源消费大国，各国能源储量形势均不一，国

① 白俊：《“一带一路”倡议下的能源国际合作》，《China Oil & Gas》2019 年第 2 期，第 80 页。
② 张小军：《丝绸之路经济带国际能源合作法律机制探析》，《生产力研究》2015 年第 9 期，第 115 页。

际能源合作能使国家经济和能源稳定发展，有较强互补性。“一带一路”倡议下，建设和平合作、开放包容、互学互鉴、互利共赢的美好世界是中国的美好愿景，立法中坚持能源互利共赢原则，有利于促进政府与企业之间的友好合作，更推动世界各国能源长期稳定合作，提高能源有效配置，发挥各自在能源领域的优势，拉动经济增长，为国际能源合作创造良好法律环境。

（三）能源可持续发展原则

能源可持续发展原则是宪法绿色原则和生态文明建设的具体体现。中国通过立法对能源资源进行合理开发和利用，是保障能源行业可持续发展的重要前提，是对可持续发展战略的有力推动。人类不是凌驾或居于自然界之外的，而是与自然界相互依存、密不可分的，人类对自然界的一切行为最终也会反馈到人类自身。因此，必须坚持能源可持续发展原则，正确处理能源和环境的关系，实施保护环境的能源发展战略。为实现可持续发展，中国正大力开发清洁能源，减少使用不可再生能源，并对水资源等回收利用。但再好的倡议也需要法律为后盾，通过立法程序，将可持续发展原则贯彻在法律文本中，对能源企业和与我国合作国家的行为进行法律约束，以法律强制力杜绝滥采、滥用的行为发生，才能保证合理利用和养护能源资源，保护生态平衡，实现与自然世界和谐共存。

五、“一带一路”倡议下国际能源合作的立法应对

“一带一路”倡议下能源合作立足于经济效益，但任何行为都必须受到法律的规制，因此不论中国还是其他国家，在合作互利共赢的同时，其行为都必须镶嵌在法律法规、国家政策之中。法律为能源合作兜底，对维护能源安全有不可替代的作用。

（一）制定覆盖能源合作各领域的专门法律

能源合作包括“贸易、投资、融资、开发、工程建设、管道运输、科技合作等多领域”[①]，我国国际能源合作多以双边能源合作协定为主。但由于历史、政治、经济等因素影响，许多协定规定时间过长，缺乏能源合作前瞻性，也未对新能源市场加以规定，导致“能源国际合作碎片化”[②]，只关注部分领域，未能涵盖合作全阶段，从而影响国家间能源合作的整体效率。

因此，为保证我国在国际能源市场中站稳脚跟，推进能源革命，必须以良法为保障，制定《能源法》基础性法律，并在其基本框架下，制定特定领域的能源法和能源合作法，如《天然气法》《清洁能源法》《能源合作法》《能源安全法》

---

① 高世宪、梁琦、郭敏晓、李际、王岫：《丝绸之路经济带能源合作现状及潜力分析》，《中国能源》2014年第4期，第4页。

② 任虎：《中国与“一带一路”沿线国家能源合作法律制度研究》，《国际经济合作》2016年第9期，第93页。

等。加强制定系统完善的能源合作法律体系，立法先行进而推动我国能源法制建设和能源发展转型。

（二）国际能源合作立法要保持前瞻性和系统性

能源是人类社会活动、物质生产活动的重要物质基础，是现代工业社会发展的动力，能源问题已经上升到国家战略层面，对经济发展和国家安全的影响力与日俱增。随着能源合作逐渐国际化、能源应用领域日益广泛，能源合作与能源冲突交织，国际组织、国际司法机构和国际法随之出现，但各机构组织间因其立足点不同，出现许多矛盾冲突。国际能源合作相关法律也因能源市场的快速发展产生滞后性，与现实相矛盾。因此，我国能源合作立法必须保证法律的前瞻性，在新形势、新理念的指导下，根据当前能源发展的全球情况，预估未来国际能源合作的发展方向和趋势，制定切实可行、符合能源合作发展趋势的法律，迎合能源市场化改革趋势。同时保证法律可操作性，制定能真正实施、规制各方主体的能源合作法，而不仅是“概念法”层面，以此保障国家能源安全、维护国家利益。

此外，国际能源合作立法要保持体系化、系统化，不仅要制定顺应时代发展的法律，更要建立国际能源合作法律体系，从基本法到单行法到地方性法规，都亟须制定完善。同时要统筹各级法律，避免地区间的规定差异导致地区间经济发展水平和人民生活水平的差异，以基本法指导下位法，从而形成体系完整、统一规范的国际能源合作法律体系。

（三）国际能源合作立法要统率全局、协调各方

当前，不论是我国能源立法进程还是国际能源合作立法进程，都因国家间、企业间和国家与企业之间的利益冲突而停滞不前，某些领域甚至未制定一部单行法律、部门规章，导致该领域混乱冲突不断。在国家利益与个人利益相冲突的情况下，必定要以国家利益为主，但国际能源合作中，企业扮演着重要角色，其利益也必须考虑和维护。同时，国家间能源合作和冲突同时存在，国家利益不容让步，中国能源进口的稳定性和安全性必须保证，但能源合作不仅是不可逆转的趋势，更是改善中国能源供应的有效途径。因此，国际能源合作立法应在保障国家利益和国家安全的同时，立足各国的共同战略利益，满足企业和他国的可行要求，有效协调各方利益，按照“一带一路”倡议初衷维护各国能源长期稳定合作，以能源利益共同体为导向，推进国际能源合作法律制定和实施，兼顾各方利益和合作意愿，寻求利益契合点和合作最大公约数，推动能源合作向高层次、宽领域发展，为实现长期可持续发展和互利共赢奠定法律基础和保障。

（四）国际能源合作立法要响应“共建人类命运共同体”号召

“国际社会日益成为一个你中有我、我中有你的‘命运共同体’。”[①] 世界各国相互依存、休戚与共，人类命运共同体的全球价值观下包含共同利益观、可持续发展观和全球治理观。在政治多极化和经济全球化潮流下，各国能源合作日益密切，能源开发和使用产生的环境问题也逐渐受重视，世界各地新能源的勘探工作也不断加强。但不论是传统能源还是清洁能源，在开采和使用中还是会产生污染物，如页岩气，是一种储量丰富、清洁、高效的能源资源和化工原料，能有效改善我国以煤炭为主的能源消费结构，但其开采过程中造成大量水资源浪费、水安全问题和大气污染等问题都不容忽视。人类只有一个地球，能源为我们带来便利和经济发展的同时，也威胁着我们的生存环境。因此，要联合世界各国重建可持续发展全球伙伴关系，推动能源产业转型升级，推动能源合作和环境保护相结合的统一国际法制定。其次，作为“一带一路”倡议和“共建人类命运共同体”号召的提出者，中国更应立足绿色经济目标，按照绿色原则和可持续发展战略，加强能源合作立法，为国家经济发展和美丽中国建设提供立法保障，为世界各国贡献中国智慧，为共建人类命运共同体注入力量。

结　语

“竞争可以是建设性的，也可以是破坏性的；即使其为建设性的时候，竞争也没有合作那样有利。”[②] 在大变革大调整的时代下，国际能源合作需要现实的载体和平台以顺应能源合作全球化和市场化的趋势。“一带一路”建设是最广泛的国际合作平台，也是我国为世界各国提供的国际公共产品，其为构建能源命运共同体提供了新的路径，也为共建人类命运共同体搭建了实践平台。国际能源合作在“一带一路”倡议背景下，搭起了多条经济走廊，涵盖能源贸易、投资、技术开发等各领域，但能源问题不仅是经济问题，更是政治问题、军事问题和国家安全问题。在世界能源贸易中心向亚太地区转移和发达资本主义国家激烈争夺能源资源的复杂背景下，中国必须加强国际能源合作立法，以法律的强制力应对国内外的挑战，维护国家安全和能源主权安全，同时遵循可持续发展原则和绿色原则，减少能源开发、使用中的环境污染问题，保护生态环境，加强生态文明建设的同时，推动能源命运共同体和人类命运共同体建设。

---

① 习近平就任总书记后首次会见外国人士时的讲话。

② 中国财政学会公私合作（PPP）研究专业委员会课题组，贾康，孙洁：《公私合作伙伴关系（PPP）的概念、起源与功能》，《经济研究参考》2014 年第 13 期，第 5 页。

参考文献

白俊．“一带一路”倡议下的能源国际合作［J］．China Oil & Gas，2019，26（02）．

卢延国．命运共同体：国际能源合作的最高愿景［J］．能源，2019（06）．

岳树梅．中国参与国际能源合作的法律机制创新研究［J］．河北法学，2009，27（04）．

任虎．中国与“一带一路”沿线国家能源合作法律制度研究［J］．国际经济合作，2016（09）．

张小军．丝绸之路经济带国际能源合作法律机制探析［J］．生产力研究，2015（09）．

许志峰．“一带一路”奏响合作共赢最强音［N］．人民日报，2015－04－13（006）．

潜旭明．“一带一路”倡议背景下中国的国际能源合作［J］．国际观察，2017（3）．

刘佳骏．“一带一路”倡议背景下中国能源合作新格局［J］．国际经济合作，2015（10）．

舟丹．全球能源治理中中国的路径［J］．中外能源，2019，24（08）．

张锐，周原冰，相均泳．国际能源双边及多边机制的再辨析［J］．华北电力大学学报（社会科学版），2019（04）．

张宇佳．“一带一路”建设与中国能源合作［J］．国际融资，2019（09）．

许勤华，袁淼．“一带一路”建设与中国能源国际合作［J］．现代国际关系，2019（04）．

管清友，何帆．中国的能源安全与国际能源合作［J］．世界经济与政治，2007（11）．

姚晨曦．中国能源法律体系构建研究［D］．上海：华东政法大学，2009．

莫神星．我国能源安全保障法律问题探讨［C］//中国法学会环境资源法学研究会、国家环境保护总局、全国人大环资委法案室、兰州大学．环境法治与建设和谐社会——2007年全国环境资源法学研讨会（年会）论文集（第四册）．中国法学会环境资源法学研究会、国家环境保护总局、全国人大环资委法案室、兰州大学：中国法学会环境资源法学研究会，2007：11．

陈丹．中国与中亚国家能源合作法律机制研究［D］．成都：西南交通大学，2018．

曾加，王聪霞．“一带一路”能源合作法律问题探析［J］．中共青岛市委党校、青岛行政学院学报，2016（03）．

舒先林，黄橙．“一带一路”能源合作与命运共同体构建［J］．学校党建与思想教育，2019（16）．

钟飞腾．构建“一带一路”的能源“朋友圈”［N］．中国石油报，2016－10－11（002）．

高世宪，梁琦，郭敏晓，李际，王頔．丝绸之路经济带能源合作现状及潜力分析［J］．中国能源，2014，36（04）．

新时代能源安全立法研究

秦 扬[①] 江 珊[②]

摘 要：随着全球能源结构的转型，作为传统能源消耗大国，中国能源结构的调整刻不容缓。但结构调整的同时伴随着许多能源安全问题，不容忽视。能源已经渗透到社会发展的方方面面，能源安全问题也是国家安全问题。因此如何在新时代能源发展的过程中建立完善的能源储备制度是我们应该认真思考的问题。

关键词：能源安全；储备制度；新能源

一、能源安全的概述

从历史上看，能源安全主要与石油供应有关。尽管石油供应仍然是一个关键问题，但能源系统日益复杂的情况要求对更广泛的漏洞进行系统和严格的了解，中断会影响其他燃料来源、基础设施或最终用途部门。因此，仅对石油供应的安全性进行分析已不足以全面了解一个国家的能源安全状况。

（一）能源安全的含义

IEA将能源安全定义为“以可承受的价格提供不间断的能源供应”。能源安全有很多方面：长期能源安全主要是根据经济发展和可持续环境需求及时进行投资以供应能源。短期能源安全侧重于能源系统对供需平衡内的突然变化做出迅速反应的能力。因此，能源安全的缺乏与能源的物理不可利用或价格缺乏竞争力或波动太大的负面经济和社会影响有关。

在诸如国际石油市场这样的情况下，允许价格随供应和需求的变化而调整，则实际无法利用的风险仅限于极端事件。供应安全问题主要与极端价格飙升造成的经济损失有关。在能源市场中，人们对供应的物理不可利用性的担忧更加普遍，在这些市场中，传输系统必须保持恒定的平衡，例如电力，在某种程度上还应保持天然气的平衡。在存在容量限制或价格无法在短期内平衡供需的调整机制的情况下，尤其如此。自国际能源署成立以来，确保能源安全就一直是其使命的核心。

---

① 秦扬，西南石油大学法学院教授，硕士生导师，研究方向：民法学、合同法，能源法。
② 江珊，西南石油大学法学院2017级法律硕士研究生，研究方向：民法学、能源法。

在严重石油供应中断的情况下，采取短期应急措施采取集体反应的能力仍然是国际能源署的核心活动之一。能源安全的长期方面也包括在原子能机构的既定目标中，该目标要求促进替代能源以减少对石油进口的依赖。IEA 继续致力于通过促进鼓励各种能源类型和供应来源多样化并促进更好的功能和更一体化的能源市场的能源政策来改善能源安全。

（二）建立能源安全的意义

建立稳定的能源安全是维护我国国家安全的前提。能源安全作为稳定国家安全的基石之一，是许多国家将之放入国家战略中的原因。历史上发生过的许多重要的战争，究其根本，都与能源资源的抢夺密不可分。一般来讲，能源安全问题主要涉及石油供应问题，供应不能满足日益增长的能源需求。同时，由于缺乏同一层次的石油替代品，导致全球对石油的需求增长超过了预测。

能源安全与市场也息息相关，因为能源安全产品具有一定的公共性。能源使用的不合理，抑或技术的局限，造成使用效率的降低，都会对能源安全造成一定的影响。我国虽然在政策上全力保护我们的能源安全，但只有当能源安全提高到法律层面，才能更好地规范能源的开发和使用，同时为政府引导和监督能源市场提供有效的法律依据。强制性的法律规定也能起到广泛的社会示范效应，为维护国家的安全奠定基础。

能源安全作为能源发展战略的重要组成部分，应成为指导能源立法的“帝国原则”。但是，当前的立法内容突出了资源属性和经济属性，并且缺乏能源安全的价值。当一个价值没有上升到法律保护的价值时，它很容易被忽视。当前，中国能源安全面临的严峻形势也是盲目追求经济发展的结果。建立能源安全的法律地位可以进一步改善中国的能源安全法律体系，从而为中国的法治提供正确的价值取向，并成为促进经济增长方式改革的重要措施。[①]

二、“能源三难”报告中的能源安全问题

世界能源理事会认为能源可持续性由三个核心维度定义，即能源安全、能源公平和环境可持续性。它们共同构成了一个“困境”，而要在所有三个方面实现卓越绩效，则需要在公共和私人行为者、政府与监管机构、经济和社会因素、国家资源、环境问题以及个人消费者行为之间建立复杂的交织联系。[②] 在市场、政治和社会变化的驱动下，各国在能源转型的背景下采取不同的途径。三难观的概念意味着在各个方面的正增长需要考虑并抵消任何间接影响。消费增长失控会导

① 叶荣泗：《我国能源安全的法律保障》，《中国发展观察》2008 年第 1 期。

② World Energy Council，World Energy Trilemma Index 2018（published 10 Oct 2018）.

致系统失衡。快速脱碳会影响供应安全。过渡的形式很重要：稳健的过渡意味着要根据不断增长的繁荣和需求平衡所有三个基本的三难问题。保持平衡的“三角”（规模不断扩大，但形状却平衡）意味着整合的政策解决方案和连贯的创新方法。通过这些方面，三难困境传达了在变化和过渡的背景下强大、安全和灵活的能源系统的重要性。而能源安全在“三困境”中，成为首要提及的要素。能源安全的关键指标之一是能源消耗与经济增长之间的关系。一个国家应对能源需求随时间变化的能力以总一次能源消耗随GDP的关系来表示。通过每消耗一单位能源产生更多单位GDP来降低能源强度，表明向着更高效和可持续的能源系统过渡。

（一）世界能源安全现状

石油价格的波动反映了国际市场对石油短缺的认识和期望。作为最重要的自然资源商品，稀缺性已成为石油的最基本特征。但是，世界经济的稳定增长与油价的波动形成鲜明对比。从2001年到2004年，世界经济增长呈上升趋势。全球GDP增长率已从2001年的2.6%逐渐提高到2002年，2003年和2004年的3.1%，4.1%和5.3%。2005年有所下降，但仍保持在4.8%的高水平。2006年达到5.10%。IMF预测，2007年全球GDP增长率将为4.9%，低于2006年，但仍将保持稳定增长。1998年，原油价格维持在25美元/桶左右，甚至在1999年初达到10美元/桶的低位。自2001年以来，国际石油价格一直在上涨。然而，在2006年7月中旬经历了74美元/桶的高价之后，石油价格在一个月内急剧下跌至60美元/桶以下，并在接下来的六个月中保持了较高的波动性。从1861年到1995年，石油的实际价格仅稳定了41年，波动幅度不到5%；49年的石油价格增长率超过5%，其中一半以上超过20%；剩下的45年中，油价跌幅超过5%，其中21年跌幅超过20%。名义油价的唯一稳定时期是第二次世界大战结束和1960年代末。价格的不稳定性源于市场的动荡，更深层次的原因是世界能源格局的变化。不确定性是整个石油历史和石油经济的核心组成部分。石油公司一直在努力减少这种不确定性，无论它们是在处理内部机构布局问题，设计与市场的关系还是建立新的合同机制。在高度不确定性方面，各个公司的相互独立性导致市场失衡和不稳定。不确定性越明显，行为越普遍和不具有竞争性。稳定性是石油的固有特征。这种不稳定性对国家安全的影响：从实际意义上讲，石油贸易的不稳定性扩大了该国的不安全概念；反过来，国家的反应增加了安全结构中核扩散的一些风险，也增加了石油市场的动荡。

（二）中国能源安全现状

中国已经成为世界上最大的能源消费国。持续的工业化和城市化导致需求大大增加，使能源安全成为主要问题。[①] 2017 年，中国的能源自给率下降到 80%左右，外部对石油和天然气的依赖程度分别达到 70%和 35%。中国正在寻求通过节约、效率、技术解决方案和能源体系改革等综合措施来解决能源安全问题。我国目前非常规能源储量较为丰富，近几年对非常规气如页岩气开采力度大大增强，对于能源结构的优化调整有着重要的影响。同时，新能源产业的发展也能填补我国减少常规能源使用的空缺。根据国际条约《巴黎协定》中的规定，各个国家应当努力寻求新能源的发展，减少碳排放。而中国作为传统能源消耗大国，也应该格外引起重视。能源发展转型的同时也面临着能源安全等相关问题，如何保障我国能源供应安全性成为新时代能源安全发展的问题。

根据 2018 年“能源三难”报告中对于中国目前能源总供给结构来看，煤炭仍然占比超过 60%，而石油占比大约是 18%，剩下的为天然气 12%左右，核能占比大约 2%，以及水能发电占比 8%。但我们可以看到的是，在 2017 年，中国仍然是世界上最大的温室气体排放国，但在摆脱化石燃料方面正在取得重大进展。在过去的十年中，煤炭的比例从 70%下降到 60%。而非化石燃料的贡献几乎翻了一番。中国计划到 2020 年在可再生能源上投资近 4000 亿美元，并正朝着以技术制造和服务业为基础的经济发展，并关闭效率较低的老式燃煤电厂。巨大的基于特高压输电的配电网已经帮助将电力从中国的西部带入，中国的可再生能源则以需求量大的东部为基础。2017 年，中国的碳强度比 2005 年下降了 40%以上，这意味着它比原计划提前了三年，到 2020 年达到了其最初目标 40%—50%。

目前来讲，新能源的发展我们做得还不够，能源安全，是一个国家长远发展必须解决的问题，中国还有很长的路要走。另外加大石油储备建设的步伐很有必要，如此一个泱泱大国不能持续受制于他国的能源进口问题。

三、我国能源安全立法应设立的基本制度

（一）能源税收和补贴制度

我国目前能源税收和财政补贴主要是针对节能技术，覆盖范围相对狭窄，节能法律体系的推广受到限制。[②] 扩大财政补贴，例如对购买节能晶体的消费者给予补贴，从而促进节能产品的消费；仅对国内能源节能征税或补贴绝不是最佳选择。所有税收应适用于所有能源。在这种情况下，世贸组织的规则是禁止公众对特定国内产业的支持改变市场竞争。然而，在许多情况下，我们可以有效地向国

① 张宇燕、管清友：《世界能源格局与中国的能源安全》，《世界经济》2007 年第 9 期。

② 何英：《我国能源安全立法的完善对策》，《安全与环境工程》2010 年第 3 期。

内能源生产商提供补贴。

（二）能源储备制度

能源储备制度的建立主要是为应对相关能源危机而采取的前置性措施，比如发生能源市场价格波动频繁、能源供应出现不足时可以通过事前的储备能源工作应对这些问题的法律制度。能源的运用渗透到了社会发展的方方面面，一旦出现相关能源危机，后果不堪设想，这个机制能够很好地帮助国家保障能源的稳定供应以及社会的稳定运行。① 但目前我国的能源储备规划主体为政府储备，单一由政府主导的储备模式已经不能适应多元化的能源市场。行政释放手续的繁杂大大降低了释放能源的效果。建立相应的企业自愿储备模式，同时对该模式进行规范性管理。因为由于企业本身是以盈利为目的的，大量的能源储备会大大增加其企业管理成本。因此，为了避免单一的政府储备模式或者非强制性的企业储备模式，我们应该建立统一的能源储备管理机制以及相关标准。

参考文献

何英．我国能源安全立法的完善对策［J］．安全与环境工程，2010（3）．
叶荣泗．我国能源安全的法律保障［J］．中国发展观察，2008（1）．
张宇燕，管清友．世界能源格局与中国的能源安全［J］．世界经济，2007（9）．
孟涛．浅谈我国能源储备制度的完善［J］．法治与社会，2016（8）．

① 孟涛：《浅谈我国能源储备制度的完善》，《法治与社会》2016年第8期。

地方能源立法与地方能源政策界限研究

秦 扬[①] 杨丰源[②]

摘 要：法律和政策作为社会治理的重要措施，对于社会生活的重要性不言而喻，在能源领域也同样存在着地方立法与地方政策双重管理的现状。然而由于缺乏统一标准，地方能源立法与地方能源政策出现界限模糊、分工不明及互相抵触等问题，且在不同的省市，同一领域的相似规范，会出现一个是规章一个是政策的情况。对于地方能源立法与地方能源政策界限的研究，有助于加强地方能源领域社会治理能力，有助于地方能源领域社会治理体制更加科学化、效率化。

关键词：地方能源立法；地方能源政策；界限

能源领域不同于其他领域，其本身内涵极为丰富，传统意义上的能源法内容上至少包括了煤炭相关立法、石油天然气相关立法、电力相关立法、新能源相关立法以及节约能源立法五个方面，而随着社会经济水平、科技水平的不断提高，在能源领域中还出现了有关于能源融投资、智能平台以及能源消费等多方面新的立法。由于涉及范围极为广泛，且立法专业性要求较高，通过能源政策对能源领域进行调节具有及时性和灵活性等特点。长期以来都存在着能源领域以政策为主导以法律为辅助的情况，2019 年 1 月 18 日，国家能源局印发《能源行业深入推进依法治理工作的实施意见》，其中明确在能源行业要全面加强法治建设，加快能源立法，不断提升依法行政能力和水平，促进能源立法与发展改革相协调，努力实现能源治理体系和治理能力现代化，为推进能源生产和消费革命，构建清洁低碳、安全高效的能源体系提供法治保证。

在此背景下，传统以政策为主规制能源领域的现象将会得到改善，而随着《能源法》《电力法》《核电管理条例》等立法工作的推进，以法律为核心的能源行业管理体系将会形成。在这个过程之中，必然会伴随着部分能源政策通过立法程序成为法律，但是值得我们去深究的一个问题是哪些能源政策应当转化为法

① 秦扬，西南石油大学法学院教授，硕士生导师，研究方向：民法学、合同法、能源法。
② 杨丰源，西南石油大学法学院 2017 级法律硕士研究生，研究方向：民法学、能源法。

律，而哪些治理措施应当继续保留为能源政策。这一问题不仅存在于我国整体能源管理治理体系中，在地方能源管理治理体系中尤为明显，由于各地区本身特点的不同，造成了在不同地方能源政策与能源立法的界限不一致，本文以地方能源立法与地方能源政策的对比研究，探寻目前地方能源领域治理中的方式选择与未来规划取向。

一、地方能源政策与地方能源立法的相互关系

广义上的地方政策具有两方面内涵：一方面，指地方政府在本地区内对于中央政府政策的贯彻执行；另一方面则是县级以上的地方政府有权制定本地区的国民经济和社会发展计划，决定本地区的政治、经济、教育、科学、文化、卫生、民政等重大事项；省、自治区、直辖市及其所在地的市和经国务院批准的较大的市的人民代表大会，可以制定地方性法规。在狭义上，地方政策仅包含对于中央政策的贯彻执行及对于本地区重大事项的决定两个方面。本文所讨论的地方能源政策指的是在能源领域中狭义的地方政策。①

地方立法则是指省、自治区、直辖市的人民代表大会及其常务委员会根据本行政区域的具体情况和实际需要，在不同宪法、法律、行政法规相抵触的前提下，可以制定地方性法规。较大的市的人民代表大会及其常务委员会根据本市的具体情况和实际需要，在不同宪法、法律、行政法规和本省、自治区的地方性法规相抵触的前提下，可以制定地方性法规，报省、自治区的人民代表大会常务委员会批准后实施。地方能源立法则是指对能源领域进行规制的地方立法，包含地方人大及其常委会进行的地方规章及地方政府所制定的政府规章。

在对地方能源立法及地方能源政策的内涵进行明确后，对于该问题的讨论主要表现为地方人民政府与地方人民代表大会及其常务委员会之间对于能源领域具体事务管理关系的讨论。

（一）地方能源政策应当符合地方能源立法的要求

虽然同属于社会治理的手段之一，但是地方能源立法作为产生效力的法律，在强制力上较之地方能源政策更强。党的十八届四中全会提出全面依法治国，其中便明确各级行政机关应当严格依法行政。虽然地方能源立法由于其程序严谨、审议过程繁杂可能存在着滞后性等缺陷，但是绝不代表着地方能源政策可以变更地方能源立法，一方面由于地方能源立法在一定情况下是国家能源立法的细化，对于地方能源立法的遵循便是对于国家能源规划的遵循。另一方面，也正是因为地方能源立法的严谨性，才能保证地方能源领域的稳定，促进市场交易的公平。

① 杨蓉：《地方公共政策与地方立法之关系辨析》，《法制与社会》2013 年第 3 期。

（二）地方能源政策可以弥补地方能源立法的不足

目前阶段，虽然已经存在较多的地方能源立法，但是与其所规范的能源市场相比较依旧处于较为缺乏的状态，从这一意义上而言，地方能源政策的存在可以对地方能源立法所暂时未涉及的领域提供规制办法，保障市场正常运营。如北京市电力交易中心曾发布《跨区域省间富裕可再生能源电力现货试点规则》，其中对于跨区域现货交易市场主体的准入资格、权利义务、组织流程及争端解决等方面进行了规定，以政策的形式对特殊电力市场运作进行了规制。[①] 而另一方面，随着社会的发展，立法时尚未涉及的问题也可能由政策进行弥补，例如虽然多地早已对节约能源领域展开立法工作，但是由于其所处的具体环境不同，具体点的操作办法无法进行细化，可能会通过政策的形式予以完善，广东省在 2010 年修订了《节约能源条例》，但是随着社会的发展，广东省在 2018 年发布《广东省打赢蓝天保卫战实施方案（2018—2020 年）》中对于钢铁、石化、化工、建材、有色等项目提出更高节能要求。

（三）地方能源政策可以促进地方能源立法

美国法理学大师博登海默认为："公共政策这一术语，主要是指尚未被整合进法律中的政府政策和管理。"[②] 在法的学说体系中，政策是德沃金及其所代表的价值论法学中的核心概念之一，政策更是在拉斯韦尔等人创立的政策定向法学中占据着基石性范畴的地位。在法的渊源体系中，政策被赋予非正式渊源的身份，成为正式法源的补充和辅助。在法的构成元素中，政策也被一些法理论视为法之内在必备要素或质料。与此同时，在法的创制与适用过程中，立法政策切实指引着立法活动，政策概念频率出没于立法文本中。[③] 从地方能源政策与地方能源立法的发展历程中也不难发现很多地方能源政策被整合进地方能源立法之中，由于当能源市场或是地方能源战略发生改变时，往往是由地方能源政策首先作出调整，从而使得对于具体事务的管理处于政策导向之下，当能源立法工作展开时，地方能源政策便具有先天的可借鉴意义，由此对地方能源立法也具备导向性。

二、地方能源立法与地方能源政策的现状

虽然地方能源政策及地方能源立法在颁布程序以及实施方面有着截然不同的表现，但是在地方实际社会治理过程之中，对于什么时候应当由地方能源政策进行管理，什么时候应当由地方能源立法进行规制却仍然存在着模糊不清的地带。

---

① 董广顺：《深化电改电力现货市场建设试点启动》，《中国电业（发电版）》2017 年第 9 期。

② ［美］E. 博登海默：《法理学法哲学与法学方法》，邓正来译，中国政法大学出版社 2004 年，第 487 页。

③ 彭中礼：《政策概念的法规范分析》，《安徽大学学报：哲学社会科学版》2016 年第 3 期，第 113—122 页。

虽然在实务中，《立法法》第64条将地方立法的权限划分为地方执法性立法、地方自主性立法和地方先行性立法，但是由于其对上述三种立法规定极为原则化，从而导致难以利用体系解释的办法来确认地方立法权限，从而导致了立法与政策的混乱。

（一）不同省份之间，相似领域不同规制办法

针对装机容量5万千瓦及以下水电工程的开发、建设和管理，广东省以行政规章的方式制定《广东省小水电管理办法》，而四川省在水电管理领域，则是以政府文件的形式发布《四川省人民政府办公厅关于加强2.5万千瓦以下小水电工程开发建设管理意见》，相比较而言，《广东省小水电管理办法》包含对于小水电规划与建设管理、安全生产管理、生产经营与并网管理、法律责任等相关内容，而《四川省人民政府办公厅关于加强2.5万千瓦以下小水电工程开发建设管理意见》包含了小水电规划管理、规范小水电前期工作和项目审批管理、加强小水电建设期质量监督和安全监管、小水电验收管理、已建成小水电管理、服务指导等方面内容，不难看出，二者在规制领域存在极大的重合，但是却分别由地方立法与地方政策予以调整。所以哪怕是针对相类似的能源领域，不同的省份所采取的规制手段并不相同。另一方面，部分省份为了与国家立法保持一致，从而在部分领域一直以政策的形式展开规制，而部分省份则率先展开立法工作，甚至领先于国家相关立法，如在我国长期以来石油天然气都缺乏直接立法，而广东省、江苏省等省份也一直在该领域的政策性管理模式，但是在陕西省却颁布了《陕西省煤炭石油天然气开发环境保护条例》。

（二）同一省份之内，相似领域不同规制办法

就四川省而言，针对光伏产业的规制办法大多通过政府文件来完成，例如针对四川省光伏发电项目建设管理有关事项的管理，便是由四川省发展和改革委员会及四川省能源局发布相关文件进行管理。而针对煤矿产业的规制办法则大多通过法律法规来进行管理，如《四川省煤炭分类监管办法》等。其中最为常见的是，在发展较为成熟的领域，如煤炭领域、电力领域，较多采取地方立法的形式进行规制管理，而在新兴能源领域，或是在过去长期存在以政策进行管理的领域，前者如风电、光伏产业，后者如油气领域，二者之间的不同也体现出地方立法大多是随着时间的推移逐步进行，缺乏主动性和规范性，并非因为该领域本身治理需要运用立法而使用立法，而是由于该领域治理长期缺乏立法，而到了时候再进行立法。

（三）实际执行过程之中，地方能源政策与地方能源立法衔接不够

由于社会发展而导致地方能源立法存在缺陷，但是由于存在地方能源立法，而缺少相应的地方能源政策补充，从而导致地方能源管理存在遗漏，例如原《湖

北省实施〈中华人民共和国节约能源法〉办法》，由于在立法之初缺少对于绿色原则、监管责任分配以及激励措施等方面的规定，从而导致在实际应用的时候，上述环节无法可依，而由于该立法的存在，又使得相关政策对之难以填补，从而使得监管上存在遗漏。[①]

三、地方能源立法与地方能源政策划分建议

对于地方能源政策与地方能源立法之间关系的讨论，可以延伸出对于其界限问题最初步的整理，传统针对能源法的研究主要讲能源法的定位分为三种思路，第一种思路是将能源法作为“基本法”，即规定能源法律基本制度的内容。第二种思路是将能源法作为“战略和政策法”，即在能源立法中加入能源战略和规划的内容，包含目标、措施、基本的政策手段与程序等。第三种思路是将能源法作为“综合能源法”，大致内容包含能源战略和部分能源政策，涵盖前述两种思路的内容。[②]

然而作为地方能源立法，由于其需要与上位法保持一致性，对于具体的实施办法应当带有基本法的属性，但是由于其必然会因为各地的资源现状以及社会发展实际，而产生不同的实施策略，这种区别不宜体现在基本法律制度层面，故其必然会带有一定的能源战略和规划的内容，故笔者认为地方能源立法应当采用“综合能源法”的思路，由此其与地方能源政策的界限应当主要考虑以下几点：

（一）国家能源相关立法应当及时由地方能源立法进行承接，国家能源相关政策应当由地方能源政策加以配合

对于能源领域的管理工作绝非任何一地区可以单独完成的，任何一个省份都需要遵循国家的统一能源规划，在国家能源战略布局下完成对于地方能源领域的管理工作。但是由于各省资源情况以及实际发展情况的不同，对于上位法的实施情况又会出现不同的差别，然而由于上位法已经作出了规制，作为地方政府就应当以法律的形式对其进行规制，从而进行管理，在这一层次上，凡是国家通过立法行为进行的规定，都应当以立法的形式来加以衔接。例如针对《中华人民共和国节约能源法》《中华人民共和国矿山安全法》等上位法而制定的实施办法，都应当采用立法的形式。例如《电力设施保护条例》第十二条规定：任何在电力设施周围进行爆破作业的单位或个人，需要确保电力设施安全。《电力设施保护条例实施细则》细化为电力设施五百米以内不得爆破作业的规定。特殊原因确需爆破的，必须征得产权单位或其主管部门的书面同意，并上报批准。随后，《济南

① 陈洪波：《经济危机背景下的节约能源立法研究——以地方立法调整机制的完善为视角》，《湖北民族学院学报（哲学社科版）》2009 年第 4 期。

② 肖国兴：《我国〈能源法〉起草中应考虑的几个问题》，《法学》2007 年第 2 期。

市电力管理条例》进一步做出了五百米范围内进行爆破作业除上报批准还应当制定安全措施的明确规定。对没有完全贯彻落实的国家能源法律法规，应进一步贯彻落实。就节约能源制度而言，各直辖市首先应根据修订后的《节约能源法》对其制定的《节约能源条例》进行相应的修改。① 但是这一衔接应当注意其具体界限问题，首先是在内容的衔接上，并非所有与上位法相关联的内容都应当通过立法的形式加以延续，应当明确其立法内容为对上位法所规定的具体内容实施方面加以规定，而不能以地方立法的形式对上位法尚未规定的内容进行规制。其次，应当注重必要性，并非所有的实施环节都应当以立法的形式进行规定，除维持市场运行必要的环节外，其他的环节特别是在涉及市政建设、短期目标或定期考核标准等方面，由于其可能存在定期变化以及由于社会发展而具备的不稳定性，如果以立法加以固定则过于机械。例如《中华人民共和国电力法》中虽然规定地方投资的电力生产企业所生产电力的电价由地方政府进行管理，但是如果专门对此进行地方立法则显得过于机械，其不存在进行立法的必要性。最后，应当注重及时性，随着上位法的改变，可能会存在部分由法律加以规制的内容转变为政策调整，部分原本由政策调整的内容被固定为法律，地方能源立法应当及时依据上位法的调整作出改变，对依据上位法而制定的地方能源立法加以调整。

（二）临时性的资源配置或市场管理措施应当由地方能源政策加以调控，对于长期的资源配置或市场管理措施应当由地方能源立法加以规制

由于对于实际管理对象的不同，所采用的手段也应当存在差异。在针对短期的管理时，应当采用地方能源政策的方式加以调控，例如为了在一定期限内完成节能减排目标而制定的管理措施，如果以立法的形式加以固定，首先其立法成本过高，任何一项立法工作都需要长期的论证以及制定过程，由于治理目标本身便是短期的计划，如果采用立法形式，甚至可能出现目标都已经失效，而立法尚未完成的情况。其次，针对短期目标而言，其本身实现的手段便具有暂时性，由于相关技术手段的进步，可能在数年内便会对现有目标进行修正，而立法作为长期、稳定的规范，如果频繁进行修改本身便不利于市场交易的稳定性，也难以产生足够的公信力。最后，短期的目标本身便可能因为外界环境的变化而产生波动，利用地方能源政策进行调节更具有灵活性，方便地方政府针对现有情况进行调整，以促进地方能源产业发展。

基于此，可以进行下列划分：首先是根据国家战略规划而制定的地方能源战略的原则性要求，应当以立法的形式加以固定。因为国家战略规划具有较强的稳定性，可以作为较长时期内的目标，不会在短期中频繁更改，且作为原则而言，

① 曹治国：《中国直辖市地方能源法规比較研究》，《华北电力大学学报（社会科学版）》2009年第3期。

其本身就是作为一种价值取向指导能源领域的治理工作，假如仅仅在政策文件中予以体现，则必然因其效力较低，从而无法指导地方能源法治工作的进展，在地方能源立法中对其予以确认，可以在地方能源治理过程中予以贯彻，达到法律与政策内核的统一。有学者便认为，能源法本身与能源战略便具有一定的同一性，如国家战略与能源法合二为一的能源法律制度安排，在这一层意义上而言，美国的能源政策法便是此类立法，既可以将能源战略法定化，又可以将有关战略思想与措施直接设计与安排成法律制度。①

其次，为达到一定目标而设立的治理手段，不宜以立法的形式加以固定，应当以政策的形式加以规制。作为贯彻目标的手段，通常都需要依据社会的发展、科技的进步以及当时政府规划的要求来制定。应当注意具体措施实施的期间长短，对于一些较为长期的规划，适宜使用立法的形式保持其稳定性，维护市场信心，促进市场的活力与自主性，而对于一些较为短期的规划，则适宜使用政策的形式快速推往市场，在其有效期间内对市场产生效果，例如 2018 年广东省推进燃煤工业锅炉替代及清洁改造工作，逐步淘汰分散燃煤锅炉，代之以集中供热的模式，并分阶段先在沿海发达城市完成每小时 65 蒸吨以下燃煤锅炉清洁能源改造，在次发达城市完成每小时 35 蒸吨以下燃煤锅炉清洁改造。在欠发达地区淘汰 10 蒸吨及以下燃煤锅炉，其目标完成是周期性、阶段性来完成的，当一个目标实现后又可能依据新的社会要求提出新的目标，假如以立法的形式加以固定则显得过于僵化。

最后，应当区分具体管理措施的施行时间节点，对于可以使用政策进行管理的能源领域，可以首先使用地方能源政策进行管理，在积累一定经验后再以地方能源立法的形式加以固定，防止因为立法技术落后或对于市场了解不足而产生的立法质量较差的问题，但是在较为成熟的能源领域则适宜将前期政策转化为地方立法。例如在分布式能源微电网项目上，江苏省实施公平市场准入制度，分布式能源微电网项目在投资、设计、建设、运营等各个环节均依法实行开放、公平的市场竞争机制。鼓励各类企业、专业化能源服务公司投资建设、经营分布式能源微电网项目。鼓励依托分布式能源微电网示范工程开展经营管理体制和商业模式创新，对示范项目实行优先并网。鼓励采用先进互联网及信息技术，实现能源生产和使用的智能化匹配及协同运行，形成高效清洁的能源利用载体。积极研究设立专项建设基金，加大分布式能源微电网建设的资金支持力度，分布式能源微电网内部的新能源发电项目执行分布式可再生能源发电补贴政策。鼓励地方政府给予分布式能源微电网项目投资补贴，或在项目贷款利息上给予一定比例贴息支

---

① 肖国兴：《论能源战略与能源规划的法律界定》，《郑州大学学报（哲学社会科学版）》2009 年第 5 期。

持，鼓励各类产业基金等对分布式能源微电网予以支持。鼓励分布式能源微电网项目通过发行债券等方式直接融资。积极研究分布式能源微电网所在地区的分时电价等需求侧管理政策，鼓励分布式能源微电网项目参与辅助服务交易，为电力系统提供各类辅助服务。作为电力改革的一部分，首先使用政策对市场机制予以调整，落实其效果，最后根据其效果逐步完善管理机制，最后将成熟的管理机制上升到立法层面，形成长期稳定的规制机制。

（三）法律责任及产权确认等应当由地方能源立法进行规制

法律责任的分配应当由立法来进行规制，对于产权的确认同样应当通过立法来规制。法律责任的分配主要包含：第一，监管机构的确认。由于能源领域的包含范围较广，而长期以来一些监管职能由企业代替，随着能源领域改革的不断深入，必然会产生较多的监管职责转移，在此基础上，以立法的形式对监管机构进行规定，有利于理顺政府管理职能，监督政府作为，便利市场运作。第二，管理责任的确认。能源领域作为社会的基础领域，其专业性较强，而运作环节较多，通常需要专门的立法对能源领域企业责任进行确认，不仅涉及安全责任，还应当包括环保责任等。第三，责任的具体内容应当由法律予以确认，虽然政府可以在政策性文件中对部分责任的承担方式进行规定，但是因其权限问题，所能规定的承担方式极为有限，相较而言地方行政法规所能规定的责任承担方式更多且效力更强。例如在《上海市液化石油气管理办法》中便专门设置了罚则一章，其中对无证经营及擅自在液化气贮罐或者槽车罐体的取样阀上直接充装液化气气瓶的，可以处以最高3万元的罚款，而作为政策的准入条件等方面，则难以达到如此强的惩戒力度。

就产权确认部分而言，主要应当包含能源市场及其监管制度的设计，包括具体能源市场的市场准入、价格机制、竞争、反垄断、产品质量和公共服务、消费者、现场设施保护、公共安全和进出口贸易制度等内容。该类制度作为规制能源市场的基础手段，是支撑整个能源市场有序运行的基石。虽然该类制度通常由于其较为具体，而由政策先行进行规范，但是假如不以法律的形式加以固定，则可能出现朝令夕改的现象，例如在水电的开发过程中，先从“圈水运动”中河流的无序开发，到“四无”水电风行一时又陆陆续续被查；从“环评风暴”此起彼伏，再到弃水问题频发，虽然此一方面体现出了环境规制与能源规制之间存在失衡现象[①]，但是另一方面也正是由于没有对此进行稳定长期立法而导致的混乱局面。故对于此类能源市场基本组成要素，应当由地方能源立法进行长期规制。

---

① 杨翠柏：《中国水电能源法治建设研究——以我国西南地区为视角》，《辽宁公安司法管理干部学院学报》2019年第2期

对于地方能源政策与地方能源立法界限的划分，是地方能源治理法治化的重要问题。作为具有复杂特性与广泛要素的能源领域，如果一味推崇立法，则可能陷入僵化管理的境地，而如果一味推崇政策，又可能导致管理随意化、无效化的局面。正确选择能源领域治理手段，既是更有效展开社会治理的基础，同时也是推进能源领域治理法治化的必然要求。

中国油气输送管网第三方准入立法研究

郑　翔[①]　龚　琴[②]

摘　要：中国油气输送管网第三方准入立法旨在推动我国能源生产革命、促进油气市场的发展和油气产业效率的提高。然而，中国油气输送管网第三方准入立法缺乏高位阶的法律规范、尚未实现独立监管、定位错误未实现市场化。在能源革命总体要求与油气体制改革任务要求下，可从构建法律规制，制定《石油天然气法》；完善独立监管机构；引入市场竞争机制，鼓励多元竞争主体进入油气领域三个方面健全中国油气输送管网第三方准入立法。

关键词：油气输送管网；第三方准入；立法

引　言

作为油气产业中间环节的石油天然气管道输送业务即油气输送管网，我国已基本形成，其联结了上游勘探开发市场和下游销售消费市场。但我国油气输送管网存在双重垄断的特征，限制了油气产业的发展。油气输送管网第三方准入要求管网运营商公平、无歧视、开放地向符合申请条件的第三方提供油气产品和管网输送服务。本文旨在通过分析中国油气输送管网第三方准入立法的必要性，对其现状、存在的问题和基本原则进行详细阐述，健全中国能源立法中的油气输送管网第三方准入。

一、中国油气输送管网第三方准入立法的必要性

（一）是能源生产革命的需要

能源生产革命，对全世界的能源格局有着指引作用，并且对油气市场的巨大变革有推动作用。油气输送管网第三方准入引入以民营资本为主的社会资本，能促进整个油气市场的良性运转。因此，油气输送管网第三方准入立法，引入包括民企的第三方，让其能够自由地选择输送容量、交易对象等，并且依据公开透明

---

① 郑翔，西南石油大学法学院副教授，硕士生导师，研究方向：经济法、能源法。

② 龚琴，西南石油大学法学院 2018 级法律硕士研究生，研究方向：经济法、能源法。

的价格标准支付价款，这样能够避免过去固有的捆绑销售、投入产出不对等，能更大程度地保护民营企业的合法权益，推动油气市场中间环节的良性运转，同时能够引导更多的主体进入上游环节进行技术创新，进而推动整个油气市场的发展，进而推动能源生产革命。

（二）是油气市场发展的必然趋势

能源行业具有自然垄断性，油气市场发展的必然趋势将是打破油气产业垄断，引入以民营资本为主的社会资本，实施第三方准入。而油气产业长期的一体化垄断，使得中石油、中石化、中海油公司缺乏竞争意识，产生了很多负面影响。一方面，一体化垄断使得中石油、中石化、中海油公司的管理组织怠于执行事务，创新的积极性不高。无论哪个行业，技术的革新总是伴随着大量成本的投入并且回报率不稳定即利益的风险较大。但是，由于油气市场一体化垄断地位没有市场竞争的特点，能够带来稳定的高回报率的利益。因此，三大公司自然会选择稳定的垄断利益，进而怠于创新。[①] 另一方面，基于互联互通不成熟，中石油、中石化、中海油公司在油气管网输送环节的管道重复建设问题也格外明显。首先，由于上游勘探开采气源不足导致部分管道的利用处于不饱和状态，进而导致管道运输的价格过高；此外，油气管网输送管道的重复建设导致地域分布失衡，部分地方缺乏管网输送，对城市油气供应安全有重大的影响。因此，我国油气产业长期一体化垄断的负面影响已经超过其所造成的正面影响，应顺应油气市场的发展趋势，通过立法引入油气输送管网第三方准入。

（三）是油气产业效率提高的需要

因能源行业具备自然垄断性，我国油气市场的价格由管道公司利用其垄断地位而控制，其难以准确反映真实的市场信息。因此，油气产业的生产者和销售者的积极性不高，整个油气产业的效率降低。在全球能源革命的背景下，我国油气管网领域也应当引入市场竞争机制，鼓励多元竞争主体进入。实施第三方准入，促使油气市场主体进行技术的创新，从而提高整个油气产业的效率。[②] 因此，油气输送管网第三方准入立法，能从法律层面促使油气产业效率提高。

二、中国油气输送管网第三方准入立法现状研究

（一）中国油气输送管网第三方准入立法现状

《石油天然气管道保护法》标志着我国油气管道立法的开端。但该法并未对油气管网第三方准入进行规定。《天然气基础设施建设与运营管理办法》鼓励社

---

① 冯双伟：《我国天然气管网第三方准入制度研究》，中国石油大学，2017年。
② 陈守海：《天然气产业政策系统研究》，中国法制出版社，2016年，第154页。

会资本进入管网建设，系第一次对油气管网第三方准入作笼统规定。2014年颁布的《油气管网设施公平开放监管办法（试行）》［以下简称《监管办法（试行）》］正式提出了“公平开放”的概念，实行油气管网的第三方准入，但该法在2019年5月24日四部门印发的《油气管网设施公平开放监管办法》（以下简称《监管办法》）施行同时废止。2016年印发的两个“价格办法”①，对管网的运输价格作了详细的阐述，推动了管网建设。2017年印发的《关于深化石油天然气体制改革的若干意见》要求实现第三方准入，引入社会资本，最终管道基础设施要向第三方开放。2019年审议通过的《石油天然气管网运营机制改革实施意见》要求组建国有资本控股、投资主体多元化的石油天然气管网公司，推动形成上中下游市场充分竞争的油气市场体系。②《监管办法》明确了油气管网设施公平开放无歧视的基本原则，强化了其监管措施。③

（二）中国油气输送管网第三方准入立法存在的问题

1. 法律依据方面：缺乏高位阶的法律规范

油气输送管网第三方准入应当有完善的法律体系提供立法保障，然而我国目前缺乏统一专门规范油气的法律，油气输送管网第三方准入立法缺乏高位阶的法律引领其立法理念与制度框架，因此其法律规范依据不足。我国现行油气输送管网第三方准入立法的法律渊源主要是规章条例等，因此，缺乏高位阶的法律规范。其次，我国现行油气输送管网第三方准入的具体内容散见于各个规章条例中，并无一部专门的立法规范。④

2. 管理机构方面：尚未实现独立监管

在具有自然垄断属性的油气输送管网领域，独立监管对防止其势力滥用有着重要的作用。而2019年四部门印发的《监管办法》也仅仅是突出强化了对剩余能力信息公开、合同签订及履行的监管，油气行业仍然存在管理部门职能分散，交叉权限重叠等问题，尚未实现独立监管。

独立监管的内容表现为两个方面，“证监分离”和“政企分离”，而我国油气产业在管理机构方面还未实现独立监管。首先，我国油气领域政监不分、监管失效问题突出。独立监管其实质为监管立法与执法的独立。独立监管要求油气产业监管法律法规的制定部门与执行部门相分离，以此来确保油气监管执行部门能独立、公平、无歧视地实施其监管职责，不受相关利益方的驱使与影响，从而保障

① 《天然气管道运输价格管理办法（试行）》和《天然气管道运输定价成本监审办法（试行）》。

② 《四部门印发〈油气管网设施公平开放监管办法〉（附能源局权威解读）》，https://baijiahao.baidu.com/s?id=1635452540959521374&wfr=spider&for=pc

③ 《〈油气管网设施公平开放监管办法〉解读》，http://www.nea.gov.cn/2019-07/30/c_138269066.htm。

④ 王明远：《我国天然气输配管网经营准入制度研究》，《清华法学》2008年第6期。

监管职能的有效实施。[①] 然而，通读《监管办法》可知，国家能源局既是油气产业监管法律的制定机关亦是执行机关，政监不分问题突出。因此，我国并没有将油气产业监管法律法规的制定部门与执行部门相分离，即并未实现独立监管，这样将不利于我国油气产业监管的有效施行，更有可能导致监管失效。其次是由于我国的股份制改革不彻底，我国油气领域特有的“政企不分”问题突出。股份制改革不彻底的原因是改革的行业大多为垄断行业，改革的主体主要是国企或是国有资产控股公司，因此资产出资的特殊性致使改革并不彻底。因此，股份制改革仅仅是形式上实现了政企分离，但实质上我国油气产业依然政企不分。部分公司在监管法律规范的制定方面存在着不同程度的参与，使得油气产业的监管效力低下。[②] 例如中石油和中石化在油气监管行业同时扮演着两个角色，其一为法律规范的制定者，直接的表现为两公司的部分内部文件内容以部门规章的形式被相关的部门转发。其二为市场主体的参与者。[③] 此外，三大石油公司的高管人员具有正部级的行政级别，而总经理一般具有副部级的行政身份，作为油气产业市场主体角色的企业的高管人员身份却具有如此浓重的行政色彩，对油气产业监管的实施有不利的影响。因此，要想建立现代独立的监管体系还任重而道远，必须要从实质上作出改变，而不仅仅是流于形式。

3. 运行机制方面：相关政策及法规定位未实现市场化

我国油气行业的法律渊源在制定时并不是以市场为本位，而是更多地偏向国家的利益。因此，立法定位未实现市场化导致油气行业缺乏行业机制，限制了油气行业的发展。《监管办法（试行）》中的市场准入政策不利于民营资本进入，对民营资本进入存在着诸多难题，2019 年印发的《监管办法》同样存在相关问题。油气输送管网第三方准入中的第三方主要就是民营资本，如果油气行业立法理念并非以市场为本位，其市场准入问题仍然得不到解决。因为相关的立法定位未实现市场化，则相关的措施将难以落到实处，若以民营资本为主的社会资本无法参与到垄断的油气行业中，则油气市场的垄断性并未降低，其市场活力仍然不高，则对我国油气产业的发展有不利的影响，同时与立法引入第三方的初衷相违背。

三、中国油气输送管网第三方准入立法原则

鉴于我国油气输送管网第三方准入立法缺乏高位阶的法律规范、尚未实现独立监管、定位未实现市场化等，为了构建完善油气行业统一的立法理念和制度框

---

① 李升：《美国独立监管制度的演进兼论德国监管行政法对其的继受与分野》，《经济法论丛》2011 年第 2 期。

② 孟雁北等著：《垄断行业改革法律问题研究——以石油天然气产业为例证》，法律出版社，2016 年，第 98 页。

③ 于文轩：《天然气法研究以应对气候变化为背景》，中国政法大学出版社，2014 年，第 138 页。

架，更好地实施油气输送管网第三方准入，建议在我国油气输送管网第三方准入立法中阐明并坚持以下三个基本原则。

（一）普遍服务原则

中国油气输送管网第三方准入立法要求管道运营商无歧视地向第三方提供管道输送服务，而普遍服务原则是对其的进一步发展，即公民或组织享有从管道运营商处无差别无歧视地获取油气产品和管网运输服务的权利。基础设施的本质在于为社会公众提供公共服务，而作为基础设施的油气输送管网，其目的在于为相关的公民或组织提供管输服务。因此，油气输送管网第三方准入立法要求对符合法律规定的公民或组织有权按照法定的标准支付价款，从而获取油气管网无歧视无差别的服务。如果没有合理或正当的理由，管道运营商不得拒绝符合法律规定的公民或组织要求输送服务的合理请求。

虽然我国油气产业管网目前互联互通不成熟、管道建设地域分布不均衡，难以贯彻普遍服务原则，从而规定了相关的限制条件，具体表现为现有用户优先和以合同的先后次序开放。但是，从油气输送管网立法理念和制度框架的宏观角度来看，我国目前也需要将普遍服务原则纳入油气输送管网第三方准入立法的基本原则。虽然以现有的制度框架难以将普遍服务原则在实践中贯彻施行，但管网运营商可在其能力范围内贯彻执行。将普遍服务原则明确为油气输送管网输送第三方准入立法的原则，为我国油气输送管网建设完善后的立法奠定了理论基础与制度框架。

（二）公众参与原则

中国油气输送管网第三方准入立法公众参与原则指公众有权依照法律规定获取、参与并监督油气输送管网第三方准入立法，确立公众参与原则有两个作用。一个作用是矫正政府失灵问题，其主要表现为规避政府的自利性。首先，政府作为国家行政机关，其本身便是亦具有自利性的特点。因此，基于政府自利性的特点，油气输送管网第三方准入立法的制定机关在制定和施行相关法律法规时不可能完全不偏不倚地代表公共利益，可能无可避免地会偏向自身利益，甚至脱离公共利益。[①] 对此，基于政府自利性的特点，油气输送管网第三方准入立法应确立公众参与原则，让公众能够参与并监督油气输送管网第三方准入立法，立法机关应积极主动地与公众进行联系与沟通，让公众的利益诉求能够充分体现在立法中。第二个作用是矫正市场失灵问题，其主要表现为个体利益在市场中充分自主的表达。政府的主要职责是维护油气市场的安全与秩序，因此，油气输送管网第三方准入立法应当充分尊重市场利益主体的表达，只要是合法合理的市场经营活

① 飞立：《企业市场准入制度改革研究》，上海交通大学，2013 年。

动，就不应过分干预个体的自由。[①]

（三）独立监管原则

普遍服务原则要求公民或组织享有从管道运营商处无差别无歧视地获取油气产品和管网运输服务的权利，公众参与原则要求公众有权依照法律规定获取、参与并监督油气输送管网第三方准入立法，而独立监管原则要求油气产业监管法律法规的制定部门与执行部门相分离。无论是普遍服务原则的实现，还是公众参与原则的实现，均离不开独立监管原则。因此，油气输送管网第三方准入立法应当明确独立监管原则，并在整个立法过程中贯彻施行。

独立监管原则要求油气产业监管法律法规的制定部门与执行部门相分离。美国的天然气行业便是采用独立监管原则，以此来确保油气监管执行部门能独立公平无歧视地实施其监管职责，不受相关利益方的驱使与影响，从而提高油气产业的管理效率，促进整个油气市场的良性发展。内部独立监管主体为具备监管职能的机构与其他行政机构，其要求监管机构在执行油气输送管网第三方准入的监管时，应公平公正地行使监管职权，不应受到其他行政部门的干预。当然，监管机构同样应当受到政府的领导，但监管机构内部依据不同职能划分的监管部门亦相互独立，这样不仅能够保证监管部门之间的制衡而且能够避免监管重叠和监管不作为的现象发生。外部独立监管的主体为监管机构和监管相对人，要求监管机构独立于作为市场主体身份的企业，避免其受到相关利益组织的影响，从而造成不公正的监管。[②]

四、健全中国油气输送管网第三方准入立法的措施

（一）法律依据层面：从行政规制到法律规制，构建专门的《石油天然气法》

由于我国缺乏一部专门的规范油气产业的法律，而我国油气输送管网第三方准入应当有完善的法律体系提供立法保障，因此，应当从法律规制层面构建专门的《石油天然气法》对油气输送管网第三方准入立法进行制度设计和安排。此外，是制定一部法律还是将石油与天然气分别立法，还有待商榷。本文建议在立法体例上选择构建统一的《石油天然气法》，理由有以下三点。一是油气产业在上游勘探开采、中游管网运输和下游的销售消费等环节具备共同的属性，统一立法不矛盾。二是石油与天然气在立法的规范重点上具有统一性，涉及勘探开采领域的开放、管网运输和管网公平开放等问题，因此统一立法不冲突。第三，虽然石油与天然气之间有很大的差异，但为了推动石油天然气行业的整体协调发展，

① 梁颖：《我国油气管网第三方准入制度研究》，郑州大学，2016 年。

② 钱爱菊：《我国能源管理体制的法律构建》，山东大学硕士学位论文，2010 年。

建议统一立法。可待油气产业整体发展较完善时，再将石油与天然气分别立法，这样能更好地保障油气法律规范的施行。因此，建议将石油天然气产业的各个环节均统一划分到《石油天然气法》的立法中来，与此同时还可以为油气输送管网第三方准入立法提供法律依据，促进油气市场的竞争、有序发展。[①]

（二）管理机构层面：组建独立监管机构

独立监管是防止垄断领域势力滥用的有效措施，独立的监管机构是实现油气产业独立监管的基础、是独立监管原则的具体表现。独立的监管机构确保油气监管执行部门能公平无歧视地实施其监管职责，不受相关利益方的驱使与影响致使监管机构的权威性受损。通过立法完善油气输送管网监管机构的独立性，对油气输送管网第三方准入的市场主体进行有效的监管，从而促进油气市场的良性发展。

组建独立监管机构可从下列两个方面出发。首先是从以往固有的"政监不分"状态转变为"政监分离"，保证监管的有效实施。油气输送管网第三方准入立法必然要求油气产业监管法律法规的制定部门与执行部门相分离，从固有的"政监不分"模式转变为"政监分离"将是一个循序发展的过程，亦是实现有效监管的必然结果。其次应深化国企改革，通过明确其市场定位和取消管理层行政级别等具体措施来实现"政企分离"。国企的本质是企业，其无论是承担调节市场秩序或是稳定市场经济的社会责任均应当是通过正常的市场经营活动来实现。因此，应当明确国企在油气产业中市场主体的角色定位，对国企进行去行政化改革，具体表现为取消国企管理层的行政级别和国企的行政监管职能。国企的去行政化改革将油气产业的监管职能从被监管主体的国企中独立出来，组建独立的监管机构，将促进油气输送管网第三方准入独立监管的实施，从而促进企业的良性发展，进而推动整个油气产业的有序发展。[②]

（三）运行机制层面：引入市场竞争机制，鼓励多元竞争主体进入油气领域

我国油气行业的法律渊源并不是以市场为本位，而是更多地偏向国家的利益。因此，立法定位未实现市场化导致油气行业缺乏行业机制，限制了油气行业的发展。所以油气输送管网第三方准入立法在具体施行时应当首先建立法律位阶的法律规范，确立统一的立法理念和制度框架。这样才能真正引入市场竞争机制，鼓励多元竞争主体进入油气领域。[③] 而引入市场竞争机制，鼓励多元竞争主体进入油气领域，保证其能够自由地选择输送容量交易对象等，并且依据公开透明的价格标准支付价款，将推动油气市场的良性运转，促进油气市场的公平、公正、竞争、有序发展。

① 王浩：《对建立现代化石油天然气行业政府监管体系的立法思考》，《国土资源情报》2016年第12期。
② 冯双伟：《我国天然气管网第三方准入制度研究》，中国石油大学，2017年。
③ 肖国兴：《论民营资本规制与能源发展转型的法律契机》，《法学》2013年，第13－24页。

油气管网公平开放的立法思考

余　红[1]　代　雨[2]

摘　要：油气管网的公平开放是深化油气体制改革的重要一环，更是石油天然气市场化的关键步骤。油气管网公平开放的法律是管网公平开放的制度保障。然而，在油气管网向公平开放改革的道路上，只有效力层级底下的行政规章和行政指导作为改革的纲领，其立法存在诸多不足之处：如效力层级低下，缺乏顶层法律支持；规章难以改变上位法或其他部门法的既定事实；内容原则化，不能适应油气改革管网公司建立后的法律适用等；在进一步深化油气管网市场化体制改革背景下，只有确立油气管网公平开放的立法原则，在该原则的指导下，对油气管网公平开放的法律制度进行完善、修改相关法律制度中不合时宜的内容、制定出具有操作性的实施细则方能进一步促进我国油气体制深化改革。

关键词：油气管网；公平开放；立法；管网公司

引　言

我国油气行业在政府的政策指引下发展迅速，多方经济投入到油气的开发利用领域，上下游市场主体多元化的格局愈发明显。油气行业需要进行市场化改革。要活跃油气市场，就必须坚持基础设施的公平开放，保障油气行业的上下游企业的稳定供求。我国在油气管网公平开放方面经过几年的改革，从 2013 年第一次提出对油气管网进行监管到如今即将组建管网公司，效果显著。同时，国家为了明确深化改革成果，出台了一系列关于油气管网设施公平开放的规制文件：《油气管网设施公平开放监管办法（试行）》（以下简称《试行办法》）、《关于深化石油天然气体制改革的若干意见》《石油天然气管网运营机制改革实施意见》《油气管网设施公平开放监管办法》等，为我国的油气管网公平开放提供制度支持。然而，这些法规的形式多为通知、办法、意见，且效力层级限于部门规章，缺乏法律法规的指引，也无法修改之前的规章约定的既成事实，导致油气管网的公平

① 余红，西南石油大学法学院副教授，硕士生导师，研究方向：婚姻法、物权法。

② 代雨，西南石油大学法学院 2018 级法律硕士研究生，研究方向：能源法。

开放缺乏成体系的制度支持。因此，笔者认为当下急需整合油气管网的相关法律规定，将油气管网的公平开放原则上升到法律规定的高度，对阻碍油气管网公平开放的垄断性法条进行修改，并制定出具有可操作性的实施细则，为油气管网的公平开放进一步落实奠定法律基础。

一、油气管网公平开放立法的必要性

（一）油气管网公平开放立法是油气管网改革的趋势要求

我国的油气管道设施一直以来都是我国的三大传统石油公司自主建设、运营，竞争企业必须接入它们的管网才能向用户提供产品或服务，这样的现实状况导致油气管网接入问题日益暴露，管网的公平开放对竞争企业的影响也逐渐增大。油气管网设施公平开放是世界各国在油气管网运营机制改革的重要方向。其主要目的就是打破自然垄断，促进石油天然气市场主体的多元化，为上、下游市场化改革奠定基础。各国在石油天然气工业发展到相对成熟阶段，基本都对油气管网设施采取了开放、公开的准入政策，要求油气管网基础设施对所有需要管输服务的企业进行开放，建立专门机构负责管道的建设与运营，这是由油气管网的自然垄断性决定的，尤其在天然气领域优势更为明显。从管道建设上来看，上游生产和供应的多元化正在成为趋势，页岩气、煤层气、煤制气、沿海进口 LNG 等资源品种和渠道越来越丰富，实现油气管网公平开放可以更加合理地设计管网布局，避免管道重复建设。从市场角度看，下游用气具有较大的波动性，且绝大多数用户是不可中断的，天然气运输需要满足不同的用户需求，按照不同季节、不同时间在不同区域间调配，这就要求天然气管网具有较强的网络调控能力，具备应急保安功能。[①] 油气管网设施公平开放是我国管网运营机制改革的重要内容，也是促进上、下游多元竞争主体市场化竞争格局形成，实现上、下游竞争性市场有效衔接的重要方式。[②] 因此，政策上强制油气管网开放，实现无歧视进入是非常必要的，只有将油气管网公平开放才能最有效地开发利用天然气矿产和管网资源，从而最大限度地实现公众利益。然而现有的油气管网公平开放的部门规章对三大石油公司的约束能力有限，要想彻底破除这三大国有企业对管网的垄断，只有制定出适当的上位法，统筹安排管网的建设运营，才能真正保证油气管网的公平开放。

---

① 周淑慧、赵忠德、韩坤、郭海涛：《中国天然气管网设施开放渐行渐近》，《国际石油经济》，2014 年第 22 期，第 34－38＋112 页。

② 郭海涛、周淑慧、赵忠德、梁严、朱锋、张倩：《顺应改革趋势，促进公平开放——新版〈油气管网设施公平开放监管办法〉解读》，《天然气工业》2019 年第 6 期，第 137－146 页。

（二）油气管网公平开放立法是油气管网公平开放法律体系化的要求

法律体系是指一个国家全部现行法律规范分类组合为不同的法律部门而形成的有机联系的统一整体。目前我国关于油气管网公平开放的法律体系只有部委发布的行政规章以及通知、建议等为载体的行政指导。这样的法律制度约束力和稳定性都有所欠缺，并且无法对之前的做出的与管网公平开放相冲突的规定进行调整。除此之外，我国在推动油气行业发展的过程中，签订过一些具有垄断性质的行政协议，这些协议的存在对油气管网的公平开放存在一定的阻碍，需要通过油气管网立法进行修改与完善。

（三）油气管网公平开放立法为即将成立的管网公司保驾护航

管网公司成立已经渐行渐近了，管网公司是作为油气管网设施的经营者，具有明显的垄断地位，其主要任务是按照公开、透明、开放的原则向所有用户提供无歧视的管输容量分配和油气输送服务。管网公司的有效运营必然离不开相应的监管。然而，我国油气领域的监管体系尚不健全，监督缺失、分散的问题突出，既有的法律法规也不足以规范管网公司贯彻落实油气管网公平开放的一系列活动。规范油气管网公司的运行需要制定一套可靠适用的国家管网公司运行规则和监管制度，确保国家管网公司运行公平、公开，并和天然气产供储销体系及油气供应安全保障体系建设相协调。油气管网公平开放立法可以对以上内容作出原则性的规定，为管网公司的组建保驾护航。

二、油气管网公平开放法律现状评估

（一）油气管网公平开放的政策法规概述

自 2013 年，国务院发展研究中心课题组“383 方案”首次提出将管网业务从油气企业中分离出来，我国便开始了油气管网公平开放的改革，各部门相应地出台了多个规章制度，为管网公平开放提供法律指引。

2014 年，国家能源局和国家发改委颁布了两份关于管网改革的重要法律文件，一个是《油气管网设施公平开放监管办法（试行）》（国能监管［2014］84 号），另一个是《天然气基础设施建设与运营管理办法》（发展改革委令第 8 号）。这两份文件拉开了油气管网公平开放的改革序幕，共同提出了油气管网设施需要向多元的市场主体统一开放。[①②] 紧接着，国家能源局和发改委这两个部门各自针对油气管网的各方面内容颁布了一系列文件，内容涉及管输定价、成本监审、

① 《天然气基础设施建设与运营管理办法》，http://www.gov.cn/zhengce/2014-03/20/content_2642222.htm。

② 《油气管网设施公平开放监管办法（试行）》，http://www.ndrc.gov.cn/zcfb/gfxwj/201905/t20190531_937971.html。

信息报送、信息公开、储气调峰价格机制等多个方面。自此，初步建立起了公平、透明、竞争的油气管网公平开放机制。

2017年5月，党中央、国务院紧跟油气管网公平开放的步伐，发布了《关于深化石油天然气体制改革的若干意见》，进一步明确提出“完善油气管网公平接入机制，油气干线管道、省内和省际管网均向第三方市场主体公平开放”[①]；2019年3月19日，中共中央全面深化改革委员会第七次会议通过了《石油天然气管网运营机制改革实施意见》，紧跟世界步伐，改革油气管网的运营机制，组建石油天然气管网公司，促成国有资本控股，多元投资主体参与管网的建设与运营的局面。推动形成上游多渠道油气开发主体、中间统一油气管网高效收集运输分配、下游油气销售市场充分竞争的油气市场体系。

2019年5月24日，国家发展和改革委员会（以下简称国家发改委）、国家能源局、住房和城乡建设部、国家市场监督管理总局四部委联合印发了《油气管网设施公平开放监管办法》（发改能源规〔2019〕916号，以下简称新版《办法》）。[②] 新版《办法》的颁布进一步规范油气管网公平开放的市场行为，维护设施运营企业和用户的合法权益，对政府部门相应的权责作出了明确要求。新版《办法》的颁布标志着我国的油气管网公平开放进入了新的进程。

（二）油气管网公平开放现行法律制度评述

总体而言，我国现今关于油气管网公平开放的法律制度推动了我国的油气管网体制改革，通过梳理相关的规章制度我们可以发现，随着改革的一步步深入，油气官网的公平开放的法律制度也越来越完备、成熟。但由于部门规章本身的法律层级不高、内容不全面，在适用中有以下困境：

1. 法律体系不健全，法条适用冲突

从法律的效力体系上来看，部门规章的效力层级是我国法律体系中效力较低的一类，他受上位法行政法与地方性法规的约束，稳定性与可预见性较差。我国在《能源发展“十二五”规划》中提出加强能源法制建设的现实任务：加快推进能源法出台，组织开展石油、天然气、核能等领域的立法工作，拟定配套法规和规章，加强执法监督检查。[③] 然而，我国现阶段关于油气管网公平开放的法律依据只有各部委制定或联合制定的部门规章，还未能对这个领域进行立法。由此可见，我国在针对油气管网运营改革方面的立法速度相对迟缓。当下只有新版《办法》这一个多部门联合发布的规章作为最高法律依据，油气管网公平开放只能以

① 《关于深化石油天然气体制改革的若干意见》，http://www.gov.cn/zhengce/2017－05/21/content_5195683.htm。

② 《油气管网设施公平开放监管办法》，http://zjb.nea.gov.cn/Article/zcfg/gjfl/201906/3517.htm。

③ 《能源发展“十二五”规划》，http://www.gov.cn/zwgk/2013－01/23/content_2318554.Htm。

行政政策和行政措施为主，并未实现“十五”提出的建立和完善以经济法律手段为主、辅以必要行政措施的能源发展宏观调控体系的能源法制目标。从横向看，各部门之间的规章在适用上存在冲突，与管网公平开放的改革潮流不相适应。从纵向看，这些部门规章缺乏上位法的指引，尤其是因历史原因签订的具有垄断性质的行政合同方面在具体执行上缺乏有效的说服力。

除了没有效力层级较高的法律为油气管网公平开放提供支撑，管网的公平开放还面临着法律条文适用冲突的问题。规章由于效力层级较低，无法对已有的与管网公平开放相冲突的法条进行废改，法律条文彼此适用冲突。比如城市燃气配气管网设施由于城镇燃气设施建设运行具有自身特性暂时排除在油气管网公平开放的行列，主要原因在于城市天然气配气管网设施受城镇燃气特许经营权的限制。城镇燃气特许经营权由《行政许可法》《基础设施和公用事业特许经营管理办法》以及行政合同《管道燃气特许经营权协议》提供法律制度支持，作为部门规章的新版《办法》是无法突破上述三个法律规范的。要想进一步拓宽油气行业上下游市场，必须制定更高层级的法律提供制度支持。

2. 立法内容方面，内容规定趋于原则性，缺乏一系列可适用性规范

新版《办法》完善了油气管网公平开放的基础，明确了公平开放服务要求，建立和完善信息公开以及合同管理机制、落实监管措施及法律责任，为今后油气管网公平开放的改革明确了具体路径。但从整体来看，新版《办法》依然只能评价为一个纲领性指导性的政府规章，以该文件的规定不能够解决油气管网公平开放过程中遇到的具体问题。比如新版《办法》提出，油气管网设施运营企业应当在国家能源局或其派出机构指定的信息平台和本企业门户网站，于每年 12 月 5 日前公布下一自然年度各月油气管网设施剩余能力，每月 10 日前更新本年度剩余各月度的油气管网设施剩余能力。具备条件的，油气管网设施运营企业应当实时公开油气管网设施剩余能力。[①] 然而，该条规定中对于如何计算和认定“剩余能力”还需要有待后续相关部门拟定相关技术标准。

综上所述，关于油气管网公平开放的法律制度体系尚不健全，新版《办法》的出台仅仅是油气管网市场化改革的开始。要实现油气管网设施的公平开放、活跃上下游油气开发与销售市场、理顺我国石油天然气行业的管道建设运营存在的问题还需要寻求更具稳定性与权威性的法律制度做指引。

---

① 国家发展和改革委员会、国家能源局、住房和城乡建设部、国家市场监督管理总局：《油气管网设施公平开放监管办法》，http://www.ndrc.gov.cn/zcfb/gfxwj/201905/W020190531575362458412.pdf.（2019－05－24）[2019－06－16]. National Development and Reform Commission，National Energy Administration，Ministry of Housing and Urban-Rural Development & State Administration for Market Regulation. Measures for the non-discriminatory third-party access regulation of oil and gas pipeline network facilities[EB/OL].（2019－05－24）[2019－06－16]. http://www.ndrc.gov.cn/zcfb/gfxwj/201905/W020190531575362458412.pdf.

三、油气管网公平开放的立法原则

法律原则是指在一定法律体系中作为法律规则的指导思想、基础或本源的综合的、稳定的法律原理和准则，它无论是对法的创制还是对法律的实施都具有重要的意义。在法律制定中，法律原则起着决定法律制度的基本性质、内容和价值取向、保障法律制度内部和谐统一、为法制改革提供导向的作用。在法律实施中，它又有指导法律解释和法律推理、补充法律漏洞、确定行使自由裁量权合理范围防止由于适用不合理的规则而带来的不良后果等作用。故完善油气管网公平开放的法律制度就必须先提炼出其应当遵循的基本法律原则。笔者认为，油气管网设施公平开放立法需要遵循以下几个原则：

（一）市场化原则

市场化原则是指管网设施公平开放需要逐步打破垄断，将竞争机制引入到石油天然气行业，明确石油天然气的商品化属性，充分发挥市场配置资源的基础性作用。石油天然气是一类特殊的商品，它与国民经济的发展息息相关。同时，石油天然气的勘探开采运输难度较大，所以在很长一段时间里，石油天然气都是垄断经营的状态。而现今，随着科技的不断进步，对石油天然气的勘探开采技术逐渐成熟，上游的石油天然气开发主体逐渐增多，配合下游销售部门的需求也逐渐趋于多样化。将石油天然气行业市场化更有利于满足我国人民对石油天然气的不同需求，同时还能活跃石油天然气的市场，将能源市场化，促进能源企业更好更快地发展。故油气管网的公平开放也需要遵循市场化的原则，将油气管网的运输服务进行商品化，油气管网公司必须坚持市场化的运输价格，公平地为需要管网服务的一方提供运输服务。

（二）安全原则

安全原则是指在油气管网的公平开放中，我们既要保证油气供应的安全，也要保证油气储备的安全。能源安全原则是油气管网设施公平开放应遵循的首要原则，我国的石油天然气的供需不平衡，大多依赖进口，国内石油天然气也主要集中在西部地区，东西的供求关系成反比，这些导致管网的运输服务尤为重要。需要通过立法将能源安全作为重要的考量标准。故在考虑油气管网设施公平开放时，首先要保证贯彻执行安全原则。

（三）普遍服务原则

普遍服务原则指的是对所有人提供无差别的供应服务。如今我国的管网分布不均匀，有的地方暂时还未普及石油天然气，这很大部分原因是油气管道设施建设不足，在城乡建设不均匀的情况下，只有保证油气管网设施公平开放，贯彻普遍服务原则，利用这只看得见的手来调控油气管网的基础设施建设，才能实现城乡共同发展，共同享受改革带来的好处。

四、油气管网公平开放的立法建议

在有了以上立法原则的基础上，我们根据油气管网设施公平开放过程中的困境提出了以下立法意见：

（一）尽快提出制定油气管网公平开放的立法草案

当前我国天然气管网设施建设处于快速发展阶段，气源多元化、管道网络化的运输体系正在形成，管网设施建设投资主体多元化已成为主流。经过近几年的油气体制改革和新版《办法》的发布，可以说目前有较好的立法基础。除此以外，即将成立的油气管网公司融合了三大石油企业资金以及多元的市场投资，资金规模庞大，自然垄断特性突出。只有通过立法约束其垄断性，保证其顺应油气运营机制改革的潮流，发挥其公共服务的属性。纵观世界的先进国家的立法，也是在管网公平开放的初期就制定出相应的法律，为管网公司的公平开放提供行为准则。笔者认为，我国应将油气管网的公平开放以法律形式固定下来。

（二）明确管网公司在管网公平开放中的权责

管网公司在管网设施公平开放中的权责应当是立法的重点内容之一。组建国家管网公司是优化市场结构、保证管网互联互通、推动油气价格市场化、推进油气企业转型升级的重要手段。要将这些政策性文本落实，难以避免要先确认管网公司这个管道运营主体的权利与责任。管网公司根据法律赋予它的职权进行管理和开放，监管机关根据法律对其行为进行监管并依法对其违法行为进行相应的处罚。

（三）废改与油气管网公平开放不相适应的部分法律条文

对油气管网的公平开放进行立法时，最主要的任务之一就是整理油气管网的市场化改革进程，改革由于历史原因出现但随着社会发展又不符合现实需求的一些法律规定以及行政合同等。当然，在改革的同时也要注意维护法律的稳定性与政府的权威性，对某些垄断性行政协议的废除需要循序渐进，可以规定一个合适的废除期限。

结　语

我国当下已经具备管网公平开放的实际条件与政策条件了。从油气行业的上游企业油气勘探开发行业来说，我国目前积极吸引各类资本进入到新能源的勘探开发，油气勘探开发的上游行业主体多元化格局已经形成。从下游油气行业的消费市场来看，市场主体对油气的需求具有不稳定性和持续性，油气管网的布局对市场供应影响较大。我国目前为了激活油气的市场，对油气管网进行市场化改革已经刻不容缓。油气管网公平开放立法是大多数国家在油气市场化改革进程中的选择。油气管网的公平开放立法需要遵循市场化原则、安全原则以及普遍服务原则，改革现有法律制度中与之不相适应的条文，明确管网公司在建设运营管网设备和提供油气管网运输服务时的权责。以此推动我国油气管网的公平开放。

"一带一路"背景下《可再生能源法》的修改与完善

陈自强[①] 唐瑞欣[②]

摘　要：《可再生能源法》不仅对国内可再生能源开发利用起着重要作用，更是中国与"一带一路"周边国家的可再生能源合作至关重要的法律保障。但囿于我国当前能源立法并不完备，已有的法律如《可再生能源法》也具有一定的滞后性，逐渐不能适应快速变换的新形势，我国与"一带一路"周边国家在可再生能源方面的合作受到了一定的阻碍。由此可见，《可再生能源法》亟待修改。在"一带一路"的发展背景下，从细化可再生能源种类、明确政府规制手段以及增加国际合作内容方面对《可再生能源法》进行修改和完善，对我国顺利参与"一带一路"能源资源合作尤其是可再生能源国际项目有着重要意义。

关键词：可再生能源；修改与完善；"一带一路"

引　言

顺应全球化进程这一时代潮流，我国对外交流合作也在不断加深，积极寻求多领域的经济合作。从整体上看，世界经济延续复苏态势，经济全球化和区域化已成为世界经济的两大发展趋势。而中国自改革开放以来经济腾飞，为实现全面深化改革的目标，需要不断寻求新的发展机遇。在此背景之下，中国提出了"一带一路"合作倡议，该倡议旨在利用周边国家的双多边机制构建经济文化等各方面的合作平台。

2015 年，中国政府发布《推动共建丝绸之路经济带和 21 世纪海上丝绸之路的愿景与行动》，这意味着"一带一路"并非只是空洞的口号和不切实际的幻想，中国正切身寻求共建"一带一路"的科学路径。在此过程中，中国始终坚持共商、共建、共享原则，重点加强能源领域合作。[③]

国际能源合作是中国参与国际合作的重要内容之一。自 2013 年提出共建

---

① 陈自强，西南石油大学法学院副教授，硕士生导师，研究方向：刑法学。

② 唐瑞欣，西南石油大学法学院 2018 级法律硕士研究生，研究方向：刑法学。

③ 陈伟光，黄亮雄，程永林，韩永辉．"一带一路"经济学创立及其诸多向度［J］．改革，2017（02）：5—16.

"一带一路"合作倡议以来，中国一直秉承互利共赢的理念参与"一带一路"能源资源国际合作。在 2017 年至 2018 年间，中国举办了多次"一带一路"国际合作论坛以及专门的能源部长会议。中国表示"一带一路"合作倡议并非政治组织，更非军事联盟，与"北约"等组织有着天壤之别。中方秉持共商、共建、共享的原则，在尊重"一带一路"其他国家的基础之上进行能源合作，共同推动合作国家的能源开发技术进步和能源基础设施建设，改善各自国内能源结构，实现绿色科学的可持续发展。这一观点得到了"一带一路"诸多国家的赞同，各国纷纷表示愿支持以互利合作为宗旨的能源合作平台建设，协商共进，实现互利共赢。

改革开放几十年以来，中国生产力不断提高，随之而来的则是产业结构的优化升级，二、三产业飞速发展，传统的煤炭、石油、天然气资源的供给逐渐无法满足各项产业日益增长的需求，人们开始探索新的能源供应类型。依据我国法律以及相关文件的规定，可再生能源是太阳能、风能、地热能以及潮汐能等非化石能源。与此同时，随着可持续发展战略和绿色发展的观念逐渐为人们所接受，中国亟须转变能源供给消费结构，在此情况下，可再生能源的开发利用也就随之而来了。进入 21 世纪，中国国内可再生能源产业已具有一定规模，中国可再生能源开发利用高速增长。根据相关数据的统计，2008 年至 2017 年，中国在风电和太阳能发电装机的年均增速达到了 44%和 191%，这在一定程度上缓解了能源供给压力，优化了能源供给结构，体现了中国参与"一带一路"可再生能源国际合作是具有一定经验与优势的。①

2019 年 4 月中国新能源海外发展联盟发布了名为《"一带一路"可再生能源发展合作路径及其促进机制研究》的报告。② 中国新能源海外发展联盟是一个非法人性质的行业自律组织，虽然该报告不具有官方权威性，但也具有一定的参考价值。报告对"一带一路"可再生能源合作的基本概况、未来前景、示范项目以及主要障碍进行了研究。"一带一路"沿线国家快速增长的电力需求给中国企业带来了巨大的投资机会。除此之外，该报告以"一带一路"沿线重点国别发布的可再生能源装机规划目标水平为基础，预测了沿线 38 个国家的可再生能源装机总量可能达到约 644GW，风电、太阳能投资市场潜力巨大。然而就目前的情况来看，"一带一路"可再生能源合作仍面临不少问题，如融资困难、低电价、产业政策支持不力等均成为"一带一路"可再生能源合作的障碍。在社会主义市场经济的背景之下，中国鼓励企业参与"一带一路"可再生能源国际合作。虽然这

① 构建新一代电力系统［N］. 中国电力报，2018-10-22（001）.

② "一带一路"可再生能源发展合作路径及其促进机制研究（执行报告）［R］，中国新能源海外发展联盟. 2019.

些企业拥有比较优势，在理想状态下的投资前景也较为广阔。

当前我国《可再生能源法》自2006年施行以来经历过一次修改，至今已有十年了，从客观角度看，其内容已无法适应当前“一带一路”国际合作大背景下的可再生能源合作需要，亟待进一步修改与完善。

一、“一带一路”背景下修改《可再生能源法》的必要性

（一）是与“一带一路”周边国家进行可再生能源合作的前提

“一带一路”周边国家纷纷表示支持同中国的能源资源合作，但中国要参与其中却也不能忽视其需要应对的客观问题。一方面，在这种跨国、跨区域合作中不可避免会产生矛盾与冲突，一旦出现矛盾与冲突多是通过谈判和协商方式解决，而不同国家的相关机构模式并不相同，其专业化程度和权威性也有差异。另一方面，在可再生能源的开发生产和运输销售过程中，道路管网等设备有可能会途径多个国家，一旦在输送途中出现法律问题，适用哪方国家管辖权也是一个值得关注的问题。这些问题如荆棘般束缚住了中国对“一带一路”可再生能源合作项目的开拓。造成此类问题的原因是多方面的，笔者认为其中缺乏可靠且与时俱进的国内法为其保驾护航是重要原因。《可再生能源法》及其配套法律法规是中国参与可再生能源国际合作强有力的法律基础。“一带一路”可再生能源合作涉及与诸多国家国内法律政策衔接的程序以及法律概念相关问题，中国要参与合作就必然需要法律明文对相关内容加以规定。

（二）是解决“一带一路”下国内外可再生能源冲突与纠纷的法律保障

当前我国参与“一带一路”可再生能源合作项目众多，较为典型的项目有：中国—日本在中东的光伏合作、中国—美国在非洲的风电合作、中国主权基金参与中东光热项目、中国企业收购欧洲风电项目等，可见我国参与可持续能源国际合作项目众多。而在此之中我国企业不可避免会与其他国家或者地区的政府、企业产生一定冲突与纠纷，这就需要高效、有力的纠纷解决机制。《可再生能源法》作为我国能源领域的重要立法，应当提供强有力的可再生能源国际合作纠纷解决机制，为我国企业进一步参与“一带一路”可再生能源合作保驾护航，推动将建立良好的行业秩序。

（三）是促进我国可再生能源产品设备与国际标准接轨的必要举措

当前中国还没有对可再生能源国际配套设施和终末产品标准进行制定的能力，而产品标准合格与否是每一个出口企业所不得不面临的实际问题。近年来，中国新能源国际合作主要以光伏、水电、风电为重点。若风电、光伏等企业要参与“一带一路”可再生能源产业合作，首先需要使产品达到国际认证标准，才具有进入目标市场的资格。这就要求我们有一部法律来明确相关行业标准。修改

《可再生能源法》，明确当前主流可再生能源的详细种类、自身特点以及生产开发的配套设备的行业标准是必然之举。这对我国制造的可再生能源设备和产品与国际标准接轨，从而顺利地“走出去”加入“一带一路”可再生能源国际合作具有重要的战略意义。

二、“一带一路”背景下可再生能源立法现状与困境

（一）《可再生能源法》立法现状

目前的《中华人民共和国可再生能源法》于2006年正式施行。由于实际情况总是多变，而中国也正好处于一个行业快速发展期，因而该法一定程度上缺乏对未来规划前景的科学性等内容，在实施过程中，尤其是在与其他法律政策和法规的程序性衔接问题存在相当大的空白之处，此时的《可再生能源法》已经难以适应新的发展形势，因此，全国人大常委会于2009年对其进行了修改，修改内容于2010年4月施行。

经历过一次修改的《可再生能源法》的章节体系和内容均发生了变化，主要分为八个章节，第一章为总则，第二章规定可再生能源资源的调查和发展规划问题，第三章规定政府对可再生能源产业的指导和科技研发支持，第四章为可再生能源的推广与应用，第五章为可再生能源产品、以电力为主的价格管理等内容，第六章则是包含政策性激励措施以及可再生能源开发利用的监管问题，第七章为法律责任，最后一章为附则，全文共计33条。法条主要对可再生能源的种类、发展规划、开发利用的方式以及鼓励性政策进行了原则性的规定。

学者王立军认为该法“在一定程度上肯定了可再生能源在国家能源战略中的地位，并鼓励了各种经济主体参与其开发应用创新，还规定了部分诸如价格管理、政府收购、产品推广和融资体系等配套实施的基本制度，其根本目的是让可再生能源产业商业化”。①

（二）《可再生能源法》存在的缺陷

1. 对可再生能源的定义及种类规定不详尽

从立法的内容来看，我国立法对可再生能源所包含的种类规定并不明确。在理论上，可再生能源并不完全等同于新能源。最典型的就是核能，它属于新能源，但它与可再生能源有着本质上的区别。对于新能源，国务院和各级政府颁布了诸多文件，但这些文件由于制定主体有差异，因此在概念界定方面存在着一定出入。

国务院原下属部门原国家计委于1997年发布的《新能源基本建设项目管理

① 王利军：《可再生能源法监管机制存在的问题及对策》，《学理论》2009年第29期，第11页。

的暂行规定》。在该暂行规定当中，新能源与可再生能源在基础定义的内涵与外延上存在混同之处，例如第七条规定新能源基本建设项目的经济规模，其内容仅限于风能、太阳能、地热和潮汐能等，并未包含核能与氢能。但如果按照2016年十二届全国人大第四次会议通过的《中华人民共和国国民经济和社会发展第十三个五年规划纲要》以及国家发改委根据该规划纲要发布的《可再生能源发展“十三五”规划》来看，新能源的概念外延显然比可再生能源要大，除了风能、太阳能、小水电和生物质能外还包括了核能和氢能。立法对可再生能源种类的定义的不准确性会导致实践当中出现法律操作性不强等问题，更会进一步影响未来政策的制定和实施。

倘若把新能源与可再生能源立法内容进行合并，那么核能以及氢能等相关能源是属于何种类的能源，应当对其利用如何具体规制等问题还是需要立法加以明确的。

2. 立法过于笼统与原则化，缺乏严密的体系

从《可再生能源法》的法条内容可以看出，《可再生能源法》中的各项规定都具有概括性的特点，显然这种立法形式仅重视了可再生能源之间存在的共性，但是忽略了生物质能等可再生能源的个性。就可再生资源本身而言，我国在其实际应用领域的立法非常零散，上到行政法规，下至地方性法律文件当中都对其有零散的规定，且这些规定内容存在一定的矛盾冲突，缺乏统一性和体系性。而《可再生能源法》注重于宏观性和重要性的论述，对其并未作清晰而又严密的详尽规定，更导致很难有一个针对不同种类可再生能源的量化标准。例如相较于太阳能和风能等传统可再生能源，生物质能等可再生能源的开发利用具有鲜明的特点，立法应当注重其自身的特点，而非一概而论。

3. 未能明确政府权力的界限

当前《可再生能源法》中存在的政府问题主要分为两个方面，一是政府管理缺位，二是政府权力滥用。①

2019年12月公布的《全国人大可再生能源执法检查情况报告》显示，目前可再生能源开发利用相关规划在衔接上存在诸多问题，例如国家每年制定了可再生能源的目标总量，各个地方原本应按照该目标总量制定的总量来开展可再生能源的开发建设，然而一些地方并未按照上级部门制定的目标来规划当年的可再生能源建设项目，存在政府管理缺位的情况。除此之外，由于可再生能源开发绝大多数是电力模式，与电力管网联系密切，然而国家电网规划每年也存在着调整，

① 刘小冰，张治宇：我国新能源与可再生能源立法的检讨与完善［J］. 南京工业大学学报（社会科学版），2007（03）：16—20。

那么可再生能源开发生产后的电力产品与国家电网的衔接程序更是一个值得关注的问题。

中国当前的可再生能源产业由于各种因素的影响，发展水平还不是很充分，尤其是在产业科技创新方面还需要更大的投入。作为服务型政府，理应在多方面例如财税、土地、环保等政策方面优化可再生能源开发利用环节中的政策性问题，降低企业在对可再生能源开发利用和生产产品过程当中的外部性成本。令人遗憾的是，这些政策衔接力度还不够，一定程度上阻碍了这些企业的项目开展。虽然《可再生能源法》第四章名为推广与应用，也确实体现了一些鼓励性内容，但对相关部门在可再生能源利用上的具体职责却模棱两可。我国当前可再生能源的利用应当具备有效的激励机制，而在此之中政府却缺位了。

除了上述情况，《可再生能源法》规定“国务院能源主管部门和县级以上地方人民政府管理能源工作的部门和其他有关部门有义务对行业进行监管，是监管主体”。[①] 此类法条所提及的“有关部门”、“有关单位”具体是什么部门、什么单位并没有一个明确的解释，这就使得实践当中在可再生能源领域的政府监管很难落到实处。

不过即便目前政府的确存在着某些缺位的情况，但近十余年可再生能源产业飞速发展也是离不开政府的支持的。《可再生能源法》中也规定了一些鼓励性政策，也取得了诸多成效。最为典型的便是全额保障性收购制度，保障可再生能源生产企业的电力产品能够获取利润，以扶持和鼓励相关产业的发展。但由于相关的政府部门客观存在贪污贿赂或者权力寻租等情况，这项制度的实施中存在着政府权力滥用的行为，例如个别省份并未达到国家规定的最低保障收购量的指标，且存在着压价的情况，这使得相关企业生存情况恶化。

据粗略统计，目前我国能源行业的相关职责分散在国土资源部、国家发改委、水利部、电监会、国家环保总局、科技部等相关部门[②]。这些部门各行其是，在职权范围内出台各项政策和文件，内容存在矛盾之处。而在一些地方的可再生能源项目中，由于现存监管制度漏洞，随之出现一些政府权力滥用和越位等行为，这对可再生能源产业发展起到了消极作用。

综上所述，由于《可再生能源法》中政府权力既存在缺位又存在滥用，法律制度的协调性和可操作性得不到保证。可再生能源产业的产品受之影响，一方面社会对能源的需求缺口不断扩大、能源供应紧张，另一方面在产品开发企业又被扼住了脖颈、举步维艰。长此以往，其行业的科技创新积极性会下降，这甚至在

① 中华人民共和国可再生能源法［C］.．中国海洋法学评论（2005 年卷第 2 期　总第 2 期）．厦门大学海洋政策与法律中心，2014：276－281。

② 由然．呼吁设立能源部［J］．中国石油企业，2007（09）：39－40。

一定程度上对国家的宏观决策起到了负面影响。

4. 缺少可再生能源国际合作相关内容

在当前《可再生能源法》对于可再生能源的推广与应用问题，第十三条以及第十六条等法条都进行了明确规定，表明了国家鼓励和支持可再生能源高效开发和利用。[①] 这些内容体现了中国为实现能源结构转型和可持续发展而对可再生能源开发利用的积极态度。但在近年来“一带一路”能源合作背景下，该法所指的可再生能源的开发利用并不应当局限于国内能源开发利用，更应积极响应目前火热的可再生能源国际合作，而目前的《可再生能源法》中却仅对国内可再生能源开发利用进行了规定，而未提及可再生能源国际合作相关的内容。

（三）“一带一路”背景下可再生能源合作的法律障碍

1. 缺乏完备的能源法律体系为“一带一路”能源合作保驾护航

我国迄今已经先后制定了多部能源方面的专门法，国务院、地方政府和地方人大根据这些法律制定了各级能源法律法规。这些法律法规内容众多，涵盖了能源产业的开发、应用以及能源标准等内容。对于我国加入并认可生效的能源相关的国际条约，部分法律文件也有所规定。但到目前为止我国还没有一部涵盖各个能源领域的统一立法来促进“一带一路”能源合作和解决其中的矛盾冲突。这就意味着“一带一路”可再生能源合作存在的法律风险不言而喻。[②]

2.《可再生能源法》的缺陷与滞后

每一部法律的颁布和修改都与时代有着密不可分的关系，法律作为上层建筑就必须适应经济基础才能够推动社会的发展。如前文所述，《可再生能源法》颁布的背景是我国经济长期高速发展导致能源需求激增以及环境污染问题严重的状况。而如今“一带一路”可再生能源合作成为中国参与国际能源合作的重要项目，对于社会发展主旋律，立法就应当予以回应。然而法律都具有滞后性的特点，《可再生能源法》也不例外，立法体系乃至法条本身存在一定的缺陷，随着时代的发展，其滞后性与缺陷在“一带一路”等可再生能源国际合作方面表现得越发明显。

三、“一带一路”背景下完善《可再生能源法的建议》

（一）明确立法目的

《可再生能源法》第一条以及第四条明确表示国家鼓励支持多方力量参与可再生能源的开发利用当中来，推动科技进步，共同促进全社会绿色、可持续地发

① 中华人民共和国可再生能源法修正案 [J]. 中国水能及电气化，2010（Z1）：74—77。

② 黄静. 西部地区能源可持续发展法制问题研究 [D]. 西北民族大学，2010。

展。可见《可再生能源法》的立法初衷并不是只限于建立国内可再生能源市场，也不是只限于公有制经济主体参与可再生能源的开发利用。“一带一路”倡议的产生是顺应全球化的必然结果，在“一带一路”下的可再生能源国际合作必然需要我国《可再生能源法》给予支持。因此可在《可再生能源法》的修改当中明确新的时代背景下的立法目的，可考虑将第一条修改为：“为了促进国内外可再生能源的开发利用和国际合作，优化我国能源结构，保障我国能源安全，从而实现经济社会的绿色可持续发展，制定本法。”

（二）将各种类可再生能源立法细化

相较于德国、美国等国家，中国可再生能源产业发展不平衡、发展水平低、起步时间晚，各种类的可再生能源产业发展水平参差不齐，国家的扶持政策也根据实际情况有所倾斜，因此各类可再生能源的发展程度和市场境遇也就不可避免存在差距。笔者认为应当通过对《可再生能源法》进行修改，将可再生能源的种类加以厘清，对主要类型的可再生能源可设立专门章节，根据该种类能源的特点“因特制宜”地对开发利用等加以规定，从而使热门的可再生能源类型开发得到法律支持，较为冷门的可再生能源类型得到法律的认可和保障。

例如中国的太阳能资源充足，但是并未对其加以足够的开发利用，尤其是在太阳能供热领域发展空间较大。针对此现状，可在《可再生能源法》当中具体明确重点开发区域、方式、技术、最佳路径等内容。除此之外，小水电也是中国当前注重开发的可再生能源类型，但相关法律制度却有空白之处，可考虑将小水电开发利用过程中有效、科学的理念和配套措施上升为法律制度。①

除了太阳能和小水电以外，生物质能和地热能也是可再生能源当中开发潜力较大的类型。但由于核心技术缺乏、推广成本高以及盈利情况不理想等问题，这两类可再生能源的开发与利用更加需要立法的支持与鼓励。

（三）建立可再生能源监管制度

任何一项制度的施行都需要配套的监管制度才能保证其能够有效地运行下去。自改革开放开始，中国便开始参与到可再生能源的实际开发利用当中，至今已有三十余年了。当前中国可再生能源产业还在不断地壮大，要实现可再生能源产业的良性发展以及参与诸如“一带一路”可再生能源国际合作等项目就更加需要合理有效的监管制度。任何权利不加以限制就会导致强者对弱者的剥削。在对可再生能源进行开发利用的过程当中，无论是政府等公主体还是企业等私主体，法律赋予其权利都需要从法律的角度加以限制，因此可再生能源监管制度就显得格外重要了。

---

① 陈兴华.《可再生能源法》的立法再审视［J］. 学术交流，2012（11）：67-70。

《可再生能源法》颁布的目的便是促进可再生能源的开发与利用，使得该行业的规划和监管有法可依。按照法条规定，国务院能源主管部门和县级以上地方人民政府管理能源工作的部门和其他有关部门有义务对可再生能源开发利用的整个环节加以监管，是监管主体。①

但正如上文所述，囿于我国能源法律体系还不是很完备，且《可再生能源法》的法条过于笼统化和原则化，对于可再生能源监管制度本身并未作出系统性的设计，在可再生能源领域的监管与其他部门法的衔接方面也未作详细规定，监管力度必然不足。自《可再生能源法》颁布以来，无论是公主体还是私主体，违反《可再生能源法》的行为时有发生，但至今没有因违反该法而获得行政处罚的案例出现，这就直观地看出可再生能源监管的不足，也更加凸显出建立可再生能源监管制度的重要性。

笔者认为，可再生能源监管必然贯穿其开发利用乃至消费的全过程，对于不同的阶段，应当寻求监管成本低而效率高的部门对其进行监管，而非一个部门包揽所有。例如国家制定可再生能源战略的实施情况以及市场秩序方面的监管可由国家能源局开展；由于可再生能源的开发利用与电力部门密切相关，因此对于可再生能源企业的违法行为可由国家电力监管委员会及其派出机构进行监管；除此之外，政府本身应设立专门的能源监管部门，对于政府权力滥用或者权力寻租等违纪违法行为，应当与国家监察委员会衔接。②

（四）健全《可再生能源法》实施的制度

20世纪80年代以来，我国的相关立法与制度都有较大的发展，如我国已经形成了以《可再生能源法》及其配套部门规章、技术标准、地方性法规为主的可再生能源法律体系，并制定了如固定电价制度、配额制度等法律制度。但这些相关立法与制度毕竟独立于《可再生能源法》之外，其有效性与操作性不能得到很好的体现，对此笔者认为可将长期实施的政策性内容增添至法条本身，将这些行之有效但处于低位阶的法律法规上升到《可再生能源法》的层面上来，使得主要的配套实施制度在全国范围内能够统一起来，这样既避免了由于因地制宜造成地方政策差异过大，又能够使得监管的效率提高。

1. 增加可再生能源产品绿色消纳制度

在实践当中经常出现绿色电力消纳不足的问题，笔者认为应增加可再生能源产品绿色消纳制度。以电力为主的可再生能源等终末产品为市场普遍接受需要一个适应的过程，这离不开政府的支持，通过政府与可再生能源企业签订绿色电力

---

① 中华人民共和国可再生能源法［C］. 中国海洋法学评论（2005年卷第2期，总第2期）. 厦门大学海洋政策与法律中心，2014：276－281.

② 王娟. 气候变化背景下可再生能源法律制度研究［D］. 甘肃政法学院，2016。

消纳清单，配合全额保障性收购制度，引导和培育绿色电力市场，逐步提高此类可再生能源产品的市场竞争力。

2. 增加开发规划与电网规划衔接制度

当前中国可再生能源的输出形式主要是电力，这就决定了可再生能源的开发规划与电网规划密不可分。在一个区域对可再生能源进行开发利用，若是电力模式，则需要与当地电网规划配套相适应，否则会造成衔接效率低下和资源浪费的问题。当前中国国内开发规划与电网规划衔接就存在不少的问题，在“一带一路”背景下的可再生能源国际合作就更要面临此类问题。在实践中如何与目标国家电网规划有效衔接，又如何将程序性问题体现在法律法规当中，这需要对法律进行进一步修改与完善。对此，笔者认为应当在《可再生能源法》当中增加开发规划与电网规划衔接程序相关的制度。

3. 增加可再生能源统计评价制度

对于一个可再生能源项目，应当有一套标准的科学统计评价体系对其开发潜力、开发成本以及目标市场进行量化评估。评价体系的科学与否对可再生能源的政策制定、投资、开发、利用以及生产消费都有着不可估量的影响。中国参与“一带一路”可再生能源国际合作就必然会面临如何对可再生能源进行统计评价的问题。

对此笔者认为《可再生能源法》应当体现科学系统的统计评价制度。

（五）增加有关可再生能源国际合作的内容

自2013年“一带一路”倡议提出以来，中国就在不断致力于“一带一路”下的多领域合作，其中能源资源合作是重要内容。

上文所述的中国新能源海外发展联盟发布的《“一带一路”可再生能源发展合作路径及其促进机制研究》研究报告认为，“一带一路”倡议带动了沿线国家的经济增长与产业发展，这些国家对于电力的需求快速增长，而传统的煤炭、石油和天然气资源紧缺，亟须寻求多种能源供应途径。[①] 该报告对中国企业来说，这是巨大的商机，部分企业抓住该机会大力投资“一带一路”下可再生能源国际合作项目，目前中国企业参与可再生能源国际发展合作模式主要是以企业项目总包、海外并购以及投资海外研发等形式，在未来会考虑将5G通信以及人工智能技术应用到可再生能源管理服务产业当中。

可见中国可再生能源国际合作发展前景广阔，且政府也致力于推动该领域长期的国际合作，因此笔者认为有必要在《可再生能源法》中增加有关国际合作的

---

① “一带一路”可再生能源发展合作路径及其促进机制研究（执行报告）［R］，中国新能源海外发展联盟. 2019。

内容，为“一带一路”下的能源资源国际合作做出立法回应。例如将原本的第十二条修改为“将可再生能源开发利用的核心科技研究纳入国家科技发展规划当中，促进行业科技发展，并鼓励企业与国际能源机构通力合作，共同促进可再生能源的核心技术开发利用，形成国内外可再生能源开发成果转化和应用示范的系统性标准化模式”，必要时还可设立国际合作专章。

（六）明确法律责任

可再生能源的开发、利用以及监管并非易事。但很显然的是，即便《可再生能源法》第二十八条至三十一条规定了政府部门负责人和相关销售企业两方面的法律责任。自该法颁布实施以来，违反可再生能源法的行为比比皆是，然而由于法律并未明文规定处罚的措施手段以及处罚标准，所以即便实践中存在不少违反该法的行为，但违法主体均未获得相对应的行政处罚，实际上《可再生能源法》对于法律责任规定形同虚设，职责部门有尸位素餐之嫌。

除此之外，法条仅规定政府部门与收购、销售企业两类主体的责任似乎过于简单。笔者认为应当从可再生能源的调查、规划、开发、利用、推广以及监管等方面明确法律责任，使法律责任贯穿于可再生能源的调查、规划、开发、利用、推广以及监管的全过程。

有一点需要说明，可再生能源本身虽然是清洁能源，但开发利用可再生能源的各个环节稍有不慎就会对生态环境造成破坏，例如生产过程中的废弃物、污染物的排放，为得到生产原料对自然界肆意攫取以及在建设可再生能源项目的过程中对地表造成不可逆的破坏。若只着眼于可再生能源产品这一消费环节，并不能明确法律责任的初衷。因此笔者认为，当可再生能源开发企业在开发过程当中造成了环境污染以及资源严重浪费的结果时所应当承担的法律责任应在《可再生能源法》中载明。

《石油储备条例》制定研究

王　浩[①]　杨　怡[②]

摘　要：《石油储备条例》是调整和保障我国石油储备建设的法律制度。我国在没有相应的法律规范调整的情况下已开展了多年的石油储备建设。目前，石油储备主体仅限于政府，导致我国石油储备建设进程较缓慢；石油储备的品种不明确，导致全国石油储备建设不统一；石油储备的动用无规定，导致石油储备建设的直接目的无法有序地实现。长期的制度缺位和建设、立法倒置模式，不利于我国石油储备的建设和能源安全的保障。随着我国石油对外依存度不断增高，石油安全风险不断增大，在国家安全观的背景下，为了保障国家能源安全，促进石油资源可持续利用，石油储备建设急需"有法可依"。制定《石油储备条例》应当规定基本原则、健全管理机制、确定石油储备模式、明确动用条件和程序等问题。

关键词：石油储备条例；石油储备立法；石油储备；储备模式；动用条件

引　言

广义"石油储备"，包括石油资源储备、油田产能储备和石油实物储备。本文称"石油储备"仅指狭义上的石油实物储备，即国家为应对短期石油供应冲击建立的石油储备库中存放的石油。[③]

1993 年，我国成为原油净进口国。2018 年，我国原油生产总量 27046.54 万吨，石油消费总量 87696 万吨[④]，原油生产量不及消费总量的 31%。《BP 世界能源统计年鉴（2018 年）》显示，中国作为全球第一大油气进口国，2018 年石油对外依存度高达 72%，这意味着中国能源安全风险进一步增高。若发生战争、自然灾害等情况，国内石油供应出现缺口，将会对我国的能源安全带来巨大的打

---

① 王浩，西南石油大学法学院讲师，院长助理，西南石油大学法治与社会治理研究院副院长，硕士生导师，研究方向：行政法、能源法。

② 杨怡，西南石油大学法学院 2019 级法学硕士研究生，研究方向：行政法、能源法。

③ 于文轩：《论我国石油储备法律机制之构建》，《中国政法大学学报》2014 年第 6 期，第 90—99+159 页。

④ 国家统计局网站：http://data.stats.gov.cn/search.htm?s=%E7%9F%B3%E6%B2%B9，访问时间 2019 年 9 月 24 日 19：01。

击，进而影响我国的国民经济健康、稳定的发展。

自20世纪70年代因战争爆发的两次能源危机后，石油储备安全的问题引起了各国学者的关注，学者们纷纷呼吁建立国家石油储备相关的法律保障[①]。国外诸多学者从现代社会等视角解读了石油储备对于国家安全的重要性，如Banks、Ferdinand E.[②] 等均在著作中提出为保障能源安全，制定法律制度的重要性。发达国家几乎都制定了石油储备法律制度以保障本国内的石油能源安全。20世纪法国最早开始石油储备建设，70年代后日本、美国、德国等国家也制定了石油储备法律，开始了石油储备建设。经过多年的理论研究与实践，如今各发达国家基本形成了较为完善的石油储备法律体系。

总结来看，法国、日本、美国、德国等均是先建立法律体系，再开始本国的石油储备建设。而我国与国外立法先行的模式相反，2003年我国开始筹建石油储备基地，而到现在还未出台石油储备相关的法律。2006年宁波镇海基地作为我国首个石油储备基地建成并投入使用。到2017年，我国已建成舟山、大连等共9个国家石油储备基地，储备原油3773万吨[③]，按照2017年我国4.2亿吨原油净进口量计算，上述石油储备只相当于约32天的石油净进口量，远低于国际能源署设定的一国石油储备安全标准线（90天），更低于美日等发达国家的储备能力。目前世界石油储备能力最强的是日本，截至2017年3月底，日本的石油储备达到了日本208天消费量的储备。[④] 我国目前的石油储备还无法满足国内生产的需要，应对短期石油供应冲击的能力还有待提升，国家的石油安全依然面临严峻的挑战。

国家石油储备事关国家能源安全，其重要性毋庸置疑；涉及资金金额巨大，组织建设工作极为复杂，其难度更是毋庸讳言。十几年的实践摸索取得的成果、经验、格局，亟须立法予以保障、确认。仅依靠现有的行政规章和命令，无法确保国内石油储备建设工作的稳定性和石油资源的可持续利用。在此背景下，我国应制定《石油储备条例》，明确我国石油储备建设的主体、程序、监管及法律责任等内容，从而促进我国石油储备建设健康发展，更好地保障我国的能源安全。

一、《石油储备条例》制定的必要性

习近平总书记提出，“要积极推动我国能源生产和消费革命，推动能源供给革命，建立多元供应体系。立足国内多元供应保安全，同步加强能源输配网络和

---

① 周德群、白洋：《中国战略石油储备研究》，科学出版社，2015年。

② Banks，Ferdinand E. Energy economics：a modern introduction，Boston：Kluwer Academic，2000。

③ 国家能源局网站：http://www.nea.gov.cn/2017－12/29/c_136859895.htm，访问时间2019年9月24日19：03。

④ 《独立行政法人石油天然ガス金属鉱物資源機構「我が国の石油・石油ガス備蓄」による》，http://www.jogmec.go.jp/library/stockpiling_oil_003.html，访问时间2019年10月22日10：23。

储备设施建设”[①]。然而，我国至今还未形成完整的石油储备制度和法律体系，《石油储备条例》亟须出台以保障国家能源安全。

（一）制定《石油储备条例》是保障国家能源安全的需要

李克强总理指出，“推动现代化建设，保障能源供给是长期战略任务，多元发展能源供给，提高能源安全保障水平，增强油气安全储备和应急保障能力”[②]。国民经济的发展离不开石油，石油的稳定供应与否直接关系到我国的能源安全。短期内国内石油供应因故出现缺口或大量减少，势必会对国民生活、国内经济生产乃至国家能源安全造成直接的影响和威胁。建立战略石油储备制度，是应对短期石油缺口等突发事件的重要手段和基础，在我国石油对外依存度逐年增高的高风险背景下，建立战略石油储备体系保障国家能源安全是大势所趋。

而对于关乎国民经济和国家安全的重大事项，建立起相应的法律体系才能够为其提供坚实的制度保障。国民经济发展对于石油的依赖度是毋庸置疑的，石油供应是否持续对于市场的稳定、国家安全有着直接的影响。完善的法律制度能够为国内战略石油储备的建设保驾护航，类似的战略物资储备均有相应的法律，如《中央储备粮管理条例》等。制定《石油储备条例》，明确规定我国石油储备建设的各个环节，是保障我国石油储备建设、能源安全的重要基石。

（二）制定《石油储备条例》是促进石油资源可持续利用的需要

可持续发展理论提出的目的是促进全人类的生存和发展，是石油储备法律体系建立的理论基础，也侧面反映了制定《石油储备条例》的必要性。1972 年可持续发展理论第一次被提出，是指：“既满足当代人发展的需求，同时又不对后代人满足其发展需求的能力造成危害的发展。”[③] 我国在《中国 21 世纪初可持续发展行动纲要》（国发〔2003〕3 号）[④] 中明确了可持续发展中建立能源储备体系的重要性。国家可持续发展，能源可持续自是包含其中，而石油是国民经济发展依赖的能源，重要性不容忽视，因此建设石油储备对于能源可持续和国家可持续发展都至关重要。石油又属于不可再生资源，如何保障石油资源的可持续利用是国家经济发展必须要解决的问题之一。制定《石油储备条例》，构建石油储备法律体系，将石油储备工作纳入法制化轨道，能够为石油资源的可持续利用保驾护航。

---

① 习近平：《积极推动我国能源生产和消费革命》，http://www.xinhuanet.com/politics/2014-06/13/c_1111139161.htm，访问时间 2019 年 9 月 30 日 10：00。

② 《李克强主持召开国家能源委员会会议》，http://www.xinhuanet.com/politics/2019-10/11/c_1125093681.htm，访问时间 2019 年 10 月 14 日 22：21。

③ 王革华：《能源与可持续发展——21 世纪可持续能源丛书》，化学工业出版社，2005 年，第 27 页。

④ 《中国 21 世纪初可持续发展行动纲要》（国发〔2003〕3 号），http://www.gov.cn/gongbao/content/2003/content_62606.htm，访问时间 2019 年 10 月 17 日 23：21。

（三）制定《石油储备条例》能够为石油储备建设提供规范依据

为了增强我国石油储备建设的规范性、体系化和安全性，我国迫切需要建立《石油储备条例》。在石油储备建设的过程中，涉及诸多方面，而法律制度是其他层面顺利发挥作用的基础保障。石油对于国民经济、国家安全的重要性，决定了石油储备建设必须有法律这一坚实保障。另一方面，石油储备的建设过程中，涉及资金分配、管理主体、动用条件等等问题，仅仅依靠行政命令不足以保证其建设的稳定性和连续性。因此，制定《石油储备条例》是我国建设战略石油储备制度的必然要求。

2003 年我国开始筹建石油储备基地至今已有 16 年，而在此期间，却没有相应的法律规范来约束指引相关工作的开展，结合实践，国内石油储备建设过程中可能会出现程序不清、监管不畅以及责任不明等诸多问题，不利于我国石油储备的开展，更不利于国家能源安全体系的构建。到 2017 年，我国已建成 9 个石油储备基地并投入使用，为我国石油安全提供了现实保障，而这些建设成果同样需要法律予以维护，否则前期的成果很可能因制度缺失而付之东流，从而给国内的石油储备建设造成巨大的打击。

二、《石油储备条例》制定现状分析

1993 年，我国成为原油净进口国，中国石油日消费量位居世界第二，却未建立战略石油储备体系，对外依存度走高的背景下，国家安全也受到严重的威胁。尽管我国的石油储备基地建设已开展 16 年之久，而相关的法律制度却几乎没有，完整的石油储备法律体系尚未建成，这一现状显然不能适应国家安全的需要。

（一）《石油储备条例》立法现状

1. 宪法的相关规定

《宪法》第 9、20、26 条分别对自然资源、鼓励科技进步等问题作出了相应的规定，保证资源的合理充分利用。石油是开采于岩石地层中的矿产资源，属于自然资源的一种。根据第九条的规定，为了保护我国的能源安全，建立石油储备体系，储存石油以备不时之需，是合理利用石油资源的方式，故建立石油储备体系也属于合理利用自然资源的方式之一。《宪法》中的这些相关规定，从一定层面为我国《石油储备条例》的制定提供了根本大法的依据。

2. 基本法律的相关规定

在现行法律规定中，《矿产资源法》及其配套规定明确了作为矿产资源之一的石油资源的所有权归国家、矿产资源开发的程序和责任；《节约能源法》对石油等能源的节约使用问题作出了规定。通过梳理可以发现，现行的基本法律在石油储备建设方面暂时没有相关直接的规定，但是在石油储备的所有权、建设的依据等方面为我国《石油储备条例》的制定奠定了基础。

此外，2009年我国出台了《能源法》（征求意见稿），第一次在法律中对于石油储备建设问题进行了明确的规定。尤其是第六十五明确了我国石油储备工作的主体及责任。[①] 然而，征求意见稿中也只是作出了原则性的规定，对于石油储备建设过程中的具体问题还未明确。并且《能源法》（征求意见稿）目前还处于制定阶段，暂未正式颁布，实践中无法参照执行，因而石油储备的建设仍需制定专门的《石油储备条例》。

3. 行政法规的相关规定

国务院颁布的部分行政法规中对于石油储备问题也有所涉及，如《全国海洋经济发展“十二五”规划》（国发〔2012〕50号）[②]、《能源发展“十二五”规划》（国发〔2013〕2号）[③]、《能源发展战略行动计划（2014－2020年）》（国办发〔2014〕31号）[④] 等。以上的行政法规虽不是专门石油相关的规定，但均从不同层面涉及了石油储备的相关问题，对于《石油储备条例》的制定有着一定的借鉴意义。

4. 部门规章的相关规定

在我国的部门规章中，《能源发展“十一五”规划》（2007年）[⑤]、《能源发展“十三五”规划》（发改能源〔2016〕2744号）[⑥]、《石油价格管理办法》（发改价格［2016］64号）[⑦]、《2018年能源工作指导意见》（国能发规划［2018］22号）[⑧] 等也对石油储备相关问题有所涉及，并且相对来说较为细化。虽然部门规章的法律层级较低，但也有益于构建我国石油储备法律体系。

---

① 《能源法》（征求意见稿）第六十五条：“国务院能源主管部门全面负责石油政府储备的组织建设及管理；从事原油进口、加工、销售、成品油进口和批发的相关企业负责建立石油企业义务储备；石油储备监督检查制度由国务院能源主管部门负责建立，实现对政府储备及企业义务储备的建设、收储、轮换一系列情况的监督管理。”

② 《全国海洋经济发展“十二五”规划》（国发〔2012〕50号），第三章第三节提出鼓励发展商业石油储备和成品油储备。

③ 《能源发展“十二五”规划》（国发〔2013〕2号），提出优化储备布局和结构，建成国家石油储备基地二期工程，启动三期工程，推进石油储备方式多元化。

④ 《能源发展战略行动计划（2014－2020年）》（国办发〔2014〕31号），提出要扩大石油储备规模。

⑤ 《能源发展“十一五”规划》（2007年），要求政府加快进行石油储备基地的建设，并进行收储工作；石油企业也应适当建立义务储备，与政府的石油储备相结合，逐步完善石油储备体系。

⑥ 《能源发展“十三五”规划》（发改能源〔2016〕2744号），主要任务中提到加快石油储备体系建设，全面建成国家石油储备二期工程，启动后续项目前期工作，鼓励商业储备，合理提高石油储备规模。

⑦ 《石油价格管理办法》（发改价格［2016］64号）中规定了，石油储备用油的价格实施政府定价；主要任务中提到加快石油储备体系建设，全面建成国家石油储备二期工程，启动后续项目前期工作，鼓励商业储备，合理提高石油储备规模。

⑧ 《2018年能源工作指导意见》（国能发规划［2018］22号），提出增强油气储备应急能力。加快国家石油储备项目建设，推进国家石油储备基地三期项目前期工作，加大力度推进国家储备原油收储。

5. 政策的相关规定

《国民经济第九个五年计划和2010年远景规划》(1995年)[①] 是第一次在政策中明确建立国家石油储备；2003年《中国的矿产资源政策》中指出“建立战略矿产资源储备制度”；2005年《中国能源发展战略报告》指出“应加快建成战略石油储备体系”。

6.《石油储备条例》(征求意见稿)

2016年，国家能源局就《石油储备条例》(征求意见稿)向社会征求意见。意见稿就石油储备的主体、义务、动用及法律责任等方面作出了相应的规定。虽然此后国家能源局多次在各项文件中提出要加快推进《石油储备条例》的立法工作，但目前该条例尚未出台。

综上，我国基本没有专门针对石油储备建设的法律法规，与石油储备建设直接相关的只有国家发改委、财政部联合发布的《国家石油储备基地第一期项目建设管理试行办法》(2004)[②]。现行规范与调整石油资源储备的大多为规章与政策性文件，其效力过低。

(二) 我国《石油储备条例》立法现状评估

根据以上法律法规的梳理，可以发现我国《石油储备条例》立法现状目前存在以下问题。

第一，法律层级较低。这些规定普遍存在法律层级较低和缺乏顶层设计、部门规定单一性的问题，与石油储备建设针对性较强的法规多是部门规章和国家政策，法律层级较低，不能有效规范储备主体多元化、利益关系复杂化的现状。第二，立法分散。与石油储备建设相关的法规较为分散，现有的政策文件，也仅是对石油储备相关的事宜一笔带过，并无系统的规定。第三，相关法律体系尚未建立。目前我国尚未形成一套完整的石油储备建设的法律体系，缺少能源安全方面的基础性法律——《能源法》；也没有专门调整石油储备建设的法律——《石油储备法》。

综上，我国目前缺乏专门的石油储备法律及配套法规，相关法律体系尚未建立。为了规范和监督国内石油储备建设，构建良性的石油储备制度，势必需要制定《石油储备条例》。

三、域外石油储备立法的实践和启示

(一) 域外石油储备立法的实践

自20世纪70年代能源危机爆发后，国外各国均颁布了石油储备相关立法，

① 《国民经济第九个五年计划和2010年远景规划》(1995年)，第一次明确提出建立国家石油储备。

② 《国家石油储备基地第一期项目建设管理试行办法》(2004年)，就国务院批准的国家石油储备基地第一期项目事宜作出了规定。

促进本国的石油储备建设，以保障国内的能源安全，其中美、日、德等国家有关石油储备建设的制度规定，为我国构建石油储备法律体系提供了借鉴经验。[①]

1. 美国的石油储备制度

在第一次石油危机后，1975 年美国发布了《能源政策与节约法案》(EPCA)，建立了战略石油储备。EPCA 规定，在法案生效的七年内美国储油量要达到 90 天的进口量。[②] 2009 年年底，美国石油储备量达到 7.266 亿桶。

美国的战略石油储备工作由专门的能源部负责，每年向总统和国会提交年度报告，报告本年度的战略石油储备建设相关情况。能源部部长负责战略石油储备的建设，有权提出动用和分配储备石油的方案，经总统批准后实施。1990 年后，EPCA 修订了储备石油的动用原则，将决定权赋予总统，在总统认为出现紧急事项影响国内石油供应，可能对国民经济造成重大影响的时候可以批准动用储备石油。美国战略石油储备建设的基金主要来源于联邦政府的财政拨款，用于战略储备的石油进口可享受减免税等优惠政策。

2. 日本的石油储备制度

日本石油储备主体分为国家和民间储备两种。和美国一样，日本也在 1975 年通过了《石油储备法》，先行确定了国家战略石油储备的民间主体的储备义务，以“油轮储备”的形式开展。1978 年日本建立起国家战略石油储备制度，逐渐减少民间的储备量，1993 年确定民间储备量为国内石油日消耗量的“70 天”。2003 年，日本民间储油主体将民间储备油的所有权转移给国家，由国家委托专门机构进行管理。截至 2017 年 3 月底，日本国家储油基地达 10 座以上，日本的石油储备约 8，104 万公斤，合 208 天消费量的储备。[③]

在日本，石油储备的目的是“保障国内石油供给”。[④] 每年经济产业大臣在听取负责部门的报告和意见后，确定未来五年内的战略石油储备计划。在动用条件方面，日本的《石油储备法》主要包含了国外石油供给短缺和国内自然灾害导致的石油短缺两方面。

3. 德国的石油储备制度

德国的相关法律稍晚于美国和日本，于 1978 年颁布《石油储备法》。相较于其他两国，德国的石油储备品种更为广泛，包括了原油、汽油、柴油、重油等，目前拥有的储备规模相当于德国 110 天的消费量。[⑤] 德国石油储备建设的负责部

---

① 于文轩：《论我国石油储备法律机制之构建》，《中国政法大学学报》2014 年第 6 期，第 90—99+159 页。

② 宋红旭、张斌：《美国等西方国家的能源安全战略》，《经济研究参考》2002 年第 3 期，第 29—37 页。

③ 《独立行政法人石油天然ガス金属鉱物資源機構「我が国の石油・石油ガス備蓄」による》，http://www.jogmec.go.jp/library/stockpiling_oil_003.html，访问日期 2019 年 10 月 22 日 10：23。

④ 日本《石油储备法》第 1 条。

⑤ 姜润宇主编：《战略石油储备》，中国市场出版社，2007 年，第 6—8 页。

门为经济部，职责包括制定相关政策、决定储备油的动用和分配。另外较为特殊的一点是，德国国内从事石油进口和炼制的公司作为成员，成立了石油储备协会（EBV），负责承担大部分的储备义务。而战略石油储备的费用，德国通过提高成品油的价格让消费者承担这部分的费用。[①]

（二）域外石油储备立法的启示

总结美、日、德三国的经验，要求我国石油储备建设应厘清相关的管理职责，把政府和企业均纳入储备主体，多元化储备油的品种，明确动用条件和程序，确定资金保障来源。

1. 厘清管理机构和权限

根据各国的相关法律，美、日、德三国均明确了石油储备建设的负责部门，并且将具体负责的部门和动用权主体分割，决策权和执行权分开，有助于权利之间的相互监督和执行命令的高效。如美国具体实施负责战略石油储备建设的主体是能源部，而储备石油的动用权和重大事项的决策权属于总统。日本也是由产业经济省主要负责，但具体事务则委托相关公司来运作。明确石油储备建设的管理机构和权限，是国家战略石油储备制度高效运作的第一步。

2. 政府和企业均纳入储备主体

日本明确规定了不仅政府有储备义务，并且民间主体也应储备石油。美国虽然只规定了政府应进行战略石油储备建设，但实践中美国企业也自愿地建立了商业石油储备体系，并且远超过了政府储备量。德国法律规定由政府承担储油义务，但是民间企业也要向石油储备协会（EBV）缴纳会费，这也是变相地让民间企业承担了一定的储油义务。[②] 众所周知，在我国国情下，政府行政压力较大，事务繁多，仅依靠政府承担储油义务，不能使储油效果达到最好。将企业纳入储油主体，是发挥石油储备制度活力、提高储油效力的重要手段。

3. 储备品种多元化

根据以上分析，在石油储备的品种方面，各国均采用了多元化的实践。其中德国对于储油品种的规定较为细化，并且在法律中明确了各类储备油品种的比例。而美国和日本的石油储备也都包括了原油和各类成品油，尤其是日本近年来对于成品油的储备重视度不断提高。为了全方位地应对国内外等各类突发原因导致的短期石油短缺，我国的石油储备品种也应当多元化，并且应借鉴德国，在《石油储备条例》中予以细化，每年根据实际情况，不断调整各类品种的比例。

4. 明确动用程序

各国均严格规定了石油储备动用的主体和程序，如美国石油储备动用的决策

① 赵小平：《能源管理工作手册》，中国市场出版社，2008年，第253－254页。

② 于文轩：《论我国石油储备法律机制之构建》，《中国政法大学学报》2014年第6期，第90－99＋159页。

权在于总统，至今美国只出现过三次紧急情况下的动用储备石油，都是为了应对战争和自然灾害。另外，明确不同储备主体储备油的动用顺序或比例。如前所述，各国均将企业和政府纳入了战略石油的储备主体，在紧急情况下，应在法律中明确储备石油动用的顺序或比例。如日本是企业储备油先行动用，其次才是动用政府储备油。最后要明确动用的程序，由何部门负责，德国在法律中明确了动用储备油的部门和动用程序、时间等细节。

5. 保障资金来源

如前所述，美日德三国的资金来源均有所不同，美国是依靠政府财政拨款，日本政府建立专项资金保障石油储备建设，而德国实质上是由消费者承担战略石油储备建设的资金。石油储备建设是一个耗时耗力的巨大工程，资金保障应当具有稳定性，并通过法律予以明确。

四、《石油储备条例》立法总体思路

加快《石油储备条例》立法，是为国家战略石油储备建设提供法制保障的重要一步，对于构建我国完善的战略石油储备体系的意义重大。《石油储备条例》除具体内容应明确外，首先要确定立法目的和基本原则。

（一）《石油储备条例》立法目的

我国《石油储备条例》的制定，首先应该明确立法的目的。结合各国立法实践，均在相关法律的首部明确了石油储备建设立法的基本理念。[①]

首先，规范国内的石油储备建设是立法的直接目的。与国外立法先行的模式不同，我国石油储备建设在还未出台相关法律前就已进行。在实践的过程中，由于缺失法律规范的指引和规制，出现了石油储备的建设运行机制不畅、监管缺位等情况，导致石油储备建设困难重重。另一方面，我国目前建立的舟山等 9 个石油储备基地同样需要法律的保障，多年的石油储备建设成果需要法律的巩固。

其次，维持国内石油资源稳定、充足的供应，保障我国的能源安全是《石油储备条例》立法的根本目的。国民经济发展离不开石油，而在我国目前石油对外依存度高达 72%的背景下，我国的能源风险较高、威胁较大。建立完善的石油储备机制，发挥法制化对石油储备建设的积极作用，是保障我国能源安全的重要举措之一。

最后，促进我国经济协调可持续发展是《石油储备条例》立法的终极目的。在现代，可持续发展作为国家发展的终极目标已成为诸多国家和学者的共识，我国《石油储备条例》的立法也应以可持续发展为终极目标，注重石油的持续供

① 马波：《论〈中国石油储备法〉的立法理念》，《北京石油管理干部学院学报》2010 年第 17 期，第 5—11 页。

应，与经济发展、环境保护、社会公平相协调。

《石油储备条例》（征求意见稿）的第一条就立法目的作出了规定。该条明确了石油储备的直接和根本目的——“规范石油储备管理，保障石油供应，维护能源安全”，但笔者认为，我国建立《石油储备条例》的终极目的是促进我国经济的可持续发展，应当在立法目的中明确这一内容。

（二）《石油储备条例》的基本原则

目前，我国石油储备建设的立法现状较为滞后，没有统一的原则来指导和保障国内战略石油储备的建设。《石油储备条例》的基本原则是我国战略石油储备建设过程中必须遵守的原则，贯穿建设工程的始终，明确《石油储备条例》的基本原则能够为建设工作的顺利开展提供直接依据和指引、弥补法律空白。在总结国外实践经验和结合我国国情的基础上，笔者认为我国《石油储备条例》的基本原则应包括安全和效益兼顾原则、可持续发展原则以及从国情出发原则。

1. 安全和效益兼顾原则

安全和效益兼顾原则要求在石油储备建设过程中，要同时兼顾石油储备的安全和经济效益两方面。作为一个消耗巨大的建设工程，石油储备建设的目的就是为了保障我国的石油安全，安全是后续工作开展的基础保证，那么在石油储备建设过程中自然应当注重安全问题；然而也不可只注重安全问题，而忽视经济效益，充分发挥储备石油的经济效益，促使石油的使用可持续发展是战略石油储备的最终目的。[①] 另外，安全和效益问题还涉及战略石油的储备主体，若只将政府纳入储备主体，安全性相对来说会提高一些，然而却给政府带来了巨大的财政压力，所以应当将企业也作为储备主体，充分调动石油储备的经济效益。故，在石油储备建设过程中，应当坚持安全和效益兼顾原则。

2. 可持续发展原则

可持续发展既是目的，又是原则，可以视为石油储备建设的目的性原则。石油的重要性不言而喻，然而我国的石油对外依存度逐年攀高，如何实现石油的可持续发展，是我们当前亟待解决的问题。《中国21世纪初可持续发展行动纲要》也提到我国目前要合理利用资源，建立储备体系，以保障资源的可持续供应。想要实现国家的可持续发展，经济基础不可动摇，而能源安全对于经济有着莫大的影响。因而，我国的战略石油储备建设的目的是实现石油供应、经济、国家的可持续发展，过程中自然应当坚持可持续发展原则。可持续发展原则要求我国在战略石油储备制度的建设过程中，不仅要夯实石油储备基地的建设，同时要提高石油的利用效率，缓解国内的石油供应压力。

---

① 周原：《我国石油储备法律制度研究》，中国石油大学（华东），2013年。

3. 从国情出发原则

从国情出发原则，具体来讲是说在建设我国的石油储备制度中，要注意分析我国的实际情况，国外的储备石油建设历史虽然较久，经验相对更为丰富，但是我国有自己的特殊国情，不能直接照搬国外的建设经验。如我国的社会制度、经济制度、部门体系等等，都和美日等资本主义发达国家有很大的区别，这就决定了我国战略石油储备制度建设的负责部门、资金来源等与国外不同。而我国的石油消费概况、储备基础等与发达国家有别，也要求我国的石油储备建设应注重建设基础，不可要求一步到位与发达国家迅速取得一致。之所以要在《石油储备条例》中坚持从国情出发这一原则，目的是构建更加适合我国的战略石油储备制度，而非于我国不相适应的他国经验，从而能够更好地指导我国战略石油储备建设，保障我国的能源和国家安全。

综上，《石油储备条例》（征求意见稿）仅在第一条规定了立法目的，接着就是对储备具体内容做出了规定，并未规定《石油储备条例》的基本原则。作为一部完整的法律，基本原则是必不可少的。在条文中明确基本原则，当出现法律漏洞时，可以根据基本原则填补法律漏洞，同时可以根据基本原则整合石油储备领域的所有法律法规，全方位地规范石油储备建设。故笔者认为，目前《石油储备条例》（征求意见稿）中应增补基本原则相关内容。

五、《石油储备条例》立法具体制度设计

（一）《石油储备条例》应明确的内容

1. 健全管理体制

健全石油储备建设的管理体制，是促进石油储备建设高效运作的保障。总结美国、日本的管理经验，我国也应结合国情制定出我们的管理体制。《石油储备条例》（征求意见稿）第六条（主管部门职责）、第三十一条（动用条件）规定了石油储备工作的主管部门为国务院发展改革部门及财政部门、能源主管部门，批准动用储备石油的部门是国务院。笔者认为，虽然征求意见稿中对主管部门作出了规定，但是仍然没有明确各部门的职责、运行机制等问题，应当在条例中予以明确以保证制度的高效运行。

总的来说，石油储备建设是关系到国家安全的重大事项，应当建立中央统一领导、决策的管理体制[①]，以保障事前储备石油建设和突发事件发生后动用时的统一性和高效性。具体来说，战略石油储备建设管理体制可分为决策机构和管理机构。事关国计民生的事项决策权应由国务院行使，管理和执行机构可交由能源

① 于文轩：《论我国石油储备法律机制之构建》，《中国政法大学学报》2014年第6期，第90－99＋159页。

主管部门。能源主管部门负责报告每年的能源储备情况、制定下一年储备计划报国务院同意，并且负责执行石油储备建设的具体事务。国务院负责决定石油储备的储备计划，享有储备石油的动用权。

2. 明确储备主体和品种

结合国外经验，石油储备主体都是包括了政府和企业两方面，我国也应遵循这一制度，将政府和企业都纳入战略石油储备主体中，以提高我国应对短期石油冲击的能力。2012 年《能源政策白皮书》① 就提出要统筹国家储备和商业储备，以此加强应急保障能力。在《石油储备条例》中，不仅要把企业纳入储备主体，还应明确政府和企业各自的储备量、储备种类、程序等具体内容，保证储备建设的规范性。

另外，对于石油储备的品种也应当明确，且不仅仅是储备原油，成品油如汽油、柴油、航空煤油等也应当储备，且要根据每年不同的情势，变更储油品种的比例，保障储备油的质量和安全。多元化的石油储备品种，对于稳定国内石油价格、保障石油供应乃至国家安全的维护均有重大的积极意义。

3. 细化动用程序

细化石油储备的动用条件及程序，促进《石油储备条例》立法根本目的的实现。之所以建立战略石油储备体制，即应对不时之需。若国内因战争、自然灾害等原因出现短期石油供应缺口，则要动用储备石油以满足国内生产的需求。我国的《石油储备条例》应当以专章的形式规定、细化石油储备的动用，明确动用的主体、程序和条件等内容。将动用条件以法律形式固定下来，方可保障在紧急和突发情况下，动用储备石油工作有条不紊地开展。

4. 确保资金制度

石油储备建设的实施离不开资金的支持。目前我国唯一一部与石油储备建设直接相关的法规——《国家石油储备基地第一期项目建设管理试行办法》，针对石油储备建设的财政支持制度作出了初步规定。目前，我国的财政部主要负责继续设施建设的贷款、拨付、审批和使用监督等工作，发改委会同财政部共同管理石油储备建设基地的建设贷款。并设立了国家石油储备办公室设立了国家石油储备基地公司，制定了《基地公司章程》，委托国内的石油公司进行建设和管理，石油储备建设第二期的建设资金均来源于中央拨款。这些实践为我国《石油储备条例》的制定提供了一定的经验。然而目前出台的征求意见稿中对动用石油储备后补充储备所需资金的来源暂未作出相关规定。在未来的立法中，应当明确石油

① 中华人民共和国中央人民政府《中国的能源政策（2012）》，http://www.gov.cn/jrzg/2012－10/24/content_2250377.htm，访问时间 2019 年 10 月 22 日 22：04。

储备建设资金相关的制度，将国家石油储备建设资金纳入中央财政预算①，在立法中对资金来源、管理主体、使用程序和监督等内容作出规定，保障专款专用。

（二）《石油储备条例》具体框架设计

在立法目的、原则、模式的指引下，我国《石油储备条例》具体内容应包括总则、政府石油储备、企业义务储备、国家石油储备的动用、监督管理、法律责任和附则，共七章内容，这一框架设计也与目前的《石油储备条例》（征求意见稿）的框架保持一致。

1. 总则

总则作为石油储备的基础性规定，应在这一章对石油储备建设的基础内容作出详细的规定，主要是对石油储备的立法目的、原则、适用范围，储备目标和计划、各职责部门的职责、资金等方面予以规定，从而为其他章节的内容和石油储备建设的实施奠定基础。

2. 政府石油储备

如前所述，美国、德国、日本等国家在石油储备建设制度中，均把政府和企业纳入了储备主体之中，不过都是以政府储备为主体，其次才是企业义务储备，政府石油储备在石油储备建设中占基础性和主导作用。在总则之后，第二章应对政府储备建设负责部门、建设原则、储备轮换、实施程序、应急预警机制建设等方面予以规定。我国政府石油储备的负责部门应是能源主管部门，国内的石油企业可以通过招投标等方式参与基地的建设、储油等工作。

3. 企业义务储备

能源安全同时影响着企业发展，企业也应义务储备石油，以保障企业发展。作为商业主体，趋利是企业的天性。义务储备石油的责任应通过法律的形式固定下来，从而将企业纳入储备石油的主体中。这一章应对义务储备主体、规模、储油量、储油品种以及对企业储备的监督等方面予以规定。积极发挥企业储油的活力对于国家能源安全也是增加了一重保障，对于企业储油，应当着重加强对其的监督，保证储油质量和安全。储油企业应当定期向主管部门报告储油情况、接受监督等内容，都应在法律中予以明确。

4. 国家石油储备的动用

国家战略石油储备制度的建设目的就是应对因突发情况带来的石油危机，法律的前瞻性和预防性要求《石油储备条例》将国家石油储备的动用相关内容确定下来，以保障将来石油储备有序、合理地动用②。本章应就动用条件、程序、原

① 杨子健、李威：《中国石油储备体系的发展现状与建议》，《国际石油经济》2015年第23期，第69—77页。

② 闫海、孙嘉阳：《中国政府石油储备制度研究——兼议〈国家石油储备条例（征求意见稿）〉》，《发展研究》2017年第11期，第74—78页。

则等方面加以规定。

结合域外经验和我国国情，我国的储备石油动用的目的可分为两种情况，一是经济调控目的，二是突发事件导致的石油供应缺口。当国内出现石油价格波动异常、各类成品油供应比例不协调等情况时，经过法定程序，可以动用战略储备石油以保持国内经济的平稳运行。另一种则是普遍意义上的石油供应短缺缺口，全方位动用国内储备石油来供应国民生产生活，尽量降低突发情况对我国的影响，维护国家安全。另外，应当明确动用的程序和次序。按照主管部门的职责划分，在出现突发状况时，应由能源主管部门提出战略石油储备动用方案，交由国务院审核后决定是否启动动用程序。在动用结束后，能源主管部门也应及时作出储备补充计划，及时补充石油储备量。再者，关于战略石油储备动用的次序，应当是优先动用企业储备石油，动用到达一定量后再动用政府储备石油。

5. 监督管理

国家石油储备建设是一项重大事项，关乎国家安全，这就要求国家的战略石油储备建设要力求稳定和安全，故应当在《石油储备条例》中对监督机制作出相应的规定。该部分要就安全、环保、财务、现场检查、定期报告等方面予以规定。日本也要求石油储备主体定期向有关部门报告储备情况，若未定期报告将按照相关法律进行处理，美国的监督主体则是国会。结合我国的具体情况，战略石油储备建设涉及多个部门，牵涉面广，如资金方面应接受财政部的监督，能源主管部门负有监督企业储备义务等，诸如此类的问题均应在《石油储备条例》中规定。

6. 法律责任

《石油储备条例》的前几章内容主要明确了石油储备的主体、义务等内容，需要专章规定法律责任以明确各主体的义务及违反的法律责任，发挥法律的预见性，督促石油储备建设的各方主体按照条例进行石油储备建设。该部分应就就违反情形以及具体责任承担予以规定。

7. 附则

该部分就部分专业词语、条例生效时间等方面予以规定。

结　语

能源法专家杨解君曾说，“现时代的难题，发展中的矛盾，无疑需要法律，也只能依托于法律来解决”。纵观世界各国，均建立了战略石油储备法律体系来保障国内石油储备的建设，我国也应紧跟这一步伐，以此推动国内建设完备的战略石油储备体系。石油储备建设涉及面广，对国民经济和国家安全的重要性非同小可，故而亟须出台《石油储备条例》，以规范其建设，提升其安全性，尽早实现我国能源安全。

参考文献

周德群，白洋．中国战略石油储备研究［M］．北京：科学出版社，2015.
王革华．能源与可持续发展——21世纪可持续能源丛书．［M］．化学工业出版社．2005.
姜润宇主编．《战略石油储备》．［M］．中国市场出版社．2007.
赵小平．《能源管理工作手册》．［M］．中国市场出版社．2008.
张雷．中国能源安全问题探讨［J］．中国软科学，2001（04）.
吴志忠．日本能源安全的政策、法律及其对中国的启示［J］．法学评论，2008（03）.
朱怀念，孔雪．中国石油储备法律制度的建立与能源安全［J］．上海财经大学学报，2007（05）.
于文轩．论我国石油储备法律机制之构建［J］．中国政法大学学报，2014（06）.
宋红旭，张斌．美国等西方国家的能源安全战略［J］．经济研究参考，2002（03）.
庞铁力．完善我国战略石油储备制度的法律探析［J］．求索，2011（08）.
马波．论《中国石油储备法》的立法理念［J］．北京石油管理干部学院学报，2010，17（03）.
杨子健，李威．中国石油储备体系的发展现状与建议［J］．国际石油经济，2015，23（09）.
闫海，孙嘉阳．中国政府石油储备制度研究——兼议《国家石油储备条例（征求意见稿）》［J］．发展研究，2017（11）.

石油天然气管网公司立法保障研究

白一南[①]

摘　要：石油天然气管网公司立法保障是将国有资本控股、投资主体多元化的油气管网企业作为调整对象，通过法律来规制其行为，使其更好在优化油气市场结构、促进互联互通和公平开放、推进油气价格市场化改革、推动油气企业转型升级发展中发挥作用。石油天然气管网公司作为市场化背景下的一个新兴产物，在立法层面上还不够完善，现行的石油天然气法律法规尚不能满足能源革命的需要；对于管网公司本身而言，其与油气管道相关法律法规不相配套，在规范内容上，与《公司法》不相适应。为了解决上述问题，我们必须要顺应能源革命的趋势，落实石油天然气管网公司相关法律，明确石油天然气管网公司的法律地位和法律责任，完善对石油天然气管网公司的监管措施，形成有力的立法保障。

关键词：石油天然气管网公司；立法保障；管输分离；公平开放

引　言

能源问题成为党和国家重点关注的问题是在“能源革命”第一次出现在十八大报告之时[②]。2014 年 6 月，习近平总书记在中央财经委员会第六次会议中，对能源安全战略进行了专题研究，再次强调了“能源革命”的重要性，在“能源革命”的基础之上，进一步提出了“推动能源生产和消费革命”。随着时间的推移，石油天然气管网公司的垄断机制逐渐暴露出了诸多问题，2017 年 5 月，国家层面上的《关于深化石油天然气体制改革的若干意见》（以下简称《意见》）应运而生[③]。《意见》对油气管网机制改革作出了战略性部署，对中游运输环节的规范和下游公平服务能力的提升提出了新的要求。为全面解决运输环节和销售环节混同的现实问题，提出要落实管输分离，有序推进国有大型油气企业干线管道独立；为有效解决油气资源服务分配不均的问题，必须要实现全国范围内基础油气

---

① 白一南，西南石油大学法学院 2019 级法学硕士研究生，主要研究方向：行政法、能源法。

② 《习大大领衔的能源革命啥样》，https://finance.sina.com.cn/，访问时间 2019 年 10 月 13 日。

③ 《关于深化石油天然气体制改革的若干意见》是中共中央、国务院印发的改革意见，印发时间是 2017 年 5 月，意见明确了深化石油天然气体制改革的指导思想、基本原则、总体思路和主要任务。

管道覆盖，保障全国人民能够共享油气资源，无论是城市还是乡村，无论是沿海城市还是内陆城市。2019 年 3 月，深改委审议通过了《石油天然气管网运营机制改革实施意见》①，《实施意见》侧重点在于改革现有的运营机制，为适应社会主义市场经济体制，组建国有资本控股、投资主体多元化的石油天然气管网公司，除了对管网公司的性质进行界定外，还对油气资源上中下游的改革方案和实现目标提出了更为明确的要求。组建国家油气管网公司将是我国天然气体制改革中最为重大和根本性的改革措施，势必会对现有天然气市场体系带来深远的影响。在 9 月 2 日举行的第三期陆家嘴“能源＋金融”讲坛上，能源经济学家、对外经济贸易大学教授董秀成将成立国家油气管网公司比喻成一次“手术”②。他认为，这台“手术”成功了，我国油气领域将实现真正意义上的公平开放。

借鉴国际经验，独立管网公司的产生意味着法律规定的跟进和法制体系的完善。欧洲各个领域的改革都辅之以法律规范，例如欧洲议会和欧盟理事会 2003 年的第 55 号令、2009 年第 73 号令③。在美国，各部门对于自己领域的改革往往起到主导、牵头的作用，但在具体能源政策的落实过程中，联邦能源监管委员会起到重要的监督作用，享有重要的话语权。鉴于判例在欧美法系中的重要作用，能源领域的重要判例对司法实践也产生了重要影响。在美国能源领域，较有影响力的是联邦能源监管委员会 1985 年出台的第 436 号令和 1992 年的第 636 号令。对于管网管理经验丰富的英国来说，管网公司改革过程中更有“立法先行”的特征，1986 年《天然气法案》和 1995 年《天然气法案》作为改革天然气管网、重构天然气市场的两部最重要法规，在英国天然气行业逐步开放市场的进程中起到了重要的作用④。由此回顾我国管网公司的立法保障，为了能更好发挥石油天然气管网公司在市场运行中的作用，责任机制和监督机制要及时跟进，与此同时，法律法规也必须得到完善和落实，那么怎样立法才能运行好全国“一张网”，发挥好“能源高速路”的作用，为管网公司的健康有序发展保驾护航呢？这将是本文中重点讨论的问题。

一、石油天然气管网公司立法保障的必要性

（一）石油天然气管网公司立法保障是顺应能源革命的必然趋势

十八大政府工作报告中所提出的“能源革命”包括四个革命和一个合作。四

① 《习近平主持召开中央全面深化改革委员会第七次会议》，http://www.gov.cn/，访问时间 2019 年 10 月 9 日。

② 《董秀成：成立国家油气管网公司是油气改革的一次重大“手术”》，http://news.cnpc.com.cn/，访问时间 2019 年 10 月 6 日。

③ 胡伟：《美欧天然气管网拆分改革借鉴》，《能源》2014 年第 7 期。

④ 邓郁伟：《英国天然气市场重构历程与启示》，《国际石油经济》2017 年第 2 期。

个革命分别为能源消费革命、能源供给革命、能源技术革命和能源体制革命；一个合作是指能源国际合作。在推动能源革命的过程中，三个重要部分不可或缺，即全面的能源战略、可行的能源政策和有效的能源法律。首先，全面的能源战略能够对国家和地区的能源政策和法律提供一个宏观的指导；其次，可行的能源政策既是能源战略的侧面反映，又与能源法律相得益彰；最后，有效的能源法律作为最后一道防线，对能源实践中的种种行为作出规范和引导，起决定性作用[①]。

除美国以外，各国在能源战略实践的过程中，都强调了能源法律的重要性，能源法律的存在使各国的能源政策能够有序进行，各主体的行为都能够得到合理规范。美国奥巴马政府依据本国国情，更多地采用了发布能源政策的方式而不是制定能源法律的方式，我们不能说和主流趋势背道而驰的一定是错误的，只要经过时间的检验且反映了民众的呼声，也一样能够引领能源革命。但对于我国来说，党中央非常重视能源法律在能源革命中的重要性，在依法治国的大背景下，能源领域的重大改革必须要做到有法可依，有法必依。当前我们倡导立法先行，首先就要缩小法律与具体战略落实的时间差距，率先实现能源革命与法律革命的同行状态。为了使能源革命和法律革命更好地相辅相成，互相促进，最大限度发挥法律在推动能源革命上的作用，我们必须要立法先行。石油天然气管网公司的建立作为能源革命的一部分，要求我们必须要完善管网公司相关法律，使整个能源体系更加完备，使改革有法可依。

（二）石油天然气管网公司立法保障能够更好与相关法律相契合

现行法律中虽然没有专门的石油天然气管网公司法律，但是对石油天然气管道的相关规定零散分布在相关法律中。其中《中华人民共和国石油天然气管道保护法》按照油气管道的整个建设和运行过程的顺序对涉及的具体事宜进行了规定，从油气管道的规划与建设到保护的整个过程以及法律责任做了明确的规定。除此之外，现行有效的九部部门规章在各个方面对石油天然气管道的运行进行了详细规定。例如，《交通运输部、国家能源局、国家安全监管总局关于规范公路桥梁与石油天然气管道交叉工程管理的通知》对于石油天然气管道建设过程中与公路桥梁相遇的方式以及解决的方法进行了详细的规定，保障在油气管道建设过程中人民群众的正常道路通行权，避免交通事故和意外事件发生。对于石油天然气管道在建设过程中所遇到的技术性问题和执行标准，我们可以依据《住房和城乡建设部公告第 1581 号——关于发布国家标准〈石油天然气管道工程全自动超声波检测技术规范〉的公告》中的国家标准来执行为油气管道的安全运行保驾护航。

① 肖国兴：《再论能源革命与法律革命的维度》，《中州学刊》2016 年第 1 期。

现行法律法规还需要从石油天然气管网公司的规范角度进行补充和完善，而不是针对管道本身和管道铺设过程中引发的问题所提出的部分解决路径。我们所建立的油气管网公司法律体系是针对石油天然气上、中、下游具体生产、运输、销售环节中所面临的问题，即针对一个大型能源国企，应该如何进行规制，如何在政府有效监管下最大程度激发能源供应企业的参与热情，并提高整个能源市场的国际竞争力①。

（三）石油天然气管网公司立法保障能够更好地适用《公司法》

石油天然气管网公司作为国有资本控股、投资主体多元化的油气管网企业，理应响应全面推进法治企业建设的号召。全面推进法治企业建设，要求国家管网公司全面提升公司治理②。第一，公司上下需要培养法治意识，用法律解决问题，用法律破解公司发展难题。第二，公司需要建立健全法治体系，公司章程是处理公司生活各类问题的唯一参考。第三，公司要注重法治程序意识，汇报公司情况、进行公司日常活动时要严格遵守程序，禁止出现随意性过大的问题。第四，公司要加强法律人才建设，这对提高公司核心竞争力有重要的进步意义。有了"三全五依"基础理论的支撑，再加上国家管网公司上下为法治企业建设所付出的不懈努力，国家管网公司定能为新时代国企建设提供一个新标杆。公司法治企业建设思路和进程是中国特色社会主义法治理论在央企法治建设的重大实践成果，是公司全面落实依法治国方略，推进央企治理体系和治理能力现代化的重要创新，开启了公司推进央企法治建设之路。石油天然气管网公司相关法律法规的出台与完善，对于《公司法》整体体系的完善将起到推动作用，最终有利于全面推进法治企业建设。

二、石油天然气管网公司立法评估

由于石油天然气管网公司尚未成立，以它为调整对象的法律也尚未出现。我们在研究这一部分法律时，主要评估的是对于石油天然气管道的相关立法情况。现行有效的关于石油天然气的法律文件包括一部法律——《中华人民共和国石油天然气管道保护法》以及九部部门规章。在这九部部门规章中，分别从不同的角度对石油天然气管道运行当中所遇到的问题及解决方式进行了规范。

---

① 《梁昌新：近几年能源法治建设在能源立法工作等五方面取得明显的进展》，http://www.nea.gov.cn/，访问时间2019年10月16日。

② 王婧文、付玉婷：《法治央企的国网样本——国家电网公司发布法治企业建设白皮书（2016）》，《中国电力企业管理》2017年第16期。

表 1　有关石油天然气的法律文件

时间	政策文件	发布机构	主要内容
2001 年	《国家安全生产监督管理局关于石油天然气管道技术检测检验工作的批复》	国家安全生产监督管理局	为了加强石油天然气管道安全生产的检测检验工作
2008 年	《国家文物局关于中国石油天然气管道工程有限公司兰州—郑州—长沙成品油管道河南段选址方案的批复》	国家文物局	优化选线方案，以减小工程建设对遗址的影响。
2010 年	《国家林业局关于石油天然气管道建设使用林地有关问题的通知》	国家林业局	研究石油天然气管道通过林地、饮用水水源保护区法律适用问题
2010 年	《中华人民共和国石油天然气管道保护法》	全国人大常委会	目的在于保护油气管道，进而保障油气输送安全，从根本上实现国家能源安全。
2012 年	《住房和城乡建设部公告第 1581 号——关于发布国家标准》《石油天然气管道工程全自动超声波检测技术规范》的公告	住房和城乡建设部	明确石油天然气管道工程规范。
2015 年	《交通运输部、国家能源局、国家安全监管总局关于规范公路桥梁与石油天然气管道交叉工程管理的通知》	交通运输部、国家能源局、国家安全监管总局	为解决公路和油气管道交叉问题，有序建设公路和油气管道，保障两项工程顺利进行，保护人民群众生命财产安全，维护正常生活秩序。
2017 年	《国家能源局综合司关于做好 2017 年汛期石油天然气管道保护工作的通知》	国家能源局	做好汛期准备，强化责任落实，确保油气管道安全度汛。
2017 年	《国家能源局综合司关于组织开展石油天然气管道完整性管理征文活动的通知》	国家能源局	交流总结油气管道完整性管理工作经验，加强油气管道保护工作宣传力度，提高管道保护从业人员业务素质，有效防范各类管道事故的发生。

上述政策性文件中，既有完整的法律来规定整个管道保护，也有对油气管道所涉及的技术问题、石油天然气管道在特殊时期的保护方法等规定，多数是处理与其他基础设施出现交叉情况时的解决方法，却鲜有具体的油气管网公司运行专门规定，这一部分的内容亟须我们的完善。

三、石油天然气管网公司立法保障所存在的问题

（一）现行的石油天然气法律法规不能满足能源革命的需要

十八大政府工作报告中所提出的“能源革命”包括四个革命和一个合作。以下分别对“能源革命”中五部分的具体要求进行分析，以期为解决实际问题寻求立法完善路径。

一是能源消费革命，即倡导节能消费观。在能源领域要求我们实现能源总量控制，在消费总量严格控制的情况下，节约用能，实现能源利用的最大化，无论在关系国计民生的生产活动中，还是在人们日常生活的能源消耗中，都要坚持节能方针，深刻领悟节能方针的具体内涵，勤俭节约，加速构建能源节约型社会①。新时代对我国经济发展提出了新要求，经济转型期要求我们从高速度转变为高质量发展，高质量发展就意味着我国要及时改变传统的能源消费模式。在推进中国经济高质量发展的同时，中国能源大量消耗，伴随着环境持续污染，带来了巨大的环境压力。对此，能源消费政策将逐步转变为以总量控制和结构调整为主，强度控制为辅，能源消费控制力度逐步增大②。石油天然气管道的规范使用有利于能源消费总量的控制，天然气作为清洁能源，它的高效使用也有利于调整能源消费结构、减少环境污染。但当前对于油气管道的运行规定尚未出现，最终的实施成果很有可能大打折扣。

二是能源供给革命，即构建多元供应体系。当前我国的能源供应体系还不够完善，能源类型单一且环境污染严重。这要求我们改变能源供应体系，建立多元供应机制同时开发清洁能源替代传统能源，减少煤的使用占比，提高油气能源、核能源、新能源以及可再生能源的使用率，逐步改变原有的能源供应体系，同时为保障该能源供应链的有序运行，相关管输服务也要配套跟进。在一组一次能源消费总量的数据中，我们能够看到与发达国家之间的差距，2017 年我国一次能源消费总量为 31.32 亿吨油当量，而同期的美国消耗 22.35 亿吨油当量，俄罗斯仅 6.98 亿吨油当量，甚至德国是 3.35 亿吨油当量。在我国 31.32 亿吨油当量的消耗总量中，煤占 60.4%，共计 1892.6 百万吨油当量；石油占 19.4%，共计 608.4 百万吨油当量；非化石能源占 13.6%，共计 424.4 百万吨油当量；天然气仅占 6.6%，共计 206.7 百万吨油当量③。面对消费结构不合理的问题，我们亟须通过立法手段和相关政策引领来逐步改善消费结构，为清洁能源提高比重，缩小与发达国家之间的差距。

三是能源技术革命，即推动能源技术研究与应用。我国能源发展现状意味着我国的能源技术发展还有很长的路要走，相比于发达国家而言，他们经历过第一次工业革命和第二次工业革命，比我国起步早，经验足，我们需要虚心学习发达国家的经验，跟随世界的主流趋势不断提高自己，学以致用。为响应“美丽中

① 《国家能源局有关负责人就〈能源发展战略行动计划（2014—2020 年）〉答记者问》，http://www.nea.gov.cn/，访问时间 2019 年 10 月 21 日。

② 曾胜：《中国经济高质量发展、能源消费影响因素与总量控制——基于 Copula 函数的实证研究》，《学术论坛》2019 年第 2 期。

③ 张奇：《我国能源生产与消费革命的挑战与展望》，《国家治理》2018 年第 33 期。

国”的号召，我们要在能源生产和利用技术上不断革新，提高能源利用率，在能源使用过程中，反复利用，尽可能减少开发能源过程中所造成的环境污染和生态破坏。在能源技术革命的具体实施路径中，践行“三个一批”，第一要努力推广相对成熟、市场需求大、成本较低的技术实现产业化，作为龙头产业进行引领；第二要对当前还存在一些实践问题的技术，如技术工艺路线不定型、市场接受度低、大规模生产困难等技术进行充分研究与改进，探索可行路径；第三要加大科研力度，将核心技术受制于人的情况进行改善，保障我国能够掌握能源领域相关核心技术，提高国际竞争力。上述内容说明在能源技术革命领域，我们也需要进行充分的努力，在具体的实践操作中更需要明确的法律规范来作为指引。

四是能源体制革命，即改变传统能源发展模式。我国长期以来，能源领域处于政府主导的情况，这就决定了在能源交易的各个环节，市场的作用都没有得到较大程度的发挥。我国作为社会主义市场经济国家，必须要坚持市场的决定性作用，还原油气等能源的商品属性，以便实现自由交易，减少政府的干涉，最大程度激发市场活力。政府只在宏观层面上对能源市场进行监管，对于具体能源市场交易过程中所涉及的纠纷通过完善能源领域的法律法规予以规范。

五是全方位加强国际合作，即实现开放条件下能源安全。在“一带一路”的背景下，加强沿线国家的能源合作，进行友好交流，保障全球能源秩序的稳定，高效整合全球能源，实现最大程度的有效利用。国家管网公司的设立不仅能够满足我国能源需求，促进我国能源领域发展，还能够影响世界能源领域的发展，形成良性竞争，推动全球范围内的产业结构升级。如果缺少有效的立法保障，油气管网公司的行为将得不到有力约束和限制，很难最大程度发挥油气管网公司在市场化和促进能源国际合作中的作用。

（二）管网公司法律与相关法律不配套

由于石油天然气管网公司尚未挂牌，关于石油天然气管网公司的专门法律法规暂时也无迹可寻。对于石油天然气管道的管理和相关规范内容，只能通过在其他的相关法律文件中得以查询。

目前，对于石油天然气管道进行规制的唯一一部法律是2010年发布的《中华人民共和国石油天然气管道保护法》，该法旨在针对油气管道的保护本身，并不涉及油气能源面临的供应问题和运输合作问题，关注层面比较单一，不能满足油气能源领域的需要。除此之外，还存在九部现行有效的部门规章。2017年发布的《国家能源局综合司关于组织开展石油天然气管道完整性管理征文活动的通知》和《国家能源局综合司关于做好2017年汛期石油天然气管道保护工作的通知》，2015年发布的《交通运输部、国家能源局、国家安全监管总局关于规范公路桥梁与石油天然气管道交叉工程管理的通知》，2012年发布的《住房和城乡建设部公告第 1581 号——关于发布国家标准，〈石油天然气管道工程全自动超声波检测技术规范〉的公告》，2010 年发布的《国家林业局关于石油天然气管道建设使用林地有关问题的通知》，2008 年发布的《国家文物局关于中国石油天然气管道工程有限公司兰州—郑州—长沙成品油管道河南段选址方案的批复》以及 2001 年发布的《国家安全生产监督管理局关于石油天然气管道技术检测检验工作的批复》。上述法律以及部门规章侧重解决管道本身质量监管问题以及与其他工程出现矛盾时的解决方法和程序，对于石油天然气管网公司的运行和管理没有针对性。当前对于石油天然气价格，《价格法》和《政府制定价格行为规则》都有相关规定，但仍然存在不能及时反映国内油气市场真实供求状况的问题①。目前我国原油价格基本上已放开，与国际市场接轨，但成品油价格调整时间和幅度由政府主导，不能及时反映国内油气市场真实供求状况。而天然气价格受政府干预程度更深，上游气源价格实行双轨制；中游管输和终端销售价格实行政府定价，长时间不调整。《行为规则》在第七条对价格主管部门的定价机制调整规则进行了规定，同时在第三十条对内部监督机制进行了规定，保障定价行为得到合理规范和有效限制②。对于管网公司而言，上述法律法规的要求还远远不够，还需要更为明确的价格规定。

当前对于国家管网公司的准入制度和反垄断法律还没有形成规模。油气领域的准入制度和反垄断制度主要应用在上游市场，而我国上游市场的垄断态势限制了气源多元化模式的构建。中石油、中海油、中石化作为“三大巨头”，在油气上下游形成了绝对的垄断地位，探矿权中三者依次占比 41%、31.7%、23.5%，采矿权中依次占比 82.4%、4.5%、12%③。由此可见，如果其他石油公司想要进入油气市场只能开采上述“三巨头”放弃的边缘油田，这从源头上导致了各公司的油田质量不具有可比性，极大损害了其他市场主体参与的积极性，要想真正意义上形成统一开放的油气市场，激发市场活力，形成能源领域的有序竞争，必须要尽快建立国家管网公司的准入制度和反垄断法律，对垄断行为进行有利的政府监管。

---

① 刘满平、封红丽：《40 年成就耀眼，油气改革下一步该发力何处》，《中国石油和化工》2019 年第 1 期。

② 《政府制定价格行为规则》第七条规定国务院价格主管部门及有关部门，省、自治区、直辖市人民政府价格主管部门及有关部门应当根据不同行业特点，逐步建立商品和服务的定价机制，实现商品和服务价格调整机制化。《政府制定价格行为规则》第三十条规定定价机关应当建立严格规范的内部监督制约机制。上级价格主管部门负责对下级价格主管部门制定价格行为的监督和指导。政府其他有关部门的制定价格行为应当接受价格主管部门的监督。

③ 何晓明、李晓东：《试论我国天然气管网运营的政府监管体系和法律法规建设》，《国家石油经济》2009 年第 6 期。

（三）石油天然气管网公司立法与《公司法》的不完全适用

我国即将挂牌成立的石油天然气管网公司定位是国有资本控股、投资主体多元化的油气管网企业。对于石油天然气管网公司而言，其关乎国家能源安全、关乎国家经济命脉，与百姓日常生活息息相关，必须明确国有资本的地位。中国企业研究院执行院长李锦认为，国家管网公司的改革应该按“财务独立—业务独立—产权独立”三步走的战略，逐步推进厂网、网销、输配、储运的分离以实现管网独立①。

财务独立是管网公司成立过程中的一个必经步骤。在国家管网公司的财务剥离过程中，必须要遵守《公司法》在“国有独资公司的特别规定”中对资产处置的详细规定。鉴于原有的中石油、中海油、中石化三家企业存在一定的资产和员工基础，所以在组建国家管网公司之时，首先需要剥离“三桶油”的干线管道资产和相关员工，相应地，需要解决资产分离中所遇到的主体多、评估过程复杂、剥离周期长等问题②。

业务独立，即设立独立子公司全权负责天然气管网的建设与运营，但保留垂直一体化企业对天然气管网的所有权，且管道公司经营范围不得涉及上游勘探开发或下游销售等业务③。

产权独立，需要将各自的管道运营子公司独立于一体化国家油气公司，国有股权上移至国家或其指定的代理人层面，成为与原母体国有油气公司并列的国有公司，在此基础上或合并几家天然气管道运输公司组为国家管网公司。

四、石油天然气管网公司立法保障的域外启示

首先，就美国、加拿大的天然气管网公司立法而言，美国、加拿大的天然气管网的管理模式属于完全市场型④。首先，在运营主体上，各类私人公司在取得许可证后都可以参与油气运输行业，业务上不限于独立的运输服务公司，还包括一些综合能源公司。其次，在监管事务中，也并不是完全放任市场自由行动，有专门的能源主管部门和监管部门进行严格控制。横向上有能源部和联邦能源监管委员会，美国的能源主管部门是能源部，宏观上的政策方针经由其全权处理和发布；联邦能源监管委员会作为能源监管机构，主要负责在上述政策指导下进行具

① 《国家石油天然气管道公司有望年内成立，并将寻求上市》，https://financc.sina.com.cn/，访问时间2019年10月19。

② 《国家管网公司将面临七大挑战》，http://www.newenergy.org.cn/，访问时间2019年10月13日。

③ 徐东、崔媛媛、何秀文：《中国天然气管道改革实施路径——基于美国、英国天然气产业发展改革历程分析》，《天然气工业》2017年第9期。

④ 吕建中、司云波、杨虹、郝宏娜：《美俄欧天然气管网运营管理模式比较及启示》，《国际石油经济》2015年第4期。

体的监管行动。纵向上联邦与州政府层次清晰，分工明确。监管机构相对独立，并可以对油气管网整个建设和运行过程中的具体行为进行监管和司法审判，在政府的能源政策中起到了重要的作用。最后，在能源法律体系上，美国、加拿大都有完备的体系模式，一级大法中包括《能源管理法》《天然气法》《天然气政策法》《加拿大石油和天然气作业法案》等，这些法律旨在确定监管的目标和指导原则，这种原则性的指导为监管机构提供了较大的自由决定空间，能够发挥监管机构的能动性。且对于油气管道公司和商品被提供者双方而言，可以在很多具体事务中达成双方合意，只要不违反原则性的规定和政策的初始目的，双方自由平等，约束较少，整体上有利于增加能源行业的市场参与，提高交易双方的积极性。若双方出现争议，也备有完善的争议解决机制，同时商品被提供者有便捷的渠道进行维权。

1999 年，欧盟认识到管网存在改善空间，决定借助法律的力量来创造更多的商业机会，提高管网企业在国际市场的竞争力，提供更为公平开放的交易市场[①]。2003 年第 55 号指令旨在推行中游运输业务与下游销售业务实现分离，但效果并不理想。2009 年第 73 号指令的推行表明了欧盟在管网领域改革更为坚定的决心，提供了更加切实可行的中下游拆分方案，为各个国家的具体改革行动提供了重要依据。作为欧盟当时的重要成员，英国成功的管网改革经验让我们无法忽视它的立法历程。20 世纪 80 年代，英国的天然气行业发展出现了不可避免的问题，BG 公司[②]作为英国大型能源企业之一，其垄断地位严重影响了天然气行业的市场秩序，阻碍了公平竞争，天然气价格与服务不成正比，引发了市民不满。英国保守党采取双管齐下的做法，一方面通过法律规范，一方面建立相对独立的监管机构。英国此时在天然气方面的立法是属于极度空白的情况，1986 年《天然气法案》的出台意味着立法空缺得以填补，《天然气法案》首先解决 BG 公司的垄断问题，将 BG 公司私有化，通过建立公平的准入机制确保各主体能够参与到天然气市场中来；与此同时，建立天然气监管办公室，为天然气供应市场进行有效的监管，独立地行使自己的职权。上述举措打破了原有的天然气格局，确保 BG 公司平等地和其他 40 余个独立企业进行公平竞争，激发市场活力的同时使英国天然气市场重现勃勃生机[③]。但英国的天然气市场改革并未就此结束，1995 年英国政府对《天然气法案》再次进行了修订，旨在建立统一的市场准入

---

① 胡伟：《美欧天然气管网拆分改革借鉴》，《能源》2014 年第 7 期。

② BG：即英国天然气，是一家英国能源公司，为森特理克的子公司。该公司为英国超过两百万的家庭提供著水电服务，是最大的英国能源供给商，被认为是英国六大能源公司之一。在管网公司改革前一直处于行业垄断地位。

③ 刘万里：《英国天然气行业市场化改革历程——兼论“第三方准入”的制度条件》，《国际石油经济》2015 年第 9 期。

标准，为吸纳更多的独立供应商进入天然气市场。为细化天然气管网公司的管理规范和程序，1996 年《天然气管网准则》详细规定了管网公司的运营方式，为各管网公司的矛盾解决也提供了有力依据。

五、石油天然气管网公司立法保障的建议

（一）顺应能源革命制定石油天然气管网公司法律法规

任何改革都需要以立法作为龙头，逐步引领改革走向正轨。能源领域的改革也不例外，“能源革命”同样遵守立法先行的规律，通过法律这种最为有效、可行性最强的方式将能源革命的每个阶段进行全方位的规划，进而实现能源技术、能源文化以及能源经济相辅相成，共同进步。我国“能源革命”为响应习近平总书记“建立健全能源法治体系”的号召，亟须将能源领域的立法提上日程，相关法律的立改废工作也在有条不紊地进行[①]。管网公司当前还没有挂牌成立，在挂牌准备的过程中，必须要与能源革命的要求相顺应以重视相关法律法规的完善，推动整个能源法治体系的构建。

在能源革命的五个部分中，能源供给和能源消费两者联系最为紧密。“能源革命”对能源供给提出的要求在于降低传统能源在整体能源应用体系中的占比，大力开发清洁能源与可再生能源；“能源革命”对能源消费提出的要求是在供需动态平衡的前提下，按需求进行配给，减少能源浪费。对于能源供给革命和能源消费革命而言，国家石油天然气管网公司成立后，我们在上游领域需要通过出台一些优惠性政策为油气资源多主体多渠道供应提供环境。为有效解决上述问题，我们给予油气供应商的优惠政策就必须要针对性地实现供给与需求的动态平衡，保证油气供应商与客户需求精准对接，防止大量的能源浪费现象出现。与此同时，为打破中石油、中石化、中海油三个行业巨头的垄断地位，要建立合理的准入机制，完善相应的行业标准和规范，制定有浮动空间的价格标准，从而在保障各主体平等竞争的同时防止鱼龙混杂的情况出现。

在能源技术革命中，我们要重视对管道建设标准的法律规定。我国的油气管道不同于外国，我国油气资源较为丰富，国土面积大，地形条件复杂，油气资源分配不均，导致管道铺设里程大，管道铺设过程中遇到的实际困难较多[②]。首先，管道里程长就需要我们在管道建设的过程中依据不同地区、不同地形的特点进行技术更新，为保证油气资源运输稳定，供应充足；其次，油气资源本身的不稳定性要求我们必须要提高安全标准、加强风险防控，以免油气运输过程中出现

---

① 闫海：《中国能源革命需加强法制建构》，《中国能源》2017 年第 2 期。

② 曾世辉、廖昆生、原虎军：《油气管道及储运设施安全保障技术发展现状及展望》，《石化技术》2019 年第 9 期。

爆炸现象和环境污染现象；最后，油气管道的更新技术必须以现有的社会经济水平和供需为基础，各时各地的情况随时在发生变化，技术标准需要考虑一定的时间效益，用长远眼光来进行衡量。上述所提到的问题都需要在法律法规的具体制定过程中得到回应，这就对我国的油气管道技术和立法质量提出了更高要求①。另外，对于违反油气管道标准的建设，要明确法律责任的承担主体、承担方式，使处罚有法可依。

能源体制革命对于我们具体的实践行动提出了更为宏观、更加全面的要求。想要从根本上改变体制缺陷，需要从油气管网的上中下游分别作出实质性回应。首先，上游要促进市场主体的公平参与，在国有资本控股的基础上最大程度实现供应主体的多元化，遵循《改革意见》要求，激发市场活力，推动油气管网市场的高水平开放；其次，中游运输环节要集约高效，保证油气运输的安全稳定，将上游和下游有机结合在一起；最后，下游的销售环节要减少能源浪费，提高资源利用率，促进石油天然气能源有效配置。

对于能源国际合作而言，由于各国国情不同，需求不同，法律法规不同，因此，尊重各国的差异，在求同存异的基础上坚持和平协商解决就尤为重要。在加强国际合作中，最重要的是要解决三方面的问题。第一，尊重不同国家的既有差异，最大限度求同存异。各国的国情不同，发展历史不同、经济环境和法律制度也相差甚远。我们并不是想要实现全方位求同，只能在能源领域针对油气管道的供应、运输、消费问题最大程度上达成共识。第二，加强人才建设。国家间的沟通更多需要以人为单位，国家间的人才认可、人才流动才能减少差异，以便更好地实现油气领域的和平友好合作。第三，建设国家品牌②。我国的油气资源虽然丰富，但是并没有形成系统开发的模式，在模式选择中还要借鉴发达国家的先进经验，形成国际信赖的品牌，才能完善油气产业链，走向国际、走向世界。

（二）协调其他油气管道相关法律

油气管网公司作为一个企业，仍然关注的是石油天然气管道相关的问题。《中华人民共和国石油天然气管道保护法》对于管道本身方面进行了相关规定。对于管网在运行中所涉及的具体问题，例如管道技术标准、国家管道与省级管道出现交叉时的处理方法等还没有相关法律文件加以规制。

对于价格问题，不仅需要完善的法律法规进行约束，还需要专门的监管机构进行有效的市场监管，才能防止恶性竞争③。油气管网公司的价格同样应遵循市

---

① 唐善华：《关于长输天然气管网运行高质量发展的几点思考》，《北京石油管理干部学院学报》2019年第4期。

② 张玉清：《探求油气国际合作高质量路径》，《中国石油石化》2019年第17期。

③ 何晓明、李晓东：《试论我国天然气管网运营的政府监管体系和法律法规建设》，《国家石油经济》2009年第6期。

场规律，接受《价格法》和《政府制定价格行为规则》的约束。《价格法》第七条规定经营者定价，应当遵循公平、合法和诚实信用的原则。《行为规则》第六条规定制定价格应当依据有关商品和服务的社会平均成本、市场供求状况、国民经济与社会发展要求以及社会承受能力。这就要求我们油气管网公司的定价不能完全脱离市场，必须要考虑国民经济发展水平，并充分遵循市场价值规律，将供求关系纳入定价的基本原则。系统化的法律法规能够保证石油天然气管网公司在遵循《价格法》的基础上，政府在《政府制定价格行为规则》的要求下合理制定价格。

针对管网公司的准入制度和行业垄断问题，明确的法律规定也是十分必要的。原来的“三桶油”在整个管网行业的垄断地位造成了很多弊端，一方面价格居高不下，另一方面管网服务与价格不对等，造成大量能源浪费。对于即将组建的管网公司而言，很多人对管网公司的运营模式也表现出了高度担心，担心国家管网公司“换汤不换药”，仍然保留垄断地位，对整个能源市场产生不利影响[①]。为从根本上改变“一家独大”的局面，我们需要以《反垄断法》为基础，保障管网公司改革真正能够落到实处，“药到病除”。在管网公司运营制度的起草过程中，还是要由专业人员主笔，但要保证决策咨询制度的落实。将供气商和大用户的意见吸收进来，向社会公开征求意见，在不断地修改过程中保证运营制度有一定的群众基础，保障决策的民主性与科学性。运营制度通过后，在具体实践过程中也要进行不断完善，对于油气管道上中游所涉及的具体矛盾和争议点进行有利回应，在不断摸索中找寻适合我国油气管网发展的纠纷解决制度和法律模式。

（三）制定石油天然气管网公司相关法律法规以适应《公司法》的要求

国家油气管网公司属性与电网企业类似，都是由国资委直接管理的副部级央企，资产除天然气管网、原油管网和成品油以外，还包括部分储气库、LNG 接收站以及油品码头。所以，一个如此大规模的公司——国家油气管网公司的成立，将会面临众多新任务，在适用《公司法》的同时，有其特殊性。

第一，在财产独立上，需要合理统筹“三桶油”的全部管道资产，对高效资产和低效资产采取不同的方式来进行管理，重点在于低效资产的改进，需要思考采用何种方式才能提升运营效益，缩小与高效资产之间的差距。整合中国石油、中国石化和中国海油的管道业务将涉及战略、组织、人事、资产、系统、流程及规章制度等一系列关键问题的重组和调整。通过建立一个全新的一体化经营管理平台，在全网范围运行统一规范的业务流程，覆盖所有核心经营管理业务，从企业战略、人力资源、寻源采购、财务运营、生产运营到设备维护。如此一来，一

---

① 周淑慧：《干线管网独立对中国天然气行业的影响及相关建议》，《国际石油经济》2019 年第 6 期。

方面全面加速管理整合进程，另一方面在一致高效的全网经营管理体系下，成功促使各种信息和数据得到充分共享和深度应用，以提高全网业务透明度。

第二，在油气公司的运行过程中，为了实现业务独立，要改变原有的油气管输一体化模式，改变固有定位，将“运输业务”落实、做好。2017 年 7 月，国家发展改革委、国家能源局印发《中长期油气管网规划》，旨在加快油气管网体系构建，在现有管道基础上，不断完善国家管道网络，加快构建“衔接上下游、沟通东西部、贯通南北方”的油气管网体系，实现管道全覆盖，保障全国人民能够享受到公平服务。同时，在管道建设过程中，吸引更多社会资本加入，拉大就业，推动经济增长。对于事关国计民生的石油天然气管网公司，竞争性业务引入社会资本必须要有相关法律的引领。对于石油天然气管道的运输价格也不能完全遵循市场化运行机制，建立独立的能源监管机构对油气生产、运输、销售各环节的价格进行监管，避免天然气产业链中部分环节的非正常利润，不仅能够推动天然气合理定价，更有利于避免了天然气价格虚高，进而出现“天价天然气”加重终端用户的用气负担。

第三，是管网公司产权独立方面的法律规定。由于中国目前出台的相关政策主要集中在油气管网设施的财务独立方面[①]，例如《油气管网设施公平开放监管办法（试行）》第十九条、《天然气基础设施建设与运营管理办法》第十六条均对财务独立的具体措施进行了规定，要求生产销售业务中的财务要分别计算，不得对环节的财务账目加以混淆，如此一来，才能够保证独立环节的独立账务生成，对每部分的成本收益进行分别掌握。为了实现产权独立，更需要法律来约束管道公司公平、公开地向上下游所有参与者提供服务。

结　语

我国石油天然气油气管网公司作为新时代对能源领域提出的新要求，需要法律政策上予以回应，需要现有油气公司予以配合，更需要结合时代要求不断予以完善、更新。宏观层面的政策只能为我国石油天然气管网公司提供一个方向上的指引，想要进一步落实，必须要建立完善的法律法规相辅之。因此，我们需要从法律层面上对油气管网公司所面临的财务、业务、产权问题进行规定，更需要借鉴欧美国家的先进经验，建立相对独立的监管机构，在保障市场有序竞争的同时，维护交易秩序，激发市场活力。

---

① 李伟、张园园：《中国天然气管道行业改革动向及发展趋势》，《国际石油经济》2015 年第 9 期。

新时代能源法律体系建设

论石化行业制度在《石油天然气法》中的立法表达

卫德佳[①] 曾子为[②]

摘　要：行业制度的不完善致使我国石化行业存在产业结构不合理、安全问题和环保问题日趋严重等现象。对石化行业相关规范进行考察，可以发现安全生产法律不完善、环境保护法律不健全、其他法律立法体例无法提供有效借鉴等问题。在既有法律法规无法针对石化行业现状做出有效回应的情况下，《石油天然气法》应当明确石化行业综合调整原则、安全原则、效率原则与可持续发展原则，规范石化行业制度，具体包括确立多主体参与行业治理模式、引入更多激励性调整方式、建立公众参与标准制定的程序机制。

关键词：石化行业制度；石油天然气法；基本原则；制度构想

引言——石化行业与《石油天然气法》之关系辨析

石化工业是指以石油、天然气、煤炭、化学矿和生物质等为原料进行化学加工的产业[③]。狭义的石化工业生产活动更多涉及具体的技术执行问题，一般由国家标准或行业标准予以具体调整。广义的石化行业生产活动还涉及生产资料和商品的运输、安全生产运营、市场交易等环节。

虽然我国目前尚未出台《石油天然气法》，但根据其油气领域“基本法”之定位，不难判断，它所调整的对象更多是油气资源本身——对于油气资源的勘探开采、对于油气运输、对于油气的交易价值和财税制度、对作业现场的保护，以及对油气领域的政府监管制度。以石油炼制为代表的油气加工产业作为下游行业，难以在《石油天然气法》中找到直接的规范援引，但这不代表石化行业不能通过《石油天然气法》得到有效的调整。对于处在产业链下游的石化行业而言，

---

① 卫德佳，西南石油大学法学院教授，院长、研究方向：行政法，能源法。

② 曾子为，西南石油大学 2018 级法律硕士研究生，研究方向：行政法，能源法。

③ 中华人民共和国工业和信息化部门户网站：《信息公开：政策文件：文件发布：原材料工业：工业和信息化部关于印发石化和化学工业发展规划（2016－2020 年）的通知》，http://www.miit.gov.cn/n1146295/n1652858/n1652930/n3757017/c5285161/content.html。

更具有直接约束性和激励性的法律依据，在更大程度上依赖于相关条例和行业标准的出台，但不能否认的是，《石油天然气法》作为石油天然气领域的总领之法，其原则和内涵必然贯穿于油气领域的一应活动之中。作为下游产业的油气加工行业，依然可以根据这些原则进行适当的调整。

因此，对于处于《石油天然气法》框架下的油气加工活动的行业制度，我们可以做如下预想：油气加工行业作为下游产业，在《石油天然气法》中得到详尽完备的规定很难实现，但是一些原则性的规定，在遵循《石油天然气法》立法体例的前提下，将会按照其性质，有序分散于《石油天然气法》中的开采、环保、运输等各个章节，而工业生产活动的开展逻辑又使它们相互勾连，从而为油气加工活动提供规范和指引，形成相应的行业制度。

一、必要性论证：石化行业亟须立法调整

（一）石化行业安全问题有待立法回应

石化产业的安全问题，往往通过最直接的生产事故的形式爆发出来，2017年山东临沂金誉石化“6.5”重大爆炸着火事故[①]、2018年上海赛科石化“5.12”闪爆事故[②]都表明石化行业存在重大安全问题。石化行业的安全生产之重要性可以分为两个方面阐述：

一方面，石化行业作为石油产业链中下游产业，其生产加工过程是以石油为原材料，其生产安全必然影响到能源安全战略在油气全产业链的具体落实。另一方面，石化企业生产当中的过程安全还影响到了更高层次上的安全，石化企业必然会影响到附近区域的正常社会秩序以及公共利益，石油炼制及其衍生项目的工厂选址就是一个典例。工业项目的落地是行政区域规划上的重点考虑对象，其能为当地社会经济发展注入庞大的动力，但同时也可能会对当地居民带来潜在的负面影响，二者间矛盾可见诸近年来纷争不断的PX项目。现代社会条件下的“社会风险”并不完全是由物质存在而引发，这一命题很大程度上是由社会定义和建构的。在某些情境下，油气加工项目的存在依然会带来风险远远不止于安全生产环节的问题，甚至极有可能造成局部的社会冲突。虽然目前学界都认同将“专家和大众均纳入公共决策过程中，使之分享或者共同行使决策权”这一理念，并纷纷试图在法律的框架上同时张扬科学与民主的价值诉求，但是目前尚无建立起一套妥帖通用的解决机制。《石油天然气法》作为石油天然气领域的专门法，其本

① 《国务院安委会：国务院安委会办公室关于山东临沂金誉石化有限公司“6·5”爆炸着火事故情况的通报安委办〔2017〕19号》，https://www.mem.gov.cn/awhsy_3512/awhdt/201706/t20170616_246037.shtml。

② 《应急管理部办公厅关于中石化上海赛科石油化工有限责任公司“5·12”闪爆事故的通报》，https://www.mem.gov.cn/gk/tzgg/tb/201805/t20180525_230530.shtml。

身的法律属性和立法目的都决定了《石油天然气法》难以直接提供对于此类社会问题的回应之道，但是通过立法中的程序性条文的设立，可以将项目建设环节、生产环节中的信息公开和公众参与等程序制度予以落实，尽可能地保障公民权益。

（二）石化行业环保问题尚未得到有效解决

《石化和化学工业发展规划（2016—2020年）》明确指出环保问题是我国石化工业所面临的一大难题。针对石化行业的环保问题，可以从两方面进行探讨，一方面是对其生产加工活动产生的污染如何治理，也就是如何对生产主体的行为进行规范，这涉及标准制定的问题，例如排污标准。如何科学合理，并且在充分考虑、采纳民间意见的基础上对其进行控制、调整，这些需要《石油天然气法》作出原则性的回应。

而另一方面，是构建长效的环保机制的问题。十八大将生态文明建设纳入“五位一体”总体布局后，全国各地生态环境保护工作取得了长足进步，也日益进入“深水区”，面临着诸多制度缺陷和体制机制障碍[①]。环保压力最大的板块当属工业污染，其中石化工业的庞大生产体量使其成为整顿的重点对象。但是整治过后，如何维持效果？是将运动式的执法上升到法律的高度使其成为“永例”，还是通过其他手段，使得石化行业内生性地、自发性地减少污染行为？与此同时，落后的生产工艺是污染物最直接的生产者，对绿色环保的不断追求，最终还是要回归产业升级的内核上，而这更是《石油天然气法》立法的应有之义。

（三）《石油天然气法》是石化行业发展之保障

作为下游加工产业，石油化工行业是油气产业链不可或缺的一环。石化行业产业升级，关系到整个产业链的生产效能。对石化行业进行立法调整，在实质上是对油气产业链完整性和先进性的保障。目前我国石化产业规模化程度不断提升，产业集中度不断增强，千万吨级优质产能逐年增长，规模化发展带动产业节能降耗水平不断提升，均已达到世界先进水平。但根据《石化和化学工业发展规划（2016—2020年）》，当前我国石油化工行业仍存在着产业结构矛盾、产业布局不合理、安全环保压力较大等突出问题[②]。具体而言，我国炼厂总体布局仍较为分散，产业集聚度相对较差，仍未形成真正具有国际竞争力的世界级石化产业聚集区。有相当数量的中小规模炼厂，空间布局较为分散，淘汰退出难度较大，

① 陈海嵩.《生态文明体制改革的环境法思考》，《中国地质大学学报（社会科学版）》2018年第18期，第65—75页。

② 中华人民共和国工业和信息化部门户网站：《信息公开：政策文件：文件发布：原材料工业：工业和信息化部关于印发石化和化学工业发展规划（2016－2020年）的通知》，http://www.miit.gov.cn/n1146295/n1652858/n1652930/n3757017/c5285161/content.html

企业入园率偏低，存在较大的安全隐患；数据显示，我国炼厂全国平均开工率仅维持70%上下，地方炼厂甚至低于60%，明显低于世界平均水平，产能利用率整体偏低，严重影响产业竞争力总体水平①。

2016年习近平总书记在黑龙江省考察调研时强调，要以“油头化尾”为抓手，推动石油精深加工，也即是产业结构调整的方向要实现传统炼油向炼化一体化和油化结合方向转型升级。而优化产业布局，则需要结合国家布局规划相关要求、区域资源、市场、环境承载力和空间物流条件，持续推动产业基地化、园区化、集约化发展。但对石化行业进行如此深刻的调整，必然会面临诸多既得利益者的阻挠，因此需要用法律的形式将其充分贯彻落实。所以，石化行业的产业升级和长久发展需要《石油天然气法》立法保障。

二、规范体系之现状考察

（一）现有法律法规梳理

1. 安全生产

从《安全生产法》之立法目的而言，我国《安全生产法》更注重对职业卫生安全的保护。《安全生产法》第一条将其立法目的表述为“为了加强安全生产工作，防止和减少生产安全事故，保障人民群众生命和财产安全，促进经济社会持续健康发展，制定本法”。国家标准《职业安全卫生术语》对“安全生产”的定义为：“通过人—机—环的和谐运作，使社会生产活动中危及劳动者生命和健康的各种事故风险和伤害因素始终处于有效控制的阶段。”因此可以认为，我国《安全生产法》立法主要体现了对个人劳动职业安全的关怀。与此同时，我国也存在一些针对工业生产的过程运营安全的规范依据体系，主要是由原国家安监总局（现为应急管理部。编者注）颁布的一系列文件组成：2008年出台的《危险化学品从业单位安全标准化通用规范》，2010颁布的《化工企业工艺安全管理实施导则》，2013年颁布的《关于加强化工过程安全管理的指导意见》。

2. 环境保护

作为环保领域的基本法，《环保法》在总则中设立了“信息公开和公众参与”一章，在第52条至57条规定了公民的知情权、参与权、监督权，政府和企业信息公开，公众参与环境影响评价，环境公益诉讼等制度，此外还对各种环境资源开发利用行为进行了考量，通过建立生态补偿制度、全过程控制制度、清洁生产和循环利用制度、环境监测制度等建立了环境与发展综合决策的实施机制。同时，《水污染防治法》《大气污染防治法》等专门法也规定了对于具体对象造成污

① 吴文龙，《炼油产业绿色发展趋势研究》，《化学工业》2019年第37期，第1—7+13页。

染的相应防护制度。

针对石化行业的污染治理，2018 年 1 月国家发改委、能源局等十部委联合发布了《关于对炼油领域严重违法违规和失信行为开展专项治理工作的通知》。同年 2 月环保部发布《关于强化建设项目环境影响评价事中事后监管的实施意见》，明确提出将严肃查处越权审批、拆分审批、变相审批等违法违规行为①。

十八届三中全会明确要求，“要改革生态环境保护管理体制。建立和完善严格监管所有污染物排放的环境保护管理制度，独立进行环境监管和行政执法”，按照《固定污染源排污许可分类管理名录（2017 年版）》（环境保护部令第 45 号）要求，京津冀鲁、长三角、珠三角区域的原油加工及石油制品制造、人造原油制造、乙烯、芳烃生产的排污单位应于 2017 年完成排污许可证申请与核发工作，于 2020 年前需基本完成石化工业排污许可申请与核发工作。经过多年的筹备部署，2017 年 8 月 22 日，诞生了号称中国目前最复杂的标准——《石化行业排污许可申请与核发技术规范》。

3. 矿产资源

《矿产资源法》第三、四、五章分别规定了矿产资源的勘探、开采、企业和个体的采矿，第一条规定了其立法目的：“为了发展矿业，加强矿产资源的勘查、开发利用和保护工作，保障社会主义现代化建设的当前和长远的需要，根据中华人民共和国宪法，特制定本法。”与此同时，煤炭与石油存在着相似的境遇，二者同为能源矿产，又同属自然资源，因此可以对《煤炭法》的立法体例进行考察，以期借鉴。《煤炭法》共有八章，其中第三、四、五章规定内容为煤炭生产与煤矿安全、煤炭经营和煤炭矿区保护，在第一条规定了其立法目的：“为了合理开发利用和保护煤炭资源，规范煤炭生产、经营活动，促进和保障煤炭行业的发展，制定本法。”

（二）既有规范体系之弊病

1. 安全生产法律体系不健全

《安全生产法》的立法目的体现了以人为本的价值追求，这的确是法治理念的一大进步。而《安全生产法》以“保障职业卫生安全”为出发点的安全生产制度也的确可以覆盖大部分场景下的工业生产活动。但是石化工业生产活动中的过程安全，却没有得到《安全生产法》及其相关法律的重视。

同时，我国现有的过程安全规范体系存在如下问题：一方面，是其层级效力较低，不具备较强的规范作用和强制作用，不足以弥补《安全生产法》对过程安

① 《环境保护部关于强化建设项目环境影响评价事中事后监管的实施意见》，http://www.gov.cn/xinwen/2018-02/07/content_5264602.htm。

全的“忽视”；另一方面，这些文件是针对总体、宏观的化学工业而言，而工业生产反应过程、设施的风险千差万别，石化生产加工活动有其自身的特性，“立法”和管理的资源需要跟生产实践相匹配，才能最大限度地有利于社会价值①。因此，当前我国安全生产法律规范体系无法对石化加工过程中的过程安全做到有效调整。《石油天然气法》需要对石化行业安全生产作出规定。

2. 环保法律体系不完善

《环境保护法》在条文中仅原则性地规定了环境与健康调查、监测、评估制度，并未将其与相关制度进行衔接，可能导致环境与健康制度无法实施，致使其立法目的无法达成。且针对风险问题没有建立起良好的应对措施。虽然《环境保护法》设置了环境规划制度、要求建立生态红线，建立了监测预警制度，完善了环境影响评价制度，但总体上这部法律依然具有浓厚的末端治理色彩。

与此同时，目前生态文明体制改革的主要规范依据并非严格意义上的法律法规，而是党和国家的规范性文件。这体现了环境政策与环境法的紧密联系和互动。在整体上看，环境问题的特质决定了单纯依靠环境法律或环境政策都无法有效应对，必须通过政策与法律的协调配合方能实现。即使是在环保督察高压的态势下，部分石化企业仍然会突破底线，为了经济利益选择污染环境。例如 2016 年河南省丰利石化被中央第五环保督察组点名通报，2018 年丰利再次被环保督察回头看点名通报②。

其中一个问题需要我们反思：政策性的调控手段，是否是一种长效的保障机制？近年来大量运动式的环境执法，这些手段在环保问题日趋严重的当下是一种有效的解决措施。但是在整改过后，其效果如何巩固和深化，还是需要上升为法律，以制度的形式稳固，《石油天然气法》应当对其有所表达。

3. 《矿产资源法》立法体例难以借鉴

针对油气领域基本法对石化行业进行制度规范这一目的，基于前文对《矿产资源法》的分析，可以发现《矿产资源法》的立法模式难以借鉴。石油天然气本身属于能源矿产，因此可以从某种程度上认为《矿产资源法》是《石油天然气法》的上位法，但是《矿产资源法》立法目的强调对资源的勘探、开发，对于中下游的生产加工环节没有做出规定，生产加工活动无法从其条文之中找到调整的原则与依据，套用到《石油天然气法》当中，将原油加工为成品油这样无可争议的生产行为都无法囊括，遑论下游的石化行业之生产加工活动。《煤炭法》与《石油天然气法》也存在着不同，即煤炭和石油之间的物化性质差异决定了煤炭

---

① 丁晓阳：《化工过程安全法规发展》，《化工与医药工程》2014 年第 35 期，第 6-10 页。

② 《中央第一环境保护督察组向河南省反馈“回头看”及专项督察情况》，http://www.mee.gov.cn/xxgk2018/xxgk/xxgk15/201810/t20181020_663349.html。

领域不具备油气领域那样向下宽展延伸且联系极为密切的下游产业，《煤炭法》中所规定的生产加工行为，更多地对应为油气加工中“将原油加工为成品油”的生产行为，而这部分行为是《石油天然气法》立法之核心部分。对于继续衍生的下游产业，《煤炭法》无法提供可以借鉴的立法经验。

四、石化行业基本原则之确立

探讨石化行业的调整原则应当遵循如下的逻辑进路：石化行业制度的基本原则本身必须在《石油天然气法》的基本原则之框架范围内活动，它们是《石油天然气法》基本原则在石化生产活动中的具体映射。而后，《石油天然气法》的基本原则必须是在《能源法》之疆域内活动，服从《能源法》之基本原则。在此基础上，石化行业的基本制度，可以被认为是《能源法》以及能源领域之基本原则在下游分支中的投身，伴随着调整对象所处阶段的不同，其侧重也有所不同。

（一）综合调整原则

综合调整原则是指，对油气产业综合运用市场机制和行政手段予以调控。具体到行业管理实践当中，我国对油气行业进行调整，在绝大多数场景下是以监管这一形式来具体开展，因此可以通过建立覆盖油气行业上中下游的合作监管制度对该原则进项表达。

我国目前采取政府单主体监管的制度，对油气全行业 5 个领域共计 21 项事项进行监督管理，如油气管道运输领域由发改委、能源局和原安监总局（现为应急管理部）承担多项监管职能，油品生产活动、则被原安监总局、环保局和国家海洋局分担。但政府部门作为单极监管主体，在专业程度极高的油气领域里，无论是在上游的油气资源勘探开采，还是在下游的油气加工活动当中，都会面临如下困境，使得监管制度失效：其一是政府监管可能偏离公共性。出于对考核绩效的追求，政府监管部门更注重经济效益，轻视诸如安全生产、环境保护等问题，前者如 2018 年上赛科石油化工有限责任公司爆炸事件[①]，后者引发的问题包括例如石油炼化厂的选址和工业排放等问题；其二是政府监管部门难以掌握到充足的信息。从某种程度而言，这一现象的产生基于政府放权、市场主体获得话语权的改变，也离不开工业生产技术的发展。但同样的，市场主体在获取话语权后为了获取高额的利益不愿主动公开信息；其三是政府监管专业化缺失。油气行业对专业性要求极强，要求监管部门凭借有限的行政资源做到监管的良好覆盖实属苛求。而合作监管制度可以整合政府、企业、协会作为监管主体的优势，可以将企

① 《关于同意〈上海赛科石油化工有限责任公司“5·12”其他爆炸较大事故调查报告〉的批复》，http://www.shanghai.gov.cn/nw2/nw2314/nw2319/nw10800/nw39220/nw42844/u26aw56744.html。

业、协会利用其技术优势形成的自我监管机制进行整合，使被监管护体（企业）参与到监管议题的设立当中，又能借政府的主体地位规避市场自我监管的软弱性，保证监管制度贯彻落实[①]。

综上，基于对油气行业政府监管的现状考察，以及对合作监管的理论梳理，合作监管制度应当调整石油天然气行业的一项重要制度保障，在《石油天然气法》明确其基本原则的地位。

（二）安全原则

安全原则作为能源法的“帝王原则”，它必然将贯穿于整个能源法律体系的各个层级。而随着立法目的、调整对象的不同，安全原则的表现形式也会各有所侧重。

我国是世界上唯一建立了完整工业体系的国家，石油作为工业的血液对石油的需求持续走高，在此背景下石油资源的安全，已经与国家社会的稳定发展、居民生活的基本权益挂钩，因此《石油天然气法》必然会将保障油气资源安全作为最高价值追求。在作为能源基本法的《石油天然气法》中，安全原则体现为保障油气安全。

油气安全的具体实施，可以大致分为安全运输、安全生产和安全储存等环节。将安全原则与这些环节具体情况适配：在油气运输方面，目前我国已经出台了专门的《管道保护法》，《管道法》也正在制定当中，这从侧面体现了对油气运输安全的保障；而在石油储备方面，我国已经初步建立了发改委、国家石油储备中心和石油储备基地组成的三级石油储备管理体制，这也是安全原则在具体实施层面的落实。但在安全生产方面，目前并没有相应的规范载体体现安全原则。安全原则在下游的石油工业中的体现，则应当是实现油气加工生产活动的各个环节的安全生产。而石化行业与石油资源之间的紧密联系，以及《石油天然气法》统摄油气全域的性质，决定了其必须要对作为下游产业的石化行业作出相应的规定。

（三）效率原则

效率原则在工业活动中的贯彻，意味着用最小的成本换取最多的利润，具体可以做如下解读，首先是在利润上，产出尽可能多的产品，这就涉及技术升级；另一方面是在成本上，做到节约油气资源。

从国际权威机构对“节能”（Energy conservation）和“能源效率”（Energy efficiency）给出的定义来看，两者含义是一致的。如 1983 年世界能源大会节能

① 王浩：《论合作监管体系之构建——以石油天然气行业政府监管为例》，《中国行政管理》2018 年第 3 期，第 43—48 页。

委员会工作报告《世界能源：2020 年展望》第三章“世界节能现状与前景”中对节能的定义是：采取技术上可行、经济上合理以及环境和社会可接受的措施，来更有效地利用能源资源……以获得更高的能源利用效率。世界能源委员会 1979 年提出的节能定义与上述含义相同。世界能源委员会在 1995 年出版的《应用高技术提高能效》中，把“能源效率”定义为：减少提供同等能源服务的能源投入。对能源效率的这个定义符合节能的经济学意义，即节能是用其他资源的投入来代替能源①。应该用多少其他资源来代替能源，取决于其他资源的价值和节省下来的能源的价值之比。如果投入少而节约多，那么这种节约就是有价值的，否则就是有害的。我国新修订的《节约能源法》对节能的定义是：加强用能管理，采取技术上可行、经济上合理以及环境和社会可以承受的措施，从能源生产到消费的各个环节，降低消耗、减少损失和污染物排放、制止浪费，有效、合理地利用能源。可见，我国对节能的定义吸收了国际社会对节能和能源效率的含义。

诚然，节能与能源效率的概念从字面上解释存在一定的差异性，但节能并不意味着影响社会活力，降低生产和生活水平，而是用同样数量的能源，获得更多可供消费的产品，以实现社会可持续发展的目标；或是生产同样多的产品，使能源消耗量最少，获得最大的经济效果。限制能源的消费并不是节能，对能源更有效地利用才是节能的本意。认为节能就是减少能源消耗，这是一种消极的理解。故此，节能与能源效率的内涵并无差别，只是两者的视角不同罢了。

（四）可持续发展原则

对于可持续发展的概念阐述存在诸多不同见解，但是在其在能源法层面上的可持续发展原则，是表现为能源开发利用与生态环境协调保护；在石油天然气法中的可持续发展原则，则更具象化地表现为对油气资源开采利用的代际公平与代内公平、油气资源的可持续利用，以及油气资源的开发利用与环境保护一体化的等方面。而可持续发展原则在能源领域继续向下衍射到了石化加工活动当中，则应当主要体现为石化生产活动和环境保护之间的协调，在生产加工活动中充分考虑相应行为对环境的影响，将石化行业的产业发展与生态文明建设进行统合。

五、《石油天然气法》中石化行业法律制度构想

（一）制度主体之明确

通过立法，明确规定石化行业的监督管理主体，实际上就是明确综合调整原则的实施载体。综合调整原则要求综合运用政府和市场两种调控机制进行调整，

① 于文轩：《石油天然气法基本原则探析》，《中国环境法治》2009 年，第 92—97 页。

也就意味着需要政府和市场主体参与到行业的议题设置中。对于政府主体，我国油气行业政府监管机构一般通过政府机构改革和国务院“三定方案”设立。这种设立依据存在的合法性问题，以及制度缺陷被学界诟病已久[①]。此外，由于石化行业涉及多个面向，如环境保护、安全生产、社会经济等问题，相应的主管部门都对该领域享有事权，而部门之间的多头管理又涉及职能交叉、权利配置同质化等问题，本文不对其做展开论述。《石油天然气法》中的重点内容应当是市场主体和社会主体如何参与到石化行业的管理，从相对人转化为更具话语权和自主权的主体。从制度逻辑上看，合作监管主体体系的建构遵循的是横向配置政府、市场、社会主体权力的模式，明确油气企业、协会的作用，合理配置职能。要让石化企业、协会通过协商会、论证会等制度，成为制度化“治理主体”，参与石化行业议题的形成、标准的确定。这就涉及下文对程序和方式的问题。

（二）调整方式之规定

一方面，从污染防治等角度来讲，设立激励性机制（如环保税收优惠等）可以使得石化企业更加倾向于自发遵守环保要求。在《石油天然气法》确立更多的激励性原则，有助于培养石化行业内生性、自发性地降低环境污染，并形成长效性的石化行业环保制度。另一方面，从多主体参与行业治理的角度而言，激励性调整机制可以为市场主体和社会主体释放话语权。以往政府作为单一主体，其调控手段重点在于“控”，多以行政命令、行政处罚等形式存在，有赖于法律的授权和政府的强制力，而在其他主体缺少法律授权的情况下，控制性手段的存在必然会挤压市场主体、社会主体参与行业治理的“表达空间”，石化厂家和社会群众的意见依然无法获得表达渠道，“多主体合作参与”的制度仍然会失效。为了保障行业主体和社会主体的意见表达，调动生产主体的积极性，需要采取不同的治理方式。《石油天然气法》作为能源领域的专门法和油气行业的“基本法”，应当将控制命令性监管和激励性监管并重，并作为原则予以说明，在条文中明确规定采取较以往更多的激励型措施来调整整个油气行业，可以考虑将油品征税等适用于油气全行业的反面激励手段在《石油天然气法》中予以明确。而针对石化行业的更为具体的激励性的调整手段，如投资倾斜、定价优惠、环保上的税收政策等，有赖于下位法以及具体的产业规范文件作出具体规定。

（三）标准制定之程序

通过对标准设立的程序机制中信息公开、公众参与等制度的规定，可以对安

① 王浩：《对建立现代化石油天然气行业政府监管体系的立法思考》，《国土资源情报》2016年第12期，第26—31页。

全问题和环境保护问题，以及由此引发的潜在的社会问题作出因应。《石油天然气法》作为产业法，其基本任务之一就是促进产业发展，但安全原则又使得《石油天然气法》需要关注公共安全，进而上升到对公共利益的保护。当产业利益和公共利益发生冲突时，《石油天然气法》应当注重于对公共利益的保护。但这其中存在一个问题，即石化行业的产业利益可以视为产业技术不断进步所追求的结果，而公共利益是民意的凝聚和具象化，某些场景下为了防范风险的产生，二者存在冲突——例如为了保护环境而严控石化行业排污标准，还是为了产业利益在“不会有立竿见影的污染效果”的情况下进行调低——石化行业具有高额的经济利益，决策者很容易被油气企业俘获，偏离公共利益，从而导致制度失灵[①]。在公共利益这一议题引导下，科学和民主如何在《石油天然气法》的平台上进行交流，而非呈现出冲突对抗的局面，其中关键就在于《石油天然气法》应当对石化行业标准的制定过程做出规定。标准本身之内容，例如运营过程的安全生产标准、环境保护议题下的污染排放指标等具体的数值，具有高度的专业知识壁垒，有赖于国家标准和行业标准的规定。法律应当关注标准如何制定，这才是不具备技术知识的民众和技术专家们沟通的最重要的桥梁。《石油天然气法》应当明确规定在制定标准时，政府应当及时做到专家参与论证、信息公开、组织听证等公众参与的程序，以保证政府决策和标准制定过程不偏离公共利益。《石油天然气法》中对石化行业的程序规定，不在于对具体的生产加工程序作出规定，而是应当在标准制定之程序当中得以张扬其价值所在，面对“科学—民主”二分的张力下，也只有法律所构建的程序机制才能化解其矛盾。

① 王浩：《对建立现代化石油天然气行业政府监管体系的立法思考》，《国土资源情报》2016 年第 12 期，第 26—31 页。

《电力法》的修改和完善

卫德佳[①] 贺 娇[②]

摘　要：《电力法》是为保障电力事业安全有序发展，从而对电力行业的各个环节及相关主体的权责进行规定的法律。然而，自1996施行至今，历经3次修改，仍仅是对部分条文进行了修正，2002年，我国对电力体制进行改革以后，电力行业发展迅速，以垂直一体化垄断经营为主的现行《电力法》的法律条款已无法满足当前电力行业发展的需要，存在立法理念陈旧、监管体制不顺、具体制度设计不完善等问题。因此，在电力体制改革不断深入的背景下，有必要借鉴国外的有益经验，结合立法目的和原则，通过树立符合客观发展的《电力法》立法理念、健全《电力法》监管体制规定、完善电力具体制度设计，主要包括：电力规划法律制度、电力市场法律制度、电力环保法律制度、电力责任法律制度，从而构建完善的新时代电力法律体系。

关键词：电力；电力法；电力法律体系

一、问题的提出

自1996年4月1日起施行的《电力法》作为电力行业的“基本法”，是指导电力行业发展的基础和关键。此后，2002年，国务院发布《电力体制改革方案》（即“5号文”），对所有制改革（政企分开）、组织结构重组（厂网分离）、现代企业制度、市场机制设计（竞价上网）、独立监管机构（电监会）等核心内容进行了规定。2009年，第一次通过《关于修改部分法律的决定》对《电力法》进行了修正。主要将《电力法》第16条的“征用”修改为“征收、征用”，并作了一些文字性的修正。2015年，《全国人民代表大会常务委员会关于修改〈中华人民共和国电力法〉等六部法律的决定》对该法进行了第二次修改，规定供电营业机构即使没有领取营业执照，也可以营业。同年，《中共中央国务院关于进一步深化电力体制改革的若干意见》（9号文）印发，指出进一步深化电力体制改革

---

① 卫德佳，西南石油大学法学院教授、院长，硕士生导师，研究方向：行政法、能源法。
② 贺娇，西南石油大学法学院2018级法律硕士研究生，研究方向：行政法、能源法。

的重点和路径。2016 年，为更好地促进电力体制改革发展，通过对电网、电源布局、电力结构的优化调整，达到提高电力系统调节能力和实际效率的作用，颁布了《电力发展“十三五”规划》。2018 年，全国人民代表大会常务委员会对《电力法》作出第三次修改，对营业区的设立和变更、业务许可证的取得所需的批准程序进行了规定。此外，在《电力法》的基础上，国家还制定并颁布了配套的法规及规章，如《宁夏回族自治区电力设施保护条例》《济南市电力管理条例》等。

由此可见，自 1996 年《电力法》施行至今，历经 3 次修改，只是对个别词语予以增删，以求术语的精准，并与法律体系相符合，并未对《电力法》实质内容进行修改和增删。因此，现有的《电力法》没有体现“5 号文”“9 号文”以及能源革命的要求和精神，需要以我国国情为基础，借鉴其他国家的优秀成果，进行修改和完善，构建起完备的电力法律体系。

二、修改《电力法》的必要性

如今，国家发展出现了新目标、新形势、新情况，因此，《电力法》中针对 1996 年当时国家严重缺电这一基本国情所作出的条文规定具有严重的滞后性，基于改革发展所提出的高要求和新要求，修改《电力法》势在必行。

首先，电力安全发展的需要。随着电力的出现，我们对电力的需求和依赖逐渐增高，无论是工业、农业、科研、国防，还是基本的公民生活，电力的供应必不可少。电力事业是一种社会公用事业，正是因为电力使用的普遍性和不可缺性，其安全与否会对电力系统自身的稳定和效益、社会经济和秩序的发展进步、以及电力用户的利益和安全产生直接的影响，提出更高的要求。因此，电力发展应当坚持电力安全第一，在此基础上，长久稳定地提供电力，新形势下的政府综合管理、企业各负其责、社会广泛支持的电力安全监管体系的构筑势在必行。①

其次，可持续发展理念的欠缺。不可否认的是，现行《电力法》的立法目的不利于电力事业未来的长足发展。《电力法》只有原则性的规定，既没有对电力生产所产生的主要污染物设定相应的量化指标进行控制，也缺乏对电力环保制度的具体设计以及有利于环境保护最新技术的激励性规定。因此，为缓解我国环境压力，有必要将优化电力结构这一发展目标，在法律中得到体现，转化为立法要求。同时量化规制主要污染物的排放，制定完备的环保制度，并补充发展可再生能源、清洁能源的条款。

最后，向竞争性电力市场改革模式转变的需要。现行《电力法》以垂直一体

① ［美］萨莉·亨特：《电力竞争》，中国经济出版社，2004 年。

化的管理模式为电力行业提供了保障。发电商没有与他人竞争的需要，即可获得相当的利润，该利润具有垄断性质。这种模式在当时《电力法》制定的背景下，有助于对电力的生产和传输两大环节进行有效的衔接，有助于电力工业的急速发展，避免重复建设。但如今，中国电力行业已经进入电力市场化改革阶段，以市场为导向意味着电力市场体系的构建需要通过市场竞争，优化资源配置，从而打破电力垄断的格局，达到提高电力经济效率，促进电力正向发展的作用。[①] 然而，现行《电力法》对电力市场化相关规定的缺失，使得其既不能为电力行业市场化模式的转变提供法律保障，也在一定程度上阻碍了电力行业的改革和发展。此外，我国《电力法》亟须制度变革，需要通过对《电力法》的修改，达到完善电力监管、电力规划、电力市场以及电力环保等相关制度的目的。

三、现行《电力法》存在的问题

（一）《电力法》的立法理念陈旧

自2002年电力体制改革以来，中国电力行业的规模和组织结构发生了巨大变化。其一，随着可再生能源以及清洁能源的不断发展，当前对电力工业的要求已经从“有电用”发展为“用好电”。然而，现有的《电力法》对电力环保的规定过于原则，不利于环保可持续的发展电力事业的需求的实现。其二，《电力法》具有以国有国营为主的意识形态，具有严重的垄断性质，企业就是政府本身，缺乏市场化竞争的理念和建立电力市场的意识。其三，部门保护主义严重。《电力法》的起草主体是原电力部，因此，其体例设计和制度安排都明显表现出对部门利益和行业利益的保护趋向，在处理供电企业、消费者及相关政府部门的三方的利益冲突方面缺乏有效的制度安排和司法实践的考量。

（二）《电力法》的规定使监管体制不顺

一方面，《电力法》中的监管主体结构不完善，职能范围不明确。从监管职责横向划分上来看，电力监管部门众多，部门之间没有明确的分工，审批环节复杂，造成重复管制，监管效率低下。2002年的电力体制改革组建了国家电监会，其作为电力监管机构，相对独立。2013年，出于强化电力监管职能的现实考虑，对该机构再次进行了改革，所组建的新国家能源局具有原国家能源局、国家电监会的职责，使得我国的电力监管体制由政监分离又重新转为政监合一。通过此次调整和合并，一定程度上解决了电力监管体制不顺、职能不清的问题，对各机构之间的职能冲突起到积极的协调作用。然而，仍然存在监管多元、职能混乱、交叉、重叠以及界限不清的现状。从监管职责纵向划分上来看，各级监管机构之间

① 《电力体制改革方案》，国发〔2002〕5号。

职能配置不合理。其一是中央和地方监管机构职能分配不合理。地方各级政府设有专门部门对电力产业监管、项目审批、电价管理进行负责。虽然中央有统一的政策，但由于地方保护主义的存在，电力改革的实际效果远不如中央所期望达到的效果。[①] 其二是各级政府相关监管职能配置不合理。以电价为例，目前电价主要由国家发改委而非专门的监管机构负责监管，这种职能分工严重影响了监督的效率和权威。

另一方面，市场引导的积极作用没有得到发挥。现行《电力法》没有对电力行业协会的法律地位及权责作出规定。例如《电力法》明确规定电网需要统一调度。这也就排斥了电网运行在遇到电力市场具体环境出现改变的情形下进行主动自我调适的可能，使得电力企业无法对电网的调度进行能动性的调整。政府既是电力企业的所有者，又是对电力企业的管理和监督者，主要运用命令控制型手段对其进行监管。公权力的干预必然会限制市场在引导主体行为、维护市场秩序等方面的作用，不仅会降低市场主体的竞争热情，损害市场竞争的公平性，还会对市场准入和市场信息产生影响，使得垄断企业的垄断利益更加稳固。尽管电力行业协会和企业对该行业有着充分透彻的了解以及独特的专业能力和经济实力，但在现有的监管结构下，其无法充分参与、发表意见、制定标准，使得市场机制难以在电力行业的发展和改革中发挥作用。

（三）《电力法》中对具体制度设计的规定不完善

首先，电力规划法律制度不完备。“省为实体”原则，不利于资源的优化配置，电网不能互连互通，形成市场壁垒，不利于建立和完善统一公平规范的电力市场体系。此外，现有《电力法》没有对电源电网结构、投资结构的分配比例与技术规格作出具体规定，只有地方标准，没有国家标准，缺乏统一综合、信息透明、决策民主的规划体系。其次，电力市场法律制度不适应改革和发展的要求。对电力市场培育的新主体监管制度的缺乏，不利于企业内部制度的建立，企业难以实现自我发展的需要，阻碍了统一、开放、多层次的电力市场体系形成。再次，电力环保法律制度有待完善。《电力法》中只有较少的条款对电力环保进行了规定，且原则性太强，过于抽象，实践中操作的可能性低。最后，电力责任法律制度不明晰。从理论上讲，承担责任的主体是主管部门、企业和用户，但在实践过程中，存在责任主体不清晰的障碍。其一，从电力主管部门内部来看，多头监管，职能交叉，界限模糊，承担法律责任的主体不明确。其二，从电力企业和电力用户来看，法律责任承担方式不明确。现行法律对电力企业的规制术语是“禁止”“不得”，对电力用户则是“应当”“协商”，其中规定“造成损害的，应

① 朱佳琦：《我国电力产业“政监合一”的监管结构研究》，华北电力大学，2015。

当依法承担赔偿责任”，但没有对承担责任的种类和程度进行明确具体的规定，导致责任认定模糊。[①]

四、国外电力立法的特点及启示

（一）美国电力立法经验

美国具有相对完整的电力监管框架，联邦政府与各州之间的立法权划分明确，联邦和州各自的电力监管机构是相对独立的。[②] 美国电力立法的发展历程如下：

1935年的《联邦电力法》为美国垂直一体化的电力事业的发展提供了法律的依据。1978年《公共事业管制政策法案》出台，通过放宽市场准入，扩大发电主体，引入市场竞争，促进电力体制机制的变革。同时鼓励使用可再生能源而非化石燃料进行发电，以减少对环境的污染。1992年美国又颁布《国家能源法》，鼓励批发电力市场的竞争，支持发电企业在国外的发展。1996年第888号、第889号法令先后颁布，其目的是促进电力企业之间的竞争，构建全国统一的电网。其中第888号法令规定，打破电力垄断，所有电力公司必须公平地向用户开放，用户对电力生产企业享有自主选择权。第889号法令是在第888号法令的基础上对电力公司的权利和义务作了进一步的补充。对于第888号法令在实行过程中出现的问题，美国颁布了2000号法令进行修正。在该法令中，不仅对市场规划、市场规则进一步作出规定同时提出了一个设想：建立区域输电组织。[③]

（二）英国电力立法经验

从英国电力行业改革的路径是先国有后私有。英国于1926年颁布的首部电力法具有统一性、垄断性和集中性的特点。这种国有化的电力体制与当时英国电力正处于发展初期、尚不发达的国情是相符合的。但随着英国经济的快速发展，国有化电力体制的弊端开始显现，电力企业经营面临负债多、效率低、电价高、用户少等诸多障碍。在此背景下，1989年颁布并实施新的《电力法》，开始推行电力体制由国有到私有的改革。通过私有重组，将电网和电厂的资产相分离，建立电力库，在配发电环节引入竞争制度，用户对自己的电力供应企业可以自由选择。[④] 同时，《电力法》对电力监管办公室的职权进行了规定，使其能够更好地履行监督职能。包括，核发许可证、公开相关信息、调解纠纷等。[⑤] 此外，《电

---

① 安璐：《〈电力法〉亟待解决的若干问题》，《安徽水利水电职业技术学院学报》2004年第1期，第36—39页。

② 张剑虹：《美国、日本和中国能源法律体系比较研究》，《中国矿业》2009年第18期，第12—14+28页。

③ 杨冰：《论我国电力行业垄断的法律规制》，华中科技大学，2012.

④ 胡济洲、奚江惠、侯远潮、王骏、蔡小勇：《英、美新一轮电力改革制度及借鉴》，《经济纵横》2005年第10期，第53—56页。

⑤ 国家经贸委：《国外电力立法——英、美、澳、西、新、阿等六国电力立法概况》。

网规则》和《电力库运行规则》等配套法规的颁布，与《电力法》相衔接，确保了电力市场的有序和效率。2000 年，为解决管理和交易问题，英国再次修订《电力法》，新电力交易制度出现。该制度的实施使电力行业出现了纵向一体和横向合并的局势。[①] 总而言之，通过颁布《电力法》及配套法律法规，确保电力市场改革中遇到的法律问题得到解决的同时，促进英国电力市场的竞争与发展。

（三）日本电力立法经验

为促进电力改革，完善电力市场化。日本对《电力事业法》进行了三次修订，内容如下：

第一，引入竞争机制，改革电价形成机制，1995 年对《电力事业法》进行第一次修改。九大电力公司的电力体制不做转变，市场竞争机制和新电价改革机制仅适用于新建立的电厂。第二，放松售电业务管制，2002 年第二次修改《电力事业法》。电力事业具有公益性，有必要放松对售电业务的部分管制，创建自由竞争的市场氛围。通过扩大市场机制的应用范围，鼓励电力公司参与竞争，从而在确保电力供应安全、平稳的同时，公司经营困难的问题能够得到改善。第三，2003 年第三次修改《电力事业法》，明确了用户享有独立自主选择电力供应企业的权利，并且扩大电力零售市场的开放程度。经过《电力事业法》的三次修订，日本逐步打破了之前缺乏市场竞争机制、电价过高的格局，逐步开放批发零售，打破垄断格局，确保改革不会对电力行业造成过大的冲击，保证了电力发展的安全性和稳定性。[②]

（四）国外立法经验对我国《电力法》修改的启示

一方面，先立法后改革，使改革有法可依。其一，确立改革的方向和目标。英国和日本都在结合各自国家的具体国情的基础上，明确改革所要达成的目标，并围绕改革目标确定改革方法。如英国电力行业改革的出发点是提高效率、降低电价，建立竞争性的电力市场。其二，以立法的形式对改革方案加以确定。经过商讨论证，由政府提出改革目标和改革方案，然后通过法定程序进行立法，而后依法对电力改革和发展进行监督和管理，并且颁布配套的法律法规，为改革的目的和方案提供详细具体的规定，以指导和规范改革进程。同时，电力监管部门的设立、职责和权限也受到法律的约束，依法行使其权力。另一方面，建立法律框架体系。其一，综合性法律的制定。一部符合电力行业特点的综合性法律，可以为电力改革提供基本的法律依据。例如美国的《电力法》、日本的《电力事业法》。其二，逐步对电力法律体系进行完善和调整。电力法律体系的完善是不可

① 国家电力咨询网：《从 NETA 到 BBTTA 英国电力改革的新篇章》，http://www.chd.com.cn。

② 李果仁、李菡：《英、美、日电力改革之借鉴》，《中外能源》2009 年第 14 期，第 21—26 页。

能一举就能成功的，不能急于求成。美国、英国和日本的电力改革，都是将总目标分解为小目标，逐步对改革发展的偏差和不足进行调整和修正。

由此可见，有必要借鉴国外的优秀经验，对《电力法》进行修改，有效规范各市场主体，真正发挥其对电力的改革和可持续发展积极作用。①

五、修改《电力法》的总体思路

（一）《电力法》的立法目的

《电力法》的出台，是为了解决当时电力严重短缺这一基本国情，在此条件下，立法的首要目的是推进和保障电力事业的安全发展，解决缺电问题。然而，时至今日，电力短缺已不再是有待解决的问题，电力发展目标的变化意味着立法目的也需要作出转变。因此，有必要在总结和借鉴国内外电力改革经验和教训的基础上，结合中国电力发展的现状，通过立法确定以下目标：

（1）转变立法思路，重塑《电力法》，并以此作为配套电力法规、规章的基础。

（2）政府与市场有机结合，相互平衡，从而建立政府、协会以及企业各尽其责、相互监督、相互制约的新体制、新机制。

（3）构建统一、有序、开放、竞争的电力市场秩序。解决电力行业改革中的突出问题。如：电力监督、电网调度，电价电费、电力市场化等法律问题。

简而言之，修改《电力法》需要在精确定位的基础上，做到体制顺畅、权责具体、可操作、可实施，只有这样，才能确保电力法律体系的完整，真正发挥其保障安全的基础性作用。进一步确保电力改革落到实处，民事权益得到保护、电力管理有法可依。②

（二）《电力法》的立法原则

电力立法需要与中央的改革决策进行衔接，因此，必须明确修法的目标原则，包括以下四大原则：

（1）电力安全原则。坚守安全底线，科学推进长距离高容量输电，构建规模适当、层次分明、安全稳定的电力系统，提高应对灾难和突发情况的能力。

（2）有效竞争原则。以市场为导向，改革电价制度，培育市场主体，提高市场效率，确保信息公开，利用国外市场，完善电力市场体系，确保市场主体的有效竞争。

（3）绿色发展原则。坚持自然生态保护的优先性，坚持电力的可持续发展，灵活运用不同的激励性手段，协调电力与社会、经济、环境和资源之间的关系。

---

① 徐介宪、迟峰、宋平：《国外电力改革与立法的做法与经验》，《华东电力》2006年第7期，第35—42页。

② 朱维涛：《论〈电力法〉修改——“从行政管理法”到“现代意义上的经济法”》，中国电力企业管理2006年第5期，第8—11页。

（4）普遍服务原则。重点解决农村电网薄弱这一问题，消除城市农村之间的区别，确保供电的质量和数量，提升电力的普遍服务水平。[①]

（三）修改《电力法》的基本思路

修改《电力法》应与当前形势紧密联系，需要坚持立法与改革同步推进。虽然国家对电力体制改革确立了总要求、总方向、基本原则和主要任务，但在实际改革过程中，是需要针对具体问题进行调整的。着重删除与电力行业发展状况严重不符、与近年颁布的法律法规不相衔接以及明显偏离电力市场改革方向和主要任务的规定，最终构建现代电力监管制度、实现政府对电力行业的有效监管，为电力市场化改革的成功提供制度性保障。[②]

六、完善《电力法》的具体路径

对《电力法》的修改，需要兼顾现实性与前瞻性，借鉴国外的有益经验，针对我国的立法空白，逐步进行完善。

（一）树立符合客观发展的《电力法》立法理念

树立中国特色社会主义立法理念，构建和完善以《电力法》为核心的电力法律布局。首先，确立保障人民权利的《电力法》立法理念。保障人民权利是落实现代民主法治“以人为本”思想的重要体现。通过确立《电力法》“以人为本”的指导思想，将其作为根本目标和核心追求，使得《电力法》能够最大限度地维护个人的正当权利。其次，确立平衡各方利益的《电力法》立法理念。通过《电力法》的修改，确立平衡各方利益的立法理念，树立以权利为本位的法律思想和法律观念，协调好权力和权利的关系，二者相互尊重、相互制约，实现二者之间平衡的电力市场秩序。再次，确立民主、平等的《电力法》立法理念。通过增加民主立法渠道，让公众参与电力立法，确保公民平等参与权的同时，也对法律的权威性和透明度进行维护。最后，转变《电力法》的立法定位。将电力的立法理念与近年来我国不断深入推进的法律改革思想相协调，树立具有中国特色社会主义的电力立法理念。总而言之，通过全面修改《电力法》，将传统行政法式定位的《电力法》早日转变为经济法式定位，形成和完善更为多样的电力制度，妥善处理政府与各电力市场主体之间产生的法律关系，形成有利于我国电力平衡发展的衔接机制。

（二）健全《电力法》监管体制规定

电力市场化建设改革必然要求电力监管制度的完善。因此，应当建立主管部

---

① 国家发改委、国家能源局：《电力发展“十三五”规划》。

② 李欣：《我国〈电力法〉修订研究》，华北电力大学，2015。

门、企业、社会多元化监管主体模式，加强监管合作。具体来说：一方面强化电力监管主体的自身建设。首先，合理配置中央监管机构之间、中央与地方监管机构之间、地方监管机构之间的监管职能，明确电力监管机构的性质、作用、组织权责、程序。[①] 其次，完善公司治理结构。其一，制定更加合理完备的公司章程、规章制度，明确各成员具体的职责和权限、奖惩规则以及内外合作机制。其二，合理组织电力公司内部人员。加强电力公司内部员工相关专业知识和技能的培训，形成专业化的人才队伍。最后，完备电力协会的内部治理结构。确立相互协作又相互制约的内部治理结构，充分发挥协会的独特优势，平衡好行政监管机构与公司之间的法律问题及利益关系。另一方面，电力企业、协会应当享有平等参与权。充分利用电力监管机构现有的监管经验，通过政策引导，电力协会、企业可以通过协商会、论证会等途径与政府合作确定标准、参与监管。通过修改《电力法》，可以确定政府、电力监管机构、行业协会、电力企业等主体的法律地位，建立起一个政府、监管机构、行业协会及企业相互协调的新格局。[②]

（三）完善电力具体制度设计

1. 电力规划法律制度设计

统一的电力发展规划是顺应国际能源发展趋势，分析预测电力与经济和社会之间供需关系，[③] 科学发展电力工业的必要条件。现行《电力法》的修改应当在遵循市场化改革精神和体制改革方向的基础上，坚持与现行法律、行政法规和国务院文件相衔接。首先，设计统一、民主、公开的电力规划体系。[④] 随着电力市场化的发展、企业参与度的提高，在政府的主导下，电力的规划编制和调整机制应当民主和公开。其次，建立评估考核机制。[⑤] 为确保电力规划的有效执行，通过对执行人员的监督检查和评估考核，确保电力规划的公开透明和法治权威。再次，统一和衔接不同的层级和类型。扩大适用范围，防止脱节。最后，坚持可持续发展原则。明确环境的可承载能力和自我修复能力，注重事前的环境影响评价，发展的同时保护环境。[⑥]

---

① 陈锦、陈嘉：《为完善电力市场提供法律保障——对修改〈电力法〉的建议》，《中国电力企业管理》，2002年第7期，第38－39页。

② 卫德佳、贺娇：《新能源风险合作监管法律制度研究》，《山东行政学院学报》2019年第5期，第79－85页。

③ 孙寿广：《巧论电力市场化改革与电力发展规划化》，《中国电力》2002年第4期。

④ “电改9号文”对电力统一规划有如下规定：“切实加强电力行业特别是电网的统筹规划……政府有关部门要认真履行电力规划职责，……加强……全国电力规划和地方性电力规划之间的有效衔接。提升规划的覆盖面、权威性和科学性，增强规划的透明度和公众参与度，各种电源建设和电网布局要严格规划有序组织实施。”

⑤ “电改9号文”有如下规定：“建立规划实施检查、监督、评估、考核工作机制，保障电力规划的有效执行。”

⑥ “电改9号文”对环境影响评价制度有如下规定：“电力规划应充分考虑资源环境承载力，依法开展规划的环境影响评价。”

2. 电力市场法律制度设计

李克强总理明确指出，能源领域的市场化改革，需要社会资本的积极踊跃参与。从目前的电力体制改革方案看，为进一步的市场竞争创造优良环境，主要采取对国电公司的内部拆分方式：在有限的范围内、类似的条件下，分解垄断企业、建立模拟市场。[①] 具体可以采取以下措施：[②]

（1）放宽电力市场准入，明确电网服务义务与责任。用户对供应企业享有自由选择权，从而打破垄断，促进电力市场主体之前的竞争，从而为用户提供更优质的服务。（2）完善电价形成机制。政府定价与市场价的形成应当根据各自的特点确定标准，并且有必要制定两者之间的调节机制。（3）完善电力合同制度。合同制度为厂网分开、配供分离提供法律依据，有效保护各方的合法权益，快速解决纠纷。（4）完善产权交易制度。电力企业产权的重组与改革以及外商投资的有序进行，都需要以产权交易制度作为依据。（5）建立非营利性的农村电力系统。可以参考美国的农村电力系统，为该系统提供供电服务的主体自享产权，不以赢利为目的，通过自我建设、自我管理，对农村供电区的用户提供电力。[③]

3. 电力环保法律制度设计

可持续发展要求我国《电力法》对环保制度作出完备的规定，逐步完善以信息公开、公众参与、环境保护等为核心内容的电力环保制度。首先，《电力法》应细化总则中关于环境保护原则的规定。通过加大能源结构调整力度，衔接与电力相关的法律法规，优化电力供应布局，促进清洁能源发展，加强用户管理等规定，增强实践的可操作性。其次，完善环境影响评价制度。提前了解可能对环境造成的负面影响，并采取有针对性的预防措施。同时事后也需进行环境影响评价，对企业进行监督。[④] 再次，实行发电配额制。明确规定清洁能源和可再生能源的销售比重，以促进节能减排和用电结构平衡。最后，在修改《电力法》和完善电力各项法律制度的同时要切实做好与《环境保护法》的有效衔接工作。

4. 电力责任法律制度设计

《电力法》的修改与完善，必然内在地要求责任体系的转变。因此，应当结合客观实际，合理分配法律责任，完善各主体法律责任体系机制。具体而言，主要包括几个方面：

首先，对不同的责任主体构建不同且合理的责任承担方式。其一，行政机关和监管部门在享有权力的同时，也应承担相应的责任。加强权力制约，明确其利

① 张帆：《模拟竞争市场的建立和生长》，中国财政经济出版社，1999 年，第 57—91 页.

② 《西方国家电力工业反垄断的主要做法》，www.cet.com.cn。

③ 吕忠梅：《体制改革后的电力立法模式选择》，《理论月刊》2003 年第 11 期，第 101—104 页。

④ 姜楠：《建设项目环境影响评价在可持续发展中的作用》，《科技创新与应用》2019 年第 25 期，第 62—63 页。

用职务便获取不正当利益以及失职的情况下所应承担的行政责任和刑事责任。其二，对电力企业，根据实际情况，行使自由裁量权，灵活运用责令改正、没收违法所得、罚款等措施。加大处罚力度，增强规划、政策的严肃性。其三，对公民，加强与《治安管理处罚法》《刑法》等有关法律相衔接。其次，完善追究责任的程序。妥善处理好政府、企业与协会的利益冲突，依法惩处违法违规的行为，保障程序正义。最后，完善法律救济途径。通过仲裁、调解、申诉、诉讼等制度，解决电力市场纠纷，以达到保护公民权利、社会权益、国家利益的目的，有效实现权利的救济。①

① 牛玉璞、葛自丹：《我国〈电力法〉需要确立新的制度体系》，2007年。

《煤炭法》的修改与完善

卫德佳[①] 周心怡[②]

摘　要：《煤炭法》是规范我国煤炭行业的生产经营活动、煤炭从业人员人身健康与安全、相关环境保护与可持续发展的法律制度。为了保证煤炭的合理开发及利用、相关从业人员的人身健康安全保障及职业病的追责问题，促进煤炭行业的可持续和高质量发展，《煤炭法》的修改与完善显得至关重要。而我国现有《煤炭法》面临着立法理念定位不准、管理体制滞后、相关制度不完善等问题，且我国现有法律无法解决生态环境变化、有关环境保护以及能源革命等所造成的一系列难题，我们应该明确生态环保的立法原则，解决管理体制滞后的问题、完善煤炭行业准入和退出制度，建立生态环保和从业人员权益保障制度，以促进煤炭行业的可持续发展。

关键词：煤炭法；可持续发展；生态环保；法律制度

引　言

1996年我国出台了第一部《煤炭法》，以规范煤炭资源的生产开发经营和监督管理等行为，为我国与煤炭有关的法律奠定了基础。我国《煤炭法》存在至今，共经历了四次修改，每次修改都是为了顺应时代的发展，以此完善煤炭行业的法律体系，推动煤炭行业法治化进程。最初第十一届全国人民代表大会常务委员会第十次会议《关于修改部分法律的决定》，对当时的《煤炭法》部分条款进行了变更与完善；2011年4月22日第44条关于煤炭企业职工保险的规定在第十一届全国人民代表大会常务委员会第二十次会议《关于修改〈中华人民共和国煤炭法〉的决定》上被修改；2013年6月29日第十二届全国人民代表大会常务委员会第3次会议对于《煤炭法》的部分内容进行了修改完善；2016年11月7日针对《煤炭法》，第十二届全国人民代表大会常务委员会第24次会议则删除了原有的第十八条、第十九条内容。从这些修改可以看出，有关煤炭领域的法律法

---

① 卫德佳，西南石油大学法学院教授、院长，硕士生导师，研究方向：行政法、能源法。
② 周心怡，西南石油大学法学院2019级法学硕士研究生，研究方向：行政法、能源法。

规也随着我国国情变化以及世界经济地位的提高进行着相应的调整和变化。

我国煤炭产业的发展至今，主要包括煤炭产业处于快速增长期和调整期两个阶段，这两个阶段共同支撑起我国煤炭行业的兴起，助力煤炭行业的繁荣，据统计：第一阶段（2002－2013 年），煤炭产业出入快速增长期，产量逐年提高，2013 年煤炭产量达到历年最高值 39.74 亿吨；第二阶段（2014－2018 年），煤炭产业进入调整期，产能过剩、使用煤炭能源带来环境困扰等一系列问题出现，产量整体处于波动下降趋势，近三年产量在 35 亿吨上下浮动。① 我国煤炭资源分布面积广泛、资源总量丰富、种类繁多，但各个地区地质结构不同，多为易发生自然灾害的区域，同时我国关于煤炭的开发利用基本理念也较为落后，与一些煤炭技术成熟的国家相差甚远，因此如何使煤炭能够清洁高效低碳化利用，生产技术等关键技术急需有进一步的发展。由此可见，我国煤炭业的高质量发展注定面临诸多挑战。2016 年，为了实现煤炭行业长期的可持续发展和长远脱困，国家相应出台了推动煤炭行业复苏的政策，这些政策帮助唤醒了煤炭行业的活力，促进了煤炭与市场经济的融合发展。结合当时煤炭行业不振的情况，抓住时机，重组兼并市场化与法制化，从而有效解决煤炭行业相关就业、社会经济持续稳定发展等系列问题。当前，我国煤炭行业存在着煤炭资源无法高效利用、相关行业缺乏创新技术、生态平衡遭受破坏等诸多问题，这都因我国现有《煤炭法》的立法理念不够成熟，相关管理体系不完善、调整对象有偏差、责任体系不清晰、法律制度不明确等诸多需要解决的问题而造成的。且当下我国现实情况是与煤炭相关技术不成熟，煤炭资源浪费、环境污染等现象依然存在，所以为了实现可持续发展的目标，我们应该结合实际情况，对《煤炭法》进行修改与完善。

一、我国《煤炭法》修改的必要性

（一）能源安全的需要

在总体国家安全观下，能源安全占领着重要的地位，保障能源安全，不仅可以唤醒我国市场经济的新活力，也充分响应了我国的可持续发展战略。因此，我们应该高度重视与能源相关的法律制度建设，以此保障相关行业的健康发展，具体到煤炭行业，则是在煤炭的勘探、开采、运输以及储备过程中，其对于生态环境的污染和对于工作人员人身健康的危害性都不容我们忽视，我们应该在合理利用煤炭资源的同时，充分保障生态环境以及相关人员的人身安全。而我国现有储备基地效率低下、相关管理体制亟待改革、且对煤炭资源具有很高的依赖性，因

---

① 前瞻产业研究院：《2019 年中国煤炭行业市场现状及发展趋势分析推进信息化、智能化建设大势所趋》，https://bg.qianzhan.com/report/detail/458/190610－e1ef7a70.html，访问时间 2019 年 10 月 22 日。

此我们应结合当下时代发展，完善现有《煤炭法》的法律法规，为能源的安全做好保障。

（二）能源市场化需要

1949 年中华人民共和国成立后至今，中国通过在煤炭领域不断的创新发展，使得煤炭在我国的能源消费市场中占据长期稳定的主导地位。中国煤炭产区多且分布较广、种类繁多、总量丰富，但人均可占有度低、开采困难，且我国现下的勘探技术不够先进、可利用煤炭量少、煤炭相关技术不发达、经济可采储量较少等现实问题。2019 年度煤炭行业政策研究暨煤炭工业技术委员会法律专家委员会年会在呼伦贝尔顺利召开，本次会议的主题是推动煤炭行业供给侧结构性改革，促进煤炭工业实现高质量可持续发展、加快构建煤炭经济现代化体系，以符合市场需求，满足社会需要，重点在于研究《煤炭法》修订工作中的重、难点问以及规划如何促进煤炭产业转型升级的政策体系建设工作，对《煤炭法》的修订工作提出了具体要求。针对本次《煤炭法》工作，有专家指出，1996 年《煤炭法》颁布实施，一方面初步建立了煤炭行业法制化体系，有效促进煤炭行业法制化体系的建立；另一方面促进了煤炭行业的可持续发展，唤醒了部分经济活力，随着时代的变更，煤炭工业的整体面貌发生了巨大变化，原《煤炭法》的部分条款已然不再适用于新时代社会经济发展与市场革新的需要，《煤炭法》的修订完善亟待解决。《煤炭法》所修订的相关条文要与现行法律制度、市场需求相融合，结合绿色创新发展理念，旨在解决行业发展将面临的疑难问题，通过加强现代社会法治体系建设，促进煤炭行业的可持续发展①。

（三）能源可持续发展的需要

煤炭作为一种不可再生的化石能源，如何有效地进行其开发和利用一直是备受瞩目的焦点问题。一方面，人们愈发注重相关可持续发展措施的合理性，开始运用可持续发展理念来从数量上对煤炭资源的开采、利用加以严格有效的控制；另一方面，我国为了能够使煤炭资源对经济发展价值效用发挥最大作用，不断革新技术以寻求从开采煤炭到利用煤炭的相关先进措施。煤炭资源合理、有效的开发和利用，对我国的资源可持续发展与社会市场经济的发展有着重要的影响，因此国家应该运用国家的强制力来保证煤炭行业的相关法律法规、规章制度以及一些必要政策的实行，使其在我国国民经济中与煤炭工业的地位相适应。而我国现有《煤炭法》第一条不仅表明了最初制定煤炭法时，所想要达到的目的，也表明当时立法理念一味注重煤炭资源的开发和利用，而忽视了煤炭资源绿色、可持续

① 高玉洁：《2019 年度煤炭行业政策研究暨煤炭工业技术委员会法律专家委员会年会在呼伦贝尔召开》，http://www.coalchina.org.cn/detail/19/09/24/00000049/content.html，访问时间 2019 年 10 月 20 日。

的高效利用和相关法律法规的有效保护。[①] 因此，为了更好地对煤炭资源进行勘探、开采、保护、利用，实现其可持续发展，我们对于《煤炭法》的修改刻不容缓。

二、我国《煤炭法》立法现状及存在的问题

（一）我国《煤炭法》立法现状

我国经济发展至今，煤炭行业功不可没，煤炭在市场经济中担起了众人，发挥了重要作用。因此我们要致力于煤炭行业的绿色发展，使其继续为我国的市场经济做出贡献。党的十九大报告提出，要以推动煤炭供给侧结构性改革为主线来促进煤炭行业的复苏与发展，同时要以煤炭安全高效智能化开采和清洁高效集约化利用为主要攻克方向，坚持以习近平新时代中国特色社会主义思想为指导，贯彻落实关于能源革命“四个革命、一个合作”能源安全的新战略思想，坚持新发展理念，建设现代化煤炭经济体系，着力推动煤炭行业实现“七个转变”。[②] 2016年，我国的《煤炭法》迎来了第四次修正，此次修正删除了原有《煤炭法》（2013年修正）第十八条[③]、第十九条[④]规定，在一定程度上我国给予了煤炭相关企业更多的选择以及更大的自由度，从而促进煤炭行业的自由交易，使煤炭行业焕发出新的生命力，同时我国现行《煤炭法》也始终致力于加大保护煤炭资源的力度、促进优质煤的市场流入、限制劣质煤的市场流通、加大煤炭行业创新技术的支持、保障煤炭行业各个环节的高效运行、实现能源的绿色可持续发展。

（二）我国煤炭立法存在的问题

1. 未明确生态环保的立法原则

1996年，我国第一部《煤炭法》得以出世，最初的《煤炭法》便以合理开发利用和保护煤炭资源，有效规范煤炭行业的生产、经营活动以及促进和保障煤炭行业的健康发展作为其立法目的。[⑤] 这是基于我国当时的社会特点并结合我国

---

① 《中华人民共和国煤炭法》第一条：“为了合理开发利用和保护煤炭资源，规范煤炭生产、经营活动，促进和保障煤炭行业的发展，制定本法。”

② 刘一鸣：《王显政谈煤炭工业发展70年!》，http://www.coalchina.org.cn/detail/19/10/08/00000004/content.html，访问时间2019年10月20日。

③ 《中华人民共和国煤炭法》（2013年修正）第十八条：“开办煤矿企业，应当具备下列条件：（一）有煤矿建设项目可行性研究报告或者开采方案；（二）有计划开采的矿区范围、开采范围和资源综合利用方案；（三）有开采所需的地质、测量、水文资料和其他资料；（四）有符合煤矿安全生产和环境保护要求的矿山设计；（五）有合理的煤矿矿井生产规模和与其相适应的资金、设备和技术人员；（六）法律、行政法规规定的其他条件。”

④ 《中华人民共和国煤炭法》（2013年修正）第十九条：“开办煤矿企业，必须依法向煤炭管理部门提出申请；依照本法规定的条件和国务院规定的分级管理的权限审查批准。审查批准煤矿企业，须由地质矿产主管部门对其开采范围和资源综合利用方案进行复核并签署意见。经批准开办的煤矿企业，凭批准文件由地质矿产主管部门颁发采矿许可证。”

⑤ 罗丽、代海军：《我国〈煤炭法〉修改研究》，2017年3期，第79—92页。

国情而提出的，立法者认为《煤炭法》旨在解决以下三个方面的问题：（1）煤炭资源开采合理性以及如何维护生态平衡的问题；（2）实现煤炭行业法制现代化建设以及规范煤炭企业高效运行的问题；（3）促进和保障煤炭行业的发展问题。[①] 由此可见，如何对煤炭进行最大化的开发利用成为该法的主要立法目的，同时也是当时煤炭行业不得不解决的难题。当时的立法者在《煤炭法》的起草过程中，没有将煤炭资源与市场经济的发展相融合起来，忽略了如何使煤炭资源与经济社会发展相辅相成，同时也忽视了煤炭行业的一些行为可能给生态平衡所造成的不可逆的破坏以及相关安全保障问题的完善。而囿于这个陈旧的立法原则，《煤炭法》也没有针对煤炭如何安全高效的开采、如何在产业运行过程中保障生态环境不受破坏、如何应对市场需求的变化等内容，以及有效降低生态环境污染的相关技术办法。[②] 其立法目的聚焦于煤炭行业的利益发展，即过于追求保障煤炭资源的可开发性与利用效率，并且过度关注煤炭行业的自身利益以及其在社会市场经济中所需要的保护，但是在保障煤炭行业的可持续发展和煤炭资源高效、绿色利用问题、如何保护相关生态平衡问题以及如何解决煤炭相关活动所造成的污染等方面还有待进一步的完善。在现有国情下，应该将可持续发展和生态环保作为《煤炭法》的立法原则，并实践于《煤炭法》立法的全过程中。

2. 管理体制滞后

我国现有《煤炭法》第十二条规定，其内容明确了我国现下以实行中央和地方煤炭工业主管部门分级管理的方式来规范煤炭行业。[③] 随着我国的主要产煤省区相继撤销了原有的煤炭管理机构，煤炭行业的管理职能被分散于各政府部门，导致煤炭行业管理职能不清晰、责任承担主体不明确以及管理缺失或存在漏洞、各部门为避免担责相互推脱等问题。[④] 再者，国家由于缺乏能够统筹煤炭行业的管理机构，而无法对煤炭资源的绿色、健康、可持续发展以及生态平衡的重新建立等一系列有关煤炭行业可持续发展的重大疑难问题作出统筹安排，同时由于行政审批制度的改革，政府对煤炭行业的管理权能被进一步削弱，国家相继取消煤

---

① 吴晓煜：《〈煤炭法〉立法目的和主要法律制度》，《煤炭经济研究》1996 年第 11 期，第 29—33 页。

② 第七届全国人民代表大会常务委员会第二十八次会议决定：批准国务院总理李鹏代表中华人民共和国于 1992 年 6 月 11 日在里约热内卢签署的《联合国气候变化框架公约》（1992 年 11 月 7 日通过），1992 年 6 月 11 日在里约热内卢签署的《联合国气候变化框架公约》（1992 年 11 月 7 日通过）。

③ 《中华人民共和国煤炭法》第十二条："国务院煤炭管理部门依法负责全国煤炭行业的监督管理。国务院有关部门在各自的职责范围内负责煤炭行业的监督管理。县级以上地方人民政府煤炭管理部门和有关部门依法负责本行政区域内煤炭行业的监督管理。"

④ 缪协兴：《要进一步理顺煤炭行业管理体制》，《中国能源报》2011 年，第 5 版。

炭生产许可、经营许可和办矿审批制度等。[①] 此外，由于我国尚未建立部门之间有效的沟通、协调机制，相关部门通常会以部门利益为核心，出台不平衡的政策，导致各项管理措施不相协调、无法统筹，且有的政策甚至相互冲突、互不相容。所以《煤炭法》在修改过程中，应该重点完善煤炭行业的管理体系，保障煤炭行业在市场经济中的高效、绿色发展。

3. 煤炭行业准入和退出制度缺失

2016 年《煤炭法》的修正，删除了原有的第 18 条、第 19 条内容，这无疑使煤炭行业的准入门槛一再降低，其主要包括取消了办矿审批、煤炭生产许可等制度。这一措施既与我国以煤炭行业作为我国管理安全和环保的重点领域的举措不相符合，也与我国当前有关煤炭产业政策相背离。同时，我国尚未建立从事煤炭行业的工作人员准入制度，这使煤炭行业从业人员存在鱼龙混杂的情况，容易出现相关工作人员不严谨、不认真、不负责等情况。虽然我国对于煤炭行业的退出制度提出了一些政策性的要求，但其大多属于行政规制的内容，且各个地方均不相同，导致相关标准不统一，出现不公平的现象。现行《煤炭法》对于矿区的关闭要求太过于理论化，并不能很好地付诸实践之中，且未明确相关关闭的对象、所需的具体条件和应当履行的相关程序，各地方政府多依靠上述政策强制执行煤矿企业关闭的做法有违法之嫌。[②] 因此，在《煤炭法》修改时对煤炭行业准入、退出制度加以明确规定是非常有必要的，因为这能够解决相关从业人员工作、保证从业人员专业性、对煤矿建设项目进行有效核准和关闭矿山采矿许可证注销无法律依据等现实问题。

4. 生态环境保护和矿工职业健康制度的缺失

我国煤矿建设长期征用大量土地并且在生产过程中由于不正确的操作，造成了地表塌陷、水资源污染等问题且对于废弃物的排放也没有相应的限制标准以及处理措施，并不能有效地解决环境相关的问题，甚至可能造成不可逆的危害。这些行为严重破坏了矿区的生态环境，无法实现可持续发展。据实践调查，每年我国因煤炭开采所造成的地面塌陷问题都非常严重，生态环境遭受了许多的破坏，同时还会对道路桥梁等建筑和城市供水等公共设施造成不同程度的影响。[③] 更值得注意的是，不合理地肆意开采利用煤炭，其所排放的大量烟尘和有害气体还会严重污染生态环境，破坏生态平衡，同时会对人体健康造成严重损害，所以必须

① 2013 年 6 月 29 日，第十二届全国人大常委会第三次会议决定对《煤炭法》进行修改，主要内容是取消煤炭生产许可证和煤炭经营许可证。2016 年 11 月 7 日，第十二届全国人大常委会第二十四次会议再次对《煤炭法》作出修改，取消了开办煤矿企业审批制度。

② 《中华人民共和国煤炭法》第二十六条："关闭煤矿和报废矿井，应当依照有关法律、法规和国务院煤炭管理部门的规定办理……"

③ 转引自林伯强主编：《中国能源发展报告 2013》，北京大学出版社，2013 年，第 19 页。

出台法律法规来规范煤炭行业的健康、绿色发展，保护生态环境不受破坏，维护人民的基本权益，在煤炭经济发展的同时增加人民幸福感与满足感。[①] 我国现行《煤炭法》仅在第 29 条原则性地规定了“国家发展和推广洁净煤技术”，但目前国家关于煤炭行业的绿色创新技术不够成熟，无法有效限制对生态平衡影响较大的煤炭资源的开采利用，即无法满足煤炭绿色、高效的利用，保证煤炭行业可持续发展的相关要求。对于煤炭从业人员的权益保障，由于煤矿工人往往是在非常艰苦的环境中进行劳动，甚至冒着生命危险进行井下作业，故应予煤炭从业人员以特殊的保护。而现行《煤炭法》不能有力维护相关从业人员的合法权益，不能有效预防从业人员患职业病的风险，且没有相应的补偿和赔偿措施，可见我国《煤炭法》在此方面的法律法规还不够完善。

三、完善我国《煤炭法》的总体思路

（一）《煤炭法》的立法理念

市场经济的有效发展离不开法律的支持和保护。我国现行《煤炭法》中，立法者对社会利益关系把握不准确、立法定位有偏差导致我国《煤炭法》存在着诸多矛盾与问题，并且在国内外的重重挑战中，暴露出我国煤炭领域制度的缺失和不足。鉴于此，面对问题重重的《煤炭法》，单纯的小修小补并不能从根源上解决现实问题，立法者应该根据各种利益冲突对立法理念和指导思想进行系统性重构，构建绿色、可持续发展的煤炭领域法律法规。对于不同的规制对象，其法的本质也有所不同，且所追求的法律价值也不相同，而《煤炭法》作为煤炭行业的基本法，其本质具有如下特征。一方面，煤炭是属于整个人类的一种自然资源，是大自然的馈赠，我们应该秉承尊重自然、敬畏自然的观念来对煤炭进行开发和利用，且煤炭资源的开发利用需要在自然界的可协调范围之内，不得超出这个界限，这既是生态环境的整体性特征要求，也意味着煤炭法所调整的内容具有典型的公共性特征。[②] 另一方面，就社会利益层面而言，煤炭开发利用过程中所面临的人身、财产等方面的权利义务关系也至关重要，因为我们的法律不仅要维护国家的利益，更要保障人民的合法权益不受侵害，黑格尔曾言：“个人的生活和福利以及他的权利的定在，都同众人的生活、福利和权利交织在一起，它们只能建立在这种制度的基础上，同时也只有在这种联系中才是现实的和可靠的。”[③] 因

---

① 陈军等：《中国煤炭消耗与污染排放的区域差异实证》，《中国人口·资源与环境》2011 年第 8 期，第 72—79 页。

② 马俊狗教授等认为，能源主要是作为一种公共服务，其次才是作为一种商品。参见马俊驹、龚向前：《论能源法的变革》，《中国法学》2007 年第 3 期，第 147—155 页。

③ ［德］黑格尔：《法哲学原理》，范杨、张企泰译，商务印书馆 2011 年版，第 225 页。

此，《煤炭法》所要追求的价值目标应该综合黑格尔的市民社会理性理论和我国煤炭生产、开发以及利用所造成的生态平衡失调、生态环境破坏的不可逆性的现实问题来决定其方向。[①] 因此，我国在修改《煤炭法》时，应结合我国经济社会发展的客观需要，从立法理念上来明确其本质，追本溯源，还原煤炭法作为社会法的本质属性。

《煤炭法》应发挥其统筹作用来规范煤炭行业的正确发展，而我国现行《煤炭法》的本质上更像是一部煤炭监督管理法，而不像综合性的行业基本法。因为现行《煤炭法》受政府全能主义和计划经济体制等因素的影响，在制定时过分强调政府的监管、控制职能，不重视社会个体的利益维护，无法平衡公民个人与国家社会的利益关系，一味地针对煤炭开发和利用，而并未统筹起整个煤炭行业的可持续发展性。因此，在修改《煤炭法》时，立法者应当全面协调煤炭勘查开采、相关建设、开发经营、安全有效利用、绿色环保等各类社会关系来还原《煤炭法》作为煤炭行业领导性、根源性的法律地位，以此平衡各方利益，并将煤炭行业主要通过运用行政手段调整转化为以其本身的基础法来调整煤炭领域各类法律关系的状况，同时为了解决一些关于煤炭行业基本性和普遍性的问题，以求达到煤炭行业的可持续发展，立法者应以应对生态环境变化、煤炭清洁高效利用和资源绿色可持续发展等所产生的相关权利义务关系作为其调整对象，并在完善《煤炭法》的相关法律法规过程中，对现实中产生的各种法律关系加以明确、平衡各方的利益、在发展煤炭经济的同时也要保障人民的基本权益，着眼于社会正义，制定出合理有效的法律体系。

（二）《煤炭法》的立法原则

修订后的《中华人民共和国环境保护法》于2015年1月1日开始施行，该法明确了“环境保护优先”原则，结合我国经济发展新趋势，致力于协调经济社会发展与环境保护，是立法理念的创新突破。在我国经济发展的关键转型期，经济发展需求增大，这就使得其与生态环境保护的矛盾激增，而此次新法也是首次确定环境保护的优先地位，革新了自20世纪70年代的末端治理、80年代的防治结合、90年代的过程控制的立法理念，实现了现如今环保优先的创新突破。因此，一贯以重在开采利用煤炭资源、保护煤炭行业利益作为立法目的的《煤炭法》，应该以“环保先行”作为新的立法理念，运用法律来规范煤炭勘探开发、加工生产、流入市场的全过程，旨在既保证煤炭行业的绿色、高效发展，又要维护产业园区的生态环境平衡，保护人民的社会生活环境，为我国的生态文明建设和煤炭产业高效可持续发展奠定坚实的法律基础。

---

① 郑尚元，《社会法存在与社会法理论探索》，《法律科学》2003年第3期，第40—48页。

四、完善我国《煤炭法》的对策建议

（一）明确监管机构及其职责

在能源管理机构的设置上，应以国家能源委和国家发展改革委能源局作为根基，组建能源专门管理机构，整合分散在各个政府部门的能源宏观管理职能。[①]但是，煤炭工业部撤销恢复再撤销的这段过程反映出此种方式改革成本较高，且许多新的挑战一一浮现。机构改革不彻底、不全面的本质问题还是在于政府职能定位不准确以及政府事权划分不清晰。参考国外，煤炭管理机构的设置因不同的国情有着不同的方式。以美国为例，美国煤炭行业管理按业务主要由能源部、内政部、劳工部和环保局等部门分别进行管理。[②] 英国、日本等国则采取了不同的模式。在修改《煤炭法》的过程中，其关键应聚焦于从立法上正确分配各管理部门应承担的职责，以求达到更加高效合理的监督与管理，保证各部门在煤炭行业发展过程中的正常运行。对于当下的煤炭管理职能作出适当的调整，建议以“煤炭行业管理部门”作为《煤炭法》的执法主体，以结合我国现有国情下煤炭管理体制的现状，同时也有利于理顺行业管理职能的原则。对于矛盾多发和职能不清晰的问题，应通过职能的有效调整予以明确，从而解决此类难题。此外，《煤炭法》的修改对推动政府职能定位转型也十分关键，建议以推进国家治理体系和治理能力现代化为出发点，从而推动社会管理型政府向社会治理型政府转变，明确政府、公共社会和煤炭行业三者的关系，从政府现有职能中剥离出诸如煤炭销售、经营等本应由市场或社会组织所操控管理等的事项，并在市场经济中，充分发挥煤炭行业的作用，结合合理有效的市场机制，以两者相互促进的方式推动市场经济的发展以及实现煤炭行业的可持续发展。

（二）完善煤炭行业准入和退出制度

煤炭市场准入的内容主要包括：企业准入资质标准、煤炭质量标准、环境标准、煤炭加工利用标准等。[③]

企业准入资质标准：主要包括煤炭加工企业生产许可、生产规模、技术装备水平、分选效率等。[④] 参考我国煤炭法的现有规定，煤炭经销的准入条件是有充足的注册资金并能够带动其企业的发展，与其企业规模相适应；其次要有关于煤炭生产经营等所必要的设施、设备和煤炭存放场地，以保证企业的正常运行；此外，还要有符合国家对煤炭经营企业合理规划的要求以及符合官方标准的计量和

① 吕振勇主编：《能源法导论》，中国电力出版社 2014 年版，第 181—182 页。

② 王显政主编：《当代世界煤炭工业》，煤炭工业出版社 2011 年版，第 220 页。

③ 陶秀祥：《煤炭市场准入制度的思考与建议》，2012—10—06。

④ 于国民：《市场准入制度的宗旨和原则》，《辽宁经济》2006 年第 3 期，第 62 页。

质量检验设备等。[①]

环境标准：主要包括绿色生产和绿色消费，煤炭开发、生产、销售、利用的全过程都应秉承清洁生产、绿色高效发展的思想，以促进煤炭的清洁高效利用。

煤炭质量标准：结合煤炭的利用用途和生产特点等，制定出国家、行业及企业的相关质量标准，注重对产品进行标识，用以防止假冒伪劣，鼓励企业创设自己的品牌。应当按照国家标准或者行业标准对煤炭产品的质量进行分等论级，并且在煤炭加工过程中应加强对于煤炭产品质量的监管、实行抽样检查，在经销过程中，也应该注重煤炭质量，实行有利的监管，保证流入市场的煤炭产品符合相关要求。总而言之，以是否符合国家行业具体标准来评判煤炭质量，优煤优价、限制劣煤的市场流入，相关部门也应该加强监管，防止不法分子在煤炭中加入杂质，降低该有的煤炭品质而牟取利益，重点防范劣质煤的市场流通，提高煤炭进入市场的标准，以减少相关损失。

煤炭加工利用标准：从煤炭清洁高效利用出发，根据不同煤炭用户的特点提供适销对路的煤炭产品，合理设定不同品质煤炭的经济运输距离。鼓励对资源的合理利用，减少资源浪费，鼓励企业绿色开发、高效利用，实行可持续发展战略。煤炭用户必须按照用煤设备的技术要求，合理利用相应等级煤炭产品，不可擅自以次充好，牟取私利，对特殊煤种或者稀缺煤种这些对于国民经济发展具有重要作用的煤炭种类，需达到一定的综合回收率，以实现煤炭资源、能源的高效利用。

煤炭产品标识：从我国煤炭生产、运输、销售及市场贸易的实际情况出发，对商品煤的名称、产地、类别、品种及其煤质指标和产品标准编号进行严格标识，并实现科学规范和管理。[②]

当下，应该通过提高煤炭行业的准入门槛，达到改善煤炭行业监管不力、焕发煤炭产能新活力的目的。基于煤炭行业相关从业人员的职业高风险性和煤炭开发、生产、利用破坏生态平衡的不可逆性，应继续实施最严格有效的安全、环保准入法规来规范煤炭矿业权取得、建设项目立项等环节。建议在修改《煤炭法》的过程中增设：煤矿建设项目的核准程序以及核准权限由国务院统一规定，报以当地政府投资主管部门核准，煤矿企业采矿许可证的申请需要凭煤矿建设项目核准文件进行。对于从事煤炭工作的相关人员，应该进行严格的素质考核、专业的技术培训与理论指导，对其身心健康也应作出相应要求，以保证煤炭相关工作的顺利、高效、安全地进行。就关闭矿山采矿许可证注销的有关制度而言，应明确

---

① 纪田：《煤炭产业市场进入管制初探》，《中外能源》2010 年第 15 期，第 13—18 页。

② 温艳红：《煤炭企业的营销渠道管理》，《时代经贸》2007 年第 5 期，第 158—159 页。

相关机构需要及时注销该企业的从业许可证，以及在矿山关闭后修复或恢复生态环境的责任主体，且应将关闭煤矿的对象和相关要求在《煤炭法》第 26 条中加以明确，以确保煤矿关闭的合法性、可行性以及可持续发展性。

（三）建立生态环保和从业人员权益保障制度

通过明确生态补偿的责任主体、补偿方式、权责分配来建立矿区生态补偿制度，可按照“谁开发、谁保护，谁污染、谁治理，谁损坏、谁恢复”的原则，建立动态生态补偿制度，一方面，恢复受损的生态环境，还原原有的生态平衡，另一方面，赔偿因生态环境平衡遭受破坏而生活质量降低的社会群体。[①] 另外，可建立相应的保证金制度，以恢复矿区治理，实行企业所有、政府监管、专款专用，其主要用于煤炭行业运作过程中所造成的矿区生态环境失衡、塌方、地质灾害、水资源污染等的恢复和治理工作。中国作为以煤炭为主要能源的国家，煤炭的地位与作用至关重要，即煤炭的清洁利用是解决中国的能源问题的关键所在，所以要完善清洁煤炭促进制度。当前中国的优先考虑方向是保护生态平衡、解决大气污染、提高能源利用率、调整能源结构、发展洁净煤等，这就需要国家的鼓励和扶持政策的加持以达到可持续发展的目的。20 世纪 80 年代开始，美国在洁净煤技术领域累计投资近 120 亿美元；欧盟从 1998 年起，提供了 1.17 亿欧元的财政支持大约 30 个 CCS 项目上。[②]《煤炭法》修改时，应择优吸收国外经验，注重煤炭的清洁生产，增加规定煤炭清洁基金制度来支持洁净煤的发展。同时，还应建立完善煤炭清洁高效利用标准制度、限制劣质煤炭流入市场制度，以及结合各地区空气情况，对煤炭消费进行减量替代制度。

完善煤炭从业人员权益保障制度。在《煤炭法》中增加规定煤炭从业人员的入职素质标准、下井作业时间限制、下井体检标准、相关保险制度、相关教育和作业培训、工资福利待遇标准、参与管理权和危险作业场所撤离权等内容，建立从业人员高风险预防、救治和相关损害赔偿等制度作为其基本权益、维护其应有利益，从而促进煤炭行业的健康发展。

（四）健全法律责任

设立相应惩罚制度以规范违反《煤炭法》规定的不法行为。建议增加相关条款，明确煤炭企业主要负责人、相关责任人以及从业人员所需要履行的法定义务，同时对政府机构及其工作人员、社会一般人员和涉及煤炭市场经济运行中的人员也应作出相应要求，明确其应当承担的法律义务和法律责任，对于如何处罚以及处罚力度，应结合实际情况做出判决，对严重的违法行为应给予严厉的惩罚

① 王辉等：《煤矿区生态环境动态补偿机理与准则》，《生态经济》2011 年第 11 期，第 156—169 页。

② 杨解君等：《面向低碳未来的中国能源法制研究》，复旦大学出版社，2014 年，第 299—320 页。

措施，以规范煤炭行业的正确运行。孟德斯鸠说："惩罚恶劣行为最有效的手段是判定他有罪。"[①] 因此《煤炭法》应该预防和打击有重大社会不良影响的违法行为，必要时可采取强有力的刑事处罚措施，加大刑事处罚力度，将煤炭企业严重违法且有发生事故可能性的各类危险行为纳入刑法调整范围，达到预防犯罪的作用，即在《煤炭法》中，可设置"依照刑法有关规定追究"，并且通过完善相关的法律责任，对政府、市场、企业以及从业人员进行有效的监管与职责明确，以促进煤炭行业的繁荣发展和我国煤炭行业法治化进程。

---

① ［法］孟德斯鸠：《论法的精神》，彭盛译，当代世界出版社，2008 年，第 43 页。

《电力法》修改的对策与建议

傅晶晶[①] 郭佳滢[②]

摘 要：《电力法》是一部保障电力事业发展的制定法，其实施使得我国的电力事业有了翻天覆地的改变。随着经济社会和电气科技的发展，《电力法》的立法目的、体例结构、具体制度不太适应社会要求，电力市场化、定价垄断、运输安全和环境问题得不到有效的规制和解决。在能源结构转型、绿色低碳发展的宏观背景下，对《电力法》电力建设、电价、运输用电安全等相关法条进行修改，较大程度激发电力市场的竞争性，形成灵活的价格机制，规制安全问题，从而推动电力领域革命。

关键词：电力法；市场化；电价机制；电力安全

引 言

历史上的两次工业革命推动人类从手工时代一跃进入电气社会，为社会的发展提供了能源基础。[③] 而我国的能源开发与工业发展相较于西方国家开始晚，并且没有技术支持，新中国成立初期的原煤产量不到 3500 万吨，发电机容量小到只有 185 万千瓦，满足不了经济发展和生活的需求。70 年过去了，我国的原煤产量高达 36.8 亿吨，发电装机容量至少是新中国成立初期的 1000 倍，发电量最少达到 71 亿千瓦时，各种形式的可再生能源装机容量先后成为全球第一，[④] 尤其是"西电东送"——西部大开发的重点工程，将能源优势转化为经济优势，并优化了全国的能源结构。我国年发电量已占全球发电总量的 1/4，基本实现用电自由，群众开始关注用电质量和电价，[⑤] 同时开始和其他国家联合开发电力并运

---

① 傅晶晶，西南石油大学法学院教授、副院长，西南石油大学法治与社会治理研究院院长，硕士生导师，研究方向：环境资源保护法、能源法。

② 郭佳滢，西南石油大学法学院 2019 级法学硕士研究生，研究方向：环境保护法、能源法。

③ 刘建平、杨健、刘涛等：《中国能源革命的目标与路径——从能源互联网到智慧能源（上）》，《能源》2017 年第 7 期，第 84—86 页。

④ 《"追风逐日"劲更足》，http://www.nea.gov.cn/2019−09/24/c_138418071.htm，访问时间 2019 年 10 月 25 日。

⑤ 《能源建设释放"中国动力"》，http://www.nea.gov.cn/2019−09/24/c_138418087.htm，访问时间 2019 年 10 月 25 日。

输、销售。现行《电力法》规定已经不能与电力市场化、电力运输安全、电价等契合，急需对相关法条进行修改。

一、《电力法》修改的必要性

根据《能源发展“十三五”规划》，我国正在推动能源清洁化和电力化替代革命，前者是指风能、水能、太阳能、潮汐能等能源从供给开发上替代不可再生能源，遵循低碳可持续发展路线；后者则是从能源消费的角度上考虑，促进电能替代不可再生能源的直接消费，提升电能在终端能源需求的市场比例，比如电动汽车、津京冀地区“煤改电”项目等。同时总体性规划的能源革命包括四个部分，依次为能源供给革命、能源消费革命、能源技术革命和能源体制革命，前三项革命的实现势必会促进能源体制改革的落实，[①] 即电力替代和这四个革命必然推动《电力法》的修改。

（一）电力工业发展法律层面的规范

电力工业发展迅猛，形势向好，但是突出问题就是能源供给、技术在能源改革的新阶段需要契合时代发展理念的法律来规范。

在我国，能源种类多样但不丰富，包括化石能源、水能、太阳能等在内的一次能源并不能在生产生活中直接利用，由一次能源加工转换后的电力、汽油、柴油、液化石油气等二次能源才能被使用，但是既清洁又广泛使用的二次能源只有电力。[②] 所以电力是一次能源与人类利用之间的连接桥梁，这就使电力成为能源结构中的“一般等价物”，逐渐显现出商品属性。但是我国《电力法》只在2015年第二次修改删除供电营业许可证规定和2018年第三次修改规定符合电力标准和国家规定的电力机构可以供电才稍微凸显出商品属性。《电力法》并未对一次能源转换成电力的能源供给的质、量和开发中的环境影响评价做强制性规范去促进电力工业的可持续发展。所以《电力法》的修改将会在法律层面规范能源供给中可能出现的能源浪费、能源供给地环境问题的解决，是推动电力革命的重要推动力，是电力体制改革的理性选择。

众所周知，能源领域横向是不同样式的可再生和不可再生能源，纵向是各地区能源的生产、运输、交易等处置环节，同时能源技术涉及上述的每一个环节中。我国正处在能源结构转型期，一次能源的技术变更会引发蝴蝶效应，从而电力技术也会随之进步。2015年电力法的二次修订也使得李小琳关于修订电力法的提案受到了广泛关注。该提案建议主要涉及两点：“第一，《电力法》的修订呼

① 肖国兴：《再论能源革命与法律革命的维度》，《中州学刊》2016年第1期，第49-56页。

② 黄锡生、何江：《中国能源革命的法律表达：以〈电力法〉修改为视角》，《中国人口·资源与环境》2019年第1期，第118-125页。

声日渐高涨，加快制定修订计划，修正与当前电力发展现状不符的条文，从而减少现实问题解决的障碍；第二，对可再生能源发电上网、分布式电源等新兴事物，及其带来的系列涉法问题尽快进行专题研究，将上述问题的解决建议纳入法律条文的补充修订中。”[①]

在第二次电改之后，又有众多业内人士提出为适应“9号文”进一步修改电力法的建议，如张传卫在2016年提出要制定中国特色的“清洁电力法”。[②] 2018年《电力法》第三次修改，第五条提出国家鼓励和支持利用可再生能源和清洁能源发电。至此《电力法》的三次修改都是笼统地提出国家支持所提项目建设等宏观性规定，没有涉及电力横向环节如生产、供给、消费的具体规范条款。市场的自由发展最终还是需要政府强制性的监督管理，电力生产、运输、交易技术进步的同时，也需要顶层设计去规制电力横向发展环节中出现的问题，使电力发展中的冲突解决有法可依，此时就需要修改《电力法》去规范技术行为习惯。

（二）电力效率追求需要法律规范

近年来，两会关于修订《电力法》的提案众多，主要围绕电力效率提高即电力市场化和解决定价垄断问题展开。2018年12月29日《电力法》第三次修订对第二十五条第三款进行修改，[③] 这次修订也仅仅是放开了电力市场的准入主体，并未解决现实电力市场化过程中存在的问题。电力改革要想取得大突破，就要参考电力产业的属性，对《电力法》进行修改，用法律规范电力市场化和市场定价。

纵观国外的电力市场，市场竞争使原本行政垄断的电力市场释放活力。因此，我国的电力市场首先要提高其竞争性。电力产业被传统理论归为自然垄断产业的原因有两个：第一，电力并不是市场可以提供的普通的社会商品，而是政府掌握并提供的一项公共服务；第二，电力产业私人经营成本消耗大且销售分散，不易回本，但是政府垄断经营可以产生规模经济。[④] 这两个重要原因使我国早期电力产业一枝独秀并成为铁饭碗，过多的慵懒员工造成电力产业生产效率较低、

---

① 李小琳：《修订〈电力法〉实施新一轮电力市场化改革》，http://www.sohu.com/a/253186978_408441，访问时间2019年10月25日。

② 同上。http://www.sohu.com/a/253186978_408441，清洁电力法就是把消纳调度问题、补贴问题、配额问题、社会资本参与问题、多元办电问题以及电改9号文件关于分布式能源的问题，用法律形式确定下来，规范能源生产、供给、消费习惯，依法推动经济低碳转型，促进绿色经济发展。

③ 《电力法》第二十五条第三款为：“供电营业区的设立、变更，由供电企业提出申请，电力管理部门依据职责和管理权限，会同同级有关部门审查批准后，发给《电力业务许可证》。供电营业区设立、变更的具体办法，由国务院电力管理部门制定。”

④ 黄锡生、何江：《中国能源革命的法律表达：以〈电力法〉修改为视角》，《中国人口·资源与环境》2019年第1期，第118－125页。

电力技术缺乏创新、工厂财政不堪重负等负面结果。① 理论层面上，学界逐渐认识到，电力实际上是一个集自然垄断与非自然垄断于一身的产业，真正需要国家垄断控制的是电力输送环节。而输送环节两侧的供给和需求实际上可以赋予自由交易的权利，属于非垄断环节。② 技术层面，电力作为生产生活必需品，本身就是具有被制造和被消费属性，电力产业纵向可以划分为“发电—输电—配电—售电”四个流程。随着输送电网垄断理论和公私合作的发展，发电、配电和售电环节逐渐从政府控制中脱离出来，至此，由于涉及范围广和建设成本高导致承担输电功能的输电行业还由政府管控垄断。③ 从这以后，世界各国纷纷对传统电力垄断行业进行纵向流程的拆分，使其在自由市场中竞争生存，释放了电力市场的活力，节约了能源，提高电力生产的效率。我国《电力法》的修改首要任务就是推动电力市场化的建设。由于国外的自由市场和社会资本参与建设发展较好，其“破碎式”改革模式并不适合我国的国情，从而采用“管住中间、放开两头”的模式。④ 近日，国家发展改革委、国家能源局印发《关于深化电力现货市场建设试点工作的意见》，意见指出要加快我国现代电力市场体系建设，我国的电力现货市场必须要配合着中长期交易模式和电力辅助市场才能建立起来。⑤ 市场中的供给和需求主体通过协商、挂牌交易等多种方式开展时间范围包括年、季、月及月内多日的电力交易就属于中长期交易。这种交易方式也是期货电力市场交易中最常见的一种，在一定程度上保证了客户按时一定能买到需要的电量。⑥ 但约定过后电价更低或者客户又需要更多的电量时怎么办？电力现货市场就是解决这个问题的方案。电力现货市场是辅助中长期交易而产生的，主要涉及电力市场存在的日前、日内、实时电力交易和备用等应急交易。电力现货市场为电力产业维持短期供需平衡提供了市场激励手段，即需电方根据本阶段用电量数据预测下阶段用电量，并跟发电方签订中长期合同，但实际用电量并不完全与中长期合同购买电量契合，或多或少都要去现货市场上“补货”或者“卖货”，实现电力短期供

---

① 张占江：《自然垄断行业的反垄断法适用——以电力行业为例》，《法学研究》2006年第6期，第53—68页。

② 张昕竹、让·拉丰、安·易斯塔什：《网络产业：规制与竞争理论》，社会科学文献出版社，2000年，第132页。

③ 黄锡生、何江：《中国能源革命的法律表达：以〈电力法〉修改为视角》，《中国人口·资源与环境》2019年第1期，第118—125页。

④ 《把握关键点　深化改革再出发——改革开放以来我国电力体制改革之路观察》，http://www.nea.gov.cn/2018-07/18/c_137332985.htm，访问时间2019年10月25日。

⑤ 《〈关于深化电力现货市场建设试点工作的意见〉——国家能源局法制和体制改革司、国家发展改革委体制改革综合司负责人答记者问》，http://www.nea.gov.cn/2019-08/12/c_138303139.htm，访问时间2019年10月25日。

⑥ 《电力现货市场到底是啥》，https://www.360kuai.com/pc/9a95bb799629bdbf6?cota=4&tj_url=so_rec&sign=360_57c3bbd1&refer_scene=so_1，访问时间2019年10月25日。

需平衡。[1] 但是市场化还是具有不确定性和风险性，所以《电力法》的修改需要加入对市场的监督和调节规范，稳定电力市场的发展。我国经济结构的调整促进电价机制加快改革，价格是市场经济环境下影响资源配置的重要因素之一，推动价格市场化改革，完善政府对电力价格的监管，政府监管下的价格能够正确反映市场供求，促使电量多地区分配，推动实现电力可持续发展。市场化的价格形成机制是电力竞争性市场的最优选择。灵活的定价给予发电企业生产信号，当价格预测比较良好时，加大发电量，价格低沉时，保守生产，这样就合理利用了资源，同时，电力辅助市场也可以根据电价来选择调峰，增加收益。对于电力用户来说，灵活的定价逐可以逐步扩大用户的自由选择权，激励消费者节约用电，同时促使发电企业竞争终端用户，这种竞争将促使电力企业提高效率、降低成本。此外，阶梯式电价和分时电价等差别定价机制也适合应用于市场，既能应对商业、工业和生活不同层次的需求，还可以缓解用电高峰时段的电力压力，挖掘低谷电力市场，提高电能的社会效益。[2] 《电力法》中电价一章并没有对上述机制制定法律规范，为了防止中间环节出现垄断现象，需要修改电力法中电价的内容，以法律的强制性规范灵活定价。

（三）电力事业的绿色发展与安全需要法律提供制度保障

电力事业的发展需要法律提供制度保障，尤其是电力环保、安全领域需要法律进行命令控制型规制。随着生态环境的有价性和气候问题恶化的凸显，《电力法》修改要求考虑绿色发展和电力的可持续使用。《电力体制改革方案》提出的发展清洁电力，是为了响应国家可持续发展战略号召，是我国可再生能源发电并网发展的最终目标。第 5 条明确国家鼓励和支持利用可再生能源和清洁能源发电；《电力法》第 15 条内容涉及电力环保[3]。电力法修改要加强对电力环保的规范是因为：首先，现行《电力法》制定时我国电力供求不平衡，尤其重视开发化石能源电力和振兴中东部电力行业方面，缺乏对电力发展中产生的环境问题的关注。如今国家政策要求全社会绿色节能发展，就应该在《电力法》的立法目的里强调绿色环保。其次，电力竞争性市场的建立不全是带来生态效益。因为建立电力竞争性市场虽然可以削减电价，但是国家释放的改革红利使产电主体的成本在一定程度上减少，开始盲目追求经济效益不注重生态环境甚至造成严重的生态环境问题。[4] 为此，电力竞争性市场的可持续发展就必须以强有力的命令控制型或

---

① 《电力现货市场到底是啥》，https://www.360kuai.com/pc/9a95bb799629bdbf6?cota=4&tj_url=so_rec&sign=360_57c3bbd1&refer_scene=so_1，访问时间 2019 年 10 月 25 日。

② 牛晓播．煤改电中电价定价管理问题分析［J］．投资理财，2019（14）：80。

③ 《电力法》第十五条规定“输变电工程、调度通信自动化工程等电网配套工程和环境保护工程，应当与发电工程项目同时设计、同时建设、同时验收、同时投入使用”。

④ 张智超．可再生能源电力及其市场模式研究［J］．学术论坛，2019（20）：241。

者市场激励型规制电力生产过程中的负外部影响，才能让清洁能源电力的发展逐渐超越化石能源电力发展，使能源发展和环境保护实现双赢。

电力市场化的推进必然引起电力运输方式的进步。现行《电力法》只规定了变电设施用地、输电线路走廊和电缆通道的保护。电力市场向多元主体开放，让不同主体参与到电力市场的建设中来，电力运输就是不可避免的一个重要环节。我国直流电运输具有大容量、远距离、高效能的优势，但是对于运输过程中的电线保养问题，防雷问题依然需要规避。气体绝缘特高压输电线路的最新运用要持续关注绝缘外管套的安全。并且电缆运输线路建设时，电缆线的偷盗也会间接产生安全问题，并且还有经济损失。[①] 电力市场化运作后，政府没有了执行权，对电力设施的保护和电力运行安全的执法力度就会降低。《电力法》修改应把安全问题规制好，才能保障电力市场的健康运行。

二、《电力法》存在的问题

提高电力市场主体竞争性、形成灵活准确的价格机制以激发能源配置的合理性，以及打造清洁可持续电力和电力运输的安全是能源革命的核心任务，综上《电力法》可以得出有待修改的如下问题。

（一）提高电力市场的竞争性存在障碍

1. 纵向电力环节拆分不足

西方学者根据制度变迁归纳了电力市场的四种运行模式，即垄断、购买代理、批发竞争、零售竞争。[②] 垄断主要是指政府全盘操纵电力市场，电力用户只能从政府指定的地方购买电力；购买代理模式区别于垄断，是指发电企业向政府垄断的输电行业售电，再由输电公司作为代理中间商向电力用户售电；批发竞争模式主要面对的是配电商或规模极大的用户，这些用户主体直接向发电企业（相当于电力批发市场）购买电力，垄断性输电企业只收取电力通过输送网的费用；零售竞争模式是指每一个有需求的电力用户均可自己选择售电方。从我国现行《电力法》第三条规定“国家鼓励、引导国内外的经济组织和个人依法投资开发电源，兴办电力生产企业”可以看出国家以法律的形式积极推动电源市场投资，积极引导市场主体投身电力行业。但是我国现行的电力市场属于“购买代理模式”，输配电企业仍然以上网电价和销售电价的价差作为其收入来源，成为发电企业与最终用户之间的独有链接，就形成了“独买独卖”的畸形电力市场。[③] 我

① 李继英、王保刚．浅谈《电力法》实施中存在的问题及修改建议［J］．电力科技发展与节能。

② 丹尼尔，戈兰，朱治中译．电力系统经济学原理［M］．北京：中国电力出版社，2007：4－7。

③ 黄锡生，何江．中国能源革命的法律表达：以《电力法》修改为视角［J］．中国人口・资源与环境，2019（1）：118－125。

国《能源发展“十三五”规划》强调电力体制改革的关键是“管住中间，放开两头”，电力产业纵向环节由“购买代理模式”逐步向“批发竞争模式”过渡，即输电业由国家垄断经营，适度放开市场主体参与配电业，并推动发电与售电业则交由市场调节，提升电力市场的竞争性。《电力法》修改的首要任务就是根据这一变化，让输电公司仅根据政府核准的输配电价收取差价，使电力市场中政府的角色从传统的垄断者，转变为市场竞争机制下的参与主体和规制市场失灵的监督者。这种转变看中了市场在电力资源配置中的主导性地位，以市场竞争性推动的资源配置来带动电力能源的转型发展。

2. 定价不灵活阻碍发展

用电量巨大领域引入电价竞争、稳定公益性用电价格是构建电力竞争性市场的核心要求。现行《电力法》对“电价与电费”进行了专章规定，可见电价与电费在整个社会中的重要性。其核心是电力竞价上网和销售电价根据政府审批，实行“同网同质同价”。这样的“半市场、半行政”格局，直接反映电价不真实的问题。① 并且就最新数据来看我国的产电、用电已经形成层次，如表1所示：

表1　2019年全国电力工业统计数据一览表②

指标名称	计算单位	8月		1—8月累计	
		绝对量	增长	绝对量	增长
全国全社会用电量	亿千瓦时	6770	3.6	47422	4.4
其中：第一产业用电量	亿千瓦时	84	1.6	505	4.6
第二产业用电量	亿千瓦时	4370	4.3	32083	3.0
工业用电量	亿千瓦时	4284	4.1	31507	2.8
第三产业用电量	亿千瓦时	1221	6.5	7887	8.8
城乡居民生活用电量	亿千瓦时	1096	−1.8	6947	6.8
6000千瓦及以上电厂发电装机容量	万千瓦			185367	5.6
其中：水电	万千瓦			30855	1.4
火电	万千瓦			116431	4.2
核电	万千瓦			4699	23.6
风电	万千瓦			19638	12.4

工业用电量大，居民生活用电量总体增长，电力结构随着清洁能源的兴起也在转型。实行差别电价政策可以根据终端用户的行业不同来收取电价，对于消耗

① 黄锡生，何江．中国能源革命的法律表达：以《电力法》修改为视角［J］．中国人口·资源与环境，2019（1）：118－125。

② 图1国家能源局发布1—8月份全国电力工业统计数据来源：国家能源局。

电量巨大的产业和用户进行用电调整，实行“错峰用电”等方式来减少电力耗能，用户一旦享受到用电低谷时优惠的电价，从减少成本的角度考虑也会选择长期在用电低谷时开展生产，成功缩减了用电量高峰期与低谷期之间的极差，减少了用电超负荷的频率，也减轻了以前用电高峰期时电力系统的压力。如表1中的工业和第二产业用电量相对于第一、三产业来说规模巨大，用电量巨大的企业通过电力竞争市场来进行交易购买，有效避开用电高峰时高额的电价，而普遍用电量较小的第一产业企业就可以考虑通过选择开放电网接入来使用优惠的电价，减少企业电力成本，提高企业的生产积极性。现在政府同网同质同价定价方式不符合社会的发展需求，国务院推行的核定成本加合理利润的定价方式不利于工业的发展，毕竟工业都是营利性的，逐年增加的用电量会加大工业的成本从而挫伤工业企业的生产积极性。修改《电力法》中关于电价的政府干预已经成为完善电力竞争性市场的建议之一。其一，电力销售环节脱离电价政府干预是电力产业自由化的前提，因为电力市场如若缺乏有效竞争，市场定价权利就顺势落入行业大头手中，损害公共利益，例如：2017年8月，山西省电价格垄断协议案就表明，由政府定价向市场定价的过渡，仍然离不开公权力的监管和制约；其二，《电力法》规定的同网同质同价与具有同等法律效力的《可再生能源法》规定可再生能源电价可以高于常规电价的规定相冲突，不利于可再生能源电力的发展。[①] 其三，根据上图可知居民生活用电量虽有增长但电量相较企业来说较小，这部分用电也适用竞争性电价的话，订单少、企业成本高，对用户和企业都是不利的。政府部门还是要考虑提供公共服务，在保障公益性或普通居民用电的价格稳定的基础上分地区试点实行阶梯电价。总之《电力法》应当形成以市场主导为主和政府调节监管为辅相结合的电价机制，才能在市场激励下释放电力市场竞争潜力，同时维护普通用电的稳定。

（二）电力环保与安全发展障碍

1. 可再生能源开发有待规范

近几年，我国在环境保护以及可再生能源开发方面下了很大的功夫，尤其是风能和太阳能的大力发展。只有重视可再生能源在能源领域的重要性，才可能实现能源的可持续发展并保障能源安全。与化石能源发电相比，可再生能源发电在初期会投入较高的设备和技术成本，导致在电力市场缺乏竞争力，并且水力、风力等可再生能源发电因季节性等多重因素影响，使其在输电联网方面受到歧视，可再生能源电力消纳也是亟待解决的问题。[②]《电力法》第48条提出国家鼓励和

① 潘天蔚. 中国大陆、美国与英国电价管制比较研究［J］. 月旦财经法学杂志，2008（14）：151－172。

② 黄锡生，何江. 中国能源革命的法律表达：以《电力法》修改为视角［J］. 中国人口·资源与环境，2019（1）。

支持农村利用可再生能源，增加农村电力供应。从这一规定可以看出，国家鼓励农村利用现有可再生资源发电实现电力的自给自足。其实就区域发电来讲，可再生能源发电应用于同一区域的工业企业要比运输到城乡更安全和更节约成本，但是法律并未这样规定。我国有关可再生能源电力方面的政策主要有特许权招标项目、固定上网电价以及价格补贴等。虽然政府发放了价格补贴等改革红利，但会扭曲市场价格，现阶段政府给予可再生能源电力统一定价又打消了其发展的积极性，所以《电力法》应当明确可再生能源发电的定价机制。① 同时为了加强电力开发中对自然资源与环境的保护，实践中借鉴了《环境保护法》的环境影响评价制度、环境保护税等制度，修改后的《电力法》应该和《环境保护法》形成有效衔接。

2. 电力安全有待规制

表 2　2019 年 8 月电力行业有效信息按业务分类情况（资料来源：国家能源局）

业务类别	投诉	举报	咨询	其他	小计
项目建设	0	0	0	1	1
电力交易	0	0	2	2	4
电力安全	60	2	389	81	532
市场准入	2	2	397	8	409
供电服务	726	6	4232	640	5604
成本价格和收费	28	1	633	33	695
其他	16	2	1050	45	1113
合计	832	13	6703	810	8358

正如表 2 所示，我国居民现在已经实现用电自由了，开始格外关注用电安全和服务的问题，而电力竞争性市场下的企业也想维护好电力运输线路的安全。电力线路在电力系统中地位重要，承担着“送电任务”，在发电和用电中起着承上启下的作用。我国的电力线路主要分输电和配电两个部分，前者主要是通过变压器升压进行长距离运输，由于距离长且有时会跨区域运输，可能产生线路上的封闭性故障、短路和线路负荷过大以及雷电天气对电线的伤害，由于没有专业的维护与维修人员进行及时的管理，容易引起事故，造成人身和财产的损失。[11] 而《电力法》中并没有对此进行具体规定，并且没有专门的人员去监督和处罚失职行为。后者主要通过变压器降压送到用户处，这个过程也存在上述问题。同时，

① 黄锡生，何江. 中国能源革命的法律表达：以《电力法》修改为视角［J］. 中国人口·资源与环境，2019(1)：118—125。

农村偏远地区由于电压不稳或者设备老化经常出现停电现象，部分地区用户不按规定安装使用剩余电流动作保护器，甚至有用电设施乱接乱拉情况，2019年以来，部分地区还多次发生农村触电事故。[①]《电力法》中只规定盖建筑时要避开相关区域，但是对农村电力执行监督问题没有规制，事故责任也没具体说明承担主体。

三、《电力法》修改遵循的理念

根据我国现行的《电力法》可以看出其贯彻了保障人民权利、平衡各方利益等的立法理念。《电力法》中存在的问题是需要通过修改法条进行完善的，立法理念虽然没有问题但是已经不完全切合新时代下环境保护、缩小贫富差距、提高居民幸福感、能源可持续发展的发展理念，所以在修改《电力法》中应该在保留上述立法理念的基础上遵循新的理念。

（一）重视个人权利的民主平等理念

以这样一种平等观念去审视《电力法》的具体条文就会发现一些具体条文并不满足“平等”观念的要求而体现了国家利益优于个人利益的理念。如第十条规定[②]就体现了法律优先保障国家和社会的整体利益，之后才能保障个人权利从而忽视了个人权利。重视个人权利的平等观念是以“机会平等”为基准，结合“资源平等”“幸福平等”“能力平等”之下的平等观。[③] 在电力领域下每个公民都有权利选择自己享用的电力并且选择电价，法人组织即符合法律规定和电力行业标准的发电企业可以进行选择不同的一次能源进行发电和售电，并且清洁能源产生的电能可以自主选择区域并网运输，不受输电公司的排挤，体现不同主体并网的机会平等。《电力法》的修改应当切实贯彻法律面前人人平等的立法原则，要做到平等地协调和保护各方利益，切实保障发电企业在进入市场中定价不受行政部门干预的权利，同时《电力法》修改的草案要向社会公开，必要时举办听证会，做到公众平等参与法律修改，保障公民的民主平等。

（二）自由理念

在现行《电力法》的具体条文中对个人层面的自由所能提供的空间较为狭窄，例如，我国《电力法》的立法目的[④]虽然提出了维护电力使用者的合法权益，但只是笼统的原则性规定，在实际生活中表现出“一纸空文”的感觉，即使用者只有选择是否使用的自由（事实上电力资源属于社会必需品，个人并没有选

① 刘俊涛. 农村用电情况及安全隐患调查探微［J］. 农电管理，2019（5）：31－32。

②《电力法》第十条“电力发展规划应当根据国民经济和社会发展的需要制定，并纳入国民经济和社会发展计划”。

③ 谢天佐：《我国〈电力法〉立法研究》，长春理工大学硕士论文，2018年。

④《电力法》第一条“为了保障和促进电力事业的发展、维护投资者、经营者和使用者的合法权益，保障电力安全运行，制定本法”。

择不用的自由），没有选择电力经营者的自由，对于电力服务态度的评价也没有选择自由，在服务态度低劣的时候，工作人员也会逼迫你对服务进行良好的评价，之后才会继续维修等。同时，《电力法》作为一部行政性法律，其最主要的约束对象是电力投资者、电力经营者等行政相对人，相应地维护电力市场的秩序也是《电力法》的基本目标之一。然而我国《电力法》的半干预、半市场的属性早已暗含了我国电力市场是国家计划指导下的市场，并不具备市场经济的市场属性。因此，目前我国电力市场中的自由则是一种国家权力干预下的自由，而这种自由并不是市场经济所需要的自由，没有一丝竞争性，这样不利于电力市场的发展。①

除此以外，国家政策选择的自由也形同虚设。在《电力法》明确提出对于清洁能源发电的企业进行政府红利补助，本意想促进更多的企业进行清洁能源发电，但是这样会打破价格的平衡，同时抹杀这些发电企业改进技术和提高产量的积极性，而传统能源发电为了让电力更具被选性，会不考虑环境与资源问题进行恶性发电，并且中国电力事业开始与国际合作开发，电价补贴容易引起外国市场对中国电力商品的歧视，引发关于不正当竞争的国际争端。所以在修改《电力法》时，可以考虑适当减少条款的改革红利，或者将政策选择的主体范围扩宽。

四、《电力法》修改的建议

为了推动电力市场改革，《电力法》可以从总则、体例结构和具体制度三个方面进行修改，从而实现立法电力市场改革有法可依。

（一）《电力法》总则的修改

现行《电力法》的立法目的有三：（1）保障和促进电力事业发展；（2）维护电力投资者、经营者和使用者的合法权益；（3）保障电力安全运行。可这个立法目的已经不能适应现在电力竞争性市场建设和绿色环保发展要求，并且并未考虑使用者的权利利益。此外，电力开发时产生的污染作为引起水污染、气候恶化的主要来源，理应为电力产业纵向环节中对环境的破坏与污染承担责任。首先，为了响应可持续发展理念的号召，《电力法》可以将第一条修改为：为了保障我国电力事业的可持续发展，推动电力能源结构变革，保护生态环境，推动电力市场化经营，并平等维护电力生产者、经营者和使用者合法权益，制定本法。第二条的适用范围有点狭窄，中国的跨国合作逐年增加，所以适用主体不能再局限于中国境内，国际间的建设、生产和交易和与邻国跨国合作等也需要考虑进去。第三条只明确了开放主体进入市场投资，赋予了权利却没有规定承担的义务，将责任

① 谢天佐. 我国《电力法》立法研究［D］. 沈阳：长春理工大学. 2018年硕士学位论文。

重新分配给拥有产权的人更为合适，所以第三条第二款应改为“电力事业投资，实行谁投资、谁收益、谁负责的原则”。

（二）《电力法》框架结构的完善

在我国电力改革和能源可持续发展的大环境下，现行《电力法》的规制内容实际问题的解决不相符合，建议调整《电力法》的篇章框架结构，以更丰富的内容指导电力改革。（1）为了防止电力竞争性市场下企业不良开发，不考虑供求问题而导致市场混乱，在能与垄断性的输电网形成连接的前提下，政府进行评估规划和监督运行，建议将第二章“电力建设”更改为“电力建设与监督”。（2）第三章主要解决电力纵向环节中生产和输送问题，原标题中“管理”充满政府干预的意味，而“调度”就是电力运输中管理电力走向的，建议将第三章的标题修改为“电力生产与调度”。[①]（3）第四章原标题中“供应”充满垄断与计划的色彩，体现不了建立电力市场的理念，建议将此章的标题修改为“电力市场经营”。（4）市场灵活定价和使用者选择企业用电产生的电力价格机制应该加入第五章“电价与电费”，扩大其内容。（5）“农村电力建设和农业用电”一章中纳入用电保障和安全的相关规制内容即可。（6）生态环境保护是绿色原则的体现，而大力开发清洁能源可以减少污染，保护生态，并且可再生清洁能源所产电能在市场竞争中处于劣势，应该有法条规制并推定其发展，建议增加“清洁能源电力开发、使用与交易”一章，专门规定清洁能源电力的市场准入、市场监管、电力消纳与并网运行等内容。

（三）《电力法》具体制度内容的构建

1. 完善电力竞争性市场的法律规范

电力竞争性市场机制构建的主要工作是提升电力交易市场化和电价市场化。同时，为了消除电力市场化所带来的地方保护主义，必须遵循普遍服务原则，即在电力需求方要求缔约时，电力供应方承担普遍服务义务。因此，建议在第三章“电力生产与调度”中增设如下法条：（1）电力经营企业不得同时涉及发电和售电经营领域，经营过程中不得违反法律规定与发电业或售电业交叉持股，以防电价垄断。（2）电网应公平无歧视开放，对于符合规范的发电者要求与其电力网互联或并网时，对于符合互联或者并网评估要求的，不得故意拒绝。（3）电力经营企业应当遵循普遍服务原则，承担普遍服务义务，保障同地区所有居民获得无差别的供应服务，对于偏远地区的电力服务应该单独设立服务站，并构建服务考核体系。

电价市场化是此次电力革命的重中之重，除了工业企业等这种大规模用电的交易时价格灵活外，以普通居民小额用电和公益事业为主的电价仍然应当由政府

---

① 黄锡生，何江. 中国能源革命的法律表达：以《电力法》修改为视角［J］. 中国人口・资源与环境，2019（1）：118－125。

核准定价，市场定价恶意竞争所造成的电价波动可能会引起居民社会生活的动荡。为此，保障居民等小额用电和公益用电价格波动的相对稳定就成为政府在电价市场化中应当承担的责任。可以在《电力法》第五章“电价与电费”中设置如下法条：（1）电力价格遵循以市场定价为主和政府核准定价为辅的原则，公益性用电和分散用户用电价格按照分时电价和阶梯电价收取，售电企业自行定价后，上报政府核准并备案；（2）具有购买资质的大客户可以通过中长期交易与发电企业直接签订购电合同或者通过售电市场竞争交易购买电力。

2. 加强电力环保与安全的法律规范

我国积极提倡绿色生产，应在电力生产过程中完善环境影响评价制度和三同时制度。另一方面，实践情况显示大量可再生能源电力生产的投资在可再生能源无法有效与电网并网和消纳后，出现了弃风电、光伏电等点源污染现象，必须通过命令控制型规制工具去规避电力投资过热或电力过剩现象出现，建议在《电力法》第二章“电力规划与建设”中加入电力建设环境影响评价制度，投资建设前和建设期间做好环境影响评价，并向公众公告评价书或评价表，实现信息公开。同时在新设的“清洁能源开发、使用与交易”章节增加如下法条：（1）电力经营企业可以发展和应用智能电网、储能技术，提高可再生能源的消纳能力；（2）电力经营企业应当积极推进电力短期市场的建设，在电力系统出现调峰或者区域短期需电量大时，应当优先并网、调度可再生能源电力。（3）清洁能源电力进入市场交易，享有与传统能源电力一样的权利，同时承担相应的义务。

农村用电安全和用电服务、电力运输安全也是电力改革的一大“心病”，应该在“农村电力建设和农业用电”这一章增加法条如下：（1）供电企业和政府应积极回应农村的电力需求，政府要巡查式监督农村电力建设工作的完成；（2）对于农户私拉电线等损害人身的行为，过错方承担责任，如若是政府和供电企业检查不利，单位承担责任，当事人确实有过错的，单位可以追偿。（3）对于电力建设征用的土地，所在集体经济组织不得以各种理由占用，同时农村以村为单位与售电企业签订协议，将电力服务以义务的形式确定下来。

结　语

《电力法》是保障电力事业发展的重要法律，对它的立法目的、体例结构、具体制度进行符合市场化的修改，从而实现电力市场改革有法可依。《电力法》修改要根据凸显电力市场竞争性和促进绿色、可持续电力的发展取向创设规则，健全交易体系，提高市场运行效率，坚持多维施策，促进清洁能源消纳，使其更符合可持续发展战略的要求，加快电力体制改革，从而推动能源转型，实现能源领域的长期稳定发展。

相关法律法规变动对能源立法的影响研究报告（2017—2019）

李文海[①]

摘　要：通过对能源立法的相关法律法规梳理，近三年来相关法律法规变动对能源立法总体影响不大，但是在形式影响上发现能源立法难点可能在于市场性、经济性法律规制；在实质影响上，《土地管理法》《标准化法》《土壤污染防治法》《核安全法》《政府信息公开条例》《大中型水利水电工程建设征地补偿和移民安置条例》制定或修改的内容，对能源立法有实质影响，应该是能源法下一步立法衔接的重点。

关键词：法律；法规；变动；能源立法；影响性

能源与国土、资源、安全、规划、市场、经济、环境、监管等密切相关，能源法必然是一部综合性的法律。2011 年初全国人大常委会宣布已经形成中国特色社会主义法律体系，其中已经包含了与能源密切相关领域的法律、行政法规（以下简称“相关法律法规”）[②]。制定能源法，必然受到相关法律法规的影响。自 2017 年初发布《中华人民共和国能源法（送审稿）修改稿》（以下简称“《修改稿》”）以来，相关法律法规中有相当一部分已经出现了新的立法变动（主要是立法修订），这些法律法规变动对能源立法有哪些方面的影响？影响程度大小？影响关系如何？本文将尝试结合对近三年立法变动情况[③]的梳理予以分析。

一、相关法律法规的范围及近三年的变动情况

经过比对《修改稿》内容，梳理与能源法关系密切的相关法律法规范围，包括：

---

① 李文海，西南石油大学法学院讲师，硕士生导师，研究方向：行政法、能源法。

② 能源立法活动是国家层面的统一立法，我国立法实践中全国人大及其常委会制定法律和国务院制定行政法规活动，都能够在国家层面上对能源立法产生显著影响，因此本文将法律和行政法规纳入研究范围，法律和行政法规以外的立法活动则不予考虑。

③ 即以 2017 年初《修改稿》为起始年，以截至目前 2019 年为梳理范围。

（一）整个或单个能源领域中的一般性法律法规。包括：《节约能源法》《可再生能源法》《煤炭法》《电力法》《水法》。

（二）与能源领域的规划和建设密切相关的法律法规。包括：（1）土地使用方面的《土地管理法》《土地管理法实施条例》《城镇国有土地使用权出让和转让暂行条例》《城镇土地使用税暂行条例》；（2）规划、建设方面的《城乡规划法》《建筑法》《建设工程质量管理条例》《建设工程勘察设计管理条例》；（3）规划、建设补偿安置方面的《国有土地上房屋征收与补偿条例》《长江三峡工程建设移民条例》《大中型水利水电工程建设征地补偿和移民安置条例》。

（三）与能源勘探、开发、加工密切相关的法律法规。包括：（1）有关能源勘探、开发、加工活动的《矿产资源法》《矿产资源法实施细则》《矿产资源勘查区块登记管理办法》《矿产资源开采登记管理办法》《探矿权采矿权转让管理办法》《石油地震勘探损害补偿规定》《矿产资源补偿费征收管理规定》；（2）有关能源勘探、开发、加工标准化的《标准化法》《标准化法实施条例》。

（四）与能源供应与使用密切相关的法律法规。包括：《石油天然气管道保护法》《电力供应与使用条例》。

（五）与能源领域环境问题密切相关的法律法规。包括：（1）环境保护方面的《环境保护法》《环境影响评价法》《海洋环境保护法》《环境保护税法》《规划环境影响评价条例》《建设项目环境保护管理条例》；（2）环境污染防治管理方面的《大气污染防治法》《土壤污染防治法》《水污染防治法》《放射性污染防治法》《固体废物污染环境防治法》《防治海岸工程建设项目污染损害海洋环境管理条例》《防治海洋工程建设项目污染损害海洋环境管理条例》《海洋石油勘探开发环境保护管理条例》《土地复垦条例》。

（六）与能源市场密切相关的法律法规。包括：（1）能源市场定价方面的《价格法》《价格管理条例》《价格违法行为行政处罚规定》；（2）能源市场管理方面的《城镇燃气管理条例》《核两用品及相关技术出口管制条例》《核出口管制条例》。

（七）与能源安全密切相关的法律法规。包括：《国家安全法》《国家石油储备条例（征求意见稿）》《电力安全事故应急处置和调查处理条例》《电力设施保护条例》《水库大坝安全管理条例》《核安全法》《民用核安全设备监督管理条例》《核电厂核事故应急管理条例》《民用核设施安全监督管理条例》《安全生产法》《安全生产许可证条例》《建设工程安全生产管理条例》。

（八）与能源科技进步密切相关的法律法规。包括：《促进科技成果转化法》《科学技术进步法》《科学技术普及法》《国家科学技术奖励条例》。

（九）与国际合作密切相关的法律法规。包括：《对外合作开采海洋石油资源条例》《对外合作开采陆上石油资源条例》。

（十）与能源监管密切相关的法律法规。包括：《电力监管条例》《取水许可和水资源费征收管理条例》《核材料管理条例》《矿产资源监督管理暂行办法》《政府信息公开条例》《企业信息公示暂行条例》。

以上合计法律 27 部、行政法规 45 部（含 1 部征求意见稿）。其中，近三年发生过变动（制定或修订或修正①）的法律 13 部、行政法规 12 部，具体情况如下：

表 1　能源法相关法律法规

相关法律法规领域	相关法律法规名称	发生变动年份	发生变动性质
能源一般立法	《节约能源法》	2018 年	修正
	《电力法》	2018 年	修正
能源规划与建设	《城乡规划法》	2019 年	修正
	《大中型水利水电工程建设征地补偿和移民安置条例》	2017 年	修订
	《土地管理法》	2019 年	修正
	《城镇土地使用税暂行条例》	2019 年	修正
	《建筑法》	2019 年	修正
	《建设工程质量管理条例》	2019 年	修正
	《建设工程勘察设计管理条例》	2017 年	修正
	《建设项目环境保护管理条例》	2017 年	修订
能源开发与加工	《标准化法》	2017 年	修订
能源供应与使用	《电力供应与使用条例》	2019 年	修正
能源与环境	《大气污染防治法》	2018 年	修正
	《土壤污染防治法》	2018 年	制定
	《水污染防治法》	2017 年	修正
	《防治海岸工程建设项目污染损害海洋环境管理条例》	2018 年	修正
	《防治海洋工程建设项目污染损害海洋环境管理条例》	2018 年	修正
	《环境影响评价法》	2018 年	修正
	《环境保护税法》	2018 年	修正
	《海洋环境保护法》	2017 年	修正
能源市场	无		
能源安全	《水库大坝安全管理条例》	2018 年	修正
	《核安全法》	2017 年	制定
	《民用核安全设备监督管理条例》	2019 年	修正

① 根据全国人民代表大会常务委员会法制工作委员会关于印送《立法技术规范（试行）（一）》的函（法工委发［2009］62 号），法律修正与法律修订不同。（1）法律修正有两种形式，一种是法律修正案，一种是法律修改决定。采用修正案形式的，修正案单独公布。公布修正案，一般不重新公布原法律文本。采用修改决定形式的，根据修改决定，重新公布修改后的法律文本。（2）采用法律修订形式的，公布新的法律文本，法律实施日期为修订后的实施日期。

续表

相关法律法规领域	相关法律法规名称	发生变动年份	发生变动性质
科技进步	无		
国际合作	无		
能源监管	《取水许可和水资源费征收管理条例》	2017 年	修订
	《政府信息公开条例》	2019 年	修订

二、相关法律法规变动的总体情况分析

（一）变动年份

从近三年变动年份比例情况来看，2017 年有 8 部、2018 年有 9 部、2019 年有 8 部，说明近期立法变动性较大，占比逐年变动较为平稳，能源法立法稿件需要关注最近最新的相关法律法规动向。

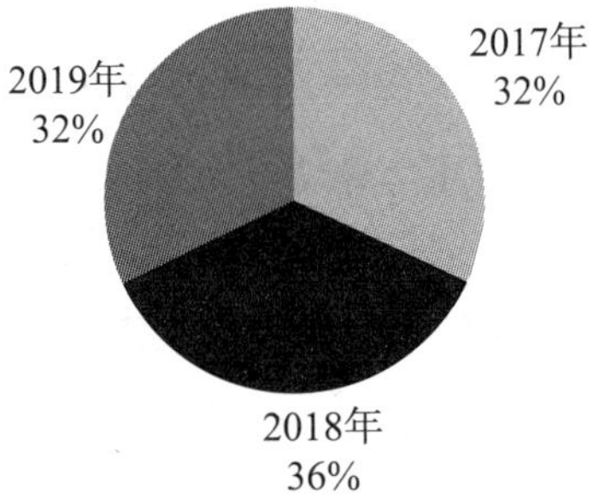

图 1　相关法律法规变动年份比例

（二）变动性质

从近三年变动性质比例情况来看，新制定有 2 部、修正有 18 部、修订有 5 部，说明近期立法变动仍然以布局微调为主，能源法相关法律法规面对的环境变化没有十分剧烈，特别是结合新制定性质的《核安全法》《土壤污染防治法》来看，对能源法立法没有特别强的推动作用，当然也没有给能源法立法带来实质性的阻碍。

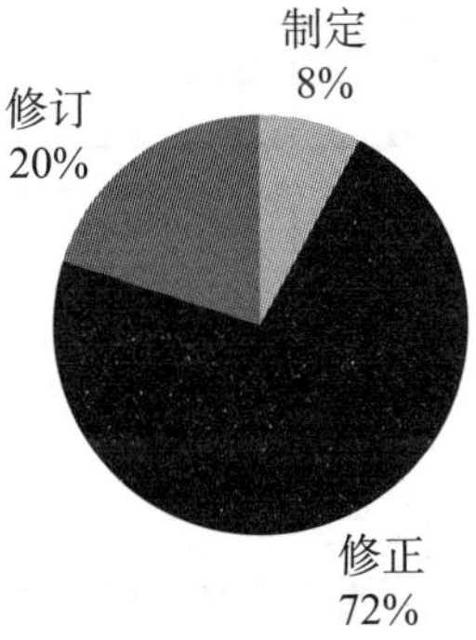

图 2　相关法律法规变动性质比例

（三）规范位阶

从近三年规范位阶比例情况来看，法律有13部、行政法规有12部，二者基本持平。能源法相关法律法规立法上，全国人大及其常委会和国务院均发挥了重要作用，对于能源相关领域也较为重视，能源立法活动完全有机会进入立法者推动立法的范围。

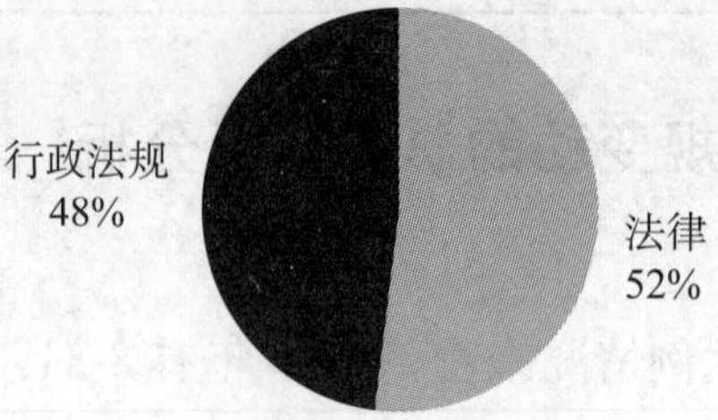

图3　相关法律法规位阶比例

（四）立法领域

从近三年相关法律法规变动所在的立法领域对比情况来看，首先变动较多的是能源规划与建设领域的相关法律法规（行政法规5部、法律3部）和能源与环境领域的相关法律法规（法律6部、行政法规2部），其次是能源一般立法、能源安全、能源监管领域的相关法律法规变动（2—3部左右），再次是能源开发与加工、能源供应与使用领域的相关法律法规（均为1部），最后是能源市场、科技进步、国际合作领域没有相关法律法规变动。这些情况表明，能源法立法近三年受到影响较大的是规划、建设、环境方面的立法。能源立法相关立法活动发展较快的表现在土地、规划、建设等基础设施方面，主要是社会性、环境性法律规制。而在涉及经济性法律规制方面的市场、科技、国际方面则没有针对性的突破。这也从侧面说明能源法立法的难点在于能源开发与销售的市场化改革、能源科技进步与一带一路国际性基本立法等层面。

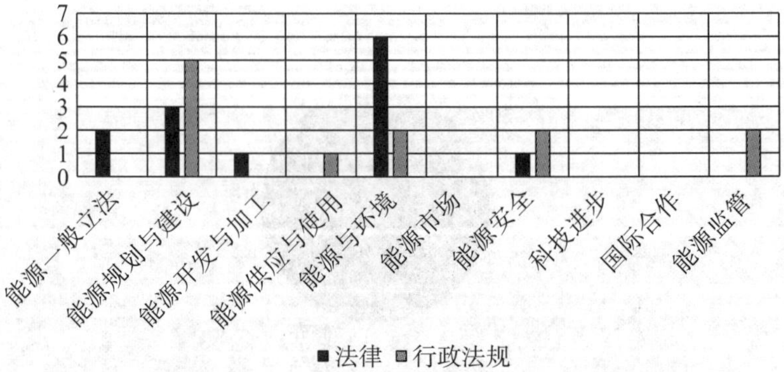

图4　相关法律法规变动所在的立法领域对比

小结：总体情况来看，（1）能源法的立法相关法律法规变动总体不大，对能源法的推动和阻碍都不明显，能源法仍然有机会进入立法者的视野；（2）相比于实现对能源的社会、环境规制功能，能源法立法的难点在如何推动实现对能源的市场性、经济性、国际性规制功能。

三、相关法律法规变动内容的影响性分析

根据对上述相关法律法规的变动内容分析，根据其影响性主要分为以下两类：

（一）对能源立法无直接影响或影响较小的立法变动

一是回应国家机构改革的立法变动调整。《节约能源法》《大气污染防治法》《环境保护税法》《民用核安全设备监督管理条例》只是为了回应国家机构改革，根据市场监督管理部门、生态环境主管部门、海关等设置情况，作出表述性的调整。在《修改稿》调整时，应当吸收上述立法经验，更新机构改革后的管理部门表述。

二是回应行政许可改革的立法变动调整。《电力法》《电力供应与使用条例》的 2018、2019 年调整则是对行政许可权限的调整、行政许可规范化，变“供电营业许可证”为“电力业务许可证”，并改省级区域为范围，变成由国务院电力管理部门具体规定如何设立供电营业区。《城乡规划法》2019 年调整了申领出让土地的建设用地规划许可证程序表述，对于签订出让合同和取得项目批文的时间在表述上不再区分先后。《建筑法》对申请领取施工许可证的条件作了调整。《水库大坝安全管理条例》2018 年微调了个别审批权限规定。《取水许可和水资源费征收管理条例》调整了关于取水申请审批的规定。《建设工程质量管理条例》2019 年改变先办工程质量监督手续的规定，改为可以与施工许可证或者开工报告合并办理。《建设工程勘察设计管理条例》2017 年明确了对施工图设计文件审查机构应当对房屋建筑工程、市政基础设施工程施工图设计文件中涉及公共利益、公众安全、工程建设强制性标准的内容进行审查。在《修改稿》调整时，应当吸收上述立法经验，体现行政审批改革、行政许可改革的一些精神和做法。

三是针对环境领域的一些具体制度变动调整。《海洋环境保护法》2017 年微调了入海排污口的设置相关规定。《环境影响评价法》《防治海岸工程建设项目污染损害海洋环境管理条例》《防治海洋工程建设项目污染损害海洋环境管理条例》主要是在环评方面的程序调整。《建设项目环境保护管理条例》2017 年对环境保护制度设计有较大调整。但是上述调整内容总体上对能源立法并无直接影响。

（二）对能源立法有较为明显影响的立法变动

《土地管理法》2019 年修改内容较大，主要涉及督查主体、权属登记、农村承包、土地利用总体规划编制、国土空间规划体系、永久基本农田等重大土地法

律制度调整。其中与能源密切相关的新增内容主要有两点，一是国家能源、交通、水利、军事设施等重点建设项目选址确实难以避让永久基本农田，涉及农用地转用或者土地征收的，必须经国务院批准。二是为了公共利益的需要，由政府组织实施的能源、交通、水利、通信、邮政等基础设施建设需要用地的，可以依法征收农民集体所有的土地。《修改稿》调整时，需要注意保护耕地、农地，对于批准权限的规定，涉及永久基本农田这一新制度时，把确认权限给国务院。此外，关于能源建设用地，征收农民集体土地获得了《土地管理法》的支持，《修改稿》可以对征收用地问题作出明确表述。

《大中型水利水电工程建设征地补偿和移民安置条例》2017 年调整了大中型水利水电工程建设征收土地的土地补偿费和安置补助费条款。从立法技术上不再进行具体数额的标准要求，而是表述为“实行与铁路等基础设施项目用地同等补偿标准”，表明要实施补充标准类型化下的统一标准。《修改稿》中涉及补偿制度设计时，需要注意吸收水电能源领域的立法经验，避免补偿标准过于具体，但是也要考虑能源领域统一补偿标准的设计科学性。

《标准化法》在 2019 年变动很大。结合《修改稿》来看，新修订的《标准化法》主要是对国际标准的要求有所变化，因此《修改稿》也应该同步变动。主要是不再一概鼓励采用国际标准，而是鼓励参与制定国际标准和相关活动；对于采用国际标准，需要结合国情，实现二者之间转化运用。这是一个显著的立法变化。

《土壤污染防治法》的新制定对能源立法有较为深远的影响。以前能源开发活动对土壤污染的防治的法律空白得以弥补。从具体条款来看，该法强调了对于矿区、矿库污染土壤的制度化监测、防治以及工程建设采用新技术、新材料的科技要求等。与此相似，《水污染防治法》调整内容与能源相关的是，新增了关于矿山开采区运营、管理单位应当采取防渗漏等措施，并建设地下水水质监测井进行监测的规定，以及加油站等的地下油罐应当使用双层罐或者采取建造防渗池等其他有效措施，并进行防渗漏监测的规定。上述规定对于《修改稿》而言，都有具体影响，需要在具体制度设计时加以吸收和衔接。

《核安全法》新制定的内容中明确规定：能源主管部门在职责范围内负责有关的核安全管理工作；能源主管部门参与建立培育核安全文化的机制；能源主管部门参与制定预提核设施退役费用、放射性废物处置费用的办法；接受核设施营运单位的核事故应急预案备案。这些职责设定，必然需要在能源法的制定中加以吸收。

《政府信息公开条例》2019 年进行了大的修改。《修改稿》有多个条款专门规定了与信息公开相关的内容，应当积极吸收《政府信息公开条例》2019 年的新内容。主要涉及的有：一是监管行政机关相关信息主动公开的范围，应当按照最新要求进行调整；二是对于能源供应企业的信息公开，基本上纳入了信息公开体系，特别是对于行政相对人的权利救济方面，规定可以向能源主管部门申诉，能源主管部门应当接受并调查处理，还有告知申诉人其处理结果。

四、结语

上述分析情况表明，近三年来相关法律法规变动总体上并不剧烈，但是在部分的立法活动中给能源立法带来了新的影响。特别是能源规划与建设、能源与环境、能源安全等重点方向上，《修改稿》需要及时吸收上述法律变动内容。此外，相比于上述能源的社会性法律规制的有序推进，能源的市场性、经济性法律规制问题仍然任重道远，市场化改革、审批许可改革、监管体制改革在能源立法上解决的难度很大。在能源立法上究竟是采取回避策略尽快推进、还是等待实践进展综合反映，仍然考验着能源立法者们。

基于第三方施工管理的管道保护立法研究

秦 扬[①] 杨 强[②]

摘 要：据统计，第三方施工破坏是造成油气管道严重事故的最主要因素，占事故比例的30%以上。近年来由于第三方施工造成石油天然气管道破坏的事故时有发生，石油天然气安全受到外部因素的直接影响。随着我国经济社会的高速发展，第三方施工活动愈加频繁，如铁路、公路、水域、市政管道等工程施工，呈现出施工类型更加多样、施工强度更大的特点，对我国油气管道的保护提出了新的难题，因此基于第三方施工破坏的管道保护立法研究工作显得至关重要。本文基于管道沿线第三方施工管理立法现状进行分析，借鉴美国成功的实践经验，从政府、企业、第三方施工主体三个角度提出相应的立法建议。

关键词：第三方施工破坏；管道保护；立法建议

一、绪论

（一）选题背景

油气管道安全问题由来已久，各级政府、管网企业与社会需要共同关注的一大问题就是如何保护我国油气管道的安全运行。国家对油气管道的安全问题高度重视，《石油天然气管道保护法》于2010年6月25日应运而生，并于2010年10月1日起正式实施。《石油天然气管道保护法》颁布实施之后，华建敏针对管道保护法如何实施，提出以下四点意见：一是各方主体要深入开展法律学习，并做好宣传工作，各方主体自觉贯彻实施《石油天然气管道保护法》。二是要做好法律体系配套法规规章的制定工作。各级地方政府及相关部门要积极研究具体实施细则。三是对威胁破坏油气管道的犯罪行为进行严厉打击。四是管道企业要严格履行《石油天然气管道保护法》所规定的义务，完善管道建设与保护的制度。

在石油天然气体制改革的大背景下，为了更好地对我国油气管道进行保护，中共中央、国务院明确在油气管网领域实行接入市场机制的基本导向，对中石

---

① 秦扬，西南石油大学法学院教授，硕士生导师，研究方向：民法、合同法、能源法。
② 杨强，西南石油大学法学院2018级法律硕士研究生，研究方向：民法、能源法。

油、中石化、中海油等油气企业的管网独立管理，助推成立独立的油气管网公司，实现石油天然气的管输由管网公司负责，我国“三桶油”来负责石油天然气的开采销售，也正如《关于深化石油天然气体制改革的若干意见》中的要求，将油气的管输和油气的销售分开，引入市场机制，向第三方市场主体公平开放。

为了提高油气资源优化配置，更高效地利用目前已建管线，《石油天然气管网运营机制改革实施意见》在2019年3月9日审议通过后，政府主导下，对我国石油天然气管网的运营机制进行大规模改革，引入市场机制，组建国有资本控股、投资主体多元化的石油天然气管网公司呼声也越来越高，石油天然气管网公司的出现将在石油天然气领域出现一种新型的发展模式，不仅能提高我国石油天然气的管道使用效率，更好地保护石油天然气管道安全，而且对保障我国石油天然气的供应以及国家能源安全都有至关重要的作用。石油天然气管网公司的成立有利于引入市场竞争机制，加速推动石油天然气管网运营机制改革。我国“三桶油”与管网公司等形成上中下游的市场体系，形成石油天然气资源多主体多渠道供应、石油天然气管网公司负责统一高效的管输、石油天然气销售公司进行销售的石油天然气格局。

在油气行业不断发展的背景下，建立与《中华人民共和国石油天然气管道保护法》相配套的法律体系，增强法规的科学性、系统性、可操作性。在石油天然气管网运营机制改革和成立国家石油天然气管网公司的背景下，形成良好的法治环境，使我国石油天然气管道保护从此有了法律保障，确保我国石油天然气管道安全和国家能源安全。本文将对现有的《油气管道保护法》以及地方法规的现状进行分析，提出所存在的问题，分析其原因，并提出完善建议。

（二）选题意义

以石油天然气管道保护法律体系中第三方施工管理保护法律法规为研究对象，其课题意义主要体现在以下三方面：第一，石油天然气现已是我国国计民生发展的主要能源，石油天然气安全问题是关乎经济发展的重要制约因素，目前，石油天然气主要是通过管道运输等方式，因此对石油天然气管道保护法律法规以及标准体系的研究，对经济发展具有重大意义；第二，随着我国经济社会的高速发展，第三方施工活动如市政建设、房屋修建、交通基础建设、耕地开挖播种等的频繁出现，呈现出施工类型多样化的特点，这也致使第三方施工破坏成为油气管道事故的最主要因素，占油气管网事故比例的30%以上。近年来由于第三方施工造成石油天然气管道破坏的事故时有发生，石油天然气安全受到外部因素的直接影响，因此有关第三方施工管理等法律法规的研究编制工作显得至关重要。第三，政府主导下，对石油天然气领域进行市场化改革，推动国家油气管网公司的组建，将油气管道运输与油气销售分开，国家油气管网公司的成立将改变行业竞争格局，给油气产业发展带来深远影响。但是，目前我国对油气管网保护的法律体系尚不完善，建立《油气管道保护法》为基础的法律体系，尤其关于第三方施工管理的法律法规文件的研究具有重大意义。

（三）国内立法进程

我国石油天然气管道保护的法律法规经历了一个从无到有的过程，在这个立法进程中我们可以得知石油天然气管道保护要做到于法有据至关重要。

首先，我们来回顾一下我国在石油天然气管道保护的四个阶段：第一阶段，20世纪末我国石油天然气管道的破坏频频出现，我国第一部油气管道保护的法规《石油天然气管道保护条例》应运而生，此法规出台的目的在于保障我国石油天然气管道的安全运行；第二阶段，石油天然气管道破坏及油气犯罪行为越来越严重，同时，为了《石油天然气管道保护条例》的具体实施，我国四部（能源部、铁道部、交通部、解放军原总后勤部）与中国石油天然气总公司，在中央政府的主导之下，联合拟定了《石油天然气保护条例实施细则》，但很遗憾此实施细则并未正式实施。第三阶段，二十世纪初，政府高度重视石油天然气管道运行安全，要求中石油等企业汇报当前石油天然气管道现状，广泛征求意见，对《石油天然气管道保护条例》进行了修订，修订草案的公布也标志着我国管道保护法进入了全新的阶段。第四阶段，2010年10月1日，《石油天然气管道保护法》正式实施，这是我国石油天然气管道保护方面第一部正式的法律，也成为我国石油天然气管道保护的一大里程碑。

其次，在《石油天然气管道保护法》的框架下，一些地方也出台了管道保护方面的地方通知、法规等，如，浙江省出台了我国第一部石油天然气管道保护的地方法规，即《浙江省石油天然气管道实施细则》；随后山东省也颁布实施了《山东省石油天然气管道保护条例》，山东省也成为我国出台管道保护地方法规规章的代表省份之一。条例颁布后，为山东省地方管道保护工作提供法律依据，对保障地方能源供应以及全国的能源安全有重大意义。

总体来看，我国的油气管道保护方面的法律法规正在逐渐完善，但是目前基于第三方施工管理方面的法律法规还不健全。众多学者对于第三方施工破坏油气管道都给出了建议与措施，但是因第三方施工造成的油气管道破坏仍然时有发生，笔者认为有待于将此方面措施上升为法律制度，故本文将提出针对第三方施工管理的立法建议。

（四）研究方法

本课题主要采用文献研究法、对比分析法等方法来研究油气管道保护法律法规标准体系的构建，具体如下：

文献研究法：本文将通过查阅油气管道保护相关的著作、论文期刊以及网络资源等信息，搜集国内外著名学者的文献资料，将文献资料进行整合，了解目前我国的油气管道保护法律法规规定，并收集我国的立法规定等，并对其进行梳理总结，为本课题的研究奠定了坚实的理论基础。

对比研究法：本课题将对国内的研究现状与制度现状，与国外先进的理论和制度进行对比学习，提出符合我国基本国情的油气管道保护法律法规体系构建方案。

二、油气管道第三方破坏的概述

第三方破坏主要是指介于政府与管道企业之外的人员在管道沿线进行建筑修建、开挖、农作等活动因不知或忽视管道标识而使管道受到意外的机械损害。第三方破坏也存在自然因素的原因，例如地壳活动以及地表负载过重等引起的地基破裂、压损管道等等。

随着城市化的推进，第三方破坏已逐渐成为管道破坏的主要原因，这一方面是自然环境的不断恶化，原始生态被破坏，土地酸碱平衡被打破而腐蚀造成管道失效的事故也不断上升；另一方面城市化推进过程中，大量管道位于人群聚居区，城市不断扩大，地铁开挖等人为影响因素增多，对石油天然气管道安全产生了安全隐患，也是石油天然气管道破坏的原因之一。第三方施工造成石油天然气管道破坏主要表现在以下两方面：一方面是第三方施工造成油气泄露，管道破裂造成爆炸等事故，管道周边地区社会群众的生命财产安全受到了巨大威胁；二是第三方施工在一定程度上对管道进行了压损、对防腐层的破坏等导致管道的慢性破坏。以上可以看出第三方施工对管道的破坏的严重后果不容忽视。

第三方施工对管道破坏的主要原因包括以下几方面：第一，第三方施工强度过大、活动过于频繁，如爆破、钻探、频繁开挖等活动；第二，管道自身的缺陷，埋藏深度浅，管道标识不明显；第三，石油天然气管道安全保护知识普及不够，政府对管道企业的培训宣传力度不够，以及管道沿线的社会群众法律意识淡薄；第四，管道企业巡线频率较低，第三方施工对管线长时间破坏未被发现，发现也并未及时制止。

三、第三方施工管理的立法原则

在国家立法法规定总的立法原则要求下，结合油气管道保护第三方施工管理的具体情况，对石油天然气管道保护第三方施工管理的立法所应遵循的基本原则，具体可概括为以下三大原则：

合法原则：油气管道保护的第三方施工管理立法必须遵循《中华人民共和国油气管道保护法》的基本立法精神。下位法的立法不得违背上位法，第三方施工管理是油气管道保护的一个具体的方面，制定具体的管理细则，才能更好地保障油气管道的安全运行。

科学原则：要在油气管道保护问题中贯彻科学原则，必须要从政府、油气管网企业、第三方施工主体这三方面来考虑。从立法体制角度来说，油气管道保护立法主体设置必须进行科学的界定，明确谁有立法权；油气管道立法权限要进行科学的划分，明确可以对哪一范围进行立法；立法运行体制应科学地设计，明确立法之后油气管道保护法律法规如何科学实施。坚持科学原则，我们要保证油气管道保护的立法既要合乎我国立法的基本规范以及立法的发展规律，也符合最广大社会群众的呼声。从立法方法角度上，立法要全方位地综合考虑，既要将理论指导与实际相结合，运用科学原则指导立法，合理分配主体之间的责任，以及管道保护的具体保护落到实处至关重要。

绿色原则：油气管道保护的第三施工管理立法不仅是为了保障我国能源安全，其次还需要解决因第三方施工破坏油气管道引起的环境问题等。因此在立法过程中遵循绿色原则，达到节约资源、保护环境的基本目标。

四、国外的油气管道第三方施工管理的立法借鉴

在油气管道领域，美国是目前油气管道分布最广泛的国家。过去几十年里，在美国本土上，油气管道泄漏事故也是频频发生，这也促使美国政府在油气安全加以重视，迅速地对事故进行分析调查，并全面开展管道安全立法。国会通过研究调查发现，关于油气管道的安全问题不仅仅需要从立法层面来协调政府、管道企业、社会公众的关系，更要从具体的制度角度进行规范。美国政府高度重视石油天然气管道安全，对石油天然气安全相关的法律法规进行一系列的修订，并将石油天然气管道安全上升为国家安全体系的组成部分，油气管道保护立法的逐渐完善，为美国的油气管道安全提供了法律保障。

经过整理可知，美国在油气管道安全的立法也并非一蹴而就的，石油天然气安全的立法并非如刑事法律一样剧烈，也不能按民事法律纠纷的意思自治方式。对美国的立法进程大致分为以下三个阶段：第一个阶段，20 世纪初，美国国会通过了石油天然气管道安全法案，法案首次提到了“统一呼叫通知系统”。并建立一系列的防止挖掘损害管道的基本制度。对于第三方主体违反“统一呼叫通知系统”，法案将民事处罚与刑事处罚相结合，但是其强制性较弱一些，自然民事罚款处罚成为主要方式，例如：违反管道标志规定进行施工的，每次向联邦政府交付罚金不超过 2.5 万美元，如果连续多次违规，且违规持续一天便作为一次单独违规计算，最高民事罚款为 5 万美元。第二个阶段，美国国会对石油天然气管道安全法案进行了完善，主要体现在对“统一呼叫通知系统”制度从目标、改进

措施、有效实施、公众参与、强制要求五个方面进行了完善，具体如下：一是对管道安全提出了更高目标；二是鼓励改进并提升“统一呼叫通知计划”；三是进一步促进“统一呼叫通知计划”的有效实施；四是扩大公共教育计划、强化公众参与；五是加强执行“统一呼叫通知计划”的强制性要求。第三个阶段，随着石油天然气相关法案的不断完善，“统一呼叫通知系统”也逐渐趋于完善，据统计，在“统一呼叫通知系统”的作用下，美国本土石油天然气管道事故明显减少。“统一呼叫通知系统”的不断优化与油气管道安全立法的不断完善，使美国管道安全保护取得巨大成就。

通过对美国在油气管道保护中第三方施工管理的成功经验分析，笔者借鉴美国的“统一呼叫通知系统”的原理，通过对政府、企业、第三方施工主体三个角度提出相关的立法建议，将管道沿线第三方施工管理上升至制度层面。

五、油气管道第三方施工管理的立法建议

目前我国对油气管道保护中第三方施工造成油气管道破坏的讨论很多，也都提到了对油气管道第三方施工破坏的原因分析，并提出相应的措施。但是，我国管道沿线第三方施工对油气管道的破坏仍然频频发生，笔者认为应当上升至法律层面，大致从以下主体层面提出以下三个角度的立法建议：

（一）政府角度

1. 政府对第三方施工管理进行规范要做到于法有据，必须在《油气管道保护法》的基础上制定相应的实施细则，以明确在施工过程中各方主体的责任。从规范依据角度来说，政府主导编制关于第三方施工管理的实施细则以及油气管道管理考核的实施细则等等，做到对第三方施工管理规范于法有据。从具体制度角度来说，一方面建立管网检查巡护制度，设立管道稽查巡线员，建立各级负责的拉网式巡护体系，对第三方施工存在相关问题及时提出，以外力促使第三方进行规范施工，对管道起到一定的保护作用。另一方面，细化第三方施工的管理流程，对输气管道敏感区域进行严格审批、层层报备的制度，第三方施工如果经过高后果区、高敏感区域，必须提前对特殊区域进行风险识别。最后，引入奖励机制，对第三方施工管理中零破坏标段进行税收、费用等适当减免，促使第三方进行安全施工。

2. 政府与管道企业以及第三方施工主体之间建立信息便捷的沟通机制，方便政府与管道企业之间及时更新管道信息，同时，方便第三方与政府、企业之间的沟通与协调。可以尝试借鉴美国“统一呼叫通知系统”，结合中国基本国情建立第三方施工管理的监管系统，政府为该系统运行提供财政支持。

（二）企业角度（此处仅指油气管道建设与防护企业）

首先，从油气管道保护基础设施来说，管道企业要完善对管道地面标识的管理制度，确保管线标识的可视性，不定期对管道标识进行维护，以及对管道沿线的防护措施进行巡查。我国《石油天然气管道保护法》对管道企业未合理管理管道地面标识，如管道地面标识不明显而造成事故的，管道企业也应承担相应的责任。在具体实施方面，管道地面标识可视性和通视性成为影响油气管道安全的重要因素。在对第三方破坏的事故分析中可知，管道标识不清楚是造成事故的主要因素。管道企业的巡视人员应对所辖区域内的石油天然气界牌、距离桩等进行及时的维护，如遇损坏情况应该进行及时的更换，对认为破坏石油天然气管道地面标识的行为要求其进行赔偿并进行批评教育，以确保管道地面标识的可视性、有效性。

其次，要对输气管道高后果区进行风险控制，在石油天然气管道受到破坏后会造成严重后果的特殊区域，例如石油天然气管道的修建穿越已建成的沟渠的地方，管道企业不仅要事先联系相关部门，了解沟渠的三维（宽度、跨度、深度）、修建的时间长短、承受工程冲击的程度等，还要对管道进行特殊的保护措施，如设置安全距离等等。高后果区还包括第三方建设活动频繁的地方，如房建开发区、耕地保护区等，在这些地方需要对输气管道进行全面系统的规划，进行风险评估，制定出风险防控的应急预案，切实保证将第三方活动损害降到最低。

（三）管道沿线的第三方施工主体角度

管道沿线第三方施工主体在施工前，首先，需要与油气管道建设与防护企业进行沟通协调，了解油气管线的具体位置、管线埋藏深度等；其次，有关施工是否会对油气管道安全产生隐患，对油气管线进行研究，如需跨越管线，管线地表施工等必须制定施工预案，并对施工工人进行施工注意事项培训教育。

六、结语

管道沿线第三方施工管理的立法需要明确各方主体责任，并提出责任承担方式以及补救措施。油气管道的保护要多角度、多主体进行协同治理，管网的安全既离不开政府部门的行政管理，也离不开管网企业的积极配合、施工的第三方与社会公众多方参与。将第三方施工管理的各方建议形成制度，这样才能更好地进行油气管道保护，保证我国油气运输、使用的安全，确保国家能源安全。

参考文献

谭骁，宫淑毓．油气管道第三方破坏及其监控管理方法［J］．辽宁化工，2012，41（10）．

么惠全，冯伟．西气东输管道第三方破坏风险与防控措施［J］．油气储运，2010，29（5）．

张振，韩朔．构建油气管道第三方防控保护机制的对策研究［J］．科技经济导刊，2016，(18)．

刘辉．美国保障油气管道安全、防止第三方挖掘损坏管道的立法经验与借鉴［J］．国际石油经济，2014，22 (11)．

CAROL M Parker. The pipeline industry meets grief unimaginable：congress reacts with the pipeline safety improvement act of 2002 ［J］. Natural Resources Journal，2004，44 (1)．

李飞，徐明．构建输气管道第三方防控长效保护机制［J］．化工设计通讯，2017，28 (8)．

金江山，崔莱．管道保护，企业权责泾渭分明［J］．中国石油报．2010，7 (7)．

周旺生．论中国立法原则的法律化、制度化．法学论坛．2003，18 (7)．

人民网．石油天然气管道保护法下月实施华建敏出席座谈会［N］．(http://politics. peop)，2010.

我国可再生能源立法研究

洪晓华[①] 罗 婷[②]

摘 要：可再生能源立法是在我国已经制定的《可再生能源法》的基础上，进一步健全有关可再生能源开发、利用、管理过程中的法律体系。完善我国可再生能源立法体系，在排污减排、促进产业均衡发展、实现可持续发展方面具有重大意义。但是，我国可再生能源领域立法还存在现行法律法规以及政策对部分能源产业的偏重、各种类能源未实现立法细分、缺乏对可再生能源产业生产需求侧的激励措施、监督管理制度尚未完善等问题。在我国大力主张资源可持续发展和“十三五”规划的大背景下，我国应当在《可再生能源法》《环境保护法》以及其他相关法律法规的制定中，注重可再生能源产业的开发利用过程中存在的问题，实现各种类可再生能源的立法细分，完善可再生能源需求侧的经济激励政策，进一步建立可再生能源监管制度，完善公众参与制度，有效针对可再生能源产业进行调整。

关键词：可再生能源；立法完善；能源基本法

引 言

根据我国《可再生能源法》第二条之规定：“可再生能源主要是指是指风能、太阳能、水能、生物质能、地热能、海洋能等非化石能源。水力发电对本法的适用，由国务院能源主管部门规定，报国务院批准。通过低效率炉灶直接燃烧方式利用秸秆、薪柴、粪便等，不适用本法。”由此可见，从我国法律的规定来看，在涵盖可再生能源的外延中已经清楚地指出了非化石能源所包含的内容。就水力发电而言，并没有将其排除于定义之外，仅仅对其是否适用相关法律进行了规定；与此同时也对炉灶将秸秆等相关物质采取燃烧的形式进行明确的否定性规定，此行为是不适用《可再生能源法》的。

目前制约我国经济和社会发展的主要问题，一是环境问题，二则为能源问题。随着我国能源约束的日益加剧，能源的发展面临严重挑战。为了减免对环境

---

① 洪晓华，西南石油大学法学院副教授，硕士生导师，研究方向：刑事诉讼法、证据法学。
② 罗婷，西南石油大学法学院 2019 级法学硕士研究生，研究方向：刑事诉讼法学、证据法学。

的不良影响，替代传统的高污染能源已经迫在眉睫。针对能源产业结构进行优化，提供高效高产的清洁能源，可以有效缓解因传统能源如煤炭所造成的环境污染和破坏，也是保障国家能源安全的重要举措。同时也是顺应我国可持续发展理念的方向，实现在发展经济的同时兼顾好环境效益，助力清洁、安全、绿色的可再生能源在我国的蓬勃发展。

一、可再生能源立法的必要性研究

（一）完善可再生能源顺应当前能源战略趋势

能源是国家战略化发展的重点，是科技兴旺发展的保障。自新中国成立以来，我国能源结构发展主要经历了煤炭、能源多元化以及低碳清洁能源三个阶段，完善当前的可再生能源立法是顺应全球能源趋势的重要举措。

新中国成立初期，煤炭作为主要能源的地位在提供动力方面促进了我国经济的快速发展，但同时也对环境和资源方面造成很大的负面效应①。尽管煤炭对于工业化的生产以及利用做出了重大贡献，但是其造成的社会问题如大气污染、煤矿灾难，再加上煤炭开采过程中未做到有效合理、有序勘探，未来我国的煤炭需求量将逐步降低。

随着可再生能源的发展，如风能、太阳能、地热能等，我国的能源发展逐渐趋向多元化，不再仅仅只依靠单一的传统能源，可再生能源的地位正在逐步提高。我国《能源发展战略行动计划（2014—2020 年）》的实施已经有五年，面对资源能源约束的限制，加快转变国民经济发展方式，减少对传统能源的依赖，鼓励能源科技创新，有效改变原有的粗放式消耗，明确“节约、清洁、安全”的能源战略方阵等举措已经成为当前全球的能源战略发展方向。我国始终坚持可持续发展理念，节约资源，提高能源资源的综合利用率，而可再生能源较为清洁，对减少碳排放、降低污染具有重要意义，从而降低在经济发展过程中所造成的环境损害，这也是国家所倡导的生态文明建设的必然要求。除此之外，国际责任也是我国提倡可再生能源产业发展的又一因素，我国是能源消耗和能源储量大国，为了缓解全球环境污染所带来的气候变化问题，根据时代发展和自身发展的要求，必须实现能源转型，进而提高自身的能源储量，降低外来能源的依赖②。

（二）可再生能源立法是保障国家能源安全的需要

随着国民经济持续快速发展，我国石油消费量从 2002 年的 2.393 亿吨增加到 2018 年的 6.51 亿，已经从世界第三大石油消费国成为全球第一石油消费国。

---

① 张立锋，李俊然．中国可再生能源产业发展促进法研究［J］．河北法学，2016，34（04）：127—134.

② 杨卓越．我国地热资源立法研究［D］．河北地质大学，2018.

但是由于能源获取手段和范围等条件限制，我国国内原产油量较低，石油的供给难以满足日益增长的消费需求，随着我国国民经济和人民生活水平的提高，石油的对外依存度正在逐渐提高，石油储备难以满足当前我国对原油的需求。除此之外，我国的人口基数同时也决定着庞大的汽车市场所造成的车用燃料的高度消耗，这很大程度上造成了石化行业原油量的不足，加剧我国对于外来进口原油的依赖程度，然而过度依赖进口石油，必然会导致我国国家安全受到威胁，例如国际石油价格波动引起的社会不安或者国际石油供应量中断导致的大面积恐慌，进而在根本上对我国经济领域造成巨大动荡①。完善可再生能源领域立法，切实保障国家安全，显然已经成为我国当前必然的课题。

根据国家发改委有关部门的测算，我国在今后的几十年内具备开发利用风能、太阳能、生物质能等可再生能源的潜力。有效的利用可再生能源在一定程度上将会促进我国能源事业的发展，成为继石油、煤炭等化石能源的替代能源，缓解我国的能源安全问题，持续保障我国经济的持续、稳步、健康发展。

（三）可再生能源立法是保护环境和节约资源的需要

保护环境和节约资源是当前国际社会的主要目标，但是在人类社会发展中，由于过度对自然资源进行开采和利用，能源的大量消耗对全球的可再生能源产业发展已经产生巨大威胁，能源发展面临诸多挑战。首先是能源过度消耗导致的全球气候变暖。气候变暖的主要原因在于人们在大气中焚烧化石燃料和石油等化学物，导致二氧化碳浓度在空气中的含量逐渐增多，大多体现在工业化进程中，我国在社会主义新中国的建设中，对于能源的重复利用率较为低下，造成的二氧化碳排放量较高；其次，过度消耗能源将会损坏其他自然资源。矿物资源属于不可再生资源，由于我国的能源资源储量不足以应对庞大人口的消费需求，对于传统的化石能源的开采利用需求几乎是成倍增加，造成大量的高污染低效能的能源被开采用尽，在八九十年代，大多数的乡镇小煤窑建立，因技术水平的限制造成开采过程中只注重经济效益而忽视环境保护和资源的有效利用，从而造成不可逆性的环境损害。因此，完善可再生能源立法，将有效抑制长期的环境破坏和资源的持续利用。

二、我国可再生能源立法现状

（一）现有法律对可再生能源的相关规定

《中华人民共和国电力法》是我国能源领域里第一部基本法律，该法在 1995 制定，其后于经过 2009 年、2015 年、2018 年三次修正通过。《电力法》第五条

① 刘婷．中国可再生能源立法研究［D］．东北林业大学，2005．

规定“国家鼓励和支持利用可再生能源和清洁能源发电”，首次以法律的形式对可再生能源的开发利用给予了明确指示。

其后，在1997年11月1日通过、2007年10月28日修订通过的《节约能源法》，也明确指出将发展可再生能源作为传统能源的补充，其中第七条规定“国家鼓励、支持开发和利用新能源、可再生能源”。将节能作为能源发展的重要标准，有效限制高污染、高耗能企业的大规模建设，有序引导能源产业的技术和科技创新。

《可再生能源法》是我国2006年1月1日开始施行，于2009年12月29日修订的可再生能源的基干法律，该法包括总则、资源调查与发展规划、产业指导与技术支持、推广与应用、价格管理与费用分摊、经济激励与监督措施、法律责任和附则八章。从篇章来看，《可再生能源法》基本解决了可再生能源的开发问题，在推广与应用一章中也提出将可再生能源运用到电力、热力、生物质燃料等方向，推动可再生能源在各领域的全面发展。该法提出的主要制度为配额制和固定电价制度，根据我国对能源的需求以及能源发展战略，这两种制度分别基于市场和国家调控方面，有利于缓解我国能源供应、改善能源结构。《可再生能源法》的实施，对于降低温室气体在我国社会发展中的排放方面具有重大意义，极大地改善了我国能源的消费结构，促进我国能源的绿色、可持续发展。

（二）部门规章和地方性法规对可再生能源的规定

为保证《可再生能源法》的实施，我国也制定了相关规章和地方性法规。如，国家计委办公厅、国家科委办公厅、国家经贸委办公厅于1995年1月5日印发的《新能源和可再生能源发展纲要》，提出了“九五”以至2010年新能源和可再生能源的发展目标、任务以及相应的对策和措施；国家发展改革委于2006年1月5日印发的《可再生能源发电有关管理规定》；国家电力监管委员会（现已撤销）于2007年7月25日实施的《电网企业全额收购可再生能源电量监管办法》；财政部、建设部于2006年9月4日印发《可再生能源建筑应用专项资金管理暂行办法》，有效规范可再生能源建筑应用专项资金的分配、使用和管理；国家发改委于2016年3月24日印发了《可再生能源发电全额保障性收购管理办法》，均对可再生能源的具体实施和保障方面提供了相关举措。

当前，我国已经制定出了有关新能源与可再生能源的法律以及实施细则，但是仍然不全面，一些法律实施中的关键问题没有体现在相关实施细则中。依据《可再生能源法》，国家对于可再生能源的使用推广主要采取三种政策，分别是价格机制、设立专项资金、提供相应的优惠政策①。当前，我国法律对于可再生能

① 蔡守秋. 我国可再生能源立法的现状与发展［J］. 中州学刊，2012（05）：71－75.

源价格管理以及费用方面的规定较为明确，但是均表现在可再生能源的发电方面，在供热方面以及燃料发展方面的具体相应规范仍然需要细化。

（三）促进可再生能源的现行政策

除上述法律法规规章之外，我国对于可再生能源也存在一些非立法形式的规范性文件，这些政策对可再生能源在我国的发展起到了重大的示范作用。

2016年12月国家发展改革委公布了《可再生能源发展“十三五”规划》，提出了“十三五”以至2020年可再生能源的发展目标、任务以及相应的对策和措施，并明确指出了当前可再生能源发展的国际和国内形势，加快建立清洁低碳、安全高效的现代能源体系，促进可再生能源产业持续健康发展，提高可再生能源在能源消耗中的比重，推动我国能源结构优化升级。2017年7月19日，国家能源局发布《关于可再生能源发展“十三五”规划实施的指导意见》，为深入贯彻能源生产和消费革命战略，实现能源产业的有序发展，帮助能源产业结构转型，应当在发展可再生能源产业的同时，加强可再生能源目标引导和检测考核，加强可再生能源发展规划的引领作用，加强电网接入和市场消纳条件落实等举措，对促进可再生能源在我国的健康协调发展提供指导作用。

三、可再生能源立法制度存在的不足

（一）立法缺乏对各种类可再生能源的完善

我国已经制定了一系列有关可再生能源的法律、行政法规及政策，但是针对各种类的可再生能源仍然相对匮乏。在相关规定中，大多是围绕风能、太阳能等若干种类可再生能源发展而制定，因此这些能源在开发利用上获得了迅速的发展，但是与此同时，法律法规未明确规定的生物质能、地热能、海洋能等种类的可再生能源，在开发利用和产业规模的发展上有限且迟缓。通过对国外可再生能源立法的经验借鉴，并结合我国可再生能源发展的实际情况，我国已经制定了针对能源技术开发的经济支持、价格机制和优惠政策，以此来促进可再生能源的有效发展。但由于《可再生能源法》的诸多条款仅仅只有原则性规定，有关各种类的可再生能源的规定只是授权国务院的有关部门制定，导致这些规定在法律位阶上层级过低，促进作用也相应降低。保障各类可再生能源的协调均衡发展不是仅单纯依靠一部《可再生能源法》就可以实现，在法律上实现各种类的可再生能源的立法细分，保障除风能、电能、太阳能以外的其他可再生能源种类的协调发展，这样才能缓解我国目前不均衡的可再生能源产业结构现状。

（二）可再生能源的相关需求侧促进措施不足

需求侧促进措施对于可再生能源产业的发展具有调控作用。从资本市场准入、生产、流转到消费的整个过程，可以针对不同的流通环节采取经济激励政策以此来刺激需求，提高全要素生产率。然而目前我国针对可再生能源的需求侧促进措施，仍然相对缺乏，除了制定相应的强制性目标和保障措施外，还需要在税收、金融优惠以及相应财政补贴上采取措施。完善需求侧强制使用制度，推动可再生能源产业规模的发展，实现我国能源发展的目标。

我国《可再生能源法》在第六章规定经济激励与监督措施，在原则上对经济激励措施进行规范，明确我国可再生能源所采取的财政补贴、设立专项资金、税收优惠等政策，但是对税收优惠的种类、适用范围和幅度等的具体规定仍然相对匮乏，加大政府的财政支持力度，完善需求侧促进措施，以此促进可再生能源产业的发展。

（三）监督管理制度尚未完善

2006 年《可再生能源法》实施后，可再生能源在我国各产业都得到了迅速的发展，但从《可再生能源法》与其相配套的政策性文件中，从侧面反映该法主要为原则性条款，可操作性略微不足，显得过于理论化。可再生能源产业的全面发展不应当单纯依靠对其产业的促进和鼓励，监督管理制度也是产业发展的重要保障。可再生能源在产业激励政策及监督管理制度的完善下，才能得到迅速且健康的发展。《可再生能源法》第六章经济激励与监督措施中对监督管理涉及较为笼统，不具有操作性，法律应当对监督管理制度进行进一步规定。

（四）公众参与制度难以得到落实

2015 年我国新修订的《环境保护法》中增加了公众参与制度，这将最大限度地体现出民主决策。《环境保护法》作为我国环境领域的基本法律，公众参与制度也应当在隶属于环境保护法律体系的其他法律中体现出来，但是在实践中如何有效保障公众参与制度的实施仍然是一个难题。根据我国《可再生能源法》第四条第二款规定："国家鼓励各种所有制经济主体参与可再生能源的开发利用，依法保护可再生能源开发利用的合法权益。"由此可以看出，我国在可再生能源的开发利用上极大鼓励普通公众的参与，但是该条款仅为原则性条款，没有将公众参与制度的各流程进行概括，缺乏对公众参与可再生能源制度的制定中、决策时、项目建设前后等一系列的权利①的落实。

四、完善我国可再生能源立法的建议

（一）立法上实现可再生能源种类的细分

我国可再生能源在开发利用上种类较为集中，缺乏多样化发展，主要表现为对风能、太阳能的利用，在利用方式上也大多为转化为电能，针对较为新兴的可

① 黄文博．论我国可再生能源立法之完善［D］．湖北：三峡大学，2013.

再生能源产业就显得过于薄弱，由于这种情况的存在，各种类的可再生能源产业之间出现发展程度不一以及市场境遇不均的问题。为了缓解可再生能源产业之间的失衡状况，在今后的能源法律制定中应当注重对其他产业的兼顾，有效进行协调，保障如生物质能、地热能、海洋能等新兴产业的蓬勃发展。但是，在统筹兼顾中也应当注重主次，传统的风能、太阳能等能源产业可作为可再生能源发展的基础，在此之外，可根据科学技术的发展以及产业前景，适时出台有关风能、太阳能等其他能源产业和利用方式的法律法规或政策，进行实现对各种类的可再生能源的立法细分①。只有实现了对可再生能源各种类的立法细分，才能根据各种类的可再生能源的不同特征和应用技术，实施与其相匹配的一系列制度，进而有效保障各个种类的可再生能源的平衡协调发展。

（二）完善可再生能源的经济激励政策

我国《可再生能源法》中经济激励的政策规定偏于原则化，立法针对经济激励的主体、责任、措施、范围等应当尽可能明确，比如在税收优惠制度上，对税收优惠的种类可以加以限制，为实践提供法律依据；在金融支持上，贷款条件的放宽与否、贷款额度的升降标准都应当做出详细的规定，进而刺激可再生能源产业的发展。

除此之外，目前我国已经制定了诸多的有关可再生能源产业的法律法规，但是但从当前的财政补贴政策来讲，规定较为繁琐且分散，难以具有统一的标准，这对于保障政策的实施具有很大难度。因此应当将现行的财政补贴政策进行有效梳理，最终确定并制定出国家统一的财政补贴制度，从而明确各部门职责，集中有限行政资源，发挥最大效用②。在构建财政补贴制度的同时首先应当注重新兴能源产业创新技术在可再生能源产业发展的重要性，虽然强调对可再生能源产业的开发和利用，但发展核心俨然是针对产业的创新技术③。其次在制定国家统一的财政补贴中应当遵循 WTO 国际准则，避免出现类似于我国光伏产业被西方国家征收双反税的情况，有效避免国际纠纷的发生。最后，产业补贴的评价体系也对于完善国家财政补贴制度具有重大意义。在发展能源产业的过程中利用评价体系适时选择或退出相关机制，有效维持产业规模④。

（三）建立可再生能源监管制度

一直以来，我国鼓励和支持可再生能源的开发和利用，在这几十年的努力下，我国的可再生能源产业也逐渐得到迅速发展，但与此同时也更凸显出合理的

① 王书宜. 我国可再生能源配额制的立法构建［D］. 中国石油大学（华东），2014.
② 史丹等. 新能源定价机制、补贴与成本研究［M］. 北京：经济管理出版社，2015.26.
③ 邢宝强. 我国可再生能源法律制度研究［D］. 河北地质大学，2016.
④ 张卫高. 我国可再生能源补贴法律制度研究［D］. 浙江财经大学，2014.

监督管理制度的重要性，这与我国的可再生能源产业的健康发展密不可分。

可再生能源产业在2006年《可再生能源法》制定后一直被国家支持和鼓励，但是可再生能源产业发展的监管制度尚未得到完善。为了促进和保障可再生能源的良好发展，我国应当建立完善的监督管理制度，该制度在可再生能源的开发、利用等全过程中应当得以体现，比如在申请项目许可、专项资金、确定技术标准中都应当纳入监管范围，不仅可以有效促进产能进步，也有利于提高可再生能源产业的社会地位，对产业发展具有推动作用。

对于可再生能源监管制度的执行主体，应当以国家能源局为具体执行人，从国务院到地方政府分别设立能源监管部门，针对政府内部的滥用职权行为，监管工作可以由上一级监管部门进行，防止贪污腐败滋生。可再生能源监管制度的设立将推动可再生能源产业的健康发展。

（四）公众参与制度的完善

我国新《环境保护法》将公众参与制度纳入，民主立法、科学立法在环境管理领域得以展现。环境保护法中的公众参与制度主要分为三个部分，分别是手段参与、过程参与和末端参与。三种参与方式应当进行有机结合，共同运作，才能通过公众参与实现环境监督管理力度和改善环境质量的目标。手段参与是指在环境法律、政策、计划的决策过程中的参与，是民意收集的主要阶段；过程参与是指公众在环境项目开发、利用、建设过程中的参与，主要表现为公众对现行环境项目的相关意见；末端参与是指在环境污染和环境破坏后，公众进行的相关举报、检举。同样，在可再生能源领域也可以效仿此种公众参与制度，不仅有利于提高公众对于可再生能源产业的积极性，同时也形成一种新兴能源产业的大众监督机制。

国外的可再生能源产业正是由于公众参与制度上的优势从而很好地稳固国际市场。在完善可再生能源公众参与制度中，应当注重信息公开制度，公众参与的方式受限，信息公开制度为公众参与提供一种途径。相关的产业发展信息公开更加具体时，公众的参与热情也会随之增加，对可再生能源产业的发展无疑是一种催化剂，除此之外，公众参与制度的内容还包含立法听证，听证机制是保障公民行使知情权的重要举措，同时也更好地确保公众参与制度的落实。

参考文献

张立锋，李俊然. 中国可再生能源产业发展促进法研究［J］. 河北法学，2016，34（04）.

杨卓越. 我国地热资源立法研究［D］. 石家庄：河北地质大学，2018.

刘婷. 中国可再生能源立法研究［D］. 哈尔滨：东北林业大学，2005.

蔡守秋. 我国可再生能源立法的现状与发展［J］. 中州学刊，2012（05）.

黄文博. 论我国可再生能源立法之完善［D］. 宜昌：三峡大学，2013.
王书宜. 我国可再生能源配额制的立法构建［D］. 青岛：中国石油大学（华东），2014.
史丹，等. 新能源定价机制、补贴与成本研究［M］. 北京：经济管理出版社，2015.
邢宝强. 我国可再生能源法律制度研究［D］. 石家庄：河北地质大学，2016.
张卫高. 我国可再生能源补贴法律制度研究［D］. 杭州：浙江财经大学，2014.

中国油气管道立法保障研究

王　玮[①]　潘凤娇[②]

摘　要：油气管道立法保障是在新形势下管道保护工作的法律支撑，是实现国家能源安全和整体国家安全观的重要制度保障。油气管道立法保障在国内起到制度支撑作用，在国际为实现“一带一路”沿线能源和法律制度的互联互通提供中国方案。然而我国的油气管道立法方面还存在缺乏与国际能源政策的衔接、油气管道基本法仍需完善、单行法的缺位、配套法的配套服务未跟进，如海底油气管道立法缺位等问题，在全球能源治理背景下如何能够使我国的油气管道在立法上得到保障，是我们所要研究的问题。

关键词：全球能源治理；油气管道立法；立法保障

引　言

从化石能源的重要程度来看，石油、天然气占据重要席位，体现在为人类改造世界的经济发展提供物质生产资料。将社会经济的发展比作身体，石油、天然气就如同社会经济运行发展的血液，那么油气管道则是运输血液不可缺少的“血管”。油气管道改变了石油、天然气的运输方式，其实质是油气运输技术的一种提高。油气储藏和运输技术的历史最早可追溯至秦汉，十九世纪末打出了我国近现代的第一口油井，在我国西部地区逐渐打出许多探井。随着油气勘探开发程度深化，油气管道网络也正在逐步覆盖。我国目前拥有天然气管道长度698042.72公里，天然气用气人口36902.14万人，管道输油（汽）里程12.23万公里。油气管道立法中更着重的是油气管道安全立法，因有打孔盗油的现象屡屡出现，这只是在油气管道立法中一个环节的问题。油气管道作为能源运输的基础设施，其天然使命是保障能源供给安全，据《石油天然气管道保护法》第七条可得知在实施保障的过程中会产生多方法律关系，如油气管道所要考虑的是油气管道的建设，就要和《土地管理法》等法律、法规配套执行；对油气溢漏事故等各种问题

---

① 王玮，西南石油大学法学院副教授，硕士生导师，研究方向：民法。
② 潘凤娇，西南石油大学法学院2018级法律硕士研究生，研究方向：民法。

的应急协作机制或要与《侵权责任法》配套使用；管道涉及跨区域保护要与《环境保护法》等一系列法律法规交叉适用，由此可以看出任何事物的法律规范绝对不是单打独斗，而是要配套服务，合作打出组合拳。因此在对繁荣经济情绪高涨的当今，石油、天然气作为重要能源又事关社会发展的各个环节，做好油气管道立法，建设服务油气运输的油气管道立法体系是极为必要和势在必行的。

一、我国油气管道立法保障的必要性

（一）能源安全

能源安全是体系性的安全，其内容应当包括并不局限于能源的供应、需求、运输和环境安全等，应有之义是能源供应安全，但石油、天然气能源国内需求加大，而我国石油天然气能源总量匮乏，依靠进口是一条势在必行的道路，因此能源安全体系中还应包含能源国际合作安全。

油气管道立法对于能源安全的作用在于，油气管道内生安全对能源安全起着重要的支撑作用，是能源安全的重要一环。油气管道立法的目的按其由内向外作用的顺序分为：第一是维持管道自身的安全，第二是保障能源正常的市场供应，第三是维护公共安全。油气管道本身的安全是指以克服自然灾害和管道侵蚀损害为重点，在确保其自身的安全后石油、天然气就能维持正常的市场供应，维持社会的正常运转，在确保管道自身安全和供应安全后，在油气管道遇到突发安全事故，避免相关伤亡和财产损失是油气管道所最终要完成的目的。

油气管道立法保障破题的关键在于从法律规范角度改变我国化石能源的分布现状。能源安全的考量存在多种标准，从我国的顶层设计上提出了“总体国家安全观”，“总体国家安全观”的视角也从传统安全转向非传统安全，能源安全最先体现在战略安全上，但能源安全的落脚点应当在能源安全的立法上。我国现行能源法律法规中对能源安全的重视可见一斑，但随着全球化的不断深入，能源供应链条稍有断裂就会导致市场的动荡和社会的恐慌，在这点上我国早有先鉴，油气的运输早在几年前是海上运输的方式，众所周知马六甲海峡的海盗和恐怖主义对能源的安全运输产生了极为重大的侵害作用。国家利用单方掌控的油气管道，可以将本国的政治、外交、军事等影响力扩大至油气管道的途经区域，从而转化为有利于油气管道东道国的地缘政治格局，油气管道业已成为国际能源争夺的基础设施战场。①

能源安全的意义多从地缘政治和全球治理角度谈起，然则能源安全的重要组成部分在于油气管道的建设、运营、维护等诸多方面，从法治角度看能源安全，

① 刘文超、孙仁金：《对我国油气管道建设运营的战略思考》，《油气储运》2014年第2期。

或为我们提供全新的视角。油气管道作为能源互联互通的基础设施，不仅在一国境内可以改变能源供给不均衡的现状，在国际能源布局上，对打破“缺油、少气”的我国能源格局也存在积极意义。囿于“马六甲困局”，我国现阶段的油气进口方式多转向管道运输方式，在我国的国际能源合作中现有的跨境油气管道也同时对我国实现能源供给局面的多元化起到促进作用。

（二）能源可持续发展

能源可持续发展不仅是将能源得到充分利用而且可以实现代际公平。其提出的背景是基于我国的能源禀赋和环境的承载能力。协同促进资源能源的全面循环和节约利用，建构低碳清洁、高效安全的能源体系是十九大报告提出的能源可持续要求。① 能源可持续发展蓝图变为现实还需要我国能源行业的各环节努力。试以我国 2019 年上半年能源形势举例，全国的原油产量 9539 万吨，同比增长 0.8%，油气增储取得积极进展；天然气产量 864.1 亿立方米，面对油气的增产，油气管道的运输供应能力也需要跟进。

在能源的基础设施供应方面，按照《石油天然气规划管理办法》的规定，管网能加强能源的互联互通，继续扩大油气管网的覆盖范围，以便继续提升油气管网输送能力，对突破管网运输瓶颈有积极影响。这是从部门规章的角度对其可持续发展提出规划和指导。

《石油天然气管道保护法》在总则部分赋予管道企业宣传管道安全与保护知识的职责，在思想意识上体现了能源可持续发展；在第二章中规划、建设遵循的环保、安全、节约用地原则则代表油气管道规划、建设及其所辐射的范围内都将接受能源可持续发展理念；第 39 条、40 条分别从事故应急预案和环保、侵权责任的角度防止管道事故，上述的法条规定的根本意义最终指向保障能源供应安全，更深层的意义则为能源可持续发展。

就本文立足的油气管道立法而言，油气管道的积极意义自不必在此再行赘述，值得一提的是能源的可持续发展中石油、天然气的可持续发展也依赖一个安全、永续的运输环境。然而随着油气管道的发展，油气管道的可持续发展也出现了一些管理上的问题，下面试举几例在管道运营过程中出现的，管道的规划建设涉及行政规划和途径地区的城乡建设规划，且途经地区的征地涉及的拆迁问题，再比如在国际能源合作中我国与中亚在能源基础能源设施上的建设就会出现诸如能源政策不适配、中亚国家的法律法规的稳定性较弱等一系列法律风险。这些法律风险背后反映的则是能源成为各方角逐的资源，能源缺乏稳定性导致能源不安

① 习近平．决胜全面建成小康社会夺取新时代中国特色社会主义伟大胜利［N］．人民日报，2017－10－28（01）。

全。而当下我国的油气管道保护法律只有一部，该法距今已有十年的历史，且其主要规范的是我国境内的油气管道。伴随着经济的高速运行和对能源的需求的不断膨胀，而我国的油气管道的立法保障只局限于国内管道保护，面对石油天然气境外供给输送的扼喉，国内协调处理的方式不应只通过外交途径或是能源政策来作为应对手段，显然我国关于油气管道立法保障方面供给能力略显不足，更为重要的是打孔盗油的现象频发，前文也提到我国三大陆上油气管道与沿线相关国家在能源政策和环境保护中相应的问题都会影响能源可持续发展。当前我国的油气管道立法就其本身的可持续发展和服务于石油天然气运输的可持续发展方面的观念意识还有不足，因此能源可持续发展在油气管道立法保障中显得尤为重要。可见能源可持续发展的理念要贯穿到全领域、各环节。

（三）“一带一路”能源共同体

本文中所讨论的能源共同体是“人类命运共同体”视域下的重要组成部分，其建构最终是服务于“人类命运共同体”。能源资源的互联互通为世界各国增强合作和对话创造了更多机会，我国的三条陆上能源基础设施建设，一方面加强了我国与沿线地区和国家的经济、文化往来，有利于文化输出，促进人类命运共同体理念的传播。另一方面油气管道的铺设有利于带动我国的边境和内陆的交流，更利于经济的发展和带动管道入境地区全面发展，利于国家的统一和民族的团结，且油气管道的建设带来的利处远大于此，在此不一一列举。

对能源需求的热切渴望，致使全世界能源争夺呈现愈演愈烈的态势。发达国家为保障本国的能源利益，竭力掌控全球能源市场的主导权，采取的手段则是强化对能源资源和油气管道的战略控制，相应的能源出口国或者地区也加强对本国或本地区的能源资源控制，并积极构建战略联盟以此强化自身利益。① 因此对油气管道进行立法，是从基础设施互联互通的角度，对我国境内外的油气管道供应保障提供法律制度支撑。

为了便于能源互联互通的全球化或者区域化管理，国际上陆续出现一些关于能源共同体的组织，如早期的国际能源署、欧佩克传统政府间组织。能源研究机构也相继成立，如日本的IEEJ、美国的EIA、俄罗斯的ERIRAS、中国的CNPCETRI等。这些能源组织在国际能源的互联互通起到沟通协调、斡旋解决能源互通问题的作用，能源组织的相继出现恰好是能源共同体最好的映射，同时能源共同体的建设和构想更多的是为建立全球化的能源供应保障法律政策或是提供各国沟通对话机制。

---

① 罗英杰．全球能源治理：发展、动因与前景［J］．国际关系，2014（03）。

二、油气管道立法的现状与问题

（一）中国油气管道立法现状

1. 我国石油天然气管道立法进程

从国家法律层面来看，油气管道作为能源基础设施，主要是从能源安全角度提供供应保障，因此能源基础设施则应为统筹概念，《石油天然气管道保护法》规制油气管道法律相关问题成效显著，但目前我国只有这一部法律且具体规范的是陆上油气管道，而能源基础设施不局限于陆上油气管道，随着海洋油气资源的开发与利用，海洋油气能源也将会逐步通过管道运输方式供应陆地，因此海洋方面的管道保护法业已成为中国油气管道立法进程中的重要组成部分。当前我国海洋油气管道的立法状况还停留在效力层级较低的层面上，如《海底电缆管道管理规定》和《海底电缆管道保护规定》是专门规范海洋油气管道保护的行政法规、部门规章，另外还有一些散见于海洋法体系中的规范海洋油气管道，如《中华人民共和国海域使用管理办法》《中华人民共和国海洋环境保护法》。

在地方性法律法规中，现在油气管道沿线的省份，也是经济发达的大省，如浙江和山东都出台了全面的地方性法规对石油天然气管道进行保护，在石油天然气管道保护的过程中，地方政府的法律保护手段往往是发布规范性文件，法律的效力层级较低，实施灵活，稳定性较弱，不利于形成对石油天然气管道的立法保障的长期制度。

2. 中国油气管道的法律性质

法律属性是指从法律角度对事物进行定位和确认。在《石油天然气管道保护法》中没有列明油气管道的法律性质，但结合《物权法》的规定：油气管道作为我国公共基础设施，依法律规定属于国有。

依据上文，油气管道在法律地位上归国家所有，其天然自带公众性。油气管道的公众性体现在，一是建设油气管道是为了加大油气的运输，这有利于方便人民生产生活，对加快社会经济腾飞具有重要意义。二是从能源安全的角度来看，因为石油、天然气有易燃易爆的特性，能源运输安全就成为能源安全的重要组成部分，油气的安全保障不仅使国民经济得到发展，同时更是对传统国家安全和非传统国家安全的有力保障。《石油天然气管道保护法》的立法目的中就公开明确了油气管道的公众性；三是结合《土地管理法》第四条、《石油天然气管道保护法》第十二条的规定，土地性质是建设用地，经审核符合城乡规划的，应当依法纳入当地城乡规划。由此可以得出管道建设用地是以划拨的方式取得，其以政府行为的方式确认管道属于国家所有的法律属性，因此油气管道的公众性是其首要属性。

油气管道作为主要的油气运输方式之一，法律性质的不同往往带来权利义务和法律责任的区分、设置的保护机制的不同，就《石油天然气管道保护法》的总体法律规制来看，石油天然气管道被定性为公物符合法律规定，逻辑得到自洽。

（二）中国油气管道立法中存在的问题

1. 中国油气管道立法与能源革命不切合

能源是一个国家的安全基石。就我国目前的能源消费来看仍然呈现出“一大三小”局面，从我国《能源革命“十三五”规划》中的规定中可以总结出我国的能源革命体现在能源供给方面、能源消费方面、能源技术方面和能源体制改革方面。能源革命的提出和未来发展之要求，绝不仅仅是解决某一部分或者领域的专门问题，需要系统、全面、整体地解决问题，能源革命本就是一个系统性的工程，从横向上可分为煤炭、石油、天然气、风能、电力等不同的能源形态，从纵向生产上下游各环节上看可分为生产、储存、运输、交易、使用等不同的能源处置环节。历次的能源革命，都将伴随着一次法律制度和规范的变革。

首先，本国现行的管道保护法中立法目的与现在能源革命的要求还存在一定的距离，不能够全方位、系统地与能源革命提出的要求相适应。而我国的《石油天然气管道保护法》还只是集中在油气管道的保护方面来规制法律问题，其将治理的眼光局限和集中于管道的安全保护方面，未能适应新形势下的能源革命。

其次，从纵向上看《石油天然气管道保护法》作为油气管道领域的单行法，在油气运输环节中起到上下游连接作用，不能规范上游开采和下游销售时的法律问题，但又因为油气管道这一运输方式，其利用率越高则必然会导致上游开采和下游销售的细节性的改变，就其促进作用而言，目前的《石油天然气管道保护法》并不能够对上下游环节带来法律的影响，从而无法形成整体的能源革命的链条。

最后，从同级横向上来看：煤炭、石油、风能、水能、电力等都是能源的不同形态，其整体构成了我国的能源，而目前没有一部能够规范所有能源的基本法，就法律体系而言都是各篇章的法律，诸如电力篇法律法规、煤炭篇法律法规、石油天然气篇法律法规、新能源法律法规、能源节约法律法规、核电法律法规、市场监管法律法规、电力安全监管法律法规这些仍未将内部逻辑体系理顺和区分隶属关系的法律法规，而《石油天然气管道保护法》是在石油天然气篇法律法规框架下的专门法，通过“输送”这一使命来撬动整体的能源体制改革，就目前来看还存在一定的距离。

2. 中国油气管道立法缺乏与国际能源政策上的衔接

能源供求关系的波动对我国石油天然气的供应影响较深，面对国际国内形势，《石油天然气管道保护法》应统筹国际国内两个大局来对能源进行供应保障。

《石油天然气管道保护法》实施已有十年光景，在这十年中，国际和国内局势发生深刻变化，管道运输已成为第五大运输方式，面对石油、天然气这些国际能源，如何在我国现有法律的基础上做到与国际接轨，成为要考虑的战略问题。该法产生的历史背景是立法者更注重的是管道的保护，在与全球油气管道运输方面未能关注更多，以我国于 2015 年签署的《能源宪章》为例，此举寓意我国成为签约观察员国，这强化了中国在国际能源合作中的主动权和话语权，为参加国际能源合作规则制定和修改提供了良好的契机。[①] 但该法中并没有与之相配套的法律措施，因此在战略定义上缺乏国际眼光。

再试举一例，随着“一带一路”互联互通倡议的进一步实施，中亚地区能源输出国以及俄罗斯可能与韩国、日本、菲律宾、马来西亚、泰国、越南等国家的能源市场相连。[②] 随着我国周边能源国家陆续成为该条约的缔约国，中国将会成为能源材料和产品的过境国。在全球能源互联互通背景下，打破了能源在单一国家的限制，能源运输就成为全球能源治理、互联互通的问题之所在。因运输过程涉及跨境问题，反观我国的油气管道政策、法律并没有能够与过境运输相衔接配套，这恐对我国带来一些不利影响，不利于中国与周边国家深化能源合作。比如从我国《石油天然气管道保护法》中关于管道企业的规定可以发现，管道企业被法律所赋予的基本职能是在规划建设、运营维护方面，而管道企业实质上更是市场主体，其意义更倾向于管道投资运行，但我国现在面临能源互联互通的需要，究竟由谁来承担对外引进能源的主体，这点目前没有明确的立法规定。

3. 中国海底油气管道专门法缺位

从《能源发展战略行动计划（2014—2020 年）》文件中，笔者了解到，要健全能源法律法规，积极推进海洋石油天然气管道保护等行政法规制定或修改。同时据《2017 中国油气产业发展分析与展望报告蓝皮书》，随着“一带一路”倡议的深入全面实施，我国将继续扩大同国外的能源合作开发建设的朋友圈，继续完善四大油气管道，其中海上油气运输管道被列为同级同等重要的地位被提及。

距首次铺设海底输油管道至今已经有几十年历史，海洋油气管道业已成为中国油气供应体系不可或缺的重要组成部分。目前我国在海底油气管道的法律规范上也主要是一些行政法规、规章，如《海洋石油勘探开发环境保护管理条例》《铺设海底电缆管道管理规定》，部门规章有《海洋石油勘探开发环境保护管理条例实施办法》《铺设海底电缆管道管理规定实施办法》，并且制订的时间较现在时

① 王涛，胡德胜，姜勇．中国油气管道法律政策与《能源宪章条约》的兼容性研究［J］．中国人口·资源与环境，2019，29（6）：20—30．

② 王涛，胡德胜，姜勇．中国油气管道法律政策与《能源宪章条约》的兼容性研究［J］．中国人口·资源与环境，2019，29（6）：20—30．

间较长，对于现在激变的能源治理发展态势缺乏一定的综合指导。海洋油气管道立法缺乏科学的体系且这些行政法规、规章多解决的是针对海洋油气管道在铺设和输油过程中涉及的环境保护问题这一环节和单方面的法律问题。

从立法技术角度来看，通过法律授权国务院能够在必要的时候制订行政法规也只是暂行条例，法律要求具有相对的稳定性。制订暂行条例或者暂行规定只能是作为政策向法律过渡的一个阶段，面对现在国内外对能源治理的趋势仍应当制订层级较高、且稳定性较强的法律，用于指导海底油气管道运输利用、保护。

三、油气管道立法保障思路

油气管道的属性决定参与治理的主体不能仅限于国家的专门行政机关管道企业在治理方面更有法定责任。而在社会主体多方参与方面，则更应加强对于管道保护的必要性、意义以及危害管道运输安全的法律法规宣传。没有规矩，不成方圆。在油气管道的治理方面要确立一些规则之治，统一思想认识，明晰保障的思路，规范具体的行为，才能更好地服务于油气管道日后之发展。

油气管道的建设发展史是一部动态的历史，本身发展就是动态的，所以要求建设也必然是动态的。能源最初的开发集中在我国境域，但随着经济的融合，能源的需求变大，国际合作的日益增加，国与国之间的能源合作也呈上升趋势，比如我国与中亚的一些国家的天然气运输、与哈萨克斯坦的石油贸易、中俄油气管道运输等都体现出能源的国际合作。

因此在油气管道建设、治理方面一定要遵守相应的规范，统筹国内和国际两方面的因素，力求油气管道在运输中能够发挥最大作用，增加效能。

（一）安全原则

安全原则应从战略上的能源安全和制度上的安全来进行设计和讨论。一方面安全原则的建立对于总体国家安全观理念的普及具有普遍意义，在安全原则确立的同时不仅使国家行政机关层面更为注重能源安全，同时在企业和居民的日常生活中也产生连锁效应。此处的安全原则还应当考虑到在我国的能源国际合作中的安全原则。另一方面安全原则的建立为健全完善安全制度提供思路和理念。

安全原则是在油气规划、建设、运输、维护各环节各方面都需要遵循的原则。因打孔盗油这一显性的现象使我们注意到管道安全的保护，这是一种直观的、容易被人们所察觉的安全问题，又比如因石油、天然气运输的局限性，在运输的过程中以及建设管道时所要考虑的安全问题看似是技术问题，实则因油气管道建设过程中的安全隐患所引发的法律问题也不容忽视。

在前文提到的国际能源合作中，油气管道的过境运输也需遵守安全原则，在此的安全原则不仅包括传统的安全，更应该加强非传统的安全防范，确保国家的国防安全。安全原则更在国际能源合作中应当包含运输安全、经济安全、合作安全、环境安全。

（二）环保与能源可持续发展原则

习近平总书记曾提出环境与经济发展的关系问题并做出重要表述，刚刚改革开放时对追求经济快速发展的热切渴求，导致了能源利用的粗放，在过去的几年，雾霾问题曾一度困扰着中国这条腾飞的巨龙，经济发展应与环保齐头并进。

可持续发展原则的提出是为了解决代际间的生存问题，不一定能够做到前人栽树后人乘凉，但也绝非一味索取、竭泽而渔。能源可持续发展原则其本质就是将经济、自然生态环境和社会放在一个视域下来讨论，以期找到子孙能源开发利用可持续，同时兼顾促进以人为中心的自然生态环境和人类关系“正和”的和谐发展的持续之路。

油气管道的开发和利用一定是要环保先行，《石油天然气管道保护法》中规定的“三同时”制度即是对环保的重视，同时也是规定了管道企业是环境保护的主体，既要发展经济更要保护环境。

在能源的诸多特性中互联互通是其重要特性，油气管道承担着互通的使命，中俄东线天然气管道投产通气标志着我国四大油气战略通道全部建成，同时也结束了东北油气通道长期以来“有油管、无气管”的历史。可见能源的可持续就是互通有无，打通国内、国际两个层面的能源可持续。

能源的可持续还需要在体制机制上可持续，我国石油天然气管网公司挂牌，主要是为了深化我国油气体制的改革，达到公平开放和油气管输服务，形成“全国一张网”，这也是能源可持续发展原则的机制体现。

（三）信息公开原则

上文提到我国的油气管道的法律性质属于国有，即油气管道的利益代表全体国民的利益，根据《宪法》的规定，为了国家更有利的发展和运行，公民享有监督权。油气管道作为重要的基础设施，其建设、使用、维护的各个环节应当进行信息公开，方便监督，更有利于促进油气管道的良性发展。《石油天然气管道保护法》中所涉及的各级主管部门在编制实施管道的各项规划、管道的保护与监督、依法查处危害管道安全的违法行为等一系列涉及油气管道保护的事项均应做到信息公开，并且应做到与《政府信息公开条例》衔接配套，根据《政府信息公开条例》第九条之规定，各级主管部门对于油气管道信息应当主动公开。

《油气管网设施公平开放监管办法》第四章为我们对油气管道的供应环节信息公开提供了基本思路，通过贯通思路，信息公开应当触及油气管道的全领域、各环节。油气管道相关信息的公开要形成公开的常态化与制度化，比如涉及管道规划中所要征收土地的情况，则需要将具体涉及的行政相对人进行信息公开，方便行政相对人对自身利益的合法维护；再如油气管道建设中涉及的环保问题，要遵循“三同时”制度，在建设中要公开建设企业的信息；又如在管道保护的过程中涉及违法犯罪的情况，要及时向社会进行情况通报，方便监督同时进行警示教育。

在此，只是简单对油气管道中涉及的各环节可能会需要信息公开的事项进行简要说明与列举，具体实施过程中仍要坚持公开为原则的总体导向，各级油气管道主管部门应对此进行细化，结合《政府信息公开条例》的原则和内容对油气管道这一基础性、民生性的设施具体采取管理措施，以此希望能将油气管道的公益性发挥到最大。

四、我国油气管道立法的解决路径选择

（一）预期建立服务于能源革命的油气管道立法

能源革命的提出就是在做人与自然环境、经济发展和我国自身发展关系之间利益最大化的加法，能源的需求侧要求在法律规范上要紧跟甚至前瞻性地预见在能源革命中可能要出现的法律问题，用法律来规范引领能源革命的发展和变革。进行适应和服务于能源革命的油气管道立法恰是能源革命中的关键一环，缺少顶层设计，将使油气管道立法变成无源之水。目前的油气管道方面的法律法规没有立法位阶较高的立法且法律政策较多，较为分散，无法系统性地针对油气管道进行法律规范，进而导致能源成为威胁国家主权的风险隐患，因此必须要从这一趋势下进行服务于能源革命的油气管道立法，完成“能源革命”所赋予的使命任务，以便更好地服务于“一带一路”能源互联互通和能源革命任务目标的达成。

（二）调整与国际能源政策的衔接，增加过境输送规定

基于我国已经是《能源宪章条约》的观察国，为了能够迅速与国际接轨，应当在我国的油气管道立法中加入过境输送规定。笔者建议应当在《石油天然气管道保护法》中加入过境输送的国民待遇，参考并借鉴《能源宪章条约》的相应规定，对途径中国运输至他国的石油天然气，不区分其来源和目的地国以及所有权问题，对上述国家收取的过境费用或是运输费用按照统一的费率结算，除遇见不可抗力或者双方在合同中约定或是根据《能源宪章条约》争端解决程序，均不得对过境石油天然气施加不合理的延误、限制或增加费用。①

在我国《石油天然气管道保护法》增加与国际能源政策相协调的机制，有利于在我国的法律地位上对过境能源运输起到规范作用，同时也做到有法可依，日

① 王涛，胡德胜，姜勇．中国油气管道法律政策与《能源宪章条约》的兼容性研究［J］．中国人口·资源与环境，2019，29（6）：20－30．

后面对我国的国际能源争端时可以赢得主动。

（三）加快推进海洋油气管道专门法立法进程

由于我国唯一一部石油天然气管道方面的法律只规定了陆上的油气管道的保护，而未对海洋油气管道相关法律规范进行规定，根据《石油天然气管道保护法》的授权，国务院可以制定对海上石油、天然气管道保护的特别规定。但是时至今日，国务院并没有制定海上石油天然气管道保护的专门行政法规或者行政法规性文件，而实践中的既定事实往往总是比法律制定的速度快，如今海底油气管道已经铺设，而相应的配套法律却没有出台，出现无法可依的现象。基于当前这一现状，中国务必对海底油气管道进行单独立法。由于海底油气管道生命周期主要包括设计、安装、运营以及回收各环节阶段，① 因此建议我国的海洋油气管道专门立法中应包括各阶段的具体操作规程，涉及法律责任的界定时有具体明确的规定，同时统筹安排陆上油气管道和海洋油气管道的主体，以利于油气管道的运营管理。

① 谭开忍．基于全生命周期的海底管道缺陷评估系统研究［D］．上海：上海交通大学博士论文，2006：21。

石油天然气管道法立法问题研究

王 浩[①] 杨 智[②]

摘 要：石油天然气管道法是一部统摄石油天然气管道建设、保护、监管等全过程、多领域的规范的总称。然而，回顾检视我国现有在油气管道领域的立法，《石油天然气管道保护法》难以契合发展改革新需求，自身与现有法律体系的协调性以及内容的合理性、科学性等问题仍待探讨；加之实践中安全、环境等重难点问题频繁出现，《石油天然气管道保护法》修订工作被提上能源工作议程，但仅修订管道保护领域立法显然难以满足油气管道领域发展的整体需求。因此，基于能源革命的战略要求以及立法价值的衡量，制定一部“石油天然气管道法”方为油气管道领域整体发展的应然之选。

关键词：石油天然气管道法；石油天然气管道保护法；能源革命；立法价值

引 言

管道是现代五大运输方式之一。油气管道运输以其运输量大、连续、迅速、经济、安全、可靠、占地少、费用低等多重优势，成为油气行业运输的首选。目前，我国70%的石油和99%的天然气是通过管道运输的，油气管道运输呈现“管口口径不断增大、运输能力大幅度提高、运距迅速增加”之势。2018年我国管道输油（气）里程为12.23万公里[③]，预计到2020年，原油、成品油管道总里程分别达到3.2万和3.3万公里，年输油能力分别达到6.5亿和3亿吨；天然气管道总里程达到10万公里，干线年输气能力超过4000亿立方米[④]。随着国民经济对油气资源的持续稳定增长，预计未来10－20年我国油气管道建设还将处于稳定增长期，其中天然气管道及储气库等配套设施建设将是今后发展重点。[⑤] 据此可见，管道作为社会发展的“血脉”，关乎国计民生，不容忽视。而现有的管

① 王浩，西南石油大学法学院讲师、院长助理，西南石油大学法治与社会治理研究院副院长，硕士生导师，研究方向：行政法、能源法。

② 杨智，西南石油大学法学院2018级法律硕士研究生，研究方向：行政法、能源法。

③ 《2019年中国输油管道行业分析报告——行业现状与未来前景研究》以及国家统计局数据。

④ 《能源发展“十三五”规划》。

⑤ 《2019－2025年中国油气管道运输行业市场需求预测及投资前景分析报告》。

道行业法律保护主要集中于《石油天然气管道保护法》《天然气管道运输价格管理办法（试行）》《天然气管道运输定价成本监审办法（试行）》《城镇燃气管理条例》《天然气基础设施建设与运营管理办法》《油气管网设施公平开放监管办法（试行）》《石油天然气管道安全监督与管理暂行规定》以及《关于深化石油天然气体制改革的若干意见》《石油天然气管网运营机制改革实施意见》等政策性意见。管道行业缺乏规范性、科学性、系统性的统一规范进行指导。

一、石油天然气管道法立法背景

（一）宏观上：现有法律政策落位于国家发展改革总要求

随着社会发展进入新时代，国家对发展提出了新要求、新理念，指出了发展新路径。总体而言，现有油气管道环节规范在部分或整体上对国家依法治理、安全发展、绿色发展、有效监管等新发展要求有所脱轨。

简而言之，其一，全面推进依法治国，必须立法先行，保障有法可依，以促进良法善治，2014 年十八届四中全会通过《中共中央关于全面推进依法治国若干重大问题的决定》，指出全面推进依法治国，形成“完备的法律规范体系”，2019 年 1 月 8 日，国家能源局也印发了《能源行业深入推进依法治理工作的实施意见》（国能发法改〔2019〕5 号）[①]，油气管道环节作为能源行业的关键一环，而现有能源管道行业规范散见于法律、政策之中，且内容规定较为简单，没有形成一个科学化、体系化的规范[②]。其二，十八大以来的党和国家提出的“生态文明”建设以及“五位一体”总体布局，愈加关注资源节约型和环境友好型社会建设，强调社会协调可持续发展。然而现行的《石油天然气管道保护法》以及管道立法欠缺对环境生态的保护，不适应生态文明建设需要。其三，根据《中华人民共和国国民经济和社会发展第十三个五年规划纲要》（以下简称“十三五”规划纲要）与 2016 年 12 月 26 日颁布的《能源发展“十三五”规划》指出：“创新能源规划实施监管方式。坚持放管结合，建立高效透明的能源规划实施监管体系。创新监管方式，提高监管效能”，“健全行业监管体系”。而现行的《石油天然气管道保护法》以及管道立法对全面监管的回应性较弱。其四，2019 年 3 月 19 日，中央全面深化改革委员会在第七次会议通过的《石油天然气管网运营机制改革实施意见》以及 2019 年 5 月 24 日国家发改委、能源局等四部门颁布施行的《油气管网设施公平开放监管办法》指出，要坚持深化市场化改革，建立公平、公正、竞争、有序的市场秩序。管道行业作为重要环节，而现有的管道市场化问

---

① http://www.nea.gov.cn/访问时间 2019 年 10 月 19 日。

② 母智蝶、张维刚、叶荣耀：《论我国油气管道安全法律法规建设》，《教育教学论坛》2015 年第 8 期。

题欠缺立法层级高的法律指导。其五，2017 年制定《油气体制改革若干意见》，其中要求“保障油气供应安全，构建油气全产业安全生产责任体系”。此外，2019 年习近平总书记指出：“经济社会发展要防化重大风险，完善风险防控机制。”[①] 然而，现有管道环节立法对建设安全、生产安全、安全责任等安全风险的防控尚有缺陷。

（二）微观上：现有法律规范欠缺科学性

以《石油天然气管道保护法》为例，本文对《石油天然气管道保护法》的立法目的、立法原则、调整范围、保护管理体制机制、法律框架、立法体例进行全方位的规范分析，发现其立法内容欠缺科学性。

具体来说：第一，立法目的的局限。现行《石油天然气管道保护法》立法目的局限于管道保护，对可持续发展等关注不够。第二，立法原则上的不足。现行《石油天然气管道保护法》注重对管道安全的保护，因而其中忽视了可持续、市场化、有效监管及风险应对等原则。第三，调整范围的不完备。现行《石油天然气管道保护法》对环境保护、市场化、安全生产等内容的规定的不完备。第四，管理体制的不顺。各部门对油气管道保护的权责不明，责任不清，容易产生监管缺失和交叉、管道企业内部管理机制不顺畅、人员配置力量不够等问题。第五，监管规范的缺失。现行《石油天然气管道保护法》缺失管道安全保护的监管体系，致使不能对其开展有效监管，如对油气管道保护和危险化学品安全的监管。[②]

（三）体系上：现有法律规范与部门法律体系的不协调

参照《石油天然气管道保护法》，《石油天然气管道保护法》与《安全生产法》在安全生产相关法律条款上存在冲突，与《城乡规划法》就管道建设规划有冲突，与《物权法》就管道敷设权利有冲突，与《土地管理法》就用地属性有冲突，与《防洪法》[③]、《消防法》有法益保护的选择冲突以及与《森林法》就管道敷设中森林资源保护有冲突等。

具体如：其一，《石油天然气管道保护法》与《城乡规划法》存在冲突。根据《城乡规划法》的有关要求，当管道建设需要改变城乡规划时，需要通过听证程序来决定是否允许管道通过。管道建设规划纳入城乡规划后，管道建设用地就属于城乡规划用地，《城乡规划法》第 35 条规定：“城乡规划确定的管道设施用地，禁止擅自改变用途。”这些规定保障了管道的路径选择和建设用地，但是当

---

① 《习近平：提高防控能力着力防范化解重大风险　保持经济持续健康发展社会大局稳定》，http://www.xinhuanet.com/politics/leaders/2019/01/21/c_1124021712.htm，访问时间 2019 年 10 月 19 日。

② 吴海东：《石油天然气管道保护法修订建议》，《管道保护》2018 年第 3 期。

③ 《〈防洪法〉撞上〈管道保护法〉之后》，《管道保护》2018 年。

管道建设由管道企业自主决定时，因管道建设用地没有纳入城乡规划用地中，管道建设用地与城乡规划用地之间一直存在冲突[①]。很多管道建设项目在实践中都会遇到管线路由因城乡规划而改线的情况[②]。其二，《石油天然气管道保护法》与《物权法》存在冲突。油气管道通常是埋地敷设，管道建设这一特殊用地方式的权利归属一直存在着争议，《物权法》中关于“地役权”的规定更为此提供了依据。但《石油天然气管道保护法》没有直接规定埋地管道取得何种土地权利[③]。其三，《石油天然气管道保护法》与《土地管理法》存在冲突。虽然《石油天然气管道保护法》第十四条规定：“管道建设使用土地，依照《中华人民共和国土地管理法》等法律、行政法规的规定执行。依法建设的管道通过集体所有的土地或者他人取得使用权的国有土地，影响土地使用的，管道企业应当按照管道建设时土地的用途给予补偿。”《土地管理法》第四十三条规定：“任何单位和个人进行建设，需要使用土地的，必须依法申请使用国有土地。”但是，油气长输管道项目由线路、站场、阀室、施工与维修道路（伴行路）等主要工程以及电力系统、通信系统、自动控制系统等管道附属设施组成，线路长，跨度大，涉及的用地类别广泛，用地性质具有多种多样，既有临时建设用地，也存在永久建设用地，而《石油天然气管道保护法》并未明确区分，现实中也不可能所有用地均按照《土地管理法》的规定使用国有土地，两部法律应当予以协调。其四，《石油天然气管道保护法》第四条明确规定：国务院能源主管部门依照本法规定主管全国管道保护工作。第五条规定省、自治区、直辖市人民政府能源主管部门和设区的市级、县级人民政府指定的部门，依照本法规定主管本行政区域的管道保护工作[④]。由这个规定来看，监管主体通常是地方区域的能源主管部门或设区的市级、县级人民政府指定的部门。[⑤] 可在国务院颁发的另外一部法律《特种设备的安全监察条例》第二条中，把压力管道当作一种特种设备，将其列入国务院以及县级以上的地方全面负责相关特种设备的安全监管，也就是由我国或者县级地方的质监部门全面负责。这些规定导致天然气运输管道的安全监管部门存在职能交叉及职责定位的混乱现象。[⑥]

概而言之，从宏观、微观以及体系上分析现有管道行业管道的立法状况，我

① 马强伟：《油气管道铺设中的用地问题及解决思路——从公共地役权理论到空间建设用地使用权》，《法治研究》2017 年第 6 期。

② 熊汝波：《油气管道保护与地方建设发展的冲突问题研究》，《行业论坛》2014 年第 5 期。

③ 孙宇：《油气管道地下通过权的法律属性探析》，《吉首大学学报》（社会科学版），2016 年第 6 期。

④ 姚伟：《油气管道安全管理的思考与探索》，《油气储运》2014 年第 33 卷第 11 期。

⑤ 佘超、田富俊、王晓云：《总体国家安全观下油气管道风险监控及预警对策》，《福州大学学报》（哲学社会科学版）2016 年第 6 期。

⑥ 曹康维：《油气管道安全监管模式优化研究》，中国地质大学论文，2018 年。

们已然发现当前以《石油天然气管道保护法》为主的管道立法体系难以满足发展改革新要求，而基于立法成本角度考量，假使对管道行业法律分散立法以回应上述问题，立法周期容易过长，成本过高，而立法层级亦不会过高，易衍生新的矛盾。因此，制定一部统摄石油天然气管道的建设、保护、监管等全过程、多领域的“石油天然气管道法”尤为必要。

二、石油天然气管道法立法条件分析

（一）立法基石：全面深化依法治国的纵向延伸

“石油天然气管道法”立法是全面推进依法治国、深化推进能源行业依法治理的重要举措。我国《宪法》第五条明确规定：“中华人民共和国实行依法治国，建设社会主义法治国家。”2014 年十八届四中全会通过《中共中央关于全面推进依法治国若干重大问题的决定》，指出全面推进依法治国，形成“完备的法律规范体系”，“全面推进依法治国，建设中国特色社会主义法治体系，建设社会主义法治国家”。此外，2019 年 1 月 8 日，国家能源局印发了《能源行业深入推进依法治理工作的实施意见》（国能发法改〔2019〕5 号），油气行业要推进依法治理，必须坚持立法先行。全面推进依法治国，深化能源行业依法治理为“石油天然气管道法”立法提供了根本指导。

（二）既有之基：已有管道立法经验的借鉴指导

整理当前已有诸多关于油气管道领域的法律、规章可供参考，如《石油天然气管道保护法》《天然气管道运输价格管理办法（试行）》《天然气管道运输定价成本监审办法（试行）》《天然气基础设施建设与运营管理办法》《油气管网设施公平开放监管办法（试行）》《石油天然气管道安全监督与管理暂行规定》等规定。虽然我国现有关于油气管道领域的法律法规和规章、规范性文件存有不当之处，但仍旧是制定“石油天然气管道法”的重要基础资料，参照原有规定，检视问题，为制定“石油天然气管道法”提供了重要参考和指引。

（三）实践之基：具备丰富的管道行业实践经验

我国油气产业发展已形成了一条完整的产业链，油气管道发展过程中遇到的问题、吸取的经验教训为制定“石油天然气管道法”提供了实践基础，积累的经验包括西气东输项目中一些创造性的做法，数十万公里油气管道的建设、运营以及管道保护、生态环境的保护经验；积累的教训主要是油气管道保护中出现了管理体制机制、管道地役权、管道运行涉及的公共安全、与相关法律法规的衔接、环境保护、企业主体责任落实、突出事故应急响应等重难点问题的解决。成功的经验和失误的教训使“石油天然气管道法”立法能够“有的放矢”、务实且富有实效。

（四）他山之石：国外油气管道立法实践及研究

学者 Michael Baker Jr Inc. 谈到建立内容科学、体系完善的《管道法》是开展管道保护的重要支撑①。美国②、加拿大③、英国④等国在完善油气管道立法方面具有丰富的立法经验和实践经验。总结而言，其大都注重建立完备的油气管道法律体系，强调健全监管体系的构建，注重油气风险管理机制建设，关注管道企业自身市场化建设与内在安全，关注管道行业标准建设。他山之石可以攻玉，域外国家在油气管道发展中积累的有益经验，可以为我们制定“石油天然气管道法”提供域外借鉴和有益补充。

三、石油天然气管道法立法设想

油气管道领域具有整体性、持续性、科学性，因此结合我国现行法律的规定和油气管道领域发展的需要，我国石油天然气管道法应是一部包括管道基础建设与规划、管道保护、管道环境保护、市场化建设、风险处理、监督管理、纠纷处理及法律责任、附则等内容的油气管道领域纲领性规范。

（一）明确石油天然气管道法立法目的及原则

石油天然气管道立法以坚持能源安全目的，保护石油、天然气管道，保障石油、天然气输送安全，同时要保障油气管道发展的可持续，确保油气管输的稳定健康。为此，石油天然气管道立法在坚持油气管道安全原则的基础上，结合党和国家发展改革新要求，纳入可持续发展原则、市场化原则、风险预防原则以及有效监管等原则。

（二）规范石油天然气管道法调整范围

我国领域和管辖海域内的所有涉及油气管道领域发展的，均应由统一的石油天然气管道法进行法律规范。具体包括油气管道基础建设与规划、管道保护、管道环境保护、油气管道运营及其市场化建设、突发风险应对处埋机制、监督管理机制、油气管道纠纷处理方式、原则及相应的法律责任。简言之，石油天然气管道立法就是要将油气管道进行全方位、全流程的规范管理。

（三）明晰石油天然气管道法权责配置

石油天然气管道立法应坚持权责明确的原则。笔者建议，由国家能源局统筹石油天然气管道领域整体性工作，具体工作由相应政府部门进行职权内管理。如，生态环境部负责监管油气领域涉及的环境保护问题，应急管理部负责油气领

① Michael Baker Jr Inc. Comparison of US and Canadian transmission pipeline consensus standards.

② 帅健：《美国油气管道的安全管理体系研究》，《油气储运》2008 年第 6 期。

③ 冯晓东：《加拿大油气管道安全监管与完整性管理借鉴》，《劳动保护》2016 年 4 期。

④ 刘宏波：《英美油气管道安全监管体制研究及对我国的启示》，《中国安全生产科学技术》2016 年 S1 期。

域的突发风险应对问题，商务部负责油气管道领域的运营及市场化建设问题。协调好能源局和各部门之间的权力关系，形成由能源局主抓、各部门各司其职，协调推进油气管道领域发展的体制。

（四）落实石油天然气管道全过程监管

油气管道领域囊括管道基础建设、安全环境保护等多个环节，监管也应贯穿全流程、整个环节。首先，加强监管组织建设，成立独立专门的油气管道监管机构，负责统领指导整个油气管道领域的监管；下设各具体部门，建设专业化监管部门开展针对性的监管。其次完善监管标准，建设严格、科学的监管标准体系，更好地服务于监管落实。再次，规范监管程序，建立起有序稳定的监管工作流程。最后，发挥各管道公司、行业协会的专业化优势，这些公司、协会都有自己的章程和专家，制定了许多油气管道行业标准，也具有丰富的油气管道领域经验，将其纳入监管队伍之中，大大增强了监管力量。

（五）石油天然气管道法具体内容构想

根据前述我国立法必须注意和解决的问题，结合我国现行法律的规定和石油天然气管道行业的发展需要，我国“石油天然气管道法”应当包括以下主体内容：第一，总则。总则是石油天然气管道法的总纲和总章程，规定石油天然气管道法的立法目的和依据、适用范围，石油天然气管道行业发展总方针、石油天然气管道行业的基本制度和石油天然气管道行业的主管部门、监管机构及其职能。第二，管道的基础建设与规划，明确管道建设的生产标准等。第三，油气管道的安全保护，明确管道保护的体制机制，协调保护职责。第四，环境保护，明确环境保护的标准、环境保护责任等内容。第五，油气管道运营及其市场化建设，明确油气管道市场化建设的原则、市场准入规则、市场纠纷处理等内容。第六，风险应对机制，明确风险应对的体制机制、应急预案的制定及具体应急措施的规范等。第七，监督管理机制建设，明确监管职责和监管责任。第八，管道纠纷处理及法律责任。明确纠纷处理的方式、原则以及相关具体责任。第九，附则，该部分规定石油天然气管道法实施细则的制定机关和石油天然气管道法的生效时间。

结　语

石油天然气在我国能源体系中占有重要的地位，油气管道更是关键一环，结合现实问题和发展需要，应尽快制定实施统一的“石油天然气管道法”。当然，立法可能是一个复杂而漫长的过程。尤其在我国，要建立一个操作性强、质量高的良法，需要进行多方面的工作，因此在短期内出台“石油天然气管道法”的可能性不大。为此，建议可根据石油天然气体制改革和行业发展的急需，尽快修订《石油天然气管道保护法》、研究制定涉及管道可持续、市场化、安全及应急防控的配套规章，最终形成一部囊括石油天然气管道的规划、土地使用与补偿、建设、运营和保护全流程、多方位的“石油天然气管道法”，最终保障我国石油天然气管道领域的总体协调发展，确保我国的能源安全。

论《石油天然气管道保护法》的修改与完善

向贝贝[①]

摘　要：《石油天然气管道保护法》在保障石油和天然气输送安全，维护国家能源安全等方面发挥了不可替代的重要作用。但随着我国经济社会快速发展，全方位改革持续推进，油气管道保护法施行过程中面临的能源革命理念弱化、石油天然气管道运营的法律不协调、立法目的局限、立法原则不足、管理体制不顺、监管规范缺失等法律问题逐渐暴露出来。在总体国家安全观的指引下，为了切实保障国家能源安全，完善油气管道安全，亟待坚持问题导向，顺应能源革命的理念，协调《石油天然气管道保护法》与物权制度、土地规划制度之间的关系，解决《石油天然气管道保护法》存在的主要问题，开展法律修订工作，修改完善《石油天然气管道保护法》，保障国家能源安全。

关键词：石油天然气管道保护法；能源革命；管道安全；管道保护

引　言

维护油气管道安全是国家能源安全的关键环节。为此，国家相继出台了一系列举措。首先，2014 年 6 月，在中央财经领导小组第六次会议上，习近平总书记提出了“能源革命”战略。在这次会议上，提出了具体要求，指明了方向，即一定要建设油气管道时保障安全，从而才能够保障能源的安全。其次，在 2017 年 5 月，中共中央、国务院印发了《关于深化石油天然气体制改革的若干意见》（以下简称《油气改革若干意见》）。《油气改革若干意见》中也提出了具体的安全要求，一共有三点。一是机制要进行改革，油气管网以往的运营机制要合理地改变才行。二是管网服务能力要提高，体现在输送效率上要集中节约，在服务上资源要保障公平。三是要分开管道输送和销售的环节，要做到分开，还是要逐渐按照步骤推进大型的国有企业的管道干线独立输送和销售。除此之外，还提出了监管方面的要求。首先，在开发利用油气的整个过程里，一定要保障监管到位。其次，有了监管以后还要注意归责，即建立一个归责体系。油气的开发、运输、销

① 向贝贝，西南石油大学法学院 2019 级法学硕士研究生，研究方向：行政法、能源法。

售的整个产业链都应当建立安全责任体制。最后，即使完善了监管和责任归属，也不能忽视对油气资源产业链的风险防控，有一套完备的风险防控和应对机制有助于油气产业更加安全高效的发展。特别是前者“改革油气管网运营机制”，这个要求的提出明确了油气管网建设的任务。随后，在2019年3月19日，中央全面深化改革委员会审议通过了《石油天然气管网运营机制改革实施意见》。该意见的提出也进一步明确了油气管网的运营机制如何进行市场化的具体的改革路线。这个路线即抓关键环节，“独立中间，盘活两头”，具体到油气资源开发利用的上、中、下游。上游努力形成主体多、渠道多的良好能源供应状态。中游要实现输送速度快、效率高，就要做到统一、一致的管网运输线路。下游主要负责资源的市场销售，就要做到充分利用市场的决定性作用，充分竞争。通过这三步走路线，就能科学地保障油气资源发挥了市场的配置作用，同时也能确保油气资源稳定供应。随后，在2019年5月24日，国家发改委、能源局等四部门颁布施行了《油气管网设施公平开放监管办法》，该办法中也提出了市场的秩序要良好，要体现公平、公正、竞争、有序，前提是要以油气体制改革为任务。通过上述内容，管网设施的利用率能够得到提升，油气资源能够得到稳定安全的供应也有了保障。

然而，检视现行的《石油天然气管道保护法》（以下简称《油气管道保护法》），发现其存在立法规定原则化、立法内容不健全、现有法条规定与相关法律之间存在冲突以及立法精神不适应当前改革需要等问题，致使在《油气管道保护法》颁布实施近9年来，出现了一系列诸如环境污染、突发事故应急响应机制不健全、相关保障管理体制不顺畅、企业安全生产主体责任难以落实、油气管道破坏和爆炸事件频发等问题。因此，在国家总体安全观、新发展理念、市场化改革需求、“五位一体”发展总体布局，以及防范化解重大风险要求等一系列新时代发展与改革要求下，亟须对《油气管道保护法》的条文进行全面梳理，分析其中存在的问题，站在顺应能源革命的角度上，协调《油气管道保护法》与其他法律之间的关系，完善石油天然气管道运行管理体制，根据需要调整立法目的和原则，结合实践问题明确立法需求，提出具有针对性的《石油天然气管道保护法》修改建议，供国家油气管道立法参考。[①]

一、《石油天然气管道保护法》修改的必要性

《石油天然气管道保护法》是我国石油天然气法律体系的重要组成部分。管道保护法的核心是遵循能源法的基本原则，符合总体国家安全观，修改完善法条

---

① 卫德佳：《〈石油天然气管道保护法〉立法问题研究》，2019年。

内容，维护我国石油天然气的安全。在当今能源变革的关键时期，《石油天然气管道保护法》作为保护输送油气资源通道的专门法，更应当在明确其负责机关的基础上，建立健全层次多样的保护架构。

（一）是响应能源发展改革的必要

1. 契合能源发展改革新需求

首先，修改《油气管道保护法》是当前能源发展改革的需要。“能源革命”战略、生态文明战略（引入绿色环保原则和做法）、油气体制改革（管道安全环保）等一系列新时代国家发展与改革的要求，对《油气管道保护法》提出新的要求。当今世界能源体制正在发生如火如荼的深刻变革，尤其对于能源法，能源法的调整模式此前是私人所有的模式，主要是国家垄断，或是具有垄断性质、严格管制性质的。这种模式目前已经在改变，在平稳地向市场化过渡。同时，伴随着因能源消费而导致的环境（气候）问题日益突出，能源法也呈现出以生态化为中心的发展趋势。而且，从理念上来说，能源管理体制也做了一些改变和调整。原来的理念是首先要确保能源的供应安全，毕竟能源供应安全是第一位的。随着新的需求的出现，目前大多都是外部进行管理，内部调节能源需求，同时以改善利用能源为核心理念。能源法也在吸收这些理念，因为目前社会发展迅速，能源的供给是否安全有效都会影响社会的发展。所以，虽然以前立法的导向都是权利的配置问题，但是随着需求的改变，以人为本的理念在能源法中日益突出。上述提到的能源法的发展趋势，其实也是展现了随着能源发展改革新需求，我们能够感受到经济增长的目标、社会公正的理念、环境保护的重视这些越来越重要的立法导向。[①]

2. 贯彻油气体制改革的意见

其次，修改《油气管道保护法》是贯彻新时代油气体制改革意见的重要体现。党的十八大以来，国家部署了一系列涉及油气资源体制改革的行动。比较具有代表性的如下：在 2013 年 11 月，党的十八届三中全会就提出了发挥市场在资源配置中的决定性作用，以及更好发挥政府作用；在 2017 年 5 月，如何运营油气管网体制以及其改革的方向、目标都确定了。在 2019 年 3 月，中央深改委通过了《石油天然气管网运营机制改革实施意见》；在 2019 年 5 月，国家发改委等部门联合发布了《油气管网设施公开开放监管办法》。

当前油气体制改革迫在眉睫，而其中关键的一个环节，就是如何组建国家油气管网公司。针对如何组建公司的问题，《油气管网运营机制改革实施意见》里提出了很多建议。国家油气管网公司需要具备的特点有两个，一是资本的控股方

① 马俊驹、龚向前：《论能源法的变革》，《中国法学》2007 年 03 期。

式必须是国有，二是管网公司不可能是全部国有，针对投资的主体来说，要鼓励多投资主体，促进多元化。众所周知，这么长时间以来，负责我国的油气管道建设的主体主要有三个，即中石化、中石油、中海油。换言之，三家石油企业既负责上游的开采工作，也负责中游的运输工作。这种“一条龙”全流程服务的模式在油气资源开发初期起到了很好的作用，扩大了我国油气资源的开采规模，快速提升了我国开采和运输油气资源的效能。但这一模式带来的弊端也是显而易见的。垄断有好有坏，但是这种长期的垄断实际上对与其他参与油气市场的主体来说没有太多好处，会抑制其他参与主体的积极性，产业升级和创新需要新鲜血液，也不利于创新和升级。因此，改变要从管道建设做起，要从运输环节做起，也就是从中游做起。那么，组建国家油气管网公司将有助于解决上述问题，也一定会影响现有的天然气市场体系。

同时，考虑到国家油气管网公司组建后可能带来的市场垄断，根据国家发改委、能源局等四部门颁布施行的《油气管网设施公平开放监管办法》，要求以油气体制改革任务为要求，完善市场化监管，建立正常的市场秩序，使得公平、公正、竞争、有序，以期提升当前油气管网的利用效能，保障油气资源的安全稳定供应。对《油气管道保护法》中公平开放及监管的规定进行分析可知，无论是油气资源的市场化，还是油气管网保护，两者目标一致，都有助于提升油气管道保护的效益。

（二）是解决相关立法冲突的需要

2010 年 6 月开始实施的《油气管道保护法》中分别依次规定了管道的规划和建设、管道运行中的保护、管道建设工程与其他建设工程相遇关系的处理等内容。也就是说，《油气管道保护法》中的规定难免与《城乡规划法》《物权法》《土地管理法》中的相关规定存在交叉关系，表现剧烈的话还可能会存在冲突关系。

按理说，油气资源的管道是输送的关键载体，管道的规划工作、维护工作、运行工作是否科学可行能直接关系到油气资源的生产能否顺利开展。因此，管道自然应被视为油气资源的一部分。但目前学理上存在不同意义，是制定统一的油气资源管道法，还是仅制定管道保护法，而将有关管道规划、安全运行等其他法律关系交给其他法律规定调整。此外，关于一些具体的方面，还是有必要通过法学理论继续进行讨论和说明。①

（三）是解决油气管道立法内容科学性的需要

修改《油气管道保护法》是解决油气管道立法内容科学性的需要。通过《油气管道保护法》，分析油气管道在立法目的、原则、调整范围、监管等的不足，

① 王世声、王振明：《关于石油天然气管道保护法的几个问题》，《国际石油经济》2007 年 06 期。

提升当前油气管道立法内容科学性。

2010年《油气管道保护法》制定伊始，立法的主要目的在于尽最大可能保护管道。所以，对于其他问题自然会有所忽视。一方面，比如环保，可持续发展问题等；另一方面，管道企业内部也会出现问题，因为是以保护管道为重心，自然会忽视建立管道公司如何科学管理的问题，公司缺乏顺畅的管理机制，同时保护管道的人员多，而管理公司的人员力量却不足了。再如《油气管道保护法》，里面虽然明确了政府、企业等有关各方的权利和义务，但对于各参与主体来说，也没有规定其具体的工作职责。在实施过程中，很多与管道运营的相关问题出现了，但是配套的行政法规、规章及其他规范性文件却没有同步出台。最后，政府机构也在面临改革，油气管道如何保护，谁来保护，这些权利义务并没有划分清楚。这当然毫无疑问地增加了监管的难度，甚至还会出现重复监管浪费资源的现象。

在现在的《油气管道保护法》中，对监管管道安全的保护规定很少，所以很难实施有效的监管，像油气管道保护、危险化学品安全的规定很缺乏。该法中，即使有科学的监管体制——四级管道保护，然而在市、县两级政府管道保护中，明确规定了主管部门的却很少。其实这就会导致管道保护的执法主体就会面临很多困难，比如部门之间上下不对称、信息沟通不畅、工作协调不顺，监管机制就会缺乏合力，效率低下。基层组织中，乡镇政府是平时和管道以及管道沿线情况打交道最多的组织，了解也最多，却没有被《管道保护法》重视，规定相应的权利义务。同时，我们发现，很多地方都没有完整的地方法规，来法定化乡镇政府的管道保护的权利义务。这会降低政府的监管职能，也不利于政企合作在管道保护工作中的力量发挥。最后，对于我国来说，也缺乏协调一致的应急机制。比如管道事故应急呼叫中心，缺乏应急机制的话，在保护工作中难免会出现一些矛盾纠纷。这时如果没有保护主体依照应急机制处理问题的话，[①] 也会影响政府的行政监管效率，导致政府的监管职能不能充分发挥作用。[②]

二、我国《石油天然气管道保护法》的现状评估

（一）审视当前《石油天然气管道保护法》中的规定与能源发展改革新需求的契合度

根据2014年提出的习近平总书记提出的“四个革命，一个合作”能源战略思想、2017年《油气体制改革若干意见》提出的油气管道改革任务要求，对现

① 徐磊：《我国油气管道安全保护模式存在问题及对策分析》，《石油工业技术监督》2016年第11期，第24—26页。

② 徐磊，高丽华：《我国油气管道安全保护机制分析》，《安全》2016年第8期，第1—3页。

行的《石油天然气管道保护法》进行目标方向对标分析。首先，根据十八大以来党和国家提出的“生态文明”建设以及“五位一体”总体布局，对现行的《石油天然气管道保护法》的环境保护法律制度进行评估。早在2019年3月19日，《油气管网运营机制改革实施意见》中就提出了几点建议分析。一是对于如何推动石油天然气管网运营机制改革，主要是继续努力，发挥市场的作用，坚持改革，同时也要提升对外开放的水平，除此之外发挥公司的主体作用，以国有资本控股、坚持多元化的投资主体，建立有科学合理机制的油气管网公司。二是，如何提高油气资源的配置效率方面，要坚持安全稳定的生产，打造上、中、下协调合作的竞争体系。上游主要保障主体多元化供应资源，确保资源充足，中间环节最重要的是运输渠道，要高效一致地运输资源，下游就是保障资源市场的竞争合理。其次，是对现行的《石油天然气管道保护法》的市场化法律制度设计进行分析。2019年5月24日国家发改委、能源局等四部门颁布施行的《油气管网设施公平开放监管办法》中提出了几点要求。一是认为要有稳定的市场秩序，一个稳定的市场秩序，是需要监管到位的，也需要坚持四个理念——公平、公正、竞争、有序，也要有总体的改革要求——油气体制改革。这样，不光能够保证供应资源安全稳定，也能提升使用管道保护设施的效率，一举两得。以上能够看出，促进市场化的要求其实与油气管道保护的价值目标一致，两者有机结合有助于提升油气管道保护的效益。

（二）提高《石油天然气管道保护法》与其他相关法律之间的协调程度

对《油气管道保护法》与《安全生产法》《物权法》《土地管理法》《城乡规划法》《防洪法》《消防法》《森林法》等法律之间的关系进行分析。目前，该法相对较为重视保护管道安全，因而其中忽视了可持续、市场化、有效监管及风险应对等原则。在我们现在的生活里，方方面面都需要能源、都需要资源。但是，能源发展需要绿色革命。油气企业的绿色革命就是坚持可持续发展，如何坚持可持续发展，需要从两个方面进行考虑。一是经济方面，二是环境保护方面。通过这种考虑，就顺势建立了科学的发展模式。这种发展模式着重在节约资源、保护环境上，有助于实现企业经济和环境的可持续发展。十八大以来，党和国家重视能源问题，围绕“能源安全”问题，提出能源绿色革命，要注重能源的绿色发展。十九大报告中也提出，经济体系的建立不能只注重效率，也要注重绿色发展。如何绿色发展，就是要坚持低碳循环的发展理念。

（三）分析《石油天然气管道保护法》具体内容的科学性

现行《油气管道保护法》立法目的局限于管道保护，对可持续发展等关注不够。首先，立法原则上注重对管道安全的保护，因而其中忽视了可持续、市场化、有效监管及风险应对等原则。其次该法的调整范围也不是非常完善，比如保护环境、能源市场化、保障生产安全等方面都没有具体完备的内容进行约束规定。管理部门目前出现了对于管道保护的问题，问题有二，一方面，主管部门之间的权利和义务尚未明确，另一方面，未能明确划分部门之间的责任。这两个方面的问题就很容易导致缺乏合理有效的监管，也会导致有些部门监管时遇到另一个部门也在监管，两个部门同时管理一个问题，造成职权交叉浪费资源的后果；以及管道企业内部管理机制不顺畅，人员配置力量不够等问题。

三、《石油天然气管道保护法》的存在的主要问题

目前，我国的很多资源都是通过管道进行运输的。数据表明，70%的石油、99%的天然气通过管道运输。并且，油气管道总里程已达到8万公里。但是，这其中有60%的油气管道的使用年限已经很久，有的长达20年，出现了很多问题，如管线老化、储存设施超期服役。长时间使用的管道就像长时间运输的车辆一样，时间久了，就容易出现各种问题，车辆出现问题会发生车祸，管道出现问题的话就会经常出现运输事故，而石油天然气这些能源一旦出现运输事故，就会造成很大的损失。所以为对油气管道进行保护，2010年6月，通过了《油气管道保护法》，取代了原先的《石油天然气管道保护条例》。该法的通过，说明保护管道设施终于有了法律的保障，从而就能推动长久高效的建立保护油气管道的制度。

尽管取得了上述成绩，《油气管道保护法》依然存在完善的空间。

（一）现行立法无法满足能源发展与改革的新需求

分析发现，当前《油气管道保护法》中的部分规定与“能源革命”战略、生态文明战略（引入绿色环保）、油气体制改革（管道安全环保）等发展改革内容存在一些不相契合之处。

习近平总书记在分析了我国具体的国情之后，也结合了我们国家发展的新历史方位之后，极具创造性地提出了总体国家安全观。[①]，总体国家安全观是必须要坚持的一个学习理念。在当前的环境下，发展能源很重要，但是保障安全更重要。因此，安全发展的意识要有，风险防控的意识更要有。在此基础上，要推动立法和改革的要求相适应，加强管道安全建设力度，保障国家能源安全，维护我国的利益。[②]

（二）现行《石油天然气管道保护法》与其他法律存在冲突

《石油天然气管道保护法》与《安全生产法》在安全生产相关法律条款上存

---

① 陈维：《总体国家安全观：全球安全治理的中国智慧》，《党建》2019年第6期。
② 中共中央党史和文献研究院：《习近平关于总体国家安全观论述摘编》，人民网，2018年3期。

在冲突、与《城乡规划法》就管道建设规划有冲突、与《物权法》就管道敷设权利有冲突、与《土地管理法》就用地属性有冲突、与《防洪法》《消防法》有法益保护的选择冲突以及与《森林法》就管道敷设中森林资源保护有冲突等问题。

（三）现行《石油天然气管道保护法》中的内容不完善

当前《石油天然气管道保护法》的立法目的局限于管道保护，对可持续发展等关注不够。在立法原则上注重对管道安全的保护，因而其中忽视了可持续、市场化、有效监管及风险应对等原则，在调整范围上对环境保护、市场化、安全生产等内容的规定不完备。关于可持续发展，要从两个方面提出建议。一方面，油气这种资源如何能做到持续供给和利用呢？最重要的还是要有法律法规的支撑，即建立油气改革法律政策制度体系。只要有了法律保障，在经济高速发展的过程中，才能转变经营模式。以前都是粗放型经营模式，通过这样的转变，变为集约型经营。这样不仅能够提高资源的综合利用程度，还能够降低能源的消耗。通过这样的利用模式，能够将使用资源和保护环境相配合，同步发展经济，保护环境，将资源开发和保护相统一。另一方面，油气改革的法律制度其实不只是着眼于我们这代人的使用。自然界的资源是有限的，但人类是要代代延续的。所以如何在利用资源的同时，保护好后代人的权利，保障后代人平等使用资源的权利也是非常重要的。除此之外，我们不能只顾我们眼前的世界，要想想后代人是否还有资源能够利用。代代人都想过健康而富有的生活，那么就需要我们每个当代人珍惜劳动果实，为后代人利用石油天然气资源留有余地，实现“代际公平”。

四、我国《石油天然气管道保护法》修改完善的路径

最近几年，由于高速的油气管道建设速度，我国已经形成了油气管网格局。此格局不仅横跨东西、纵贯南北，也连通了海外各地。其中，陆上油气管道总里程达 12 万 km（不含油气田集输管道），覆盖全国 31 个省（自治区、直辖市）。但是，有关管道生产安全的事故报道频频出现，尤其以山东省青岛市“11·22 中石化东黄输油管道泄漏爆炸特别重大事故”为例，给全国油气管道安全生产敲响了警钟。因此，《油气管道保护法》亟须完善。

（一）紧跟能源革命要求

世界能源革命方兴未艾，特别是新能源的开发和对原有开采技术的更新换代。对此，我国应当顺势而为，主动跟上世界能源革命的步伐。一方面，通过改革油气资源管理体制，激发市场主体的活力，推动油气产业的“腾笼换鸟”，进一步提升油气企业的竞争力和服务水准。另一方面，积极开发新技术，应用新能源。开采油气资源在短期内固然有利于各方面建设需要，但从长远看，既不利于其他新业态的开发，更不利于我国能源安全，不符合总体国家安全观的要求。因

此，乘着世界能源革命的东风，有助于我国能源体制改革和维护能源安全。

（二）协调油气管道运营法律

1. 解决《石油天然气管道保护法》与《城乡规划法》存在的冲突

根据《城乡规划法》，管道建设有很多规定。比如，涉及改变城乡规划时，就必须要有听证程序。通过听证程序来决定，这个拟修建的管道要求能否被听证程序通过。原因是城乡规划用地里包含了管道建设用地。所以根据《城乡规划法》的规定，擅自改变已被确定为城乡规划的管道设施用地的用途是不被允许的。然而，管道建设用地没有纳入城乡规划用地。很多管道建设企业，决定自己建设管道的时候，就会遇到很多问题。比如，管线建设的时候，要考虑到城乡规划，因此就要改变管道线路。完善该法时，要考虑到这个一直存在的冲突，争取能够在建设管道的同时也能考虑到城乡规划的问题。

2. 协调《石油天然气管道保护法》与《物权法》的关系

埋地敷设是油气管道的一般做法，所以对于管道建设这种特别利用土地的方式的权利归属就一直存在争议，《物权法》中关于“地役权”的规定更为此提供了依据，比如《物权法》第一百五十六条的规定。但根据《油气管道保护法》，管道建设使用土地的内容都是按照其他法律进行规定的。比如《中华人民共和国土地管理法》等法律、行政法规。一些管道可能影响了土地的使用，虽然这些土地，在建设之初也是合法有效的。而且这些土地都是国有的，也取得了合法的使用权。但是在《石油天然气管道保护法》中，并没有直接规定埋地管道的相关权利归属，比如能够取得何种土地权利这一问题。因此，该法也需要与《物权法》的相关内容规定进行协调。

3. 理顺《油气管道保护法》与《土地管理法》的关系

虽然《油气管道保护法》里也有关于管道建设使用土地的规定，但是，上述内容也是根据其他法律规定执行的。一些管道的建设影响了其他土地的使用权。并且，《土地管理法》中也有规定，每个单位或者是个人，如果有需要使用土地，也要在使用之前按照规定申请。但是，油气长输管道项目的附属设施繁多，并且有些油气管道的线路是很长的，跨越了很多区域，那么必然就会经过很多土地，比如田地、森林或者是其他用途的土地，而且性质也不一样，既有临时性也有永久性的。而《石油天然气管道保护法》并未明确区分，现实中也不可能所有用地均按照《土地管理法》的规定使用国有土地，两者没有对油气管道用地的取得方式、用地属性予以明确区别，致使油气管道敷设用地往往与城乡规划用地紊乱，管道建设安全标准往往得不到有效的保障。故此两部法律应当予以协调。

4. 理顺《石油天然气管道保护法》与未来《能源法》的关系

当前《能源法》正在紧锣密鼓的制定过程中，为了避免前法和后法之间就相关规定存在冲突和重叠，有必要未雨绸缪。第一，尽量减少法律之间的冲突。第二，出现冲突时，找到解决之道。首先，从法律位阶上看，《油气管道保护法》由全国人大常委会通过，未来《能源法》亦可能由全国人大常委会通过，因此，两者位阶一样。其次，从制定的时间先后来看，《油气管道保护法》制定在前，《能源法》制定在后，根据后法优于前法的规定，如果两者就相关规定存在冲突，优先适用《能源法》。

（三）完善《石油天然气管道保护法》的立法内容

1. 丰富《石油天然气管道法》的立法目的和原则

当前的立法目的是“保护石油、天然气管道，保障石油、天然气输送安全，维护国家能源安全和公共安全”。所以，增添可持续发展的目的有助于丰富立法目的，迎合现实需求。《石油天然气管道法》以保障油气管道安全为原则。建议结合党和国家发展改革新要求，建议增添可持续发展原则、市场化原则、风险预防原则以及有效监管等原则。[①]

2. 理顺《石油天然气管道法》的管理架构

该法对于如何管理油气产业并未明确。虽然规定了政府、企业等主体的权责，但是政府该承担什么责任、企业该承担什么责任，却并未界定清楚。同时，政府、企业等一些主体也不清楚到底对油气管道保护应该有什么样的权利、什么样的责任。大家一窝蜂地解决一个问题，就会出现有些问题缺失监管，而有些问题管的人太多。这其实也是因为缺乏配套的法律法规以及制度。鉴于此，建议明确管道保护机构职能定位、厘清权力配置、完善机构设置与构成。一是管道保护各主体职能定位不准。其一，管道保护纵向面临的问题。如地方政府与国务院在管道保护的职能划分问题。其二，管道保护横向各职能部门职能划分问题。各职能部门职能划分不清，在发生管道安全事故时存在相互协调的问题。二是管道保护各主体权力配置不合理。《石油天然气管道保护法》给油气管道各主体配置的权力不合理。

现行《石油天然气管道保护法》缺失管道安全保护的监管体系，致使不能对其开展有效监管，如油气管道保护和危险化学品安全监管职责范围问题。管道保护体制由管道保护机构职能定位、权力配置、机构设置构成。

3. 修改《石油天然气管道法》的立法体例

油气管道保护是一项整体性、持续性、科学性的工作。目前的《油气管道保护法》中共除总则和附则外规定了四章的内容，但是没有应急、监管等方面的内容。因此建议将原有关于安全建设、应急处理以及环境保护的少许内容整合，并

---

① 全国人民代表大会常务委员会：《石油天然气管道法》，2010 年 10 月 1 日。

结合时代要求发展完善，增添形成“安全环保及应急处理”“监管规定”的章节性规定。管道保护其实大部分都是针对我国境内的保护，比如输送石油、天然气这些资源。然而管道保护中出现的安全生产责任不明、环境破坏责任认定等问题，往往参考其他法律处理，增加处理难题，致使管道安全不能得到全面系统的保护。因此，建议在现行《石油天然气管道保护法》中进一步充实安全生产、环保等内容。

其他相关能源立法问题研究

绿色原则视域下农村绿能发展及制度规制

周春光[①]

摘　要：在大力实施乡村振兴战略背景下农村绿能发展存在制度规制的付之阙如。农村绿能发展及其规制是乡村振兴的重要抓手，也是生态文明建设的题中之义。我国《民法总则》中的绿色原则是新时代中国特色社会主义法治生命力的集中体现，也是绿色制度张力的凸显。绿色原则的基本理念与农村绿能发展有效衔接，将农村绿能发展作为农村发展模式多元化的重要路径选择，符合“五位一体”中生态文明建设的时代命题。在农村绿能发展的过程中通过修改《可再生能源法》及具体配套规则、完善公众参与机制与观念培育、扶持技术创新与平台搭建、打造农村绿色金融体系，完善制度，突破制约我国农村绿能发展及制度规制的瓶颈。

关键词：绿色原则；绿能发展；生态文明；制度完善

引　言

中共十九大报告指出，实施乡村振兴战略，坚持农业农村优先发展，按照“产业兴旺、生态宜居、乡风文明、治理有效、生活富裕”的总体要求，加快推进农业农村现代化。中央农村工作会议提出，走中国特色社会主义乡村振兴道路，必须坚持人与自然和谐共生，走农村绿色发展之路。[②] 在2019年3月8日习近平总书记参加十三届全国人大二次会议河南代表团审议时对乡村振兴战略中的绿色发展再次予以特别关注。[③] 建设富强民主文明和谐美丽的社会主义现代化强国是习近平新时代中国特色社会主义思想的重要目标，在全面推进依法治国的进程中，新时代民法典的编纂内容因绿色原则的嵌入而被称为“绿色民法典”。《民法总则》第九条中规定民事主体从事民事活动，应当有利于节约资源、保护生态

---

① 周春光，西南财经大学法学院民商法学博士研究生，研究方向：民法、商法。

② 中国共产党新闻网：http://cpc.people.com.cn/n1/2017/1028/c64094－29613660.html，访问时间2019年9月12日。

③ 中国共产党新闻网：http://cpc.people.com.cn/n1/2019/0309/c419242－30966604.html，访问时间2019年9月19日。

环境。绿色原则规定符合“五位一体”生态文明建设的内涵，这是制度绿色张力的突出体现，也是中国法治绿色化的重要环节。农村绿能发展的制度完善是绿色制度构建中在乡村振兴战略的理念延伸。

在国内外绿能发展的大潮流下，我国绿能产业也在逐步推动，但应用于农村经济发展领域还较为局限，整体的农村绿能发展水平较低，各区域间的发展也不均衡。总体来说，制约农村绿能发展的制度性问题集中在可再生能源立法的保障迟滞、绿能观念与公众参与机制的薄弱、技术创新与平台搭建的匮乏、金融服务体系的缺失四个层面。以修改《可再生能源法》及具体配套规则、完善公众参与机制与观念培育、扶持技术创新与平台搭建、打造农村绿色金融体系为制度规制完善的路径选择突破农村绿能发展的瓶颈，应当是农村绿能发展及其规制的重要抓手。

一、农村绿能发展的研究分析

制度的完善是农村经济发展的重要保障。在关于农村绿能发展的理论研究中，学者的研究与关注度较低。目前学者研究工作主要聚焦于绿色发展理念研究与农村生态经济研究。

（一）绿色发展理念研究

绿色发展理念是“五位一体”社会主义生态文明的重要范畴。竺效、丁霖指出：“绿色发展理念将环境保护优先作为经济社会发展的前提，同时把环境保护作为经济社会发展的内生动力，反映正确处理经济社会发展与环境保护的关系的核心命题”。① 庄友刚认为：“绿色理念的核心是以符合生态需要的方式改造外部自然而不是回归纯粹自然形成的生态状况，坚持绿色发展理念的根本立足点在于推动生产力发展”。② 王玲玲、张艳国进一步提出：“在绿色发展的系统中，内涵绿色环境发展、绿色经济发展、绿色政治发展、绿色文化发展等既相互独立又相互依存、相互作用的诸多子系统。”③ 王海芹、高世楫深入指出：“绿色发展政策演变是一个不断调整不同主体之间关系的过程，我国绿色发展公共政策主要调整政府、企业、社会组织及公众间的关系以及生态环境保护专业部门与包括经济建设部门在内的其他部门间的关系。”④

（二）农村生态经济研究

在我国广袤的农村中生态与经济的紧密度更高。黄磊、邵超峰、孙宗晟、鞠

① 竺效、丁霖：《绿色发展理念与环境立法创新》，《法制与社会发展》，2016年第2期。
② 庄友刚：《准确把握绿色发展理念的科学规定性》，《中国特色社会主义研究》，2016年第1期。
③ 王玲玲、张艳国：《“绿色发展”内涵探微》，《社会主义研究》，2012年第5期。
④ 王海芹、高世楫：《我国绿色发展萌芽、起步与政策演进若干阶段性特征观察》，《改革》，2016年第3期。

美庭提出了美丽乡村五大评价指标体系，其中对农村生态经济指标层从人均纯收入、可支配收入、经济增长率、特色农业发展、生态环保投资比、农业用水利用系数六个方面进行了分析。① 张予、林惠凤、李文华认为：“我国的生态农业是把农业生产、农村经济发展和保护环境，以及高效利用资源融为一体的新型综合农业体系，是实现我国农业与农村经济可持续发展的重要途径。”② 黄克亮、罗丽云指出：“推进生态文明建设有助于转变农民的生产生活方式，树立主动以实用节约为原则，以适度消费为特征，追求基本生活需要的满足，崇尚精神和文化享受的科学发展观和绿色消费观。”③ 周晓敏、杨先农进一步认为：“生态文明建设涉及社会生产方式的变革，涉及社会生活方式的变迁，涉及人们价值观念的变化。习近平总书记生态文明建设保障理念告诉我们，我国生态环境保护存在一定的体制、机制、法治等突出问题，走绿色发展之路，实现经济社会发展的根本性变革，必须依靠制度创新和法治保障。”④

笔者进行文献梳理和综述后，发现关于农村绿能发展的理论研究较少。纵观为数不多的研究文献，可以看出学者的主要研究点在于“绿色发展理念”或者“农村生态经济”，这些发展思路与架构都是农村绿能发展路径理论研究中的重要内核。“绿色发展理念”重点在于处理经济社会发展与环境保护的关系，在肯定人的主观能动性的前提下，深化理念中的内部系统并调整不同主体之间的关系。但在能源方面的绿色开发，以乡村振兴为背景的战略思考却较少涉及。“农村生态经济”是在平衡农业生产、农村经济发展与保护环境中进行的可持续性思考。不仅将乡村振兴与生态文明建设结合，同时提出了绿色消费观和生活方式的革新，并需要依靠制度创新和法治保障开展根本性变革。但在农村绿能发展方面还没有对制度化体系下的法律或政策、市场化与金融服务等问题予以专门研究。本文在完善农村绿能发展制度框架下，针对农村绿能现实运行中存在的问题进行分析与阐释，以期在农村绿能发展及其规制研究方面抛砖引玉。

二、我国农村绿色发展的新进展

我国农村绿色发展在政策扶持、生产发展、生活改善方面呈现新变化。党和国家在新时代背景下对农村绿色发展的认识在不断地深化，生产方式的绿色化成为农业发展新方向，农村环境状况逐步改善也将影响着农村绿能的发展。

---

① 黄磊、邵超峰、孙宗晟、鞠美庭：《“美丽乡村”评价指标体系研究》，《生态经济（学术版）》，2014 年第 1 期。
② 张予、林惠凤、李文华：《生态农业：农村经济可持续发展的重要途径》，《农村经济》，2015 年第 7 期。
③ 黄克亮、罗丽云：《以生态文明理念推进美丽乡村建设》，《探求》，2013 年第 3 期。
④ 周晓敏、杨先农：《绿色发展理念：习近平对马克思生态思想的丰富与发展》，《理论与改革》，2016 年第 5 期。

（一）党和国家对农村绿色发展认识的不断深化

2007年中央“一号文件”提出发展现代农业是社会主义新农村建设的重要内容，强调要扎实推进社会主义新农村建设。2012年中共十八大提出加快生态文明建设，首次将生态文明建设作为“五位一体”总体布局的一个重要部分。2016年，我国“十三五规划”将“绿色发展”列入五大发展理念，并对“加快建设美丽宜居乡村”进行了宏观部署。2017年十九大报告首次提出“乡村振兴”战略和五大目标：“产业兴旺、生态宜居、乡风文明、治理有效、生活富裕”。2017年12月中央农村工作会议、2018年中央“一号文件”均强调，“走中国特色社会主义乡村振兴道路，必须坚持人与自然和谐共生，走乡村绿色发展之路”。①

2019年两会期间，习近平总书记强调：“加强生态文明建设，实现绿色发展，关键是要正确处理人与自然、经济发展与生态环境保护的关系。保持加强生态文明建设的战略定力，探索以生态优先、绿色发展为导向的高质量发展新路子，推动形成绿色发展方式和生活方式，这是发展理念的一场深刻革命。”绿色原则与“五位一体”中生态文明中的精神内核一致，同时也是全面依法治国背景下民法典的重要原则，不仅构成了国家战略，也推动法治绿色化。

（二）生产方式的绿色化成为农业发展新方向

众所周知，农村生态环境系统自然属性随着农业的发展有所下降，受经济社会活动的影响越来越大，无论是受影响的范围，还是受影响的程度都表现出明显的增大态势。② 生产方式的绿色化对减轻农村生态环境系统受经济社会活动的影响程度有着积极作用。我国近年来在农村经济发展过程中坚持人与自然和谐共生，坚持绿色发展导向，发展特色农业，不断延伸农业产业链，推动企业入园，严格环境标准“准入”，实现集聚发展；关停污染型企业，帮助中小企业施行清洁生产，防止污染向农村转移。“让法律多一些政策考虑，让政策多一些法治元素”，③ 探索以生态优先、绿色发展为导向的高质量发展新路子。

中国特色社会主义进入新时代，我国社会主要矛盾已经转化为人民日益增长的美好生活需要和不平衡不充分的发展之间的矛盾。在农业生产系统则表现为优质安全农产品难以满足消费者日益增加的需求。造成这种现象的最直接的原因就在于过度依靠化肥、除草剂、杀虫剂、农膜等化学投入品来提高农产品产量，导

① 周宏春：《乡村振兴背景下的农业农村绿色发展》，《环境保护》，2018年第7期。

② 罗贤宇、俞白桦、曾丽萍：《社会主义新农村生态文明建设若干问题研究》，《福建农林大学学报（哲学社会科学版）》，2013年第5期。

③ 肖金明，《为全面法治重构政策与法律关系》，《中国行政管理》，2013年第5期。

致了严重的面源污染，进而影响了农产品的品质。[①] 2015 年，原农业部印发《到 2020 年化肥使用量零增长行动方案》《到 2020 年农药使用量零增长行动方案》，提出力争到 2020 年主要农作物化肥使用量、农药使用总量实现零增长。[②] 事实上，我国已实现农药使用量连续 3 年负增长，化肥使用量零增长。加快推进农业生产方式由过度消耗资源向绿色发展转变，由保证“量”的供应向“质”的提高转变，不再单纯追求数量增长，而要追求质量、品牌，生产绿色化成为农村生态环境系统的维护层面保证产品优质、健康、绿色，因地制宜地推广无公害农业、绿色农业、有机农业的发展。[③]

（三）农村环境状况逐步改善

农村环境系统的改善以农村居住条件与基础设施水平的提升为目标，发展农村绿能经济，进行清洁工程建设，以便更好地服务于乡村振兴战略。这里主要是指人居环境的改善。农村人居环境的定义可以分为三个方面：政治、经济和文化环境、自然条件环境和空间环境。农村人居环境实际上是人类、自然地理环境、社会进步发展和生态良好的综合体现。[④] 近年来，我国积极推进农村环境质量改善，加强农村厕所建设与农村垃圾处理，改善农村卫生条件和村容村貌。

举例来说，国家在条件允许的地区发展生态厕所，推动人畜粪便还田，发展循环农业，恢复土地肥力，“厕所革命”一定程度上改善了农村的环境卫生状况。截至 2017 年 10 月，我国完成新改建旅游厕所 6.8 万座，提前完成“厕所革命”三年行动计划（5.7 万座）目标。与过去相比，农村生活垃圾成分越来越复杂，垃圾产生量也越来越大，2018 年农村垃圾的处理总量为 34.18 亿吨。大多数农村生活垃圾已能实现户分类、村收集、集中清运，统一填埋或焚烧处理，乡村面貌焕然一新。[⑤] 所以，以农村居住条件与基础设施水平的提升为目标的我国农村人居环境得到了改善。

三、农村绿能发展及制度规制中的现存不足

农村绿能发展需要配套的制度供给，在现存发展过程中存在可再生能源立法的保障迟滞、公众参与机制与绿能观念的薄弱、技术创新与平台搭建的匮乏、金融服务体系的缺失四个方面的问题。

---

① 罗贤宇、俞白桦、曾丽萍：《社会主义新农村生态文明建设若干问题研究》，《福建农林大学学报（哲学社会科学版）》，2013 年第 5 期。

② 郑挺颖：《实现乡村振兴需前置绿色发展的理念》，《环境与生活》，2018 年第 1 期。

③ 周宏春：《乡村振兴背景下的农业农村绿色发展》，《环境保护》，2018 年第 7 期。

④ 王昕：《改善农村人居环境问题研究》，湖南农业大学硕士学位论文，2012 年。

⑤ 郝美灵：《改善我国农村人居环境的对策研究》，武汉轻工大学硕士学位论文，2014 年。

（一）可再生能源立法的保障迟滞

绿能是绿色能源的简称，也称清洁能源，是指不排放污染物、能够直接用于生产生活的能源，包括核能和“可再生能源”。我国的《可再生能源法》自 2006 年 1 月 1 日起施行。表 1 中列举了一系列配合我国《可再生能源法》实施的规范性文件，分别从不同方面对我国可再生能源具体事项做出了比较详尽的规定。

表 1　配合我国《可再生能源法》实施的规范性文件

时间	名称	发布单位
1994 年 4 月 10 日	《风力发电场并网运行管理规定（试行）》	电力工业部
2006 年 1 月 4 日	《可再生能源发电价格和费用分摊管理试行办法》	发改委
2006 年 1 月 5 日	《可再生能源发电有关管理规定》	发改委
2006 年 5 月 30 日	《可再生能源发展专项资金管理暂行办法》	财政部
2006 年 9 月 4 日	《可再生能源建筑应用专项资金管理暂行办法》	财政部、建设部
2007 年 1 月 11 日	《可再生能源电力配额管理办法》	发改委
2007 年 1 月 11 日	《可再生能源电价附加收入调配暂行办法》	发改委
2008 年 8 月 11 日	《风力发电设备产业化专项资金管理暂行办法》	财政部
2009 年 3 月 23 日	《关于加快推进太阳能光电建筑应用的实施意见》	财政部、住建部
2010 年 7 月 18 日	《关于完善农林生物质发电价格政策的通知》	发改委
2011 年 11 月 29 日	《可再生能源发展基金征收使用管理办法》	发改委、能源局
2012 年 11 月 20 日	《可再生能源发电工程质量监督体系方案》	能源局
2013 年 7 月 4 日	《国务院关于促进光伏产业健康发展的若干意见》	国务院
2015 年 3 月 15 日	《关于深化电力体制改革的若干意见》	国务院
2016 年 3 月 24 日	《可再生能源发电全额保障性收购管理办法》	发改委
2018 年 11 月 15 日	《关于实行可再生能源电力配额制的通知》	能源局

我国《可再生能源法》的颁布与实施，不仅弥补了我国能源法律体系在可再生能源方面的立法不足，而且让可再生能源法开发利用有法可依，该法成为我国制定可再生能源领域的法律法规及政策最基本的法律依据。[①] 一系列配合我国《可再生能源法》实施的规范性文件的出台也较能满足我国绿能发展的客观需要。

另一方面，我国《可再生能源法》实施至今已逾十三年，随着国家经济形势的变化，能源消费量随之不断攀升，2010 年中国成为世界上最大的能源消费国，在鼓励和支持再生能源发展层面却制度供给不足，原则性规定较多、可操作性差，缺乏一定去除市场障碍的措施与多样化的融资方式，致使可再生能源产业商

① 杨解君：《我国新能源与可再生能源立法之新思维》，《法商研究》，2018 年第 1 期。

业化的进度减缓。同时，《可再生能源法》中没有针对农村生态、生产、生活等方面进行立法调整，中国现代化的根本问题是三农问题，立法内容的“城市本位主义”的思考，致使没有区分绿能在城市与农村发展的差异性，导致现有的立法不能满足农村绿能发展的需要，制约着我国农业现代化的发展进程。

（二）绿能观念与公众参与机制的薄弱

农村绿能发展模式区别于以往农村能源建设的模式。以往的农村能源建设模式主要依赖国家政策的支持、资金的直接投入，是典型的输血型工程。而农村绿能发展模式是国家财政重点支持可再生能源利用的基础建设，引导农村能源市场化发展，最终要形成具有自我发展和持续发展的造血型农村绿能发展体系。[①]

农村绿能发展模式与以往的不同使得农村绿能发展观念在普及的过程中较为缓慢，以输血变造血需要在乡村振兴过程中展现农村更强的自生力。此外，农村自身带有的能源生产观念与消费理念仍停留在“自给自足”层面，并未充分发挥市场的作用，将能源引入流通与发展领域。长期以来，农村可再生能源利用的观念是“就地利用”，其实是“自给自足”观念的衍生物，缺少“就地转化”的观念是制约农村绿能发展的因素之一，是绿能观念薄弱的重要体现。

我国公众参与绿能发展的渠道较多，但有效性不强。比如对于绿能发展中的某个具体问题，公众可以通过人民代表大会制度、信访制度、市长热线、政府开放日、专家咨询会、听证会、公示制度、民意调查制度、网络论坛等方式进行参与。这些方式并不是都发挥了应有的作用，很多方式甚至流于形式。政府部门在处理跟公众参与相关的问题时，缺乏相应的规范，对于很多问题的解决，受决策者个人素质和心理状态影响的情况还比较严重，解决问题往往建立在经验和习惯的基础上，缺乏明确的政策与法律规范，导致问题的解决常因领导人的改变而改变。[②] 此外，公众参与绿能发展的激励与保护机制还不完善，相关法律法规还不健全。

（三）技术创新与平台搭建的匮乏

农村绿能发展是基于市场化运行的具有自我发展能力的农村能源发展路径。农村绿能技术创新在能源革命与农村发展中起到了关键性作用。在农村绿能的发展过程中应注重技术的创新与平台的搭建。虽然我国在绿能技术层面上已经从西方发达国家有所引进与学习，但针对农村不同县域的实际情况，广袤农村地区的绿能分布与情况较为多样，在技术选择上缺乏成熟有效的经验，而且针对不同地区的技术适用成本也会加大。绿能技术创新能力的不足导致无法有效地提高农业

---

① 杨世迪：《中国生态文明建设的非正式制度研究》，西北大学博士学位论文，2017 年。

② 邓翠华、林光耀、张伟娟：《关于生态文明法律制度的辩证思考》，《福建农林大学学报（哲学社会科学版）》2015 年第 3 期。

生产的利用率就成为制约农村绿能发展的重要因素。

举例而言，加大对于大型机械设备的研究力度是提升农村绿能技术发展的重要举措之一。争取制造出品种多样、超高耐用性以及低能源消耗等特征的机械设备，是我国绿色能源研究的主要任务。而现如今，我国安徽农村大多数地区大型反应器工艺设计、热交换设备以及发电能力等都遭遇了瓶颈问题，原地踏步，迟迟得不到解决。另外，在农村储运技术、农作物秸秆的收集与处理等方面也还不够完善；设备的可靠性以及稳定性较低，磨具经久未修，磨损较严重；在使用机械设备的过程中会消耗过高的能源，设备的原料使用能力过低。①

另一方面，绿能在农业设施与装备上的应用范围与精细化程度可能会因人员培育平台方面的匮乏受到制约，导致技术活动无法深度拓展与普及。培育平台在农业技术人员的辅导与培训方面缺少政策性支持。没有完整的平台培育保障就会使得技术性人员整体的筛选、辅导、上岗、考核等环节存在断裂的风险与可能性。

上文已述缺乏综合性的可再生能源研究开发平台也会成为技术发展与创新的瓶颈。所以在技术适用与选择和人员培育的平台构建上，解决针对性的问题才能持续性推动我国农村绿能造血型产业的发展。

（四）金融服务体系缺失

农村绿能发展的进程必定与市场化程度紧密相连。农村绿能模式运行的市场化，才能实现具体项目的持续运行，才能有自我发展的能力，这也是今后农村绿能产业化发展的主旋律。农村绿能项目必须具有盈利能力，才能够吸引市场主体的进入。绿色概念在西方发达国家深入人心，社会公众、机构投资者成为推动绿色产业的原动力，而我国的社会投资者在进入具体农村绿能项目之初，可能并不能较快收到投资回报。为了能持续性推动农村绿能的发展，金融服务就应当发挥功能。

大多数农村金融机构对金融服务在绿能发展方面的社会价值认识不足，考虑到农村金融自身的弱质性、风险高、收益低等特征，如今又增加一层绿色金融约束，担忧执行绿色信贷标准会影响自身经济利益，故对引入绿色金融的积极性不高。② 由于国内金融界近几年才试点绿色金融业务，能否盈利还有待观察，加之绿色金融创新产品不多，面向三农产品更是匮乏，很难全面开展绿色金融业务，因此普遍存在观望姿态，所以农村绿能金融体系的缺失会使参与农村绿能项目之初的社会投资者无法提供应有的服务。③

---

① 高静、陈小芳：《安徽农村绿色能源发展战略的研究》，《西部皮革》，2018 年第 15 期。

② 郭莉莉：《以绿色创新引领“三农”发展的金融思考》，《金融发展评论》，2017 年第 3 期。

③ 王劲屹：《中国农村构建绿色金融体系路径探索》，《现代经济探讨》，2019 年第 1 期。

四、农村绿能发展制度改革的路径

农村绿能发展中的问题集中在可再生能源立法的保障迟滞、绿能观念与公众参与机制的薄弱、技术创新与平台搭建的匮乏、金融服务体系的缺失四个层面，以修改《可再生能源法》及具体配套规则、完善公众参与机制与观念培育、扶持技术创新与平台搭建、打造农村绿色金融体系为制度规制完善的路径选择。

（一）修改《可再生能源法》及具体配套规则

完善农村绿能立法是农村绿能有序健康发展的保障。立法完善的路径有两方面侧重：其一是修改《可再生能源法》。《可再生能源法》自 2006 年 1 月 1 日起施行，且只有三十三条，是一部过于原则性的框架法律。我国《可再生能源法》还缺少明确一个强有力的监督管理制度，这也使得该法可操作性较差。《可再生能源法》第六章第二十七条仅是提到可再生能源发电企业由电力监管机构检查和监督，而没有明确出监督管理的具体内容。我国《可再生能源法》缺少可再生能源监督管理制度，这是需要去明确和规范的。① 我国作为全球最大的能源消费国，为了加快绿能产业的发展与升级，应当及时修改《可再生能源法》，提供宏观性的制度保障，将再生能源绿色化发展作为经济与社会生态的结合，推进法治的绿色化。

其二，制定鼓励和支持农村绿能发展的具体配套规则。农村绿能不能只局限于解决农村生活用能问题，要将农村绿能资源的转换与消费纳入国家能源体系考虑。要将农村绿能发展法律纳入国家能源体系考虑。纵观农村绿能发展制度成熟的国家和地区可以发现，这些国家和地区都建立了比较完善的绿能发展法律法规，明确了具体实施细则，推进绿能产业体系构建。例如德国《再生能源优先法》，通过明确的强制规范以及经济激励措施，成功达到以再生能源改变德国能源结构与环境保护之目标，台湾地区制定的《再生能源发展条例》鼓励绿色设备在农业中的使用，配合其自身的再生能源政策的发展方向。日本《能源使用合理化法》中也将再生能源绿色化发展作为经济与社会生态结合的重点。以《可再生能源法》为主体，具体配套规则为依托，更好地推进绿能法律完善下的法治绿色化。

（二）完善观念培育与公众参与机制

完善绿能观念培育是农村发展绿色化的基点。在十九大报告中，习近平总书记指出，发展清洁能源是改善能源结构、保障能源安全、进一步促进生态文明建设的重要任务。农民是农村绿能发展模式的生产主体，法律制度和政策导向制定

① 王娟：《气候变化背景下可再生能源法律制度研究》，甘肃政法学院硕士学位论文，2016 年。

也应该围绕农民主体进行制定，要通过有效形式在广大农村对农民进行绿色理念宣传。观念变革中应有以下三点变化：其一，依据已有的《民法总则》的规定：民事主体从事民事活动，应当有利于节约资源、保护生态环境。农村在绿能发展过程中也应当树立节约资源、保护生态环境的观念。法律是最低限度的道德要求，也是对公民行为的基本约束。其二，经济发展、观念先行。农村绿能生产和消费理念应该从“自给自足”转变为“产销分离”，通过市场和货币，使农村可再生能源资源真正成为商品，参与流通，才能有效地融入国家能源体系。[①] 绿能生产与消费理念应当逐步绿色化。其三，生产方式也应受观念绿色化的影响。通过传统媒体和有效的新媒体，将国家政策和相应的法律法规向农民进行宣传介绍，让农民对当前绿色生产等现实情况进行了解和掌握，引导让农民成为真正的农村绿能发展中的生产者。[②]

在培育绿能发展观念的同时还要完善公众参与机制。政府要畅通政治参与渠道，保障公众的基本权利，让公众有机会参与公共事务的管理与决策。建立健全绿色发展的宣传教育机制，是解决当前城乡民众参与绿色发展能力偏低问题的主要途径之一。要充分利用媒体的力量，广泛调动社会各方资源进行宣传教育，同时加强环保知识的普及，帮助社会公众及时、准确地了解环保科学知识。完善环境信息公开机制也是提高公众参与绿色发展能力的途径之一。政府部门应通过适当的方式，及时向公众公开各种可以主动公开的环境资讯，提高公众参与的理性程度，克服公众参与的冷漠心理。

（三）扶持技术创新与平台搭建

搭建绿能技术与人员培育的平台在农村绿能发展中发挥着支点作用。生产绿色化从技术与人员两方面着眼。其一，绿能技术选择应当坚持“因地制宜”的原则逐步市场化。特别是在选择规模化技术时更要慎重，在技术选择时要结合当地的实际情况，需要综合考虑资源、需求、经济发展状况、农民收入水平、技术条件等因素，选择最为适合本地区的技术路线，绿能技术支持的项目应逐步市场化，市场具有对绿能发展最敏锐的洞察力与积极性，所以在绿能技术选择与推广上更为精细，不断大力推进生产的绿色化。其二，在人员培育方面引入专业的投资公司来建设和管理项目，政府予以适度性监督，实现项目可持续性的生产绿色化。专业绿能投资公司具有完整的项目建设和运行管理的人才，随着项目建设数量的增加，技术积累将越来越多，专业化程度越来越高，将有效地促进产业技术进步。项目设计、施工、运行的专业化可以使农村能源项目的建设符合国家能源

---

① 黄霞：《绿色能源示范县建设应观念先行》，《中国科技投资》，2012年第1期。

② 王海波，马金伟：《我国农村绿色生产法律制度和政策导向研究》，《农业经济》，2019年第2期。

体系的规模，项目必须具有盈利的能力，才能实现项目的持续运行，提升自我发展的能力，也是今后农村绿能产业化发展的主旋律，有利于融入国家绿能体系。以绿能平台搭建为支点，在生产模式中逐渐推动技术与人员平台的绿色搭建。

（四）打造农村绿色金融体系

打造农村绿色金融体系是农村绿能发展的重要抓手，可以增强金融服务的流通性。农村绿色金融体系也是农村金融改革发展的重要路径，建立适合农业农村特点的农村金融体系，推动农村绿色金融回归本源。培育绿色金融地方服务主体，把更多金融资源配置到农村经济社会发展的重点领域和薄弱环节，更好地满足乡村振兴多样化金融需求。金融参与农村资源环境治理是符合商业原则的利益行动和理性选择。[①] 我国农村金融机构规模差异较大，除了中国农业银行、邮政储蓄银行、农业发展银行三家全国性大银行外，农商行、农合行、信用社、村镇银行、农村资金合作社等都是区域性金融机构，也就意味着可以进行功能性分工，实行差异化经营，塑造农村绿色金融品牌。金融机构要全面培养绿色金融复合型人才，进行绿色金融创新。[②] 农业绿能发展与农村绿色金融的有效衔接需要各地方农业局在农村发展进程中发挥金融牵引与指导的作用，各省级的农村商业银行应结合政府出台农村绿色信贷扶持的政策，采取了差别存款准备金和差别信贷，这样就能有效对放款的商业银行的农村绿色信贷的规模进行控制，进而引导商业银行走向农村绿色金融业务的发展道路。[③] 此外，在贷款额度与期限等方面提供进一步的支持，以更快捷方便的贷款手续与更为优惠的贷款利率支持农村绿色金融体系的构建与推广。

结　语

绿色原则视阙下农村绿能发展迎来新的契机，但目前农村绿能发展制度并未在全国广泛推行，制约农村绿能发展的制度性问题集中在可再生能源立法的保障迟滞、绿能观念与公众参与机制的薄弱、技术创新与平台搭建的匮乏、金融服务体系的缺失四个层面。绿色原则作为政策与法治语境下生态文明的延伸，对农村绿能发展有着积极的影响。以修改《可再生能源法》及具体配套规则、完善公众参与机制与观念培育、扶持技术创新与平台搭建、打造农村绿色金融体系为制度规制完善的路径选择，也是乡村振兴过程中需要穿透性思考的重要范畴。农村绿能发展制度完善是构建绿色制度在乡村振兴战略的理念延伸。

---

① 吴志远：《对我国农村绿色金融发展模式和路径的思考》，《中国井冈山干部学院学报》，2017 年第 5 期。

② 王劲屹：《中国农村构建绿色金融体系路径探索》，《现代经济探讨》，2019 年第 1 期。

③ 郭东衡：《构建农村绿色金融服务机制和体系的路径探讨》，《中国集体经济》，2017 年第 9 期。

建筑节能立法研究

卫德佳[①] 郑雪君[②]

摘　要：建筑节能立法是从国家的角度宏观调控、引导房地产行业向建筑节能发展，降低建筑耗能的立法活动，目的在于从根本上促进能源节约及合理利用，缓解我国碳排放量与气候变化、能源资源供应与社会经济发展之间的矛盾。虽然我国建筑节能立法发展取得了一定的进展，但是仍然缺乏一个完整的体系、没有一部独立专门的基本法、规章繁多且效力层级较低，致使法律规范所发挥的作用不及预期。在全球自然资源紧张，倡导可持续发展的理念下，我国应当通过制定专门的《建筑节能法》，修改完善现有的法律法规，制定更加科学的建筑节能地方性法规和部门规章、地方政府规章，加强对建筑节能标准的更新与修改，给予企业在建筑节能方面更多政策激励扶持来形成一个科学有力的建筑节能法律体系，推动建筑节能事业不断高效发展。

关键词：建筑节能；节能立法；节能立法完善

北极冰川融化、澳大利亚森林大火、非洲蝗灾、新冠疫情，日益严峻的气候问题和全球爆发的生态安全危机为人类的生存和发展敲响了警钟，保护环境、节约能源是全人类不得不重视的重大议题。当今全球都面临着能源节约和低碳发展的严峻挑战，2015 年 178 个国家达成共识，于 2016 年在纽约签署的《巴黎协定》列明了全球应对气候变化的主要目标，即通过加快全球能源变革的速度和加强经济转型的力度来缓解环境破坏，各国经济发展与维护生态环境安全同步推进。推动能源体系彻底性变革，促进经济发展方式向低碳转变，是保障经济社会持续发展的同时应对气候变化的根本途径和战略选择。我国将节约资源能源列为国家经济发展中首要任务之一，《中华人民共和国节约能源法》以法律条文的形式确立了节约资源是我国的基本国策。2015 年 4 月 25 日发布的《中共中央国务院关于加快推进生态文明建设的意见》中提到，要向全社会推行生态文明的主流

① 卫德佳，西南石油大学法学院教授、院长，硕士生导师，研究方向：行政法、能源法。
② 郑雪君，西南石油大学法学院 2019 级法律硕士研究生，研究方向：行政法、能源法。

价值观，力求建设成为资源节约型和环境友好型社会。各种政策、文件自上而下不断加强全国上下对于节能、环保的认识与实施。对于能源消耗方面，在全社会能源消耗中，作为人类居住活动场所的建筑物耗能巨大，其能耗占全社会能耗的30%左右，建筑规模的增长、人均使用建筑面积的提高、更现代化的建筑设备设施的运用，促使未来建筑运行耗能的需求不断增加；另一方面，大规模建设活动的开展致使大量仍可继续使用的老旧建筑被拆除，制造庞大的建筑垃圾至环境中而生态环境难以消化，而同时，为了新建建筑施工使用大量建材，包括各类人工建材如钢铁、水泥等和原生建材如木材、砂石等，人工建材的生产导致了大量能源消耗和排碳放的产生，而原生建材的大规模使用使得生态资源遭到严重破坏，因此建筑节能是节约能源的一个重要领域。2016 年 2 月 1 日国务院发布的《中共中央国务院关于进一步加强城市规划建设管理工作的若干意见》中提到，要更好地发挥法治的引领和规范作用，推广建筑节能技术、推广绿色建筑和建材。中央强调法治对于国家节能工作的引导，肯定了法治在建筑节能方面的重要作用。

我国建筑节能立法已有三十多年的发展与完善，建筑节能也推向社会达到不错的实施效果，但据统计建筑方面总耗能依然占到了全国总能耗 20%到 22%，[①]是我国各类能源消耗业中的巨头，随着我国经济增长，在过去的一二十年来，城镇化进程加速，城市高楼如雨后春笋拔地而起，一批批矮楼老楼被推倒夷平改建新楼，全国各地城市不断向郊外农村地区延伸，建筑规模史无前例地快速扩大。自 2001 年起，我国建筑建造速度始终保持高位，年竣工建筑面积超过 15 亿 m^2，并且在 2014 年达到 28.9 亿 m^2，2015 年起，随着宏观经济形式的变化，年竣工面积略呈下降趋势，2017 年我国建筑竣工面积依然为 25.6 亿 m^2。持续高位的竣工面积却没有足够的市场来消化使得我国建筑存量不断积累，截至 2017 年，我国建筑总面积约 591 亿 m^2。在建筑能耗方面，2004 年到 2017 年间，中国建筑业建造能耗从接近 4 亿 tce（吨标准煤当量）增长到 13 亿 tce。2017 年我国建筑业建造相关的碳排放总量高达 43.8 亿 t CO_2，接近我国碳排放总量的 1/2。到 2018 年一年建筑总耗能达 10 亿吨标煤。[②] 因此，建筑和基础设施的大规模建设是我国能源消耗和碳排放量持续增长的重要原因。由于我国目前尚无专门针对建筑节能的专门法律，建筑节能领域的法律法规层次较低、法律效力不大，法规体系在结构上不完善，相关配套政策不足，标准较低，配套法规的制定不能跟上需求，现行立法操作性不强，政策措施不明确，主体不明确，有些法规与产品质量法等法律法规不相适应；有些有关建筑行业节能的操作规程主要是一些指导方法

① 江亿：《创造节能新奇迹》，http://www.xinhuanet.com/science/2019－08/04/c_138284073.htm，访问时间 2019 年 10 月 10 日。

② 清华大学建筑节能研究中心：《中国建筑节能年度发展研究报告》。

和规定，并不能产生实际效果；建设部虽然制定了一系列办法和规定旨在大力推进建筑节能进展，但是由于其效力及强制性问题在具体的应用过程中对主体难以有较强法律约束；许多文件只是策略性的通知或标准，不属于法律体系，不能作为主体使用、确立法律责任。这些建筑节能立法上的不足是建筑能耗高居不下的重要原因，要想控制建筑能耗在预期范围，对建筑节能立法进行完善是重要手段，从国家层面以国家强制力严格对行业进行监督引导是建筑节能持续稳定推行的有力保障。

一、建筑节能立法的必要性

（一）是实现建筑部门低碳发展的有力保障

为了应对全球气候变暖，全国上下积极地推行能源革命与绿色低碳发展战略。2009 年 8 月 27 日通过的《全国人民代表大会常务委员会关于积极应对气候变化的决议》提出，要抓住当今世界重视发展低碳经济的机遇，发展绿色、低碳经济，建设低碳型建筑和交通体系，促进经济发展模式向高效、低耗、低排模式转型。2011 年《中华人民共和国国民经济和社会发展第十二个五年规划纲要》提到，面对日益严峻的环境约束，必须增强危机意识，以节能减排为重点，健全激励与约束机制，增强可持续发展能力。2014 年修正的《中华人民共和国环境保护法》总则第六条要求，各类企事业单位以及其他生产经营者应当采取与生态平衡相协调的方式进行生产经营活动，防止、减少对环境的污染和对生态的破坏，对其所造成的损害要依法承担责任。公民应当树立环保意识，自觉采取低碳、节俭的生活方式，履行环境保护义务。2017 年《建筑节能与绿色建筑发展“十三五”规划》提出的目标：到 2020 年，城镇新建建筑中绿色建筑面积占比超过 50%，绿色建材的应有占比超 40%，建筑能效水平比 2015 年提高 20%，对既有居住建筑进行建筑节能改造 5 亿平方米以上，对公共建筑节能改造 1 亿平方米，使既有城镇居住建筑中节能建筑比重超 60%。① 然而由于法律制度不够完备，监督执行不够到位，致使我国建筑节能发展出现区域性不平衡。部分发达地区能够达到标准，例如上海市和江苏省，而还有许多地方达不到既定目标，如山西省。市场的调节具有逐利性，难以自我调节至国家的宏观目标，只有在立法上加以完善，对于建筑节能工作给予国家强制力以有效控制和引导，才能使建筑节能事业突破行业障碍取得高效发展，逐渐实现我国低碳发展目标。

① 中华人民共和国住房和城乡建设部：《建筑节能与绿色建筑发展“十三五”规划》，http://www.mohurd.gov.cn/wjfb/201703/t20170314_230978.html，访问时间 2019 年 10 月 21 日。

（二）是实现经济与环境、能源之间相协调有效手段

2019年10月11日召开的国家能源委员会会议中李克强总理提到，在过去我国能源行业的发展为经济发展起到了基础支撑作用，保障能源供给是长期战略任务，同时，我国是能源消费大国，要以能源高质量发展来为经济社会健康发展提供保障，节能潜力巨大，要大力推动重化工业、交通、建筑等重点领域节能改造，促进通用设备能效提升。① 十九大报告指出我国社会的主要矛盾已经发生变化，人民对于美好生活的期盼较以往更高，舒适的居家环境、适宜的建筑热环境也越来越成为人民对美好生活追求的一部分，为拥有良好的居住环境，处于夏热冬冷地区的家庭采用集中采暖，煤炭能源的消耗巨大；对于非集中采暖区域的夏热冬冷区域，居民们则通过各类气温调节电器来解决住宅夏热冬冷问题，这使得室内空调夏天制冷和冬天采暖的能源耗用急剧上升，同时导致能源消耗所产生的污染急剧上升。经过建筑产业多年快速的发展，我国人均住宅面积已经接近发达国家水平，但人均公共建筑面积还相对处在低位，商场、医院、学校的人均面积相对较低，为了满足人民的购物娱乐、就医和教育等需求，将来必然还会大力建设公共建筑。② 而公共建筑耗能巨大，建筑业建造材料所消耗能源以及建造到拆除全过程所制造的建筑垃圾量非常庞大，这无疑对环境和能源造成双重考验。建国70年以来，伴随着经济的发展，我国人民生活水平发生了翻天覆地的变化，汽车、电器等的普遍使用导致能源消费呈现较快增长态势，增长的需求需要高效高质的能源产出来应对，然而传统能源产能结构性过剩问题仍然较为严重，发展质量和效率不及预期亟待提升，能源转型变革任重道远，节能降耗面临阶段性压力，与控制能源消费总量和实现单位GDP能耗降低15%的“十三五”目标仍有距离。建筑节能作为能耗巨头，是实现“十三五”目标的重点贡献者。通过建筑节能立法可将建筑节能标准进行提高，制定一系列鼓励开发环保型材料的法律、法规、规章，促进全行业节能水平提高、减少对环境的损害，促进全社会建筑节能意识的提高，使经济发展与环境、能源相协调，同步提升而不是走以牺牲能源、环境作为代价去保证经济发展的老路。

（三）是建设节约型社会的重要途径

2005年，国务院连续下发了《关于做好建设节约型社会近期重点工作的通知》对全国2005—2006年建设节约型社会工作的重点从节能、节地、节水、节材和资源综合利用进行了要求，并提出了关于加快节约资源的行政体制和法律制度建设七个方面的措施。由此，全国各地相继制定第十一个五年计划，各级政府

① http://www.gov.cn/premier/2019-10/11/content_5438589.htm，访问时间2019年10月22日。

② http://www.gov.cn/xinwen/2019-07/18/content_5410783.htm，访问时间2019年10月22日。

都已把落实科学发展观、建设资源节约型社会作为新的五年规划的重要内容。2008年《中国应对气候变化的政策与行动》提出要提高全社会的节能意识，努力减少温室气体排放，加快建设资源节约型社会，到2010年单位国内生产总值能耗比2005年降低20%左右的目标。2012年《中国的能源政策（2012)》又一再强调节约优先，注重能源消费总量和强度上的双控制，促进生产发展和生活消费模式转变，加快构建节能型国家和节约型社会。自2005年以来，国家一直致力于建设资源节约型社会，自上而下的政策文件也不断细化各种政策制度，从各个行业入手将节约资源的新型发展模式加以明确。建筑行业恰是要实施节能政策的重要主体，从建筑取材施工到建筑物的利用，多方可积极努力采取措施以尽可能少地消耗资源和破坏环境，如努力研发新型可循环材料、设计建造绿色建筑、在建筑物使用过程中尽可能降低能耗等。通过建筑节能立法从建筑设计、建造、利用多环节加以要求，促进企业对各项技术的提升、对审核的加强、对标准的提高，严控新建建筑节能标准，对于老旧建筑改造制定相应政策与补贴，以此提高全国节能建筑覆盖率，可以极大节约煤、电、水能以及与之相关的各种自然资源，是建设节约型社会的重要途径。

二、我国建筑节能立法现状评估

（一）我国建筑节能立法现状

我国建筑节能法律制度自20世纪80年代以来逐渐受到重视，并投入了相应的理论研究。随着社会的不断进步，它大致经历了三个发展阶段。第一，起步阶段，自1979年中国经济委员会对节能工作提出明确要求以来，各项节能工作开始系统、有组织地落实和开展，在这种情况下，建筑节能工作应运而生。最初的节能计划侧重于工业节能，自1987年以来，对建筑节能的关注已正式开始。最初的节能概念一直集中在建筑的节能设计上，后来，随着新兴的节能材料陆续出现，建筑节能材料的技术研究也成为关注的焦点。在这一时期，可以说建筑节能基本法律制度的建设方向已经明确。第二，发展阶段，自2007年以来，通过对新能源管理的研究，颁布了新的节能法，在原来的基础上增加了建筑节能的重要法律保障，其中节能的定义很明确，以确保节能的强度和效率。在这一时期，中国的房地产业蓬勃发展，但是针对建筑节能的法律法规仍然没有起到相应作用。在市场需求的刺激下，各房地产企业大量开发了许多非节能型建筑。[1] 第三，完善阶段。自2008年以来，有关建筑节能的标准和要求、节能技术的推广等具体法律法规正在逐步完善。

① 杨慧.《试分析我国建筑节能法律的体系》,《法制与社会》，2015年。

1. 法律

规定建筑节能的基本法有《建筑法》《节约能源法》《可再生能源法》三部法律,《建筑法》于1997年11月1日通过,自1998年3月1日施行,于2011年和2019年分别进行了修正,该法作为建筑业最基本的法律,对从事建筑勘察施工单位的资质、从建筑开工前至建筑建设完毕全过程程序进行规范性要求,对建筑活动进行监督管理并确保建筑质量与安全,对于各类建筑活动具有普遍约束力。有关建筑节能的法条主要体现于该法第四条"鼓励节约能源和保护环境",提倡建筑新工艺、设备、技术,估计建筑业节约能源保护环境。① 《节约能源法》于1997年11月1日通过,自1998年1月1日施行,这是一部推动全社会节约能源、保护环境、促进国民经济可持续发展的一部基本法,随着社会发展与环境资源变化,为了应对新的环境、经济形势,该法于2007年、2016年、2018年进行了三次修订,该法2007年修正版首次把建筑节能纳入其第三章,与工业节能、交通运输节能、公共结构节能、重点用能单位节能并列作为节能工作的重点,在后续两次修正中对建筑节能的要求进一步拓展,并在法律责任中明确了进行相关审批的国家机关、生产单位、从事节能咨询、设计的相关单位、建设单位和房地产企业的法律责任。《可再生能源法》于2005年2月28日通过,自2006年1月1日起施行,该法的颁布要是为了促进可再生能源的开发利用,增加能源供应,实现经济社会的可持续发展。该法中的第十七条涉及推广建筑中适用太阳能利用系统,为一种可再生建筑能源技术提供了支持。

2. 行政法规

《建设工程质量管理条例》于2000年1月30日国务院令第279号发布,是为了加强建设工程质量管理、保证工程质量,根据《建筑法》制定的行政法规。该法规规定了建设单位、勘察、设计、施工和工程监理单位的质量责任和义务以及工程质量保修和监督管理,这些要求里隐含了各单位各环节对建筑节能指标的把控。《民用建筑节能条例》于2008年7月23日通过,自2008年10月1日起施行,该条例是一部专门规范建筑节能以降低民用建筑使用过程中的能耗的行政法规,法规对新建建筑、既有建筑以及建筑用能系统运行的节能进行了要求并规定了相对应的法律责任,具有很强的操作性和实用性,是一部较为全面、系统的建筑节能管理行政法规。《公共机构节能条例》于2008年8月1日通过,自2008年10月1日起施行,并于2017年进行了修订。该条例是国务院为了推动公共机构节能、提高公共机构的能源利用效率,根据《节约能源法》而制定,发挥公共机构在节能领域的表率作用的行政法规,法规分为节能规划、节能管理、节能措

① 林璐:《我国建筑节能法律制度研究》,《中国科技博览》,2016年第3期,第254页。

施、监督和保障，对公共机构的能源利用进行了规范。条例中第20条对公共机构的新建建筑和既有建筑维修改造的建筑节能进行了要求，并要求政府负责固定资产投资审批的部门严控建筑项目的节能评估和审查。

3. 部门规章

《实施工程建设强制性标准监督规定》于2008年8月21日通过，由建设部发布，要求我国新建、扩建、改建等工程建设活动，必须执行工程建设强制性标准，包括建筑节能标准中的强制性条文，并对违反工程建设强制性标准的建设、勘察、设计、施工、监理单位以及建设行政主管部门和工作人员设定了相应的处罚责任。《房屋建筑和实证基础设施工程施工图设计文件审查管理办法》于2004年8月23日由建设部发布并自发布之日起施行，该办法在2013年、2018年两次修改，在2013年的修改中该办法第十一条将民用建筑节能强制性标准纳入施工图审查的内容，施工图未经审查合格的，住房城乡建设主管部门对施工单位不予颁发施工许可证。《民用建筑节能管理规定》于2000年2月18日发布，于2005年11月10发布修改版，废止旧版，是建设部为贯彻《节约能源法》和推动建筑节能工作的实施而制定颁布，对建设项目各个环节须如何贯彻实施节能标准进行了原则性的规定，并在规定中鼓励使用新型节能技术与产品，对于不按照节能标准施行的建设、设计、施工单位给予相应的经济处罚以及停业整顿、降低资质等级、吊销资质证书等严厉处罚。《民用建筑工程节能质量监督管理办法》于2006年7月31日发布，该办法中明确了建设、设计、施工监理单位在民用建筑节能工作的义务，特别要求设计单位在初步设计中出具节能设计专篇，将节能设计专列为一专门审查项目。

4. 地方政府规章

根据《民用建筑节能条例》，各省、自治区、直辖市人民政府相继出台了一系列符合地方实际情况、满足地方需求的地方政府规章来将建筑节能的要求进一步细化，如山东省先后出台了《节能奖励办法》《节能目标责任考核办法》和《超标准耗能加价管理办法》，江苏省出台了《江苏省节能管理办法》，浙江省出台了《浙江省管理办法》，四川省出台了《四川省民用建筑节能管理办法》等，各省根据本地经济建设情况在规章中规定了对于实施建筑节能工作优劣的奖惩措施，部分省将促进节能工作的经济扶持政策也制定在其中。

（二）现行建筑节能法律体系存在的问题

尽管我国的建筑节能法律法规体系正在逐步建立和完善，但总体而言效果并不够理想。对于日益严峻的能源问题，它仍然不能满足建筑节能工作的具体需求，现有体系依旧面临着一些实际问题：

1. 基本法缺失

由于没有一部统筹建筑节能的专门性法律，《建筑法》即作为调整我国建筑业活动的基本法，对所有建筑活动具有普遍的约束力，同样适用于建筑节能的范畴。但该法所包括的面太宽，囊括整个建筑周期重点环节的要求，而建筑节能对于整个建筑周期来讲只是其中重要但很具体的一部分，该法在只在总则部分提出鼓励节约能源以及提倡对建筑活动所需的设备、材料、工艺等作节约和环保要求的原则性规范，例如《建筑法》第 4 条的规定国家扶持、支持、建筑业科学技术研究及发展，鼓励采用先进技术、设备、工艺、新型建筑材料节约能源和保护环境，然而并未对建筑节能作具体详细、明确的规定，也无具体约束条款。因此缺乏一部专门的基本法对我国建筑节能法律制度进行集中统领，使我国关于建筑节能法律制度体系面临上位法缺失的局面，使依据上位法制定的下位法容易出现问题，如法律概念的不统一、实施标准的不规范、下位法之间发生冲突，下位法执行缺乏上位法的支撑缺乏强制力，实施力度不够。没有专门基本法明确和厘清建筑节能工作专门监管部门，致使现实中存在行政监管部门“打架”的情况，常常因为职权的混乱导致政策、法规无法及时实行，发生监督监管不严的情况，直接导致市场上并不满足节能要求的建筑产品浑水摸鱼大行其道，如此下去，虽有好的标准规范也难以落实，会对建筑节能工作的开展造成极大的阻碍。《节约能源法》作为统筹全行业节能规范的基本法，虽然将第三章列为专章来进行建筑节能要求，然而其对建筑节能的要求相对较为原则性、命令性，对建筑节能的规定过于简略，且缺乏与《建筑法》以及《民用建筑节能条例》等法律法规相衔接配套的法条，在实际操作中易导致制度配合不到位、节能管理权力冲突等问题，在实际工作中难以起到调控效果。① 虽然在《可再生能源法》《循环经济促进法》《清洁生产促进法》等法中也涉及建筑节能与其相关联性技术规范要求，但仅能作为交叉领域的法律支持，对建筑节能主要法律起到补充作用。

2. 法规和规章层级低、制定不及时

自我国开展建筑领域的节能活动以来，我国已制定了多部法规、规章对建筑节能行为进行规范约束，如《民用建筑节能条例》《民用建筑节能管理规定》《公共机构节能条例》等，进一步提出了建筑领域中推行节能工作的具体实施标准和要求，但强制实施的具体条款不够完善，比如缺少对建筑标准评价体系、监督执法机制的建立的规定，致使各地对实施建筑节能的重视程度不足，各地缺少出台建筑领域中实施节能行为监管制度的依据，② 如建筑节能的能耗标识、评价标准

① 周珂、尹兵：《我国低碳建筑发展的政策与法律分析》，《新视野》，2010 年第 6 期。

② 徐建美：《建筑节能法制保障研究》，天津大学，2018 年。

体系、经济奖励政策等对建筑节能的具体可操作行为的规定均是在政府规范性文件和指导标准的层面进行，如《住房城乡建设部建筑节能与科技司关于印发2018年工作要点的通知》等，虽然对建筑节能工作有一定的约束，但由于关于建筑节能的规章、规定等大都是本行业内施行，这些本行业的规章制度层级较低，适用范围较小，在实施过程当中，对不履行设计规范、验收不规范、处罚力度标准不一致等出现“管不了，无法管”等法律问题，很难有效解决、制约和调节建筑活动当中出现的与建筑节能发展不符的各种问题和行为。地方节能法规制定不及时，配套法规也具有规范性和强制性，是一个完整法律体系的重要组成部分，是法律实施的关键环节，做好节能减排工作，主要责任终在地方各级政府。在同时，在建筑实施过程中，建筑节能工作推行需要跨部门、跨专业联动，因为缺少地方性法规的有力约束和保障，各种政策的制定和出台进展缓慢，建筑节能工作的推行力度不强，也使已制定出台的各种政策及指导性文件迟迟未有效推行。

3. 标准体系不科学

目前我国实施的建筑节能标准体系由国家标准、行业标准、地方标准、企业标准四层次构成。新版《公共建筑节能设计标准》实现对建筑节能各专业的全覆盖，并且首次采用SIR优选法来确定节能目标。建筑节能标准作为建筑节能法律制度体系的重要组成部分，其对建筑节能规划、设计、施工、监督管理等环节的实施有重要影响。但建筑节能标准作为建筑能耗的量化指标，现阶段存在节能标准体系不科学、不合理等问题，体现在进行建筑节能工作时只讲节能率（50%、65%、75%），不讲实际能耗量，即只讲设计不讲运行；建筑节能工作涉及生态学、社会学等多个学科领域和建筑物的设计、施工、运行等多个环节，但当前的节能标准只是独立地体现在不同专业的规范和标准中，没有形成系统的适用标准。这就如同一部法律只有调整不同领域法律关系的分则部分，而没有适用于整部法律的总则部分，导致在建筑节能构造设计、施工等过程中，大都关注重视现有的建筑节能标准，对于各专业标准冲突的部分采取模糊处理的方法。这样一来，造成堆砌了各种节能技术而完成的星级建筑并不比普通建筑更节能的现象时有发生。① 我国节能标准还存在时效性不好、可操作性不强等问题，没有达到真正意义上的节能效果。

4. 政策支持不到位

2016年8月31日由中国人民银行和财政部等七部委联合印发了《关于构建绿色金融体系的指导意见》。《指导意见》的出台，使我国成为首个构建了比较完整的绿色金融政策体系的国家，其主要目的是鼓励和支持更多的社会资本投入到

① 钱楠：《政策法规视野下的建筑节能研究》，《工程技术（全文版）》2017年第29期，第224—225页。

绿色产业。建筑节能以及绿色建筑都会增加开发商建设成本从而降低其利润，难以调动企业的主动性，因此，对于绿色、节能建筑的推广有赖于国家给予更多财政支持，《指导意见》的出台则有敦促各地金融机构以及社会资本支持包括建筑节能在内的绿色产业的意义，而现实情况是建筑行业很少能够享受到国家以及地方的实质性经济激励政策，摆在企业面前最直观现实的经济障碍未能很好地清除，自然不利于建筑节能产业的发展。

三、建筑节能立法原则

建筑节能立法应坚持全面推进、可持续发展、统筹兼顾的原则。

（一）坚持全面推进原则

坚持全面推进原则是指从上至下系统全面、所涵盖从城市到农村地域范围全面、所涉及建筑过程全面、与建筑节能相关产业链全面覆盖。[①] 在立法方面应当全面覆盖，从基本法到行政法规、部门规章、地方性法规、地方政府规章、行业节能标准形成一个系统全面的法律体系，对建筑节能做全方位的要求；对于建筑领域应囊括城镇民用建筑、公共建筑、工业建筑到农村居住建筑，从新建建筑到既有建筑改造作出对应的节能要求；对于建筑过程应从建筑规划、设计、建造到运行管理全过程设置节能要求、监管体系和法律责任；对于建造技术应从节能绿色建筑扩展到装配式建筑、绿色建材，把节能及绿色发展理念延伸至建筑全领域、全过程及全产业链。

在建筑节能立法中强调环保高效，淘汰落后、环境污染和可循环利用差的建筑材料，鼓励开发研究新型材料，致力于环保易降解可循环利用，取得大力进展，以降低建造业给环境生态所带来的负担；对建筑设计鼓励向建筑节能技术更发达国家汲取经验，采用更科学节能效果更好的计算方法，要求设计时充分考虑节能系数与材料环保性，强制规定不得使用节能系数不达标产品；对于建筑施工技术标准，应根据科学总结，对施工技术进行梳理，鼓励高效技术，摒弃低效技术，在全行业推广先进技术，在施工阶段严格控制废物废气的产生，减小对环境的污染；对于建筑投入使用后政府加强对装修阶段装修行为的控制，严禁装修施工中拆除节能材料，以免建筑维护结构的保温节能材料被破坏不能达到预期节能效果，也避免材料的浪费和污染；对于建筑物内电器、设备的环保能效级别给予一定的规范规定，推广节能高效电器、设备使用，以降低建筑使用期间能耗。鼓励行业进行节能建筑模式创新、新型节能环保建材研发，推广市场采用更先进的节能施工技术推广绿色建筑。

---

① 中华人民共和国住房和城乡建设部：《建筑节能与绿色建筑发展“十三五”规划》。

（二）坚持可持续发展原则

建筑在施工过程对建材的使用是对自然资源的索取，原有的生态平衡被破坏，容易产生一系列生态失衡问题；其次建造过程中产生的灰尘、微粒和空气污染物造成扬尘污染等易造成健康问题；并且建造和拆除所产生的建筑垃圾也占据填埋废物总量的较大比重且难以降解致使自然环境负荷增大。因此，在建筑施工中坚持可持续发展思想尤为重要。建筑节能立法中要坚持可持续发展原则，应当在保护人类赖以生存的大自然资源如大气、淡水、海洋、土地和森林的基础之上来规划设计建造，不应以一时发展的利益驱动去破坏永续绵延的根基，在自然能够自净自产自销的科学合理范围内开展建筑活动，使子孙后代能够永续发展和安居乐业。经建设实际验证在建筑施工过程中可以通过采取更合理的技术和方法减少对自然资源的攫取以及对原有生态平衡的破坏，在施工过程中能够保证建筑强度的需要而能对当地自然环境干扰更少，同时更先进的技术能够更好实现建筑材料循环利用，将大规模自然难以降解的建筑材料进行再回收从而降低填埋废弃物的数量，也可使施工过程中产生的扬尘减少使周边空气环境相较于低技术标准施工好许多。在相关行业施工技术规范中加以可持续发展要求，施工过程中推广绿色施工技术，减少场地干扰、尊重基地环境，结合气候条件，实施科学管理，减少环境污染和破坏，提高维护环境品质，不将现今的建造建立在对环境生态永久的破坏上，就现有技术发展水平以最大能力去维护建设与生态的平衡。

（三）坚持统筹兼顾原则

统筹兼顾就是要总揽全局、科学筹划、协调发展、兼顾各方。① 在建筑节能立法过程中要坚持统筹兼顾原则，使建筑节能立法与《节约能源法》《大气污染防治法》《环境保护法》《城乡规划法》相协调、相衔接，统筹建筑节能、可再生能源应用、绿色建筑、装配式建筑、绿色建材推广、城市风貌塑造、建筑文化发展等工作要求；统筹中央与地方两个层次的利益，在立法过程既要突出中央整体协调，又要充分发挥地方能动性，中央制定与时俱进的政策引导，地方根据中央文件、法规等因地制宜地制定相配套的地方法规、规章，根据本地情况及时调整，保持跟上位法统一的前提下保持政策法规与现实需求相贴近的灵活性；统筹政府与市场两种力量，既要依靠政府的权力与行政资源对建筑节能事业进行配置，又要充分激发市场的潜力，在法规、政策文件上体现出对企业的激励措施，以及对公民购买节能建筑产品的鼓励措施，引导市场主体积极参与建筑节能的实施与推动。

---

① 中华人民共和国住房和城乡建设部：《建筑节能与绿色建筑发展“十三五”规划》，http://www.mohurd.gov.cn/wjfb/201703/t20170314_230978.html，访问时间2019年10月21日。

四、建筑节能立法完善的基本框架

（一）制定《建筑节能法》

随着可持续发展理论的提出，我国建筑节能确立了可持续发展的发展目标。近年来我国已经制定和出台了一系列的建筑节能发展政策和措施，取得了一定的进步，为制定《建筑节能法》提供了可行性。首先，改革开放以来我国政府在建筑节能方面探索了很多成熟的经验，制定了一系列规范性的行政文件，出台了许多经过实践检验合理可行的政策和制度。现有的一些实施较好的规范性文件、法规和政策可提供借鉴或直接上升为法律。[①] 并且，一些发达国家有关建筑节能的立法起步早、发展快，形成了比较成熟的法律体系，其法律框架体系的构建以及具体法律制度的设计，可以借鉴，吸取其中成功经验。此外，国家领导人的高度重视以及国家发展战略调整的有利契机，使我国建筑节能基本法的创制具备了条件，制定建筑节能法的时机相对成熟。其次，我国应该进一步统筹考虑建筑节能的有关规定，制定专门的《建筑节能法》，为其他效力层级较低的法律提供上位法依据，同时与《环境保护法》《节约能源法》《建筑法》等法律相衔接，并受它们的指导和制约。[②]《建筑节能法》中应当明确相应的监管部门以及所对应权限，并明确规定法律责任以及责任承担主体，更好地利用自身的法律地位，强化建筑节能领域的国家意志和基本政策，为建筑节能的实施提供明确有力的法律支撑，以利于在核心环节强化国家和政府的监督。

（二）修改完善已有建筑节能法律法规

首先，建议修改完善《节约能源法》，应在《节约能源法》中原有关于建筑节能的章节中，增加相应内容，依法规定对含居住建筑、公共建筑、国家机关办公建筑、教育、卫生、商业、服务业等全部或者部分使用财政性资金的建筑强制推行建筑节能工作，明确其在各阶段的主体权利及义务，补充完善违反法律规定行为的法律责任。

其次，建议修订《建筑法》，应在与《节约能源法》相协调的原则下，在《建筑法》中增加有关节能方面的章节。内容包括：明确要求各地必须开展建筑节能工作，降低建筑总能耗，使用节能产品，增加建筑节能制度一般性的规定，按照等级和用途区分，明确建筑物总量最低能耗标准，参考《节约能源法》中关于法律责任的条款，规定超过最低能耗标准的建筑主体的法律责任，并且要明确规定地方要出台推行含居住建筑、公共建筑、国家机关办公建筑、教育、卫生、

---

① 秦静：《美日德建筑节能立法及其启示研究》，中国地质大学（武汉），2010 年。

② 毛九翠：《我国建筑节能法律制度研究》，辽宁大学，2016 年。

商业、服务业等全部或者部分使用财政性资金的建筑的地方性法规。

最后，建议修订《民用建筑节能条例》，明确依法推行含居住建筑、公共建筑、国家机关办公建筑、教育、卫生、商业、服务业等全部或者部分使用财政性资金的建筑节能的义务主体，要求建立各环节监管标准体系及违反条例的法律责任，进一步明确监管权限范围及处罚尺度。建议在条例中，要明确各级地方必须建立监管标准体系，不仅要规定设计标准中关于强制条款的执行，更要规定节能设计标准、建筑工程验收标准、耗能认证标准、节能产品认证标准等更新的最低年限，并且应该明确建立建筑设计能耗总量指标、竣工验收能耗总量指标及后期年度使用能耗总量指标公示制度。

（三）完善配套法律法规和政策

1. 国家到地方应及时制定科学的部门、地方规章和地方性法规

在国内，一些地方推行建筑节能的法律制度比较完善，颁布实施了相应的建筑节能地方性法规，如上海市和山东省，是我国经济发展较快的地区，新增建筑量大，针对建筑节能方面均颁布实施了建筑节能条例，出台了一系列的监管措施，形成了以地方性法规为核心，以建筑节能标准体系、监督管理措施、财政激励政策为辅助的建筑节能法制保障体系，在建筑节能方面取得了不错的成效。[①]各省、市人民政府是节能实施的直接管理责任方，应该结合本区域实际情况，统筹考虑目前该区域的建筑节能管理的实践效果，对本辖区内推行建筑节能的管理工作进行严格的规定，尽快制定关于建筑节能的地方性法规，实现跨行业、跨部门的整体谋划，同时也为不同行业、不同部门出台各项推行建筑节能政策提供强有力的依据，对不低于国家标准的地方设计标准、验收标准、评价制度、强制推行的内容进行约定，明确规定全部或部分使用财政资金的建筑在全过程寿命期内要依法推行建筑节能的内容，比如安装太阳能、建筑外墙保温、实行能源审计、能耗标识、公示、年度用能总量上报制度等，使建筑节能活动工作考核指标可量化。

2. 加强对建筑节能标准的更新与修改

对现有的全国性建筑节能标准进行梳理评估，废除整体不符合现实需求的节能标准，制定新标准，对部分适应的节能标准中的不适应需求部分进行修改，通过专业科学的计算来确定标准中的相应参数。同时督促地方依据国家标准制定适宜本地区区域气候情况的高于国家标准的节能标准，在标准制定中重视对建筑物整体的实际能耗和单位面积能耗的要求。全国范围内推行强制性能效标准、标识以及自愿认证制度，并且采用立法的途径确立能源消耗和标识的法律地位。制定

① 徐建美，《建筑节能法制保障研究》，天津大学，2018。

标准调整机制，根据建筑发展水平不断调整提高节能标准，将实际运用中成熟的先进节能技术在标准中予以推广。并且节能标准不应单纯注重建造能耗还应重视使用运行能耗，并制定合理标准通过政策激励或征税手段加以控制，可以根据地区自然气候水平和经济发展水平做出符合当地需求的能耗控制指导方案，并以统计数据归纳总结出不同建筑类型和建筑质量等级为满足相应的采暖同分需求所对应单位面积能耗标准，并根据地区情况测算出当地不同人口数家庭为达到舒适居住环境所需水、电、气等边际能耗值，给出合理参考值，对于超过这一准值范围的家庭能耗使用加征能源税，而对于低于此标准值范围的家庭能源费用给予优惠，以此激励市民主动在生活中进行节能。

3. 给予企业在建筑节能方面更多政策激励扶持

强制性的节能政策不能充分调动建筑节能主体的积极性，标准提高势必带来成本的增加，通常在前期易遭到抵触，企业还易因被动满足强制标准打擦边球或者通过灰色途径去取得合格证书，难以达到建筑节能的良好效果。企业以盈利为目的，降低成本是其所乐见的，经济激励措施则是以鼓励性政策从节能实施的参与者角度来调动节能积极性，相比较强制性节能政策，恰当的经济激励措施更具备现实吸引力，能够为企业节能工作开展减少经济成本，刺激企业投入这项工作的热情与自愿性，则能有效推进建筑节能工作。我们应当在通过立法途径促进建筑节能工作的同时，也应配套合理的经济激励政策，从而取得建筑节能的良好效果。首先，各地方的节能专项资金中应当设置专门用于建筑节能的资金，此类资金主要用于政府补贴和折旧补贴，政府补贴主要是针对建筑企业降低成本，以避免其因建筑节能增加成本而不予执行技能标准；折旧补贴主要用于工业建筑中的企业，鼓励对旧设备进行更新，即时更换为能耗能低的新设备，对于其置换新设备予以一定的补偿，从而降低工业制造中产生的能耗。除了专项资金外，更重要的措施是通过财政措施来调动市场积极性，如贷款优惠、税收优惠①。目前各国对于建筑节能工作的支持通常采用对节能技术开发和设备研制的投资给予贷款优惠，建筑企业由于其投资的特殊性往往需要大量向银行贷款，而节能工作的增加要求建筑投资规模相应增加，在贷款方面予以优惠能够在经济上给企业减少可观的成本，同时可以在信贷方面建立相应的信用制度和绿色制度，对信用良好、节能工作开展执行较好的公司实行登记并根据不同水平划分等级，等级越高越可取得更高的贷款优惠。税收优惠则是经国外验证对建筑运行过程控能的有效手段。该税收优惠主要体现于企业营业税与公民个人所得税上，政府运用根据不同地区因地制宜统计所制定的绿色节能标准，按年度对企业用能进行评估，对于符合绿

① 王豆豆：《公平公正视域下的建筑节能立法问题研究》，西安建筑科技大学，2015。

色节能标准的企业予以一定企业营业税的降低；对于家庭或者个人积极配合节能工作的，例如家庭能耗长期低于节能标准的个人，除在能耗费用上的优惠，亦可对其个人所得税以一定比例的减免，以此从企业和个人两方面从面到点对节能工作开展的积极性进行调动。

页岩气开发的环境保护法律制度研究

傅晶晶[①]　王诗雅[②]

摘　要：页岩气开发的环境保护立法是指在页岩气开发过程中，通过完善页岩气开发环境保护的立法体系，制定一系列法律制度来规范页岩气的开发工作，防止页岩气开发对环境带来的不利影响。随着全球经济的发展，世界各国都在积极探索新能源的勘探和开发，以保障本国的能源安全，但是其中页岩气的开发会带来一系列环境问题。对于页岩气开发的环境保护立法，美国和英国作为优先投入页岩气开发的国家，有一套较为系统的页岩气开发环境保护体系，对页岩气开发的监管预警和环境保护等方面都有较为完善的规定。中国开发新能源的目的之一是缓解环境压力，如果开发页岩气不当反而会造成更严重的环境污染显然不利于可持续发展。因此，在了解中国页岩气开发现状的同时结合国外先进经验，为实现能源独立维护能源安全，对中国页岩气开发的环境保护立法进行必要的探索改进，减少环境污染的同时促进页岩气的绿色开采势在必行。

关键词：页岩气开发；环境保护法律制度；域外经验

我国拥有丰富的页岩气资源，可以进行采集的资源总量高达 25 万亿 m^3，但是尽管我国页岩气资源丰富，当前我国的页岩气开发仅集中于一些特定的产区，开发规模还相对较小。[③] 因此，为了激发页岩气的开发活力，维护我国能源安全，我国政府接连出台了一些经济上鼓励页岩气开发的优惠政策。2012 年我国财政部和国家能源局联合制作的《关于出台页岩气开发利用补贴政策的通知》颁布，规定到 2015 年对页岩气开采企业按 0.4 元/m^3 标准给予补贴。2013 年国家能源局出台《页岩气产业政策》，规定对进行页岩气勘探开发的主体进行矿产资源补偿费和矿业权使用费的减免。2015 年财政部和国家能源局印发《关于页岩气开发利用财政补贴政策的通知》，指出要继续对页岩气开采企业实行直接补贴。

① 傅晶晶，西南石油大学法学院教授、副院长，西南石油大学法治与社会治理研究院院长，硕士生导师，研究方向：环境资源保护法、能源法。

② 王诗雅，西南石油大学法学院 2019 级法学硕士研究生，研究方向：环境与资源法学。

③ 刘龙：《页岩气资源开发利用管理研究》，长安大学，2014。

除了这些直接补贴外，国家还规定应该按照2013年颁布的《页岩气产业政策》继续研究出台资源税、增值税和所得税等税收激励政策。此外，《页岩气发展规划（2016—2020年）》明确指出，我国在“十三五”期间要“紧跟页岩气技术革命新趋势，攻克页岩气储层评价、水平井钻完井、增产改造、气藏工程等勘探开发瓶颈技术，加速现有工程技术的升级换代，有效支撑页岩气产业健康快速发展”。[①] 国家通过一系列优惠政策鼓励页岩气的开发，调动开发企业进行页岩气开发的积极性，这对于实现我国能源安全和独立具有重要意义。但是当前我国页岩气开发产生了一系列环境问题，而当前我国页岩气开发环境保护方面的法律制度还不健全，这会对我国本来就相对脆弱的生态环境造成更大的破坏，因此，我国目前有必要加强页岩气法律制度体系完善的研究，为建立健全我国页岩气开发保护法律制度体系添砖加瓦。

一、页岩气开发所面临的主要环境风险

目前我国开采页岩气所采用的技术主要是世界主流的水平井钻井和水力压裂法。水力压裂法，是指用压裂液即包含多种化学物质的水、砂混合体，用高压注入页岩气钻井，压裂改变储气岩层的岩石裂缝构造，扩张裂口，使页岩气能流出以被收集，但水力压裂法的使用会造成一系列环境问题。

首先，加大页岩气的勘探开发会造成水资源的大量消耗，并且还会造成现有淡水资源的污染。我国西南、西北等地区是我国页岩气资源的集中地区，但同时这些地区也是我国水资源较为匮乏的地区，进行页岩气的开发必然会加剧水资源的紧缺局面。此外，页岩气压裂法的使用会产生压裂液、岩屑、甲烷等有毒有害物质造成地下水层的污染。在开采过程中，开采页岩气所使用的压裂液会返回到地面，流回地面的压裂液当中不仅包含着原本就有的有害的化学物质，还可能存在部分在进行压裂开采的时候地下深处的岩层所产生出来的放射性物质以及包含大约10%的溶解盐类，这类有毒有害的物质成分对水资源的危害极大，由于还需要对这些有毒废水进行回收利用，当不可避免地流回地面时，就会造成严重的水源和地下水层污染。[②]

其次，现存的技术还不能使得进行页岩气开发时释放出的大量甲烷气体得到很好的控制，因此页岩气的勘探开发会带来较为严重的大气污染。有研究表明，开发页岩气所释放的甲烷甚至比开发石油天然气等传统能源释放的更多。而甲烷气体是一种温室效应较高的气体，其所产生的升温效果可能会达到 CO_2 的25至

---

① 南景毓：《四川省页岩气就地利用的政策与法律保障研究》，《安阳工学院学报》，2018年第17卷第8—12页。
② 缪明：《浅谈中国页岩气开发活动对环境的影响及建议》，《西部资源》，2019年第6期，第44—45页。

28倍以上，而且其在大气中的留存时间可以达到12年。当前，甲烷以18%的全球气候变暖贡献率位居所有温室气体的第二名，而开发页岩气所释放出的甲烷气体又远远超过煤炭和石油等传统能源。[①] 据统计，就算在美国这样页岩气开发较为先进的国家，其每口页岩气井在完井时会释放出的甲烷气体高达 $11.3\times10^4m^3$—$25.5\times10^4m^3$，占到气井总产量的3.6%—7.9%，远远高于常规天然气开发1.7%—6%的溢出量。我国页岩气开发单口井排放的甲烷气体可以达到 $400\times10^4m^3$—$900\times10^4m^3$，最高值甚至可以达到 $1000\times10^4m^3$ 以上，[②] 甲烷气体的大量排放使得大气污染愈发严重。

最后，页岩气开采还会造成周围生态环境的破坏，比如开发页岩气会减少可利用的土地资源面积；在开发过程中还会产生大量的固液体污染物，造成土壤污染以及野生植被的破坏；从各国页岩气开采经历来看，页岩气开发还极易引发地震等地质灾害。

由此看来，完善页岩气开发的环境保护立法，在激发页岩气开发活力的同时加大对环境的保护无论对我国还是对于世界的环境都是十分必要的。

二、我国页岩气开发环境保护的立法现状及存在的问题

（一）页岩气开发环境保护的立法现状

当前我国页岩气开发中的法律条文大都分散在以《中华人民共和国环境保护法》为代表的六部法律中，没有形成专门针对页岩气开发进行监管保护的法律，也没有形成对页岩气开发的环境保护的立法体系，大多数法律都只是一些原则性规定，立法方面还存在空缺，对相关法律制度还需要进一步细化。

表1　页岩气开发相关立法现状

法律名称	相关规定
《中华人民共和国水土保持法》	在进行资源的勘探开发时所产生的污染物必须存放在法律所规定的专门的存放地点，不可以随意排放在专门存放地以外的河流湖泊等地方，并且规定如果造成了环境破坏，必须采取措施恢复。
《中华人民共和国矿产资源法》	相关审查机关在对开采主体进行审查时，必须审查其环境保护措施是否到位；开采主体进行矿产资源开发时不能进行污染环境的行为。
《中华人民共和国清洁生产促进法》	开发主体要采用不会造成环境污染的方法和工艺技术对矿产资源进行勘探开采，提高资源的利用水平。

① 朱红威、邵菊芳、冷云伟、陶秀祥：《利用生物过滤器处理煤矿乏风瓦斯的研究进展》，《环境污染与防治》，2014年第6期，第65—72页。

② 李小敏、史聆聆、马建锋、邹广迅、李兴：《我国页岩气开发的环境影响特征》，《环境工程》，2015年第9期，第139—143页。

续表

法律名称	相关规定
《中华人民共和国水法》	如果开采页岩气导致地下水水位下降和水源枯竭，开发主体需要采取相应措施进行补救。
《中华人民共和国环境保护法》	进行开发活动要合理，要保护生物多样性，保障生态安全，依法制定有关生态保护和恢复治理方案并予以实施。
《中华人民共和国环境影响评价法》	申请开发页岩气之前，需要进行环境影响评价，并向审批该专项规划的机关提出环境影响报告书。

（二）页岩气开发环境保护立法存在的不足

页岩气开发所造成的环境问题是十分复杂的，需要有一个完善的立法体系来解决，而我国现存的6部法律大多都是对于页岩气开发中废物存放、地下水抽取、生态多样性保护和环境影响评价等的原则性规定，缺乏较好的针对性，也没有进行进一步的细化，而且目前我国也没有专门针对页岩气开发的环境保护的法律体系。可见，要对页岩气开发过程中的环境进行有效保护，我国对于环境保护的立法还有较长的路要走。①

首先，当前对页岩气开采企业的准入方面，我国立法缺乏细致的规定。尽管我国的《中华人民共和国矿产资源法》规定相关审查机关在对开采主体进行审查时，必须审查其环境保护措施是否到位。但是这部法律并没有具体细化规定进行页岩气勘探开发的企业需要具备何种资质、开发企业在开发前需要具体在哪些行政机关进行何种审批以及需要做何种准备；政府对页岩气开发事前监督需要审核哪些材料、需要进行何种流程等等，这在我国的立法层面都还比较欠缺。页岩气开采企业需要采取环境保护措施保护环境，但针对页岩气开发会带来的相对特殊的大气、水体、土地等不同的环境污染分别应该采取何种措施，采取措施所应达到的对环境的保护程度以及相关行政机关进行审查时的评价标准，我国的环境保护立法都应该做出更加具体的规定以增强法律的可操作性。

其次，我国页岩气开发过程中的预警和监测机制也没有立法的明确规定。各国实践表明页岩气开发极易诱发地震，虽然这个话题还存在一些争议，但是这已经是全世界普遍关注和认同的事情，我国的《生产安全法》并没有规定开采主体在勘探开发页岩气时应怎样做到在开发前的预测评估，在做出钻井的决定之前，开发主体应该具备哪些环保措施以及具体应该搜集怎样的资料、做出详细的评估报告才能着手开始进行开采工作；在页岩气的开发过程中，对于地质活动的实时监控、对于地震的预警十分重要，达到何种程度开发主体就应该减缓或者停止开

① 郭关玉、戴修殿：《英美页岩气开发模式对比及其对中国的启示》，《中国国土资源经济》，2017年第5期，第31—36页。

采工作等问题，这些重要的措施在我国立法层面并没有做出详细规定。立法应该真正考虑和做出切实的可操作的规定，应该规定政府在监督开发企业是否做到这些安全预防时，应该具体承担什么样的职责使开发企业真正能够做到开发工作的安全，尽量预防开发活动诱发地震等地质灾害，做到安全生产，同时更重要的是保护生态环境。

最后，我国页岩气开发环境保护法律制度不够健全。如果没有对页岩气的勘探开发活动进行很好的规范，那么这些不当的开发活动就可能会造成自然界中各种环境要素的破坏，带来严重的环境污染。虽然我国目前有 6 部相关法律都有相关条文规定在进行页岩气的勘探开发活动时，开发主体应该尽量避免对环境造成破坏，在造成不利影响时开发企业应该采取措施避免，但这些法律规定大多都仅仅是原则上的规定，具体到页岩气的开发主体应该如何具体做到开发前的环境影响评估以此形成环境污染的事前预防、如何在开发中采取措施避免对环境的影响以及如何在事后治理已经造成的污染等在我国关于页岩气的环境保护立法方面都应该进行详细规定，对大气、水、土地不同环境构成要素带来的污染分别应怎样进行保护的规定都有待进行创新和细化。

二、国外页岩气开发环境保护立法经验借鉴

（一）美国页岩气开发的立法经验

在经历了两次世界石油危机之后，美国的能源安全问题逐渐上升到显眼位置，国家开始高度重视这一问题。在这样的背景下，为了维护国家的能源安全，使能源能够自给自足，减少对外依赖，并且优化本国能源结构，美国政府逐渐加大对页岩气开发的重视，并且将页岩气的开发工作放在了首位。美国在页岩气方面的立法主要是为了促进页岩气的开发，通过废除对于价格的控制，实行一些能够激发开发主体积极性的财政方面的补贴、减税等优惠政策，通过颁布法规进行规定，以更好增加页岩气勘探开采主体的获利机会来激发其开发页岩气的积极性，美国通过实施优惠政策的刺激开发出了大量页岩气。①

表 2　美国相关法案

法律名称	促进页岩气开发的相关规定
《天然气政策法案》	规定不得再对页岩气气井的价格进行限制
《能源意外获利法》	1980—1992 年可获得 3.5 美分/m^3 的价格补贴

① 郭关玉、戴修殿：《能源供给转型　绿色发展引路》，《中国国土资源报》，2017 年 11 月 11 日。

续表

法律名称	促进页岩气开发的相关规定
《能源意外获利法》(修订)	1993—1999 年间勘探开发、2003 年之前生产的页岩气可获折合 0.02 美元/m^3 的税收减免
《纳税人减负法案》	继续实施页岩气开采的税收减免政策
《能源政策法》	新投入的页岩气井可在 2006—2010 年获得 3 美元/桶的补贴

美国将页岩气开发工作放在首位，不够重视页岩气开发的环境保护，虽然美国已经存在一系列较为完善的环保法规，但为了加大页岩气的开发力度，为了实现能源的独立，这些环保法规对于页岩气开发而言只是流于形式，并没有将页岩气的开发纳入这些法律监测的体系，这导致美国在页岩气开发的进程中造成了很多对环境的负面影响。根据相关报告，美国宾夕法尼亚州和怀俄明州的饮用水都曾受到过开发页岩气所使用的压裂液的污染，有数据显示马塞勒斯页岩气田的 1944 口井共发现了 1218 项违规现象，包括废水溢出的问题；在页岩气的勘探开发的过程中，纽约州的环境保护部曾经也发出过警告：开发页岩气所使用的压裂液的泄露问题所产生的污染已经对城市饮用水供应造成了“灾难性后果”。除此之外，美国部分地区的地震频率也大幅增加，如在页岩气开采之前俄克拉荷马州的地震频率大约是每年 2 到 6 次，但是在页岩气开采之后，该地区的地震频率在 2010 年一年之中就猛增到了 1047 次。更为严重的是，有些页岩气开发事故已经直接对居民健康造成重大影响，如 2010 年 7 月休斯敦的一次页岩气井喷就使当地 65%的居民体内检测出甲苯，53%的人体内检测出二甲苯。①

美国将页岩气的开发工作置于环境保护之前，造成严重的环境污染，这显然是不可取的，虽然提升了自己的能源地位，但以环境为代价是不值得的。美国的很多环保法规虽然将开发页岩气所使用的水力压裂法的核心环节排除在了监管之外，但各州还是出台了相关规定来保护环境。这些立法主要围绕页岩气开发的气井周围地表活动的预警和监测；压裂液的回收和处理；对于地表水、地下水及其他自然资源的保护以及信息的收集和报告等等。

由于页岩气的开发可能会诱发地震，美国很多州都进行了严格的立法规定，要求开发主体在进行页岩气开发的勘探阶段，必须要使用震源测井车对气井周围的地质结构进行勘探，以此来评估该地地下构造的生产力，在此基础上做出该地是否适合进行页岩气勘探开发的决定。美国很多州都明确做出对于此项测试进行事前许可的要求，比如马里兰州，要求开发主体在开发前需要提交“震源测试作

① 郭关玉、戴修殿：《英美页岩气开发模式对比及其对中国的启示》，《中国国土资源经济》，2017 年第 5 期，第 31—36 页。

业申请”，并对其所使用的方法进行细致的说明。此外，还要说明气井周围地表的自然资源，比如要说明进行页岩气的开发是否会对周围的河流、湖泊、湿地等造成影响。在全面的测试勘察之后，需要综合这些测试结果来判断此地是不是真的适合使用水力压裂法对页岩气进行开发。

由于水力压裂法的使用会使得一些压裂液和支撑剂不可避免地流回地表，对土地、水等资源造成污染，那么对于进行钻井所不可避免产生的这些废弃液体，美国各州就颁布了法规要求存储和处理这些废液，需要特别注意。比如，他们要求开发企业需要将这些回流的污染液体存放在一些特定的矿坑或罐子里。此外，虽然将回流的液体存放在了特定的地点，但是如果存放时间太久也会造成污染，很多州就还进一步对它们的存放时间做出了严格的限制，比如，宾夕法尼亚州规定开发主体需要在钻井活动结束后的 9 个月内对存放在特定地点的废液进行处理；纽约州要求开发企业在钻井活动结束后的 45 天之内必须要转移废液；俄亥俄州要求在 3 个月内处理这些废水；西弗吉尼亚州要求在 6 个月内处理回流水中的压裂液，并且还限制这 6 个月期限的前提是开发企业能够证明在这 6 个月内这些废液“不含有害物质”或者“不会用于水面养殖”。

由于在开发页岩气的过程中，有时采用的水力压裂法所使用的压裂液会不可避免地泄露出来，但如果钻井太过于接近城市用水的供应源，那么这些泄露的压裂液就有可能会对城市的用水造成污染，从而影响到人类健康，此外压裂液的泄露也可能会造成一些自然环境要素比如河流、湿地等的污染。基于此，一些州颁布法规对钻井和自然资源的距离进行限制，规定页岩气的开发地点应该和水流等自然资源保持一定距离，设定了最短距离，这一做法也有利于保护自然资源免受开发页岩气所遭受的破坏。

除此之外，由于压裂液的泄露对环境所产生的污染是比较严重的，因此一些州要求开发主体必须要做好信息公开，要求开发主体必须公开压裂的过程，以此来对其进行更加全面的监督。比如，法规明确要求，在进行页岩气气井的钻井开采之前，开发主体必须要申请并且获得许可证才能进行相关开采活动，而要能够申请到许可证就必须提交和公开一些重要的开采信息。比如，马塞勒斯各州要求开发主体在申请时要提交对页岩气开采所产生的废水废物的处置计划和过程，并且还要求公开气井和井筒和地表水的距离；纽约州和宾夕法尼亚州要求开发主体对外公布其进行开发要使用的压裂液的化学成分；还有一些州的环保机构规定可以要求开发主体强制公开。①

① 杨敏：《我国页岩气开发管理法律制度研究》，中国政法大学硕士论文，2012 年。

（二）英国页岩气开发环境保护的立法经验

为了加强能源供给安全和促进经济复苏，英国政府从21世纪起开始大力推进页岩气的开发。为了促进页岩气的开发，英国通过加大税收优惠、简化审批流程、放开对水力压裂法的限制等手段激励开发商的积极性，但不同于美国，英国在页岩气的开发过程中坚持把环境保护放在最重要的位置，因此，英国对于页岩气开发的环境保护相关的立法有更多值得我们借鉴的地方。

英国政府对于页岩气开发主体的准入条件进行了严格的规定，要进行页岩气的开发，开发主体必须同时获得政府颁发的“勘探生产许可证”和“钻井许可证”。首先开发主体必须要从能源与气候部获得“勘探生产许可证”，在获得了该证之后还需要进行一系列严格的程序才可以最终取得“钻井许可证”。这一系列严格的程序包括：在和土地的所有者进行了谈判协商以后获得土地使用证、向环境保护局进行申请得到环境许可证、从矿物规划局申请并且取得钻井建筑许可证、在环境保护局拿到水资源利用和废水处理许可证。只有在进行了所有环节具备了所有证书的前提下，开发商才能在获得最后的“钻井许可证”，此时才能进行页岩气的开发工作。

由于英国政府高度重视页岩气开采过程中的环境问题，他们规定了严格的环保法律法规来监管页岩气的开发，使得在实现本国能源安全的前提下，不至于以牺牲环境为代价。

表3 英国相关立法

法律名称	相关规定
《水资源法》	开发主体不可以在没有获得环境保护局颁发的许可证书的情况下从事任何从地层抽取水资源的钻井、凿洞或者其他等等工作；为了防止废井对水资源造成污染，开发商在页岩气气井废弃前的6个月，必须告知环境局，并附上开发商对废弃矿井的处理意见。
《海上设施和矿井（设计与施工等）法规》	对钻井的各个流程予以详细规定，以防止矿井泄露对水资源造成污染。所有钻井的设计、维修、建设、装备、运营、停工或废弃都要“合理可行，以确保矿井没有液体渗漏”“不对人的安全和健康造成任何损害”。
《关于采掘行业的废物管理规定》	岩气开发商必须遵照可持续发展原则，采取一切必要措施最大限度地防止或减少返排液对环境和人体健康造成负面影响。①

对于页岩气的开发英国还规定了严格的风险预警和监测制度。由于页岩气的勘探开发可能会诱发地震，英国政府规定地质调查局应该和矿物规划局一起，进行地震防范方面的研究。开发主体应在进行页岩气开发活动之前，需要尽自己所能搜集完备详细的资料对需要钻井开采的地面结构进行评估；在钻井过程中尽量

① 郭关玉，戴修殿，《能源供给转型 绿色发展引路》，《中国国土资源报》，2017年11月11日。

少地使用压裂液；在压裂过程中和压裂结束之后都必须监测地震活动；在压裂过程中严格按照地震信号灯指示进行操作等等。英国比较创新的地方在于，在页岩气开发地区都会要求开发商安装地震信号指示灯，该地震信号指示灯分为三个颜色，首先是绿色，当地震信号指示灯为绿色时就表示地震等级为 0，此时开发商可以按计划注入压裂液，当信号指示灯变为琥珀色时，表示地震级别达到了 0—0.5 里氏，此时开发商应低速、谨慎地注入压裂液，当信号指示灯变为了红色，说明地震级别已经达到了 0.5 里氏以上，此时应停止注入压裂液。这样的操作可以有效预防地震减少页岩气开发所带来的破坏。①

三、完善我国页岩气开发环境保护立法的具体建议

（一）严格规范页岩气开发的准入条件

尽管我国目前要激发页岩气开发的活力，但是不能一味允许各种主体都进入页岩气的开发队伍当中。页岩气开发是一项专业性极强、极其复杂也存在很多未知危险的工作，因此我们必须严格规范准入条件，规范页岩气的开发过程。英国对于页岩气开发的准入有严格的限制，我们可以学习借鉴英国的经验，在激发页岩气开发活力的同时制定适当的严格的页岩气开发的前置性许可，要求从事页岩气开发的主体在进入页岩气开发工作之前必须具备相应资质，必须通过严格的审批程序，获得开发许可证、履行必要手续等，使合格的主体从事页岩气开发的相关工作，避免页岩气开发所带来的安全问题。

（二）加强对页岩气开发的监管和预警

总结各国页岩气开发经验我们可以发现，页岩气的开发过程极易诱发地震，英美等各个开发页岩气的国家从开发工作开始，钻井周边的地震发生频率明显变大，为此这些国家都通过一些措施来监测和预测地震，避免开发所造成的伤害。比如美国规定在勘探阶段就需要对页岩气开发的土地构造情况进行分析，监测开发地是否在地震源附近，是否会有诱发地震的可能。英国也规定在开发过程中安装地震预警装置，以此来选择合适的开发措施。我国目前页岩气开发的一些地区已经发生过一些地震，为此在今后页岩气的开发过程中，我们需要通过立法来制定一些开发前和开发过程中的监测和预警制度，避免开发过程中引发地震危害生态环境，危及百姓和国家的安全。

（三）建立健全页岩气开发环境保护法律制度

页岩气开发会造成水污染、大气污染、土地污染等一系列环境污染，因此页

---

① 郭关玉、戴修殿：《英美页岩气开发模式对比及其对中国的启示》，《中国国土资源经济》，2017 年第 5 期，第 31—36 页。

岩气开发的环境保护法律制度也应该全面覆盖包括各种类型的环境污染，应是全面详细且有针对性的，但目前我国相关规定较为笼统，缺乏可操作性。美国在开发页岩气时将页岩气的开发置于环境保护之前，因此造成了严重的环境问题，带来生态破坏，影响百姓生活。而英国在页岩气开发中始终将环境保护放在首位，其法律政策有很多值得我们借鉴的地方。我们需要在结合我国国情以及我国现有规定的基础上，健全我国的页岩气开发环境保护法律制度。

比如，前文提到在页岩气开发过程中所使用的水力压裂法当中的压裂液如果处置不当泄露到地表，不仅会污染土地资源，还会污染可饮用的珍贵的淡水资源，甚至伤害野生动植物，影响生态环境。因此我国在环境立法方面，应制定正确处置这些压裂液的制度，需要进行细化，规定怎样防止压裂液泄露到地表、通过哪些手段处理这些液体、开发主体排放这些液体需要履行哪些手续等等都需要环境立法做出详细规定。

页岩气开发会产生大量甲烷气体，而这些气体是造成全球气候变暖的重要原因。近几年中国的大气污染问题比较严重，大气的自治能力已经不足以承载更多的污染，因此必须通过细化环境保护立法来防止更严重的大气污染问题。在立法上需要规定如何通过适当方式收集这些气体、如何更好地利用或者净化这些气体、如何监测监管这些气体在大气中的含量并制定专业的严格的标准等等。

四、结论

我国不仅要通过制定各种财政税收优惠政策来鼓励和促进页岩气的开发，加大页岩气的开发力度，促进我国经济发展，实现能源安全和独立，也必须把环境保护放在首位，加强对页岩气开发的监管，防止破坏环境。中国目前所走的是一条可持续发展的绿色的经济发展道路，在促进经济发展的同时，环境保护始终应该放在最重要的位置，我们不允许也不能够加重对环境的污染，因此页岩气开发应该在通过一系列立法政策鼓励开发的同时，加强立法保护环境。

参考文献

郭关玉，戴修殿．英美页岩气开发模式对比及其对中国的启示［J］．中国国土资源经济，2017，30（5）．

缪明．浅谈中国页岩气开发活动对环境的影响及建议［J］．西部资源，2019（6）．

朱红威，邵菊芳，冷云伟，陶秀祥．利用生物过滤器处理煤矿乏风瓦斯的研究进展［J］．环境污染与防治，2014，36（06）．

李小敏，史聆聆，马建锋，邹广迅，李兴．我国页岩气开发的环境影响特征［J］．环境工程，2015，33（09）．

罗牧云．《环境保护法》中关于页岩气开发中水资源保护的立法现状与不足［J］．法制．

熊运实，王彦昌，吴军涛，耿宝，李昌林. 我国页岩气开发环境保护面临的形势及对策 [J]. 油气田环境保护，2015 (6).
冯跃威. 美国页岩气开发策略研究——美国的页岩气之梦 [J]. 国际石油经济，2012 (Z1).
刘龙. 页岩气资源开发利用管理研究 [D]. 西安：长安大学，2014.
郭关玉，戴修殿. 能源供给转型绿色发展引路 [N]. 中国国土资源报，2017.11.11.
杨敏. 我国页岩气开发管理法律制度研究 [D]. 北京：中国政法大学，2012.

我国页岩气开发环境保护立法现状分析与建议

傅晶晶[①] 潘学杰[②]

摘　要：页岩气开发环境风险的法律规制旨在解决当前页岩气开发过程中突出的环境风险，促进页岩气开发与环境保护相协调，实现能源开发的可持续发展。而我国目前无论是国家层面抑或是地方均存在大量法律空白，只能通过环境保护法和矿产资源法中相关规定进行规制，但这种方式缺乏针对性，无法有效解决页岩气自身突出的环境问题。本文通过比较英美两国在页岩气开发环境保护立法方面已有的一些先进的经验和成熟的制度，在结合我国国情的基础上进行借鉴，以期完善我国在应对页岩气环境风险方面的法律规制，实现页岩气能源开采的经济效益、社会效益和环境效益三者的统一。

关键词：页岩气开发；环境风险；立法现状；国际比较；立法建议

引　言

页岩气作为一种比常规天然气更加清洁高效的能源，对于优化我国富煤、贫油、少气的能源结构，满足国内对天然气的旺盛需求，保障能源安全，改善生态环境，促进经济社会可持续发展等具有极其重要的意义。2004 年中国开始启动对页岩气资源的调查评价，2011 年 12 月 31 日国土资源部发布公告，经国务院批准，称页岩气正式成为我国第 172 个独立矿种，将对其按单独矿种进行投资管理。紧接着我国于 2011 年和 2012 年分别进行了页岩气探矿权第一次和第二次公开招标。国家能源局于 2012 年 3 月 16 日发布了《页岩气发展规划（2011－2015 年）》，这是我国首个页岩气发展规划。2012 年 3 月，国家能源局批准了四川长宁——威远页岩气示范区和滇黔北昭通页岩气示范区；9 月，批准了延安陆相页岩气示范区；2013 年 9 月，涪陵页岩气田成为第四个国家页岩气示范区。2016 年 9 月 14 日国家能源局又发布了《页岩气发展规划（2016－2020 年）》，目前仍

① 傅晶晶，西南石油大学法学院教授、副院长，西南石油大学法治与社会治理研究院院长，硕士生导师，研究方向：环境资源保护法，能源法。

② 潘学杰，西南石油大学法学院 2019 级法学硕士研究生，研究方向：环境资源保护法。

在适用。2017 年我国页岩气产量突破 90 亿 m^3，累计探明储量 9200 亿 $m^3$①。页岩气已成为我国天然气产量的重要组成部分。但中国对页岩气的开发利用仍处于起步阶段，面临着许多挑战，其中极其重要的一项便是环境风险。页岩气的清洁优点主要体现在利用过程中，勘探开发过程中仍旧会造成许多环境问题。生产非常规天然气是一种集约化的工业过程，一般会对环境造成比常规天然气开发更大的危害②。尤其是在当前强调生态文明建设的大背景下，必须要处理好页岩气勘探开采与环境保护之间的关系。而除却技术上的手段，具有强制力保障的法律规制是最有效也最必不可少的。英美两国作为页岩气开发和环境保护均走在世界前列的国家，有一些先进的经验和成熟的制度值得我们去借鉴，以完善我国在应对页岩气环境风险方面的法律规制，实现页岩气能源开采的经济效益、社会效益和环境效益三者的统一。

一、我国页岩气开发环境保护立法必要性

（一）是解决页岩气开发过程中环境问题的需要

在页岩气勘探开发过程中，容易产生包括水污染（钻井废水、注入压裂液、压裂液泄露）、大气污染（扬尘、柴油机废气、甲烷泄露、压裂液泄露）、土壤污染（钻井废水、压裂液泄露）、固体废物污染（钻井岩屑、建筑垃圾）、噪声污染以及植被破坏、水资源巨大耗费、地层沉降和小型地震等在内的环境污染和生态破坏，其中最突出的环境风险是正式开发阶段各种特殊技术引发的水污染和水资源耗费、微地震。这些都是不容忽视又刻不容缓的环境问题，必须要预设一定效力层级的法律制度来加以规范，使得页岩气勘探开发企业和环境执法人员有法可依，才能更好地预防和治理环境问题。

表 1　页岩气勘探开发过程中的环境风险

页岩气勘探开发流程	影响环境的主要技术手段	主要环境风险
选区评价阶段		环境风险极小
勘探阶段	钻井	植被破坏、噪声、钻井岩屑、钻井废水（污染土壤和水）
准备阶段	开辟道路建设、井场和铺设管道建设、压裂储液池运输、布置如压裂车等各种设备	植被破坏、噪声、扬尘、建筑垃圾如渣土、泥浆、废包装袋等

① 赵群、杨慎、王红岩、姜馨淳、刘德勋、孙钦平、臧焕荣：《中国页岩气开发现状及前景预判》，《环境影响评价》2019 年第 1 期。

② 刘超：《页岩气开发中环境法律制度的完善：一个初步分析框架》，《中国地质大学学报（社会科学版）》2013 年第 4 期。

续表

页岩气勘探开发流程	影响环境的主要技术手段	主要环境风险
开发阶段： （环境风险最大） 小规模先导试验阶段 工厂化开发阶段	使用动力机械设备	柴油机废气
	水平井钻完井技术 泡沫水泥固井技术	噪声、钻井岩屑、钻井废水（污染土壤和水）、甲烷泄露（温室效应）
	水力压裂技术及储层改造技术：向页岩气储层注入压裂液，增大岩石孔隙度。 （压裂液成分①：大量水；支撑剂混合物，如石英砂和陶粒；各种化学添加剂，常见有稀盐酸、瓜胶、硼酸盐、聚丙烯酰胺、矿物油、柠檬酸、氯化钾等）	水资源大量消耗 水污染 小型地震（尤其在该矿区存有天然断层情况下） 地层沉降 压裂液泄露（污染土壤、水和空气）
	压裂液返排及回注：将压裂液抽回地表集中运输到别的地方再回注地下。 （压裂反排液成分②：各种化学添加剂、烃类化合物、重金属和高溶解固体等，其中高溶解固体组分包括钙、钾、钠、氯化物和碳酸盐以及来自气藏岩层的天然放射性物质）	甲烷泄露（温室效应） 小型地震（尤其在该矿区存有天然断层情况下） 水污染
	火炬燃烧：处理甲烷	噪声

（二）是坚持可持续发展道路的需要

可持续发展是指既能满足当代人需要，又不对后代人满足其需要的能力构成危害的发展。1972 年联合国人类环境会议通过的《人类环境宣言》首次提出了可持续发展的基本思想，并于 1992 年联合国环境与发展大会通过了《里约环境与发展宣言》和《21 世纪议程》两个纲领性文件，将可持续发展理念进一步推广到全世界。我国在这次会议之后制定了《中国环境与发展十大对策》，明确提出了走可持续发展道路，并在《21 世纪议程》中全面阐明了中国的可持续发展战略和对策。这就要求我们必须要正确处理经济社会发展与环境保护的关系，落实到页岩气领域，就是要通过立法来平衡好开发与环境保护的关系，使页岩气开发与环境保护协调发展。

（三）是建设资源节约型、环境友好型社会的需要

党的十八大提出要建立一个资源节约型、环境友好型的社会。2014 年我国《环境保护法》第 4 条规定，保护环境是国家的基本国策。这些都在说明国家对环境保护的高度重视，页岩气也不能例外。通过构建有针对性的法律制度，依靠国家强制力保障来预防和治理页岩气勘探开发中的环境污染和破坏，保护和合理

① 王亚运、柯研、周晓珉、李骞：《页岩气勘探开发过程中的环境影响》，《油气田环境保护》2012 年第 3 期。

② 葛秀珍：《页岩气开发技术及其对环境的潜在影响》，《中国人口·资源与环境》2014 年第 24 卷第 3 期。

利用自然资源，促使页岩气发展与环境保护相协调，符合我国环境保护的要求，有利于构建一个资源节约型、环境友好型的社会。

二、我国规制页岩气开发的环境保护立法现状及问题

表 2 我国规制页岩气开发环境风险的规范性法律文件梳理

分类	法律法规政策	解决的环境风险
专门立法（缺失，仅有少量政策和规划）	国家层面： 2013 年国家能源局《页岩气产业政策》 2016 年国家能源局《页岩气发展规划（2016—2020 年）》	未解决
	地方层面： 2016 年《重庆市页岩气勘探开发行业环境保护指导意见（试行）》 2018 年四川省环保厅《四川省页岩气开采污染防治技术政策》	仅针对各地方页岩气开采的污染防治提出了指导性政策，不具有法律强制性，实际上很难解决环境问题。
环境保护法律体系	2014 年《环境保护法》	为从法律上预防和解决页岩气开发中存在的环境风险提供了一定的依据，可以解决如准备阶段的环境风险，但对开发阶段各项特殊技术所带来的环境风险不具有针对性，难以完全实现规制页岩气开发环境风险的目的。
	各类污染防治法及其实施细则	
	《环境影响评价法》《规划环境影响评价条例》《建设项目环境保护管理条例》《建设项目环境影响评价分类管理名录》等	
	环境标准	
绿色发展类法律	《节约能源法》、《循环经济促进法》、《清洁生产促进法》等	
矿产资源法律体系	《矿产资源法》及其《实施细则》等	未解决

可以看出，我国目前有关页岩气开发环境保护立法存在较大问题：1. 没有效力较高的统一立法，现有的法律规制分散在各不同的法律法规之中，且多为地方规范性法律文件，目前所能看到的《四川省页岩气开采污染防治技术政策》也仅仅是指导性政策，不具有法律的强制力；2. 缺乏页岩气环境保护的专门立法，环境保护法律体系是目前规制页岩气环境风险最主要的法律依据，但页岩气所采用的技术有其特殊性，如水平井钻完井技术、水力压裂技术、压裂液等，应当有针对性地制定页岩气开发污染控制的环境标准和环境法律制度；3. 忽视生态破坏的环境风险，现有的法律规范主要是规制环境污染的，忽视对地震、地层沉降、水资源耗费等生态环境风险的规制。

三、英美两国规制页岩气开采环境风险的经验借鉴

（一）法律框架

欧盟各国开采页岩气的法律框架是在碳氢化合物指令基础上，以采矿法为核

心，其他法律为补充[①]。碳氢化合物指令规范了包括页岩气在内的碳氢化合物钻探、开发和生产。英国对页岩气的环境规制既要遵守欧盟指令，包括水框架指令、地下水指令和矿山废弃物指令[②]所确立的一系列环保标准和环保制度，也要遵守本国常规油气环境管理相关法律。

美国也是以常规油气资源监管和环境保护监管的法规为主，新增页岩气专门立法进行补充，主要分为联邦和州两个层级。以加州为例[③]，当地的页岩气环境管理既要遵循《清洁水法》《安全饮用水法》《清洁空气法》《资源保护与恢复法》等联邦法律，以及美国联邦油气管理局在 2009 年发布，于 2015 年 6 月生效施行针对页岩气的《水力压裂试行法规》，也要遵循加州政府在联邦法基础上于 2013 年制定的《水力压裂和酸化油层激励生产法案》，内容涉及现行非常规油气开发和未来深层资源开发，以及可能造成的环境破坏、水资源的污染预防和管理等。同时，美还针对页岩气开发全过程（钻井前、钻井中、钻井后）制定了相关的污染控制标准，通过法律赋予地方环境监管标准立法权。

（二）监管权力机构

英国的监管依靠英格兰、苏格兰、威尔士和北爱尔兰各地的矿产规划局、健康与安全执行局、环境局共同负责页岩气开发过程中的环境监管[④]。从准入角度而言，开发商在与土地所有者协商获得土地使用证后，需要从环境局获得环境许可证，从矿产规划局获得钻井建筑许可证，再上报健康与安全执行局，最后从环境局获得水资源利用和废水处理许可证，通过这几个部门的许可之后才能拿到钻井许可，获得准入资格。在监管过程上，环境局负责对页岩气开发过程中水质、资源及其他生态环境的保护，矿产规划局负责对土地规划利用过程中潜在污染进行监管，其他监管部门主要是针对技术和操作上的监管。

美国页岩气监管机构“以州为主，联邦调控[⑤]”。联邦层面，美国环境保护署公布联邦法律的实施条例，包括空气质量、水质量和废物管理最低标准等，并负责执行这些环境保护法律[⑥]。实际环境监管权属于各州，由各州环境环保局负责，但各州页岩气环境保护法律规范必须达到联邦的标准，联邦保有最高的监管权。除此之外，美国宾夕法尼亚州还实行由开采企业缴纳聘请费用，聘用巡视员和监管人员驻扎矿区进行监管的制度。加州亦有规定需监督员到场监督。

---

① 温馨：《英国页岩气开发环境监管制度建设经验及启示》，《中国国土资源经济》2017 年第 30 卷第 12 期。
② 同上。
③ 蒋瑞雪、余秉森编著：《中国油气资源保护监管法律制度前瞻》，中国石化出版社，2017 年，第 62 页。
④ 温馨：《英国页岩气开发环境监管制度建设经验及启示》，《中国国土资源经济》2017 年第 30 卷第 12 期。
⑤ 杜群、万丽丽：《美国页岩气能源开发的环境法律管制及对中国的启示》，《中国政法大学学报》，2015 年第 6 期。
⑥ 耿卫红：《国外主要页岩油气勘探开发国环保政策借鉴》，《国土资源情报》2016 年第 4 期。

（三）信息公开制度

此处主要介绍美国页岩气信息公开制度。美国部分州，如密歇根州、阿肯萨斯州、得克萨斯州、怀俄明州、卡罗来纳州、加利福尼亚州等明确规定实行水力压裂液化学物质披露制度，披露的内容包括水力压裂使用的水量、压裂液中的化学物质、供应商名称、使用目的以及最大浓度[①]。不同的州披露的范围不同，如密歇根州要求油气公司在网上向所有公众公开；阿肯萨斯州要求向管理者提交信息，由管理者进行汇总公开；得克萨斯州和怀俄明州只要求向管理者提交相关信息；而卡罗来纳州和加利福尼亚州既要向管理者提交也要由油气公司自己在网上公开信息。以加利福尼亚州《水力压裂和酸化油层激励生产法案》为例[②]，该《法案》第1788条规定，关于水力压裂和酸化处理后的信息公开化，需要向监管局报告和向公众公开的包括：1. 在项目执行后60日之内，必须向监管局上交项目的信息和执行历史等。2. 项目的用水资源、洁化和事后处理都要有详细报告，并且在生产后30天后，再度测试井下水质，比较以前的变化。3. 如果在操作时，使用了有放射性的物质，必须报告使用过程和事后的处理过程，保证没有事后存留下的问题。4. 水力压裂所用的回注液内的化学物质成分和数量，必须要向监管局报告和审核，并在监管局网站公布。5. 油气服务公司认为某些化学物质特别有商业价值需要保密的，可以向监管局申请保密。

其次，美国部分地区对水力压裂过程中与地震相关的数据也是公开的。仍旧以加州为例[③]，加州处于地震带，特别需要密切监测地震信息，而水力压裂技术很可能是引发微地震风险的重要原因。该《法案》第1785条规定，水力压裂和酸化处理执行时72小时内通知监管局，由监管局排人员现场检查，记录压力、流压、流量和时间等重要数据。如果有套管破裂或支撑砂的漏失事故，需立即向监管局报告。如在附近有2.7级以上地震，需要做特别分析。

（四）红绿灯制度

这是一项在英美国家广泛应对地震风险的制度。最早是由英国学者Julian J. Bommer提出，希望能够通过可靠的缓解策略，最大限度地减少地震的发生[④]。这一制度以红绿灯的三种不同颜色警示不同程度的地震风险，对应不同的缓解措施：当监测的微地震里氏震级小于0时，为绿灯，可以按原计划注水；当震级在0到0.5时，为黄灯，应引起警惕，减小排量并谨慎注水；当震级大于或等于

---

① 杜群、万丽丽：《美国页岩气能源开发的环境法律管制及对中国的启示》，《中国政法大学学报》2015年第6期。

② 蒋瑞雪、余秉森编著：《中国油气资源保护监管法律制度前瞻》，中国石化出版社，2017年，第66页。

③ 同上，第63页。

④ Richard T. J. Porte，rAlberto Striolo，Haroun Mahgerefteh，Joanna Faure Walker，*Addressing the risks of induced seismicity in subsurface energy operations*，Wiley Interdisciplinary Reviews：Energy and Environment 2019 Vol. 8 No. 2.

0.5时，为红灯，应立即停止注水，避免触发更大震级地震或活化天然断层。

表3　红绿灯制度

灯	震级	措施
红灯	$M_L \geqslant 0.5$	立即停止注水
黄灯	$0.5 > M_L > 0$	减小排量并谨慎注水
绿灯	$M_L \leqslant 0$	可以按原计划注水

以0和0.5为界是英国通行的阈值，非常严格。不同地方阈值会有差异，如美国的伊利诺伊州以2.0和4.0为界，加利福尼亚州以2.7为界①。

在此基础之上，为预防页岩气开发诱发地震，英国政府对矿物规划局、地质调查局和开发商的职责均予以明确的规定②：首先矿物规划局应与地质调查局进行积极协商，提出避免诱发性地震的建议；其次，地质调查局应与矿物规划局一起，监控地震信号灯的使用情况；其中，开发商应严格做到以下四个基本环节：1. 在钻井前通过一切可以获得的资料信息对即将钻井的地方断层进行评估；2. 在钻井过程中尽量少地使用压裂液；3. 在压裂过程中和压裂结束之后都必须监测地震活动；4. 在压裂过程中严格按照地震信号灯指示进行操作。

（五）节水制度

根据美国环保署公布的数据，为了开采页岩气，美国每年消耗2.65－5.29亿m^3的水。水力压裂用水已经占到得克萨斯州一些县用水总量的50％③。页岩气开发耗水量巨大是各个国家都面临的难题，在应对水资源短缺问题中美国开始出现了一些专门为油气公司解决水问题的公司，这些专业性公司的出现，促使了水资源服务市场和水权交易制度的形成④。在这种制度下，油气公司通过这些专业性公司既可以就公共水权和政府进行交易，也可以与拥有私人水权的单位和土地所有者进行交易，从而获得一些水源的使用权，这种做法最显而易见的好处就是可以鼓励公众节约用水，用额外的水权来进行交易，使资源优化配置。英国虽然未实施类似美国的水权交易制度，但其用水也是市场化的，国家统一对水价规定一个上限，而实际的水价则由市场来进行调控。为了督促居民节约用水，近年

① Richard T. J. Porte，rAlberto Striolo，Haroun Mahgerefteh，Joanna Faure Walker，*Addressing the risks of induced seismicity in subsurface energy operations*，Wiley Interdisciplinary Reviews：Energy and Environment 2019 Vol. 8 No. 2.

② 郭关玉、戴修殿：《英美页岩气开发模式对比及其对中国的启示》，《中国国土资源经济》2017年第30卷第5期。

③ 转引自韩兴旺、肖兴国：《页岩气开发中水资源法律与政策研究》，《西安交通大学学报（社会科学版）》2015年第35卷第4期。

④ 罗牧云：《页岩气开发中的水资源保护法律问题研究》，北京理工大学硕士论文，2015年，第19页。

来，英国提高了水价，其收取的水费包括了用水水费和各种排污费、排水费以及环境保护费等，这些费用必须用于环境保护和污水处理方面①。

除了市场化的水权交易制度之外，美国各州也通过制定严格的取水制度来节约水资源，包括开发页岩气取水需要审批和通报，对于水源也进行了限制②。

（六）水污染防治制度

页岩气开发的环境风险中水污染极为突出，主要来源于压裂液泄露和压裂反排液回注。美国一些州立法规定了防泄露措施，如套管和固井措施，加州在其《法案》第1784条中规定③，油气公司需要对套管进行压力测试，必须在套管压力测试操作前30天内和测试前24小时内通知监管局，监管局可派人员到现场监察。在水泥完井后的48小时内必须进行测井，证明水泥连合层符合测试要求，保证压裂液不会向外串流；防止井喷措施；保证金制度④，各州要求作业商提交保证金以确保泄漏时作业商能够承担清除费用。其次，各州还制定了应对可能发生的泄露的应急预案，以确保发生泄漏情形时能够及时止损⑤，并且要在一定时间内将泄露事件通报监管部门。

四、立法建议

英国和美国在应对页岩气环境风险方面都有各自特色的制度和成熟的经验，但也并非别国所有的经验制度都可供移植，相对而言，英国对页岩气的环境监管更加严格，美国页岩气专门立法更加完善，应当考虑我国的页岩气开发的自然环境异同和制度差异有选择地借鉴，本文针对我国页岩气环境保护立法的突出问题和重大环境风险提出建议，希望完善我国在应对页岩气环境风险领域的法律规制。

（一）立法形式

加快出台一部统一的页岩气环境保护部门规章。从上述法律制度梳理可知我国在页岩气专门立法方面可谓是空白状态，考虑到页岩气在将来很长一段时间内会成为我国能源开发的重中之重，有一部系统全面规制页岩气环境问题的法律法规是必要的。但由于我国页岩气开发起步晚，积累经验不足，且《石油天然气法》都还尚未出台，要求一部专门规制页岩气环境问题的法律是不现实的，但是

① 罗牧云：《页岩气开发中的水资源保护法律问题研究》，北京理工大学硕士论文，2015年，第24页。

② 杜群、万丽丽：《美国页岩气能源开发的环境法律管制及对中国的启示》，《中国政法大学学报》2015年第6期。

③ 蒋瑞雪、余秉森编著：《中国油气资源保护监管法律制度前瞻》，中国石化出版社，2017年，第65页。

④ 杜群、万丽丽：《美国页岩气能源开发的环境法律管制及对中国的启示》，《中国政法大学学报》2015年第6期。

⑤ 同上。

可以由生态环境部牵头制定一项部门规章针对页岩气环境问题进行统一的具有法律强制力、并在全国范围内适用的规制。

（二）页岩气开发环境保护立法框架

页岩气开发环境保护立法框架应当包括：1. 立法依据和目的。2. 立法调整范围。3. 页岩气开发应遵循的环境原则：如开发与环境保护并重原则、环境民主原则、环境风险预防原则、损害担责原则等，其中开发与保护并重应当是最基本的一项原则，其余原则由其引申出来，并贯穿整个页岩气勘探开发过程中，统摄所有环境保护法律制度。4. 环境监管主体。5. 页岩气环境保护与治理的具体法律制度：如基于环境民主原则的信息公开制度与公众参与制度，基于环境风险预防原则的环境影响评价制度和三同时制度、红绿灯制度等，基于损害担责原则的节水和水污染防治制度等。6. 法律责任。

（三）具体建议

1. 出台规制页岩气环境风险的环境标准和专门立法。英美的法律框架具有很强的可操作性，与我国现有的法律体系类似，是完全可供借鉴的。我国可在现有的矿产资源法律体系和环境保护法律体系、绿色发展法律基础之上，针对页岩气开发中的钻井、固井、完井和水力压裂等技术制定相应的环境标准，并由生态环境部出台页岩气环境风险规制的部门规章，根据开发中的不同环境风险做出相应规范，统一预防和管理全国页岩气开发过程中可能发生的环境污染和生态破坏。

2. 下放环境监管权力，实施监管特派员制度。英美两国页岩气环境监管均以地方环境部门监管为主，与这两个国家联邦制的国家结构密不可分，各地方享有很大的管理内部事务的权力。我国虽然是单一制国家，但地方政府也享有对自己辖区内事务的管理权，出于对各地方资源条件和经济条件差异性的考虑，下放更多中央的环境监管权限到地方，强化地方环境保护部门监管职责，更有利于因地制宜应对页岩气开发的环境风险。同时也可借鉴美国特派员制度。因为页岩气开发具有极强的专业性，环境保护部门工作人员不一定具备专业的知识背景，由政府出面聘请具有石油化工专业知识但又未在石油化工类企业任职过的专业人士，如研究所研究员、大学教师等，在约定的期限内入驻页岩气产区进行实际监管，定期调换地区或人员以防长期停留可能滋生的腐败。宾夕法尼亚的监督员是由企业缴纳聘请费用，由政府出面支付，我国同样也可借鉴，如待遇条件仍不足以吸引专业人士应聘，可以考虑是否从编制上给予保障，并由政府再支付一部分费用。

3. 建立页岩气重要信息公开制度，保障公众知情权。我国《环境保护法》第55条明文规定，重点排污单位应当如实向社会公开其主要污染物信息，接受社会监督。但我国信息公开仍旧极不到位。油气公司以商业机密为由将钻完井、压裂液、地震等数据牢牢握在手中，乃至一些政府部门都难以知悉，而我国目前暂时没有相关机制保证科研人员可以从油田单位获得油气开采和注水作业数据[①]。这一点应当要学习美国，必须由国家来确立这样一个信息公开制度，将页岩气开发中与公共利益息息相关的数据，如压裂液化学物质信息、地震数据上报。尤其我国页岩气富集区多处于地震带，今年宜宾市地震频发引起无数百姓恐慌和猜测，油气公司至少要将地震数据与地质部门、地震局共享。针对科研人员，可设置依申请公开方式，协助早日探究到页岩气与地震之间的确切关系，尽可能规避页岩气开发的风险。而压裂液中的化学物质本就属于污染物，油气公司应当依照现行法律向社会公开。政府部门也负有监督企业页岩气重要信息公开的职责，将信息公开的情况纳入企业信用系统（违反信息公开制度纳入失信企业黑名单）和政府绩效考核，倒逼企业依法公开信息以及政府监管到位，最终也是为了页岩气能够得到更好的开发利用。

4. 引入红绿灯制度，积极应对地震风险。我国页岩气开发区域多位于地震带，存在天然断层，使得地震的风险加大。除了需要公开地震数据以便进一步研究二者关系之外，在已知研究中页岩气水力压裂技术很可能是矿区微地震的重要原因，需要引入有效的地震风险应对机制。红绿灯制度是一项较为成熟的制度，引入国内需要注意的问题主要是阈值的确定。过去的经验表明，这种方法有时可能无法起到防止诱发地震的作用，即使注入停止后也会发生大事件[②]。为了尽可能发挥作用，可以选择严格的低阈值，如英国的 0 与 0.5，但是过于严格的阈值会严重限制页岩气的开发。这不仅需要专业人士研究页岩气矿区的地质条件，还涉及页岩气开发背后经济利益和环境公共利益的博弈，政府在做出决策时尽可能平衡多方利益确定适宜当地情况的阈值。

5. 建立严格的节水和水污染防治制度。美国和英国建立在私有化之上的水权交易制度目前在中国很难找到供其生长的土壤，我国不存在私人的水权，即便有公共水权可供交易，也缺乏交易的市场平台，要引入这项制度，还有很多的基础性条件要去达成，会是一项长期而艰难的工作。当前，可以通过建立严格的取水制度和水循环利用制度来节约水资源。对于切实贯彻节水和水循环利用的开发者可以给予更多的税收上的优惠或者奖励，如英国的“节水奖”，对在节约水资源方面表现突出的企业进行奖励。制定完整的防泄漏制度和应急预案，引入保证

---

① 李斯洋：《页岩气开发能否诱发地震》，《中国新闻周刊》第 891 期。

② Richard T. J. Porte，rAlberto Striolo，Haroun Mahgerefteh，Joanna Faure Walker，*Addressing the risks of induced seismicity in subsurface energy. operations*，Wiley Interdisciplinary Reviews：Energy and Environment 2019 Vol. 8 No. 2.

金制度，提高企业水污染防治的意识，促使企业严格遵循水污染排放制度和标准，积极采取措施预防水污染，也为水污染发生后提供治理资金。保证金的缴纳可以成为油气公司获得采矿权或环评审核通过的一项前置条件，以督促油气公司及时缴纳。审慎考虑保证金金额，要对油气公司形成威慑，能够保证可能造成的污染的治理费用，也要考量若日后页岩气开发准入条件放宽，更加商业化，对于一些不具有中石化、中石油这样经济实力的企业而言，不能让这笔保证金成为巨大的负担。

6. 法律责任。一旦页岩气开发引发了环境事故，势必涉及责任承担问题。除了政府监管不力的失职，企业应当负起主要责任。对应不同程度的环境事故以及造成环境风险的次数，可设置不同轻重的环境责任，可以现有的处罚措施为基础，从轻到重：（1）取消企业税收补贴。财政部明确在2016年至2020年继续实施页岩气补贴政策，一旦发现企业造成环境风险，取消财税补贴。（2）处罚款。罚款力度要与所造成的环境事故相适，且要达到惩罚的效果。（3）加入企业失信黑名单，限制其经营活动。（4）重大环境事故或累计达到一定次数，其法定代表人承担刑事责任。其次，对于责任的认定，应当采取推定责任制，当环境风险在页岩气矿区的一定范围内发生时，则推定油气公司对其附近的环境污染或生态破坏承担责任，除非能够证明已经采取了足够完善的措施预防环境风险的发生，实际上就是要求油气公司承担起环境责任。

结　语

从2014年开始，美国页岩气产量大幅降温，2014年仅增加2.1%，预计2015年也只增加1.3%，其中北卡罗来纳州、纽约州则暂停了页岩气的开发。而英国一直以来也对页岩气开采比较慎重。我国《页岩气发展“十二五”能源规划》将2020年页岩气产量定为600亿立方米，而“十三五”能源规划将产值砍半，缩减至300亿立方米①。这其中最重要的原因就是环境问题大量涌现。即便是英美这样的国家也尚且不能平衡环境保护和页岩气开发之间的关系，对我国而言，就更需要制定严格的法律去规制页岩气开发的全过程，尽最大努力避免可能发生的环境风险，在各项技术和制度更为成熟的时候再进行大规模商业化的开发，才能更好实现可持续发展。

参考文献

赵群，杨慎，王红岩，姜馨淳，刘德勋，孙钦平，臧焕荣．中国页岩气开发现状及前景预判［J］，环

① 杜群、万丽丽：《美国页岩气能源开发的环境法律管制及对中国的启示》，《中国政法大学学报》2015年第6期。

境影响评价，2019（1）.
刘超. 页岩气开发中环境法律制度的完善：一个初步分析框架［J］，中国地质大学学报（社会科学版），2013（4）.
王书彦，李瑞，王世谦. 页岩气勘探开发基本特征与程序［J］，天然气工业，2015（6）.
王亚运，柯研，周晓珉，李骞. 页岩气勘探开发过程中的环境影响［J］，油气田环境保护，2012（3）.
葛秀珍. 页岩气开发技术及其对环境的潜在影响［J］，中国人口·资源与环境，2014（3）.
温馨. 英国页岩气开发环境监管制度建设经验及启示［J］，中国国土资源经济，2017（12）.
蒋瑞雪，余秉森. 中国油气资源保护监管法律制度前瞻［M］，北京：中国石化出版社，2017 年.
杜群，万丽丽. 美国页岩气能源开发的环境法律管制及对中国的启示［J］，中国政法大学学报，2015（6）.
耿卫红. 国外主要页岩油气勘探开发国环保政策借鉴［J］，国土资源情报，2016（4）.
Richard T. J. Porte，rAlberto Striolo，Haroun Mahgerefteh，Joanna Faure Walker，Addressing the risks of induced seismicity in subsurface energy Operations［J］，Wiley Interdisciplinary Reviews：Energy and Environment，2019（2）.
郭关玉，戴修殿. 英美页岩气开发模式对比及其对中国的启示［J］，中国国土资源经济，2017（5）.
韩兴旺，肖兴国. 页岩气开发中水资源法律与政策研究［J］，西安交通大学学报（社会科学版），2015（4）.
罗牧云. 页岩气开发中的水资源保护法律问题研究［D］. 北京：北京理工大学，2015.
李斯洋. 页岩气开发能否诱发地震［J］，中国新闻周刊，总第 891 期.
Julian J. Bommer a，Stephen Oates，Jose′ Mauricio Cepeda c，Conrad Lindholm d，Juliet Bird a，Rodolfo Torres e，Griselda Marroqui′n f，Jose′Rivas. Control of hazard due to seismicity induced by a hot fractured rock geothermal project. Engineering Geology，2006（83）.
张东晓，杨婷云. 美国页岩气水力压裂开发对环境的影响［J］，石油勘探与开发，第 42 卷第 6 期.
杨瑞安. 页岩气开发微地震监测技术［M］，上海：华东理工大学出版社，2016 年.
范真真，罗霂，郭丽，梁睿，吕巍. 中美页岩气开发环境管理制度的分析与建议［J］，化工环保，2019（2）.
张炜，徐晟. 美国页岩气开发中环境法律法规制定的经验、教训及启示［J］，地质评论，2013 年第 59 卷增刊.
刘小丽，田磊，杨光等. 中国页岩气开发环境影响评价和监管制度研究［M］，北京：中国经济出版社，2016 年.
李小敏，史聆聆，马建锋，邹广迅，李兴. 我国页岩气开发的环境影响特征［J］，环境工程，2015（9）.

论农村燃气普遍服务的立法促进

余　红[①]　黄　珍[②]

摘　要：燃气普遍服务是指政府制定合法合理的政策，以最大程度保证消费者都能以承担得起的价格取得稳定普遍的燃气供给服务。然而，农村燃气普遍服务的实施面临法律制度断裂、监管机制不完善、企业成本压力与施工难度高及农民无法负担使用费用等亟待解决的困局。有鉴于此，在乡村振兴战略背景下，农村燃气普遍服务立法的保障、监管机制的完善、激励机制的构建、企业燃气信息共享制度的建立、建立灵活的价格机制具有十分重要的意义。　　。

关键词：农村燃气；普遍服务；立法

一、问题的提出

随着社会经济的发展，能源问题已经成为国家发展的咽喉，能源服务的重要性亦日益突出，已被各国逐步纳入生存权体系，并由国家予以积极保障。能源普遍服务是政府公共事业领域不可或缺的一环，最主要的价值就在于通过合理的政策制定，保证市场上的每一个用户都能以合理的、支付得起的价格获得持续不间断的能源服务。“普遍服务”的概念最早出现在电信行业，近年来能源产业改革，为普遍服务理论的发展提供了机遇，同时也带来一定的挑战，目前普遍服务的理论已经逐步延伸到能源、邮政、铁路等领域。燃气作为能源的一种，具有能源的基本属性，因此本文将农村燃气普遍服务定义为：国家通过为用不上或者用不起燃气的农民（能源贫困人口）提供可用和用得起的能源供应，使农民获得稳定燃气服务。联合国开发计划署发布的《世界能源评估》中，将公民的基本发展要求概括为食品、住处、衣着、医疗、教育等生存要素，虽未直接提及燃气等能源需求，但燃气的供应是上述生存要素能否获取的关键，所以燃气在生产生活中十分重要。由于燃气产业具有天然的自然垄断性质，易导致价格的不合理、消费者难以稳定持续地享受能源服务等问题，因此政府和国家控股的国有企业负提供燃气

---

① 余红，西南石油大学法学院副教授，硕士生导师，研究方向：婚姻法、物权法。
② 黄珍，西南石油大学法学院 2018 级法律硕士研究生，研究方向：民法、能源法。

产品和服务的义务。

我国的管道燃气作为清洁能源现主要在中心城区使用，但随着农村经济的发展与物质生活需求的提升，农村对于燃气的需求亦逐步增多，现有的农村燃气建设远不能满足于农村生活与发展的需要，农村用不上燃气的问题突出。同时因燃气产业属于垄断性产业，使得农民难以支付相应的价格进行消费，农民用不起燃气仍是农村燃气普遍服务发展的桎梏。另外，农村农民居住分散，地形复杂，尤其在偏远山区，建设燃气管道设施等工程难度大，且投资较高，因而企业的投资建设积极性不高。为应对农村的燃气普遍服务的问题，国家采取了相应的措施，[①] 但现有措施，仅为政策性、指导性的办法或者政策，并未上升到法律制度层面，法律的壁垒使在实际中处理问题时，操作性不强，于法无据，且关于农村地区的燃气普遍服务的政策或法律几无可见。有鉴于此，应当建立农村燃气普遍服务制度，应当以人为本为价值理念，同时完善相应的监管机制，建立激励机制激励相关的企业，公开燃气普遍服务相关信息。

二、农村燃气普遍服务的制度理性

我国农村地区用不上气、用不起气、用不到气的问题突出，而燃气普遍服务制度具有的正当性、公平性、政府主导性，有利于解决上述问题，并有助于实现农村地区燃气的普遍服务。

（一）农村燃气普遍服务的正当性

在我国乡村振兴战略的背景下，农村的经济发展愈来愈受到国家和社会的重视，然而能源的开发利用与经济的发展有着密切关系，同时也与农民的生活有着重要联系。现阶段我国城镇基本已满足居民生活和产业发展的需要，然而农村在获得燃气普遍服务方面仅仅在少数经济相对发达的地区供给相对充足，在多数农村地区燃气服务鲜少。[②] 经济学家拉丰认为“普遍服务主要在农村地区和偏远地区进行提供，其应当以所有人都能够承受的价格向包括低收入地区和高成本地区在内的所有地区国民供应，同时提供的服务应当确保质量”。[③] 可见，构建燃气的普遍服务，首先应当重点关注农村地区，保障农民普遍稳定地获得相应的服务，且需注重提供服务的质量。我国农村与城镇经济发展程度很不均衡，农村经济寻求发展背景下，对于燃气等能源的需求极大。囿于普遍服务机制与燃气服务密不可分，尤其在我国农村燃气及服务的供给依然不足的情形下，农村燃气普遍服务具有相当的正当性。

---

① 杨志钢：《公用事业普遍服务理论研究》，博士论文，2009 年。

② 苏苗罕：《能源普遍服务的法理与制度研究》，《法治研究》2007 年第 10 期。

③ 张毅、张烨挺：《对完善邮政普遍服务支持措施的思考》，《中国邮政》2019 年第 5 期。

（二）农村燃气普遍服务的公平性

公平在法律上，是所追求的价值之一。农村燃气普遍服务使农民普遍获得基本服务，在一定程度上体现了公平正义。能源公平主要体现在能源供给的公平，能源供给公平的实现面临市场壁垒、市场恶性竞争以及在分配环节上是否能使社会成员获得普遍平等的能源产品与服务问题。我国作为发展中国家，农民占绝大部分，农村人口基数对燃气普遍服务是极大的挑战。燃气服务作为重要的社会服务，若无法取得必要的燃气服务，那么对于农村经济的发展以及农民的生活实际也有一定消极影响。在理论与实际中，能源公平与能源贫困联系密切，能源分配不公导致能源贫困的产生，完善的普遍服务制度有利于保障人权，有助于实现服务提供的公平，从而使农村地区获得与城镇同等的基本服务，缩小两者的差距，真正提高农民生活的质量。①

（三）农村燃气普遍服务的政府主导性

市场机制尽管对调整经济活动具有重要作用，但有时调节经济活动也会失灵，例如在我国的农村燃气普遍服务方面，其复杂性导致市场未实现资源配置的“帕累托最优”，② 因此政府对其的补救、调整不可或缺。在我国农村燃气发展的初步阶段，政府应当发挥其主导性，确保在广大农村地区燃气服务的普遍供应。在我国实现农村燃气普遍服务，必然是浩大、复杂且投资大的工程，对于该工程的落实及具体服务的提供，政府都应对其结果负责，并对整个工程建设、服务供应等进行有效的监管，并对其进行评估。构建农村燃气普遍服务制度，政府亦应当充分发挥其主导性，与立法部门充分交流沟通，针对在农村建设燃气管道、价格形成等问题提出客观合理合法的建议。另外，因农村多为贫困地区，政府在制定燃气普遍服务的政策时，应当充分考虑普遍服务的本质，充分发挥普遍服务的公益性，让所有社会成员真正用得起、用得到清洁安全的燃气。

三、农村能源普遍服务的现实困局

（一）农村能源普遍服务的现实图景

1998年，政府出台了鼓励民营企业进入城市基础设施建设的政策，并大力推广天然气的使用，我国燃气的发展开始有了政策性的指导。然而至今关于农村地区的公共服务建设，仍鲜少出台政策、法律法规。依据《行政许可法》规定，现已出台一些法规和规章，如《城镇供热特许经营协议示范文本》《燃气管理条例》等，逐步明确燃气普遍服务属性，但目前尚无专门的立法对农村能源普遍服

① 周林军：《公用事业管制要论》，人民法院出版社，2004年。
② 许峰：《中国公用事业改革中的亲贫规制研究》，上海人民出版社，2008年。

务的相关问题予以调整。

表 1　我国现行有关燃气普遍服务的法律规范

	一般性规定	燃气普遍服务
中央	《行政许可法》《市政公用事业特许经营管理办法》《关于加强市政公用事业监管的意见》等。	《中华人民共和国石油天然气管道保护法》《燃气服务导则》《城镇燃气设计规范》、《城镇燃气管理条例》等。
地方	《浙江省行政许可监督检查办法》《深圳市公用事业特许经营条例》《北京市城市基础设施特许经营条例》等。	《广西壮族自治区燃气管理条例》《广西壮族自治区燃气经营许可证管理办法》等。

来源：从相关政府网站整理而成

从实践中检视，现有的对于燃气服务的规定多数用于规范城镇的燃气服务，对于乡村燃气的发展及规范制定未引起足够的重视。我国城镇燃气的发展较早，现多数燃气公司主要发展的是城市燃气，农村燃气尚处于初步发展的阶段，在地处偏远的农村地区，甚至燃气服务未开始发展。随着城镇化快速发展，农民有对生活质量的要求及经济发展的需要，燃气的供应亦逐渐提高。在实践中，农民要求安装天然气的需求很旺盛，燃气公司一方面希望尽快满足农村用户的要求，使用上清洁方便的天然气，另一方面又面临安全压力、成本压力，因此燃气管道等具体实施举步维艰。国际能源署（IEA）发布的《世界能源展望 2018》的报告提出："2030 年时，天然气将超越煤炭成为全球能源结构中的第二大燃料。全球的天然气使用量将增长 45%。为应对以中国为首的发展中国经济体不断上涨的需求，液化天然气贸易将增长一倍。"[①] 可知，现中国燃气的市场巨大。目前我国城镇燃气发展已经比较成熟，然而农村燃气的发展仍处于初步阶段，农村地区燃气的供应与需求未达到平衡状态，因此应当重点关注农村燃气的发展，最终使农村与城镇的发展差距缩小。如何将燃气引入到居住分散的农村地区亟待解决，农村燃气普遍服务制度的完善亦刻不容缓。

（二）农村能源普遍服务的困局

农村燃气普遍服务制度断裂。如上所述，现阶段农村燃气的发展仍处于初步阶段，企业与政府均无可操作、可指导的法律规范对农村燃气事业发展进行指导，对于燃气服务这类公益性质的事业，仅依靠市场进行一定程度的调整，导致价格不合理等问题突出。就中国目前的实际情况来看，现有的关于燃气方面的法规不能满足农村燃气普遍服务工作的需要，我国至今尚无针对燃气普遍服务问题的专门性立法，也没有专门调整农村燃气普遍服务的相关法律法规。顶层设计的缺失导致农村燃气普遍服务缺乏系统完整的立法指导，既有的燃气普遍服务法律

① 国际能源署：《世界能源展望 2018》，2018 年。

体系尚不能适应农村燃气普遍服务事业的要求。法律体系的断裂导致农村燃气普遍服务缺乏可操作的具体措施。农村燃气普遍服务的“法律真空”亦使得各种利益关系长期处于无序状态。

燃气普遍服务监管机制不完善。目前我国的监管体制不能适应我国农村燃气普遍服务自身特点和市场环境，很多地方政府尚未制订相应的法律和监管框架来监测相关企业的表现和确保合同的遵守情况，“一题多用”现象普遍。我国普遍服务主体主要有以下三个：一是政府，二是国有企业，三是私营企业。[①] 国有燃气企业是提供燃气服务的实际履行者，因私营企业在我国的燃气供应中所占比重小、地位特殊，实际上在燃气普遍服务领域主要存在国有企业与政府职能的混同，导致在监管方面，政府存在监管不力等问题。概括而言，农村燃气普遍服务存在监管范围不广、运营不明朗、倾向于微观管理等诸多问题。监管制度必须是有限的、透明的、公平的、一致的，政府必须始终信守承诺。相关企业不仅会谨慎地对待征用，而且还对许多小型监管行动非常敏感。所以不论是前期的项目监管和后期的运营监管，政府都需要投入更多精力。

企业的成本压力与施工难度高。农村居住特点并不像城镇居民那样，居住紧密，方便管理。在我国农村地区，受制于历史与自然等因素的影响，地形复杂，施工难度巨大。我国农村人口多，农村地区占全国土地总面积的94%以上。[②] 根据我国相关的法律法规及政策，县道多数不准开挖，乡道经审批可以开挖，但程序较多，效率较低，且天然气的管道铺设，需经第三方评价机构评估合格方可实施，是导致企业不愿在农村发展燃气事业的原因之一。企业的成本压力大，铺设管道穿越公路相比直接开挖工艺复杂，成本亦十分高昂。由此可知，如果要普及天然气的使用，那么天然气管道的实施工作将是一项巨大且复杂的工程，投入的资金也十分巨大。

农民无法负担使用费用。如果普及高额的安装及使用费用，农民是否能够负担是有待考量的问题。尽管国家已经给予了高达70%的设施补助最高补助2 700元的政策，但是平均下来农民还是要承担3000元左右的购买金额，对于城里人这可能都不到他们一个月的工资，可对于看天吃饭的老百姓来说确是一笔不菲的支出。通过表2可以发现，设定农村居民的贫困线为3 301.9元，这与2011年确定的农村（人均纯收入）2 300元的贫困标准相对较高，但相差不大。同时根据2018年中国统计年鉴，按照2010年贫困标准，我国农村仍有3046（万）人次为贫困状态，那么这部分群体是否能享受平等的能源普遍服务也值得关注。

---

① 陈剑、夏大慰：《规制促减贫：以公用事业改革为视角》，《中国工业经济》2010年第2期。

② 聂辰席：《加快推动广播电视公共服务标准化均等化》，《求是》2018年第20期。

表 2　2017 年我国农村用户收入层次

用户		人均可支配收入（元）
农村居民	最低收入用户	3301.9
	中等偏下用户	8348.6
	中等收入用户	11978.0
	中等偏上用户	16943.6
	高收入用户	31299.3

数据来源：根据 2018 年《中国统计年鉴》整理

四、农村燃气普遍服务的立法促进

（一）构建农村燃气普遍服务制度的立法保障

由于我国能源普遍服务开始得比较迟，现在尚没有一部专门的法律对相应问题进行回应，如前所述，现有的规范多是政策性、指导性的政策、办法等，同时主要集中在城镇燃气服务方面，对于农村的燃气普遍服务既缺少政策、办法等的指导，亦无法律予以规制，这在一定程度上制约了农村开展燃气普遍服务相关工作的有序进行。《能源法（征求意见稿）》第七条也明确规定了“国家建立和完善能源普遍服务机制，保障公民获得基本的能源供应与服务”，但对于普遍服务资金机制和实施机制等问题均没有做出明确规定。能源首先是一种基本的公共服务，其次才是一种商品，如果我们不否认现代人普遍的基本能源需求，那么，政府就应当通过立法促进减贫，以保护弱势群体权益。福斯多夫最早提出国家行政任务的重心在于“服务行政”和“生存照顾”。现代社会个人尤其是农村村民无法完全依靠其自身所拥有的资源来实现生存权，政治权力作为公民权利让渡的产物必须为社会谋福祉，国家作为政治权力的拥有者必须承担起对其公民生存照顾的义务。

良法乃善治之前提，为应对农村建设燃气普遍服务的基础设施、价格制定等问题，我国应当弥补法律制度方面的缺位，尽快参考城镇提供燃气普遍服务的有益经验，并吸收借鉴他国的普遍服务制度中适于我国国情的部分，从而建立起完善的农村燃气普遍服务制度，使得各方在农村燃气普遍服务工作中都有规律可循，以便促进我国能源普遍服务的进一步发展和推进。具体而言，建议建立燃气专项基金制度，在立法中确定燃气经营企业为缴纳普遍服务基金的主体，任何从事燃气供应业务的企业应当按照其收入的一定比例缴纳普遍服务基金。同时立法仅对该基金的发展目标和方向做出规定，具体的管理内容可以由规制机构与基金管理机构签订契约，并通过规制机构进行日常监督和定期绩效考核来达到规制的目的，最大限度地保证第三方机构的独立性和专业化运作。

（二）完善农村燃气普遍服务监管机制

监管是现代政府的核心职能之一。农村燃气普遍服务作为公共服务，政府对其的监管十分重要。传统能源监管主要是出于经济性目标，通过矫正市场失灵实现社会福利最大化。然而，社会福利最大化往往只关注“分配效率”而非“分配公平”。能源规制革新应当改变只注重经济效率而忽视分配正义的传统监管模式，通过相关监管制度的调适使得农村燃气普遍服务监管朝着亲贫化的目标迈进，保障任何公民可以通过方便的途径、以可承受的价格获得非歧视性的能源服务，满足公民基本的生活需要，消除能源贫困。有效的监管往往与监管主体、监管效率等因素息息相关，完善农村燃气普遍服务监管机制，应当重点关注确立监管的主体以及实施的效率等，尤其应当设立具有独立监管职能的监管机构，以期对农村燃气普遍服务进行有效率且合理合法的监管。具体而言，我国幅员辽阔、地区差异大，基于此，农村燃气普遍服务监管机构可采取垂直设置、分级管理的模式，分中央和省级两层进行监管。① 通过建立分级的监管机构，相互分工，中央对省级进行内部的监督，省级对农村燃气普遍服务进行宏观与微观的监管，真正做到对农村燃气普遍服务监管的有效性、合理性。

（三）建立农村燃气普遍服务激励机制

政府激励机制是指政府采取多种激励方式，激励企业发展农村燃气事业，并为当地农民提供燃气服务的机制。能源供应在不同的地区所产生的固定成本是不一样的，偏远地区人口稀少、能源管网架设难度大、成本高，其初始固定成本的投资远远大于可变的边际成本。一般而言，能源企业在偏远的农村、山区和海岛等地区提供能源服务所花费的成本大于所能得到的收益，换言之，能源企业在这些区域提供服务是不经济的。政府应当通过补贴机制规制能源企业在“不经济”的区域普及基本能源服务，建立农村燃气普遍服务制度激励机制，以落实政府生存照顾的担保责任。建立农村燃气普遍服务制度激励机制，应当将完善燃气价格调控、企业补贴机制与建立燃气普遍服务基金作为该机制的核心。在完善农村燃气价格机制方面，应当根据不同农村地区经济发展状况及当地农民平均收入等因素综合考量，建立公平合理透明的价格机制，并辅以政府对企业提供的相应补贴机制，使农村燃气普遍服务长期推广，持续稳定发展。在农村燃气普遍服务基金方面，应当设计普遍服务基金制度，明确该基金来源，结合我国农村的实际情况，其来源可包括政府、企业、公众。农村燃气普遍服务基金的建立，使在农村地区投资建设燃气事业的企业减少成本的压力，提高企业发展农村燃气事业的意愿。

---

① 苏苗罕：《消除能源贫困的行政法机制研究——以能源普遍服务政策为例》，《中国法学会行政法学研究会2010年会论文集》，2010年。

（四）构建农村燃气服务信息共享制度

“信息之于规制，犹如血液之于生命”，政府在掌握了大量的相关信息基础上，将更有利于其管理。政府作为对农村燃气普遍服务的主要监管主体，在大数据时代，信息的及时掌握具有重要意义。在农村燃气价格的制定上、燃气普遍服务的补贴对象及额度上等，都应当在充分掌握了相关数据信息的基础上制定。由于燃气服务的直接提供者为少数的企业，因而信息基本都由这些企业把控。因此企业应当将与价格、补贴标准等相关的信息与政府共享，同时将与民生相关的信息应当公开，便于社会的监督。有鉴于此，应当建立完善的能源企业的信息披露制度及农村燃气用户收入信息共享制度，在信息共享的基础上，充分发挥信息的作用，有利于政府制定合理的政策予以指导，同时也便于监管机构对其进行有效的监管。

（五）建立灵活的价格机制

价格规制是亲贫化规制的核心内容，英国公法学者安东尼·奥格斯认为，“只要有政府的地方，就有价格控制”。[①] 价格规制是规制机构重要的规制工具之一，包括价格水平规制和价格结构规制，它直接制约着亲贫目标的实现。在能源市场化的背景下，价格水平规制要求能源服务的资费能够反映能源产品和服务的成本，即能源价格应当是公平和合理的。所谓公平和合理的价格规制应当体现受规制的能源价格必须是可行的最低价格。首先，可行的最低价格是指受规制的能源价格必须能够补偿能源企业谨慎投资的成本并能够获得合理的利润。最低价格还要求受规制的能源价格能够反映能源产品的社会和环境成本。再次，公平合理的价格还要求能源价格不得具有歧视性，即无正当理由不能给予消费者不公平或不合理的价格优惠。然而，对于实现亲贫目标而言，公平和合理的价格还要求规制机构在进行价格规制时应当充分考虑消费者的承受能力，尤其是低收入群体的价格承受力。为此，能源规制机构往往采取价格结构规制，即采取灵活的定价方式和资费结构实现不同用户群体的利益分配，使得贫困家庭可以获得可承受的能源服务。比较常见的亲贫价格结构规制主要有生命线费率定价和阶梯式计量定价。所谓生命线费率定价，就是设定一定的消费水平线，给予一定的基本能源消费量实行免费政策。阶梯式计量定价也称为递增分段定价，即每一分段的消费量对应一个价格，价格随着分段而增加。这两种价格结构规制的特点是消费量越少所对应的资费支出就越少，对低收入的贫困人群更加有利。值得注意的是，通过更为灵活的价格结构规制给予贫困人口一定的合理优惠，这种倾斜并不构成价格

① 安东尼·奥格斯. 规制：法律形式与经济学理论［M］. 骆梅英译. 北京：中国人民大学出版社，2008：300.

歧视，如哥伦比亚特区巡回法院认为，美国联邦能源监管委员会根据不同客户的负荷分布特点将客户进行分类和定价并不构成不正当歧视。①

参考文献

陈建华. 中国电力普遍服务供给规制研究 [M]. 中国经济出版社. 2013.

许峰. 中国公用事业改革中的亲贫规制研究 [M]. 上海人民出版社. 2008.

[加] 彼得·特扎基安、基恩·霍利汉. 破解能源饥渴症（未来低碳之路）[M]，裴文斌等译. 石油工业出版社，2010.

苏苗罕. 消除能源贫困的行政法机制研究—以能源普遍服务政策为例 [J]. 中国法学会行政法学研究会2010年会论文集. 2010.

莫亚琳. 普遍服务理论发展与政府职能转变 [J]. 当代经济，2012（03）.

赵爽、刘海昌. 新农村建设中能源贫困的制度困境与对策 [J]，华南农业大学学报（社会科学版）. 2012（20）.

聂辰席. 加快推动广播电视公共服务标准化均等化 [J]. 求是. 2018（20）.

李慷、王科、王亚璇. 中国区域能源贫困综合分析 [J]，北京理工大学学报（社会科学版）. 2014（04）.

王秀强. 能源改革缺失法律保障立法需突破部门利益，21世纪网，http://jingji.21cbh.com/2015/3-13/2NMDA2NTFfMTM3NDA2Ng.html.

① See Cities of Bethany v. FERC727 F. 2d 1131（D. C. Cir1984）.

破坏易燃易爆设备罪中危害结果的规范分析与反思

——以涉油气犯罪为视角

田 维[①] 黄绍君[②]

摘 要：破坏易燃易爆设备罪在司法实践中适用最多的情形当属涉油气领域中为盗窃油气从而实施的破坏油气设备行为。该罪虽不同于其他罪名，在理论上仍存诸多争议，但在司法实践（主要是针对油气领域）中却有三大问题需要厘清。其一为分别针对管道和油井实施破坏时的危害结果认定问题，其二为危害结果中“直接经济损失”的认定问题，其三为危害结果背后的刑罚适用问题。本文试图结合新的司法解释规定以及司法实践，就破坏易燃易爆设备罪的上述三个问题做规范性的解读与反思，以期为司法实践提供一个方法论的借鉴。

关键词：破坏易燃易爆设备；盗窃；危害结果；直接经济损失；刑法适用

一、问题的提出

当前，我国正处于社会转型时期，社会矛盾和各种利益冲撞比较激烈，种种不和谐因素也显现出来。地区间和行业间的贫富差距便是典型表现之一，其中大部分油气资源分布在相对落后的地区，而大部分需求市场却在经济相对发达的地区。与此同时，油价居高不下，受巨额经济利益的诱惑，犯罪分子便走上了通过破坏油气管道等设备偷盗原油，以求轻易牟取暴利的犯罪道路。有学者认为涉油

① 田维，西南石油大学法学院讲师，四川省能源法学研究会副秘书长，研究方向：刑法学。
② 黄绍君，西南石油大学法学院 2018 级法律硕士研究生，研究方向：刑法。

气犯罪[①]分子之所以敢于铤而走险，除了受经济利益驱使之外，另一重要的原因便是现行刑罚尺度已不足以震慑不法分子[②]。究竟是法律规范体系不够完善还是司法实践在解释适用上出现了偏差？这值得我们思考。结合《刑法》第118条、119条以及第264条对破坏易燃易爆设备罪和盗窃罪作出的规定与2007年最高人民法院、最高人民检察院联合出台的《关于办理盗窃油气、破坏油气设备等刑事案件具体应用法律若干问题的解释》和2013年最高人民法院、最高人民检察院《关于办理盗窃刑事案件适用法律若干问题的解释》[③]，我们认为这样的配套规定已经形成了一个较为严密的犯罪刑罚体系。当然，我们并非欲以当前的眼光去审视当时的作者，亦非认可当时的法律规定已经制定得相当完美，尤其是在分析过相关司法裁判数据之后，认为现行刑罚尺度不足以震慑犯罪分子，毋宁是实践中司法工作人员对相关规定理解出现了偏差，使得应然的法律规定没有在实然的裁判中发挥其应有功效。换言之，需要厘清司法实践中出现的问题究竟是立法问题还是司法问题，将司法问题“诊断”为立法问题加以批判、解决，难免有“射偏靶子”之嫌。

当然，上述观点并非无的放矢，而是通过分析总结司法裁判所得。如在曹洪江犯盗窃、易燃易爆设备罪一案中，曹洪江于2015年3月2日、3月3日、3月5日、3月6日、3月7日分五次将油井上正在使用的电机用钳子夹断后卸下盗走，一审二审法院均将其认定为足以危害公共安全的结果[④]，即司法实践中对于不同的易燃易爆设备、破坏程度及其后果的危险性并未有一个异质化的认定标准。又如张作强、孙志浩等犯盗窃罪、破坏易燃易爆设备罪一案中，对于张作强等人在2013年12月6日至7日、2014年1月8日左右两天、2014年1月17日左右一天的损失认定中，法院均仅对盗窃原油的损失数额做了认定，而未对前后6次打孔行为所造成的管线修补、抢修费用、田地污染赔偿费用等做认定[⑤]。再

① 涉油气犯罪，在我国亦被称为油气资源犯罪、涉油（气）犯罪等，当前尚无规范的定义。据考证，最早出现“涉油犯罪”这一表述的规范性文件是2004年11月4日发布的《国务院关于同意建立全国油气田及输油气管道安全保护工作部际联席会议制度的批复》（国函「2004」91号）的附件《全国油气田及输油气管道安全保护工作部际联席会议制度》，该文件将联席会议的职能之一表述为“协调解决涉及相关部门和有关省、自治区、直辖市的油气田及输油气管道安全保护的重大问题，促进部门、地方协作配合，实现信息共享，建立长效工作机制，预防、打击涉油违法犯罪活动，维护国家油气资源、设施和生产安全”。我们在这里并非想要提出或界定涉油气犯罪概念，但从我国相关学者对其概念界定可知，涉油气犯罪分为上游犯罪、下游犯罪，上游犯罪包括盗窃罪、破坏易燃易爆设备罪，下游犯罪包括掩饰隐瞒犯罪所得罪、包庇罪、窝藏罪等。而笔者在此仅想就上游的破坏易燃易爆设备罪作研究，同时从司法裁判中的数据可得知，法院在上游认定的破坏易燃易爆设备罪占据其总和的70%左右。

② 陈自强、吴念胜：《我国涉油气犯罪的现状、成因及防控对策探讨》，《天然气工业》2008年第8期。实质上，从2008年至2018年之前，刑法及相关司法解释也并未对相关罪名及其刑罚做一定修正和解释。

③ 以下分别称其为2007年《解释》、2013年《解释》。

④ 吉林省松原市人民法院（2015）吉松刑终第123号二审刑事裁定书。

⑤ 山东省兰山区人民法院（2014）鲁兰刑初第1139号。

如在破坏性盗窃油气过程中，行为人李某盗窃油气的价值数额为49万元，而破坏行为所导致的抢修堵漏费用为2万元，则本案中总共造成的直接经济损失为51万元。显然，不同的损失数额，刑罚却可能是相同的，在司法实践中甚至还可能会出现前者较后者更重的情形[①]。对于上述三大问题亟待我们从规范的角度进行分析与反思。

二、范畴考察：不同对象中危害结果的认定

破坏易燃易爆设备罪的危害结果主要包括两种情形[②]，一种是破坏易燃易爆设备（包括燃气或其他易燃易爆设备）足以造成严重结果但尚未造成严重后果、危害公共安全，该危害结果我们称其为危险状态；另一种是破坏行为已经造成严重后果，该危害结果我们称之为实质损害[③]。对“足以造成严重后果，危害公共安全”的理解是破坏行为具有危害和威胁不特定或多数人生命、健康和重大公私财产的安全。

在涉油气领域，该罪的犯罪对象为正在使用中的石油、天然气生产、储存、运输等易燃易爆设备。然而在司法实务中，由于天然气本身的不稳定性、高成本、经济收益小等因素的影响，实践中破坏燃气设备而盗窃天然气的犯罪情形极少，绝大多数的案例均表现为破坏原油设备而盗窃原油。在盗窃原油的情形中，又可细分为以破坏油井设备盗窃原油和以破坏管道设备盗窃原油。由2007年“两高”出台的《解释》和2018年“两高三部”出台的《关于办理盗窃油气、破坏油气设备等刑事案件适用法律若干问题的意见》[④]可知，虽然二者均对“足以危害公共安全”的破坏行为类型作了规定，但是却并未就管道、油井而细化出异质化的认定标准，而是笼统地适用同一标准。但是这样的标准实质上并不能对应实践中针对管道、油井（因为两种设备自身的特性、对原油的存储方式不同）而实施的差异化破坏行为。概言之，有必要针对实践中的油井、管道的不同特性，结合所破坏的具体部位以及采用的具体方法、造成的具体损害程度等因素，对

① “直接经济损失”应包括盗窃原油的损失价值、破坏设备的修补费用、抢修费用以及完全损毁的设备价值等。且按照2007年《解释》中第四条规定对于“盗窃油气同时构成盗窃罪和破坏易燃易爆设备罪的，依照刑法处罚较重的规定定罪处罚。”这里便会出现一个问题，即同样是造成直接经济损失，若是因盗窃原油造成的30－50万之内损失则可以盗窃罪定罪处10年以上刑罚，但若是因破坏油气管道造成的管道修补、抢修费用加在一起超过了50万的损失则会定破坏易燃易爆设备罪并处以10年以上刑罚，以此便会造成同一行为下的相同数额损失却导致了两种差距较大的刑罚处罚结果。对于此种情形，下文会做详述。

② 参见高铭暄、马克昌：《刑法学》，北京大学出版社、高等教育出版社2016年版（第七版），第340页；参见张明楷：《刑法学》，法律出版社2016年版（第五版），第742页。

③ 根据2007年《解释》第二条规定，包括下列四种情形：造成一人以上死亡、三人以上重伤或者十人以上轻伤的；造成井喷或者重大环境污染事故的；造成直接经济损失数额在五十万元以上的；造成其他严重后果的。

④ 以下均称其为2018年《意见》。

"足以危害公共安全"的危害结果（危险状态）做规范化的综合性分析。

尽管实践中针对两种对象所实施的破坏行为均为物理性的损害、破坏，但表现方式却不尽相同。如针对油井的"破坏"行为，主要集中于正在使用中的阀门部位，表现为开关、拆毁行为，这其中就有两点值得我们对其危害结果（主要是危险状态）进行分析。其一，如果行为人只是打开油井套管阀门连接管线盗放原油，其行为对相关设备不会造成任何实质意义上的损毁；同时，结合当时情境，若该行为也难以有引起爆炸、火灾的危险，甚至更难导致不特定多数人的伤亡、公私财产遭受重大损失时，其行为也就并不具有足以致使相应的公共安全处于危险状态的危害结果。这样的行为我们便不能以破坏易燃易爆设备罪来认定，而只能以盗窃罪来认定。当然，若上述行为因行为人自身原因导致相关火灾、爆炸等事故发生（实质损害），则可直接以第 119 条定罪处罚。其二，如果行为人是直接针对油井套管阀门进行拆卸、损毁，抑或是破坏行为针对其他关键、重要装置或部件进行损害破坏时，其行为当然会对相关设施产生实质意义上的损毁，同时该行为亦可能引起公共安全的危险，在此情境下，将其认定为破坏易燃易爆设备罪无可厚非。但若是破坏、拆卸油井的相关防盗装置等一般辅助设施，且难以引起爆炸火灾危险，也不可能造成其他不特定多数人死亡、公私财产重大损失时，我们便不应以破坏易燃易爆设备罪认定，而应以盗窃罪或其他相关罪名认定。

而针对管道的"破坏"行为，则可能是包括管道的任何部位，实践中所反映出的表现形式主要以携带手摇钻、电钻、电焊枪等对输油管线进行切割、打孔，而后采取焊接的方式安装盗油卡子、阀门从而窃取其中的原油。上述行为已经对输油管线造成了损毁、破坏的事实，同时，对正在储存、运输的输油管线进行切割、打孔的行为本身也具有足以引起火灾、爆炸的危险。因此这样的行为当然应将其认定为破坏易燃易爆设备罪。

三、司法疑惑：危害结果内"直接经济损失"的界定

"直接经济损失"是指 2007 年"两高"出台的《解释》中第二条第三款中规定的"造成直接经济损失数额在五十万元以上的"。对破坏性盗窃油气行为所造成的直接经济损失及严重后果的认定，不仅关系到罪名的认定还关乎刑罚的适用。其概念是指与行为人的行为有直接关系而造成的财产永久性丢失和毁损由该行为所引起的其他牵连性损失为间接经济损失。在我们所讨论的涉油气领域中，当然包括以下两种情形：其一为因实施盗窃油气而直接造成的油气损失，这是可以通过市场价格估算出来的；其二为在实施盗窃油气之前的破坏行为所造成的相关设备损毁，而为此采取的抢修堵漏等措施所产生的费用，抑或是相关设备完全

损毁后所造成的设备损失[1]。这样的认定是不言而喻且符合客观情形的，并且还利于法益保护。然而，司法实践中法官对于上述“直接经济损失”认定却有其独到见解，由相关案例分析得知，大多数法官仅将涉油气犯罪分子所盗窃的原油损失认定为直接经济损失，而对抢修堵漏费用、设备损毁（完全损毁后）费用不作考虑。应然的法律规定在实然的文书裁判中呈现出适用上的功能性限缩，此种限缩为法官自由裁量所致。

在司法实践中，当盗窃油气的数量难以查实，且难以推算计量仪表盗窃前正常用量和减去后盗窃后计量仪表所显示的月均用量时，可能会对盗窃数额的认定带来困难，但这样的困境却不至于影响因破坏所造成的抢修堵漏等费用、设备损毁费用、环境污染损失的计算。实践中法官何以对此类直接损失不做计算，我们无从得知。但这样的限缩适用势必会带来以下三个弊端：其一，对法官而言，在对犯罪分子罪行认定时可能会出现认定偏差，同时，也会在刑罚适用上造成量刑畸轻的结果，从而违反罪刑相适应原则。其二，就犯罪分子而言，若根本不知其行为所犯何罪，亦不明其刑罚轻重与否，进而误以为其破坏所造成的抢修堵漏等费用并非为刑法所规制，自己也不用为此结果受到刑罚处罚，这样必定不利于行为人的教育改造，以致刑罚目的中的特殊预防目的、刑法机能中的行为规制机能难以实现。其三，从社会维护的角度看，对抢修堵漏等费用的不计算，最为直接的影响即是刑法所欲保护的法益未能得到实质上的保护，从而会削弱刑法的法益保护机能；刑不可知而威不可测，这样的理念并不适用于现代社会，反而会给社会一般成员以误解，加深其他潜在犯罪分子的潜在犯罪欲望，上述行为也会给刑法的明确性原则笼上一层“面纱”；罪刑法定原则的内涵即是要在坚持法律主义的前提下，防止法官的擅断，而对法条的不合理解释也是擅断的表现之一。

四、理性反思：不同危害结果下刑罚适用的辨析

对于行为人基于盗窃油气的目的，而实施了破坏正在使用中的易燃易爆设备行为，其行为同时符合盗窃罪和破坏易燃易爆设备罪的犯罪构成的，按照2007年《解释》第四条规定，以刑罚较重的规定定罪处罚。学界和司法实务界对此规定的解读存在争议，有人认为应对该情形认定为牵连犯[2]，亦有人认为应将其解读为想象竞合犯[3]。实质上，我国刑法总则对牵连犯的处罚形式并无统一规定，

---

① 2018年“两高三部”新出台的《意见》中第六条规定已经对此做了明确规定。

② 姬文清、王方顺：《采用破坏性手段盗窃正在适用的油气设备中尤其行为的定性》，《人民司法》2009年第22期；罗勇、王天学：《破坏易燃易爆设备罪认定中的几个问题》，《四川警官高等专科学校学报》2007年第3期；丁天球：《危害公共安全罪重点疑难问题判例研究》，人民法院出版社，2005年，第258页。

③ 金懿、何维：《破坏易燃易爆设备罪的司法适用》，《中国检察官》2014年第12期。

而按照刑法分则的相关规定可知，对牵连犯的处理方式也是规定不一，既有从一重罪处断的，亦有从一重罪从重处断的，还有规定独立法定刑的，更有数罪并罚的情况。然而按照学界通说，均偏向于对其做从一重罪处断，若是以此做解读，则可反向推定将破坏性的盗窃油气犯罪认定为牵连犯，并且笔者认为这样的解释也是较为合理且符合司法实践的。

牵连犯的特征之一即是犯罪的手段行为（结果行为）与目的行为（原因行为）分别触犯了两个异种罪名的情形。这里的牵连关系，理论界当前存在四种观点：客观说、主观说、折中说和类型说。按照类型说的观点，即根据刑法规定和司法实践，将牵连犯的手段与目的（结果与原因）关系类型化①，换言之，只有当某种手段行为通常用于实施某种犯罪，或者某种原因行为通常导致某种结果行为时，才宜认定为牵连犯。正如破坏性的盗窃油气行为过程中，具有实质的两个独立行为（破坏行为、盗窃行为），其破坏行为与盗窃行为具有密切关联性，行为人若想盗窃油气，通常要先将输油管线、油井“破坏”，否则其盗窃目的不可能实现。

实质上，厘清破坏行为同盗窃行为的关系是对理论上的相关争议的一种回应，认定其为牵连关系就肯定了其处断一罪的性质，进而排除数罪并罚的可能，而以一罪（重罪）处理。接下来，另一个问题又接踵而至，即哪一个罪为重罪，需不需分情况讨论呢？根据相关司法解释，答案是肯定的。基于破坏易燃易爆设备罪和盗窃罪的基底差异，其刑罚设置模式具有较大差异。破坏易燃易爆设备罪基于其危害的法益是公共安全作刑罚设置，进而同多数危害公共安全犯罪一样具有两档刑期，法益侵害较轻的一档是以危险犯（破坏行为足以危害公共安全）认定，其刑罚为3年以上10年以下的有期徒刑；法益侵害较重的一档是以结果犯（4种认定情形，我们主要以其中一种认定情形“造成直接经济损失数额在50万元以上的”做讨论）认定，其刑罚为10年以上有期徒刑、无期徒刑或死刑，这样的规定是较为合理的。盗窃罪基于其危害的法益是财产利益做刑罚设置，包括两种设置类型三档刑期，一种类型是以行为犯认定的，在此我们不做展开。另一种类型是以结果犯认定的，具体的三档刑期分别是盗窃公私财物数额较大的情形（1000—3000元以上），其刑罚为三年以下有期徒刑、拘役或者管制，并处或者单处罚金；盗窃数额巨大的情形（3万—10万以上），其刑罚为三年以上十年以下有期徒刑，并处罚金；盗窃数额特别巨大的情形（30万—50万以上的），其刑罚为十年以上有期徒刑或者无期徒刑，并处罚金或者没收财产。② 按照2007年《解释》第四条规定，通过刑罚处罚来反向推定涉油气领域中破坏性盗窃油气的

① 甘添贵：《罪数理论之研究》，台北元照出版有限公司，2006年，第212页。

② 2013年《解释》。

犯罪行为定性（重罪）时，在司法实践中就形成了这样一种犯罪认定思路，具体包括：当盗窃油气的价值在3万元以下的，均以刑法第118条破坏易燃易爆设备罪定罪处罚；当盗窃油气的价值在3万—10万以上时，考虑到该破坏行为对公共安全的威胁，且二者的自由刑相同，为了一般预防，也以刑法第118条破坏易燃易爆设备罪定罪处罚；当盗窃油气的价值在30万—50万时，以盗窃罪定罪处罚；当盗窃油气的价值在50万元以上时，以刑法第119条破坏易燃易爆设备罪定罪处罚。这样的认定思路下，有三点值得思考：其一，当盗窃油气的数额巨大时，单从刑罚处罚来看，实质上盗窃罪的刑罚应该更重（其中包括“并处罚金”），但司法实践却均以第118条破坏易燃易爆设备认定，这是否真的做到了罪责刑相适应和罪刑法定，以及是否真的达到了刑罚的目的？其二，当盗窃油气的数额在30—50万这个区间时，以盗窃罪定罪处罚，其起刑点在10年以上，包括无期徒刑；而盗窃数额在50万以上时，以第119条破坏易燃易爆设备罪定罪处罚，其起刑点亦在10年以上，包括无期徒刑、死刑。虽然作为侵害法益更重的破坏易燃易爆设备罪的刑罚更重（多了死刑这个选项），但毕竟其起刑点相同，且我国对死刑适用亦持有极为慎重的态度，因此对行为人而言（因为行为人更关注其刑罚），当盗窃油气的数额在30万以盗窃罪认定时，可能会同盗窃50万以上以破坏易燃易爆设备罪认定时的刑罚一样，因为实践的缘故甚至可能会比后者更重[①]，这必然会给行为人传递这样一种暗示：即针对行为造成的结果在此区间时量刑都一样，那么少盗窃必然不如多盗窃啊。同时，这样的刑法适用亦可能会导致陷入“法律工具主义”的怪圈。其三，仍是第二种情形衍生出来的，破坏性盗窃油气犯罪中，几乎均为共同犯罪，当其中几个共犯人所造成的直接经济损失不一致（区间不同）时，是应理解为对全案择一重罪处断，还是应对不同被告人分别择一重罪处断呢？如果对全案择一重处断，这显然是不公平的，且是对刑法条款的僵化适用；但如果对全案分别择一重处断，是否又会陷入第二个问题的泥沼之中呢？

刑罚的目的在于预防，当今刑法理论，均将预防犯罪作为刑罚的正当目的，我国亦不例外。按照我国通说，刑罚的目的包括特殊预防和一般预防两种[②]。特殊预防是指通过刑罚惩罚，限制或剥夺行为人的相关权利，而对其产生相应的威吓遏制作用，进而使其养成良好的规范意识促使其达到悔过自新再社会化的效果。

---

① 从性质上讲，盗窃罪危害的法益为财产法益，破坏易燃易爆设备罪侵害的法益为公共安全法益，后者更重。当后者的危害结果也已公共财产来认定时，在无其他情节的前提下，二者若要适用同样的刑罚，必然是后者的财产价值较前者小才能达到平衡，这样才符合罪行相适应原则。

② 高铭暄、马克昌：《刑法学》，北京大学出版社、高等教育出版社，2016年（第七版），第227页；张明楷：《刑法学》，法律出版社，2016年（第五版），第517页。

一般预防是指通过对犯罪分子的犯罪行为作消极评价、适用刑罚震慑潜在的犯罪人，防止其走上犯罪道路；以及通过证明刑法的严厉性和规范性，从而唤醒和强化国民对刑法的忠诚信仰，预防其犯罪。实质上，欲实现此两种目的最优解即是坚持《刑法》第5条“罪责刑相适应原则”规定，使犯重罪者遭受重刑罚，犯轻罪者受轻刑罚。正如孟德斯鸠所言，刑罚应有程度之分，按所犯罪行之轻重、人身危险之大小等综合因素，定刑罚之轻重[①]。通过相适应的刑罚处罚，抑制犯罪分子的犯罪意念，促使其不能、不敢、不愿再犯罪，并通过相应的教育改造使其去恶从善，回归社会；基于区别对待的处罚原则，强化一般国民的朴素正义观，增强其规范意识，实现一般预防。重罪重罚、轻罪轻罚的刑罚理念实质上是根据当前我国现阶段国情所形成的，它既否定了侵犯人权的重刑主义，又达到了维护社会秩序的目的，应当说是符合当前正处于转型时期的中国刑法需要。“良法是善治之前提”与“徒法不足以自行”是一对相辅相成的法谚，在当下推进法治的进程中，亦需要注意新制定的司法解释同法条或其他关联司法解释上的逻辑矛盾。

余 论

法律的生命在于将具有规范性的逻辑同具有现实性的生活联系起来，法官在适用法律时，必须将目光来回穿梭于刑法规范和生活事实之间[②]。即法官在作裁判时不仅要熟悉法律条文，理解立法原意，更要懂得社会生活。在破坏性盗窃油气犯罪中，针对不同对象，认定危害结果（足以危害公共安全的危险状态）时需要立足于生活实践作综合、区别判断，而非仅做法律条文的搬运工、复制者。法律不是嘲笑的对象，而是法学研究的对象；法律不应受裁判，而是裁判的标准，法律必须被信仰，否则它将形同虚设。[③] 身处正急于构建法治国家的我们，的确应当信仰我们的法律并坚持形式理性的司法理念[④]，这也是当前教义刑法学发展的需要。但坚持形式法治却有两点值得注意：其一，法官应在法律条文的可能文义下进行解释适用，即以一般国民所能预测的通常语义作适度的弹性解释，在破坏性盗窃油气犯罪中，法官对于直接损失的认定为何仅限于油气价值不得而知，但就一般国民来讲，必然是认可直接损失是包括油气损失和抢修堵漏费用此二者的。其二，对法律怀有信仰其中是否包括司法解释，退一步讲，纵然是包括司法解释，但数个司法解释之间存在冲突且具有明显的矛盾以至于会误导法官裁判时，还能不能对其作适度的批评并提请补正呢？这值得我们深思。

---

① ［法］孟德斯鸠：《波斯人信札》，罗大冈译，人民出版社，1958年，第141页。

② 张明楷：《刑法分则的解释原理》（上），中国人民大学出版社，2011年（第2版），序说。

③ 张明楷：《法律格言的展开》，法律出版社，1999年，第3—4页。

④ 陈兴良：《刑法的知识转型（方法论）》，中国人民大学出版社第二版2017年，第110页。

论我国新能源补贴法律制度构建

李　静[①]

摘　要：新能源补贴是政府支持本国新能源的发展和为获取经济与环境健康发展的双赢而对涉足新能源贸易活动的企业或个人实施带来一定利益的财政资助行为。当前我国处在由能源大国转为能源强国的关键时期，作为助力的新能源补贴制度不仅是在该时期起助推作用的重要举措，其实行也必然会对我国的经济和社会发展带来重要的战略意义。目前，我国推行的系列新能源补贴制度已经取得了显著成效，尤其是在风力发电和潮汐发电领域内取得了极大的进展。然而，由于未建立起完整的法律规范保障体系和缺乏统一的法律制度构建，我国的新能源补贴制度正有着法律规范缺乏、程序运行不畅、体制不顺等诸多问题。由此，我国亟须构建一个完备的新能源补贴法律制度。

关键词：新能源；补贴；法律构建

引　言

补贴，对于这一词语的理解在学理上历来没有一个定论，有人认为它是基于国家财政的需要，在社会上的某一时期，为帮助一些新兴事物的发展所提供的补助或者津贴。具体而言，这些新兴事物可以是一些产业、某一部门某一单位，甚至是居民或者某一具体的事项。[②]《牛津词典》对“补贴”一词的定义是“在财务上支持的组织或者活动”。[③] 而我国对于“补贴”的概念则是体现在《中华人民共和国反补贴条例》的第三条规定中，该条规定将补贴当作政府（或者公共机构）对补贴需要者给予的财政资助，其表现形式可以是不拘泥于形式的任何收入也可以是价格支持。[④] 但是笔者认为补贴就是国家在宏观把握的背景下，就社会上的资源进行一种带有帮扶性质的二次分配活动，也是政府基于公平正义的角度管控市场的重要措施。对于新能源进行补贴是我国当前在全球各国对新能源的贸

---

① 李静，西南石油大学法学院2018级法律硕士研究生，研究方向：行政法、能源法。

② 邓子基：《财政学》，中国人民大学出版社，2010年，第119页。

③ https://en.oxforddictionaries.com/definition/subsidize 牛津词典对“补贴”的释义。

④ http://www.law-lib.com/law/law_view.asp?id=16698.

易救济制度越来越完善的背景下的应有之义。但是，纵观世界各国在法律上对新能源补贴做出了明确而又具体的界定的非常少见。同样的，我国在《可再生能源法》的第五章、第六章对新能源补贴进行的规定也并没有给出具体的概念。从补贴的本质而言，是一国的国内经济政策使然，倘若制定合理，不仅不会妨碍反而还会有利于贸易自由的发展。但是，我国目前的新能源补贴制度已经发展到了瓶颈阶段，面临着反补贴调查的风险，因此，在全球各国多边贸易体制下，发展以及完善我国的新能源补贴制度迫在眉睫。我国作为一个能源大国，在党的十九大的精神的引领以及指导下，通过合理的设计完备的法律建构，建立起完善的新能源补贴法律保障制度，让中国新能源的发展能够牢牢抓住历史性的发展机遇，为社会主义事业发展添砖加瓦。

一、我国新能源补贴法律制度构建的必要性

能源发展是与人类生存和社会发展息息相关的，是人类社会赖以生存和发展的重要物质基础。随着社会的不断发展以及人类生活方式的多样化，能源的利用也要与时俱进，呈现多样化的发展和利用态势，不能呈现停滞不前的状态。中国是新能源发展最快的国家，短短十年内完成了从新能源起步到世界第一的过程。以风装电机为例，2011 年中国的风装电机为 46GW，光伏装机仅为 2GW，但是当时世界可再生能源的领头羊德国有风装电机 29GW，光伏装机 24GW。此外，在 2016 年中国并网风光发电已占总发电量的 5.1%，风装电机均已稳居世界第一。[①] 新能源的扩张必然会带来补贴的迅速增加。原因在于一方面一些新能源技术路线受成本因素影响而被压制发展，因而需要补贴来支持其初始的发展阶段，另一方面补贴也需要用来支持新能源本身的进一步技术进步与创新。[②] 当前我国的新能源已经迈入了发展壮大阶段，因此补贴制度也可以有更大、更广阔、更灵活的操作空间。也就是说，新能源的补贴制度要立足长远，统筹各方，充分体现补贴本身具有的公共利益性，为新能源的发展解决前期发展市场狭小的难题和后期技术进步的瓶颈。我国一直以来对新能源实行补贴制度的目的就在于更好地促进新能源的多方位发展，造福人民，而当前我国的新能源补贴制度发展已经进入了瓶颈阶段，面临着法律规范缺乏、运行机制不畅、体制不顺等问题，因此进行新能源补贴制度的法律建构有以下积极意义：

① 林伯强：《中国新能源发展战略思考》，《中国地质大学学报（社会科学版）》2018 年第 2 期。
② 林伯强、李江龙：《基于随机动态递归的中国可再生能源政策量化评价》，《经济研究》2014 年第 4 期。

（一）减少对于不可再生能源的利用和依赖性，为将来我国可能面临的能源危机提供制度层面的安全保障

我国是能源大国，同时也是人口大国，如果没有合理的能源法律制度构建作为指引建立来一个完备的能源法律规范体系，随意的不加节制的开采和利用能源，将会导致我国的能源使用达不到标准，影响二次利用率，降低能源的可利用价值。同时，在2017年12月，一家挪威的油气咨询公司Rystad Energy针对当前各国的油气资源开采情况发布了一份报告，据报告中统计的数据显示，2017年全球新探明的石油储量创自20世纪40年代以来最低数据，探明总量仅达到了9.5亿吨，约等同于70亿桶油量，此外，2017年的全球传统油气储量替代率仅为11%，较之2012年的50%和2006年的100%无疑也是创下了新低。[①] 将上述数据进行简要比较，不难发现当前全球传统油气储量替代率在飞速地下降，石油天然气等传统资源愈发枯竭以及储存量愈发稀少。倘若我国目前在没有法律规制的情形下仍不加节制地进行开采，则结局一定会是油气资源将被开采殆尽。[②] 既然如此，在当前世界传统油气储量持续低迷的背景下，发展新能源替代不可再生能源是一种可行的选择，不仅可以减少对传统不可再生能源的依赖程度还能为全球油气资源枯竭时代的到来做好防范，使得国内经济不受重创。而对新能源发展进行补贴，一方面可以减轻对不可再生能源的利用和依赖，另一方面也可以缓解能源危机，从而使得我国的能源利用率大大提高同时也为新能源的发展提供支持和注入活力。简而言之，对于新能源的法律规范越强就越能防范金融危机的冲击，越能为能源危机背景下新能源的发展提供安全保障。

（二）缓解地域经济发展的不平衡性和地区贫困差异

补贴本身具有帮扶性、公共目的性，因其实质在于公共利益的维护或者增强。[③] 中华人民共和国的国土面积达960万平方公里，由于东西部地区之间地理位置的差异，一些能源资源在中国地域的分布上都带有不同程度的不均衡性。作为一个新生产业，新能源不可能遍布我国的每一个地区。由于我国某些偏远地区和贫困地区新能源资源匮乏，尤其是同经济发展快速和人口密度高的地区进行比较，更是相形见绌。根据中国地图发布的《中国新能源分布地图》[④] 可知，当前我国新能源的实地分布极为不均衡，太阳能、潮汐能、地热能等新能源电站的分布呈现出东多西少、南多北少的特点。主要是沿海一带经济发达地区新能源分布较为集中，西北内陆一带分布较少。基于此，为了实现地区能源发展匹配全国能

① 石油国输出组织（OPEC）：2017年世界石油展望。

② 石如玉：《WTO框架下新能源补贴法律问题研究》，西北大学硕士学位论文，2018年。

③ 乔宁宁：《我国政府补贴若干问题研究》，苏州大学硕士学位论文，2007年。

④ 中国地图——中国新能源分布图，http://ditu.ps123.net/china/11429.html。

源发展的速度，通过建立新能源补贴的相关试点为缓解贫富差异和经济发展不均衡提供可行性和实现性。此外，还可以在农村地区实行沼气发电等利用生物质能的方式实现新能源的可利用，为切实缓解资源差异和经济发展不平衡提供物质保障。

（三）增强抵抗外来风险的能力，尤其是抵抗全球变暖所带来的消极影响

我国之所以大力发展新能源，还为新能源的落地实施制定了一系列的补贴制度，目的在于用开发出来的新能源去替代传统的能源，尤其是一些高污染、高能耗的不可再生的能源。如果不实现这种能源的转变，不仅不利于我国的经济从粗放型向集约型的经济的发展，而且还会不利于我国在对外贸易中占据有利地位。根据世界卫生组织的统计报告，全球每年约有 5 万人死于气候变暖，而全球气候变暖主要是因为人们使用传统能源过多排放温室气体。同时，在日本京都召开的《联合国气候变化框架公约》也着重强调，全球气候变化归根结底就是对传统常规能源的过度使用所致。传统的常规能源有石油、天然气和煤，这些常规能源使用后会导致大量的二氧化碳产生，急剧加速温室效应进而导致全球变暖。在温室气体中，最主要的组成就是二氧化碳，而二氧化碳既是传统常规能源中的石油、天然气以及煤燃烧的产物，也是世界能源工业的第一来源，综上，能源问题与环境问题息息相关，面对新能源的可循环利用以及低碳清洁的优势，以及日渐严重的环境能源危机，发展新能源成为了世界各国的共识与出路。发展新能源既能解决全球能源枯竭问题也能减少温室气体的排放，从而更好地应对全球变暖。[①] 总而言之，实行新能源补贴制，可以有效地缓解环境负荷度，开发研究新能源，从而缓解全球变暖所带来的消极影响。[②]

二、我国新能源补贴法律制度中存在的问题

我国当前新能源补贴法律制度已经发展到了瓶颈阶段，由于并没有明确的法律法规来进行保障，所以始终处于一种法律规范缺乏的局面，使得需要通过法律规范的介入来调整。

（一）新能源补贴法律制度的依据不足

新能源补贴对于我国的经济发展具有重要的战略地位，是国家长久屹立于世界高峰的物质支柱，新能源所要实现的目的就是维护国家能源安全，推动经济的可持续发展。基于此，如此重要的一个制度急需法律层面的保障，需要提高法律位阶去保障它的实现，并且还要由综合性的能源法对能源进行统一规制。但目前

① 石如玉：《WTO 框架下新能源补贴法律问题研究》，西北大学硕士学位论文，2018 年。
② 鲁润芫、孙增芹：《我国新能源补贴法律制度研究》，中国石油大学硕士学位论文。

我国在此方面并没有做到。由全国人大或者全国人大常委会进行制定的能源综合补贴法律制度只有不到六部，其余以行政规范居多，这几部法律在补贴的内容上面规定得不甚具体，余下的部门规章均为实施细则。此外，我国对于新能源补贴法律制度的规定缺乏专门性和系统性。新能源补贴制度多散见于相关的法律法规之中，如对于风能和太阳能的规定尤以规章以及在政策性文件居多，可见法律效力较低。该种情形十分不利于我国的新能源在遭受国外的反补贴时及时提供法律依据，容易出现手忙脚乱没有说服力的现象。[①]

（二）新能源补贴法律制度中对于补贴当事人相关规定不完备

一方面，在我国的新能源补贴法律之中，补贴的主体仅限于政府和公共机构。这一定并没有做到随着新能源的多样化发展而改变补贴方式，依然是固守僵局，在全球贸易化的今天，各国之间的经济联系越发紧密，仅仅依靠前述两个主体进行新能源补贴远远不能让中国的新能源走得更高、走得更远。在《补贴与反补贴》这部法律之中，将受到政府的委托或者合法指示的私人机构也纳入了补贴的主体范围中，基于此，这一点补贴的主体范围应当扩大。另一方面，不合理的确定补贴接受者的方式存在弊端。补贴一旦带有专向性，则会违反 WTO 贸易公平的规则，导致竞争的不公平。基于此，新能源补贴同样面临这个问题。我国实行社会主义市场经济制度，有大量的外资企业存在，如果仅仅将新能源的主体限定为中方企业或者中方控股企业，那么广大的外资企业将会在竞争的过程之中处于一种劣势地位，不利于中国吸引外资，开拓中国市场。更加值得注意的是，新能源补贴制度中对于补贴当事人的权利与义务规定不够明确。补贴是一种行政行为，而行政行为就应当通过明确的立法来规定当事人的权利与义务，以体现政府对行政相对人的管理，而不是笼统地规定可以领取补贴的条件。作为社会主义法治国家，最鲜明的特征就是公民的权利与义务具有一致性，公民应当树立履行义务就是为了更好地享受权利的观念，同样的，在新能源补贴里面，政府对于符合新能源补贴条件的相对人发放补贴，是为了更好地统筹管理以及促进民间新能源行业的蓬勃发展，加快实现我国成为能源强国的战略部署。基于此，如果不对补贴当事人进行权利与义务的规定，则不能便于国家对新能源的开发利用与管理。

（三）新能源补贴法律制度缺乏完整的程序性规划

新能源补贴政策作为一项重要的能源强国政策，很难想象如果缺乏一个完整的对补贴的补给程序、评估程序、监督救济程序会对当事人以及该政策带来多么大的影响。现代国家，多倡导的是政府及其工作机构公开透明行使管理职能，主动自愿将事务置于公众的目光之下，新能源补贴支出的施行以及成效的产生同样

---

① 孙志芳、孙增芹：《完善我国能源补贴法律制度的几点建议》，《山东财经大学学报》2015 年第 6 期。

不能避免这个问题。当前我国的新能源补贴政策由于缺乏一个完整的程序性规划，使得该政策的施行达不到公开透明的要求，达不到预期的施行效果。究其根源在于以下方面。首先，新能源补贴没有完整的统一的程序，前述已经讲到了我国新能源的立法并不完善，散见于各个规章和地方性法规的新能源补贴规定不甚完美，没有统一的程序补贴规定，衔接性不强，从而导致对于新能源在准备阶段、决定阶段、实施阶段以及监管阶段都无法进行有效的衔接和管理。其次，新能源补贴的评估机制落实不到位。为了最大限度地避免补贴的专向性，新能源补贴制度应当随着我国客观情况的变化而变化，适时地做出调整。我国目前对于新能源补贴实施前有评估，缺乏实施中以及实施后的评估机制，对此，应当加强后两条评估链条的建立。再者，新能源补贴的时候救济程序不完善。当前我国有关补贴当事人的权益受到侵害后应该如何去救济的法律规定是不完整的，因为补贴要行之有效的一个前提应当是确定对补贴当事人的监督救济。基于现状，我国对于这一块是非常缺乏的。

三、构建我国新能源补贴法律制度的路径选择

为了解决新能能源补贴法律制度所存在的缺陷，笔者认为应当先制定完善的《能源法》来规范一系列出现在法律层面的问题并且通过其他的路径来达到完善法律制定的目的。

（一）制定《能源法》为新能源补贴作出原则性的规定

法律作为一种规范人们行为以及管理社会的社会规范，作为社会的产物，虽然会受到社会物质生活的影响，但是它同样具有强大的反作用，良法制定是和谐社会的开端，基于此，如果更好地发挥管理社会的责任，则法律应当做到与时俱进。纵观世界各国，新能源发展较为快速的国家，都是具备了完善的能源方面的立法作为后盾和行使依据的。以美国为例，美国的能源立法注重协调国家能源安全、解决资源消耗以及环境承受能力三者之间的关系，因此在1978年和2005年分别设立的国家能源政策法案之中就既有综合性的法案又有单一的法案。我国在进行能源立法的时候，也可以借鉴该经验来修正我国能源立法之中的问题。

我国目前没有做到在一部综合性的法律文件中对所有的新能源补贴作出全面、细致、具体的规定，原因在于我国目前新能源的行业之间的技术差异较大，不同地区的新能源资源开发的程度不同以及发展状况不平衡，需要的补贴力度不一致。基于此，在将来制定《能源法》的时候，可就新能源的补贴作出原则性的规定，[①] 将新能源补贴的实施细则以及具体规定下放给各级地方政府因地制宜，

① 韩薇：《我国新能源产业补贴法律制度研究》，安徽大学硕士学位论文。

因时制宜地细化本地区的新能源补贴。将来的《能源法》为地方立法和分类立法的制定提供法律依据和制定依据，这样做的目的在于更好地发展某一个地区的新能源产业，不拘泥于中央文件，从而更大限度地发展本地区的新能源产业，为本地区的新能源产业发展提供及时有效的补贴。但是同时应当注意到，该原则性规定的制定，应当具有稳定性，不能上下波动，起伏不定，该原则性的规定可以包括新能源补贴的立法目的、受领程序、监督和救济手段等方面做出规定，在内容上，应当将实体法和程序法的双重内容包含进去，亦即除了最基本的对新能源补贴的立法目的、补贴范围等实体内容方面的规定，还应当将补贴的法定阶段、补贴中当事人在各个阶段应当遵守的程序和提交的材料还有救济程序等进行明确细致的规定。

（二）在实体性上对补贴当事人的规定和标准分别进行完善和合理化

要在实体上完善补贴当事人的规定，首先应当做到扩大新能源补贴的主体范围。说到这里，应当借鉴世界贸易组织的补贴主体，它是将补贴的主体囊括到了政府授权的私营机构，而较之我国仅将政府和一定范围的公共机构作为新能源补贴主体来看，明显在主体范围上视界就要小很多，补贴主体范围狭窄带来的问题是使得我国的国有银行的改制中的努力白费，因为我国国有银行正在向商业化企业改革，以规避 WTO 对我国国有企业的专项性规定。倘若受政府委托的或者指示的私营机构缺位，则显而易见，我国的商业化改革的目的就落空了，如此一来，我国的补贴资金筹集渠道就会受阻，基于此，我国应当加快完善对于补贴当事人主体范围扩大的法律规定。

谈及补贴接受者的标准合理化，摆在首位的应当是中小企业的利益不能忽视，从机会平等和公平原则的角度出发，目前我国的补贴接受者主要是我国领域内的具有一定规模的企业或者个人，并且对于内资企业和外资企业的标准是不同的，这样的做法是违反了公平原则的，忽视尤其是刚刚起步的中小企业的利益。同时，由于对于外资企业和内资企业的补贴具有不同的标准，容易导致补贴具有专向性。基于此我们应当出于公平原则从机会平等原则的角度出发，按照国际上通行的准则和市场准入加上我国的实际情况来合理化地接受补贴接受者的标准：①将内资企业和外资企业的新能源补贴标准调至合理的同一水平，不带有明显的倾向性色彩；②避开政府的补贴专向性和特定性的问题。

与此同时，应当对当事人的权利和义务进行增补，完善责任制度。新能源补贴的当事人的权利和义务应当在原有的基础上与时俱进出于增加一些规定，对于提供补贴的主体的义务进行规定，对补贴的接受者的义务也进行规定，实现权利与义务的统一，完善新能源补贴法律制度的不足之处。

（三）建立新能源补贴制度事后的监督制度和救济制度

财政补贴是政府重要的财政活动之一，[①] 政府有权利和义务去知晓已经拨付的补贴款项去向是否符合预期的规划，一来是对财政拨款的用途进行监管，二是加强政府的管控能力。基于此，对新能源补贴制度进行事后监督是应有之义。对于新能源补贴制度的监督应当是加大监督力度、创新监督方式、丰富监督的手段。[②] 笔者认为可以通过行政监督、舆论监督等多种方式对新能源补贴进行事后的监督。

通过行政机关监督是对新能源补贴进行事后监督的重要手段，运用行政机关的力量规范补贴接受者使用补贴的行为，让国家财政的拨款用到实处上。此外，要完善新能源补贴的事后监督要做到在立法的时候就应当做到积极调动各方主体积极参与到立法监督之中来，[③] 发现新能源补贴制度中存在不合理的地方的时候应当制定一项完善的事后法律监督机制的程序，尽快调整不合适的地方，提高新能源补贴的效用和实用性。

舆论监督的目的在于通过新闻媒体的力量完善对新能源补贴制度的程序和诸多关节上的不透明和不完善之处，扩大民众的参与度，因为决定企业或者个人能否获得补贴，不仅关系到该企业和个人的利益，还牵扯到社会各个领域和各个阶层的利益。因此，在程序上，尤其是在决定阶段，增强补贴的透明度，通过舆论监督的手段，达到信息公开的目的，建立完善的补贴申领程序、补贴受领依据等程序，与舆论监督的实行是必不可少的。

有权利就有义务，同样的，有侵害就有救济。目前我国的新能源补贴过程之中，补贴当事人由于缺乏完善的立法规定，以至于权利遭受侵害的时候无法得到有效的救济，基于此，应当加强行政复议和行政诉讼等手段完善对于补贴当事人的权利救济。要确保补贴当事人的权利受到保护就要对补贴的发放机关进行严格责任，落实责任追究制度。即，应当加快构建新能源补贴的责任追究机制，目的在于处罚新能源补贴过程之中的违法行为，这一点同样是上述对于监督的一个重要关节点。基于现状，我国的能源法律还没有明确规定将违反新能源补贴过程之中的行为界定出来。针对这个违法行为没有惩罚的立法依据，我们应当在加快建立责任追究制度上下功夫，做到有法可依、有法必依、违法必究。[④] 为了完善新能源的补贴的法律责任设置，应当首先在将来的《能源法》中对违法行为进行一个明确的清晰的概念的界定，详细对违法行为的特征和范围进行描述，将违反了

---

① 汪莹：《我国可再生能源产业的财政补贴制度研究》，西南政法大学硕士学位论文。

② 郑新业：《全面推进能源价格市场化》，《价格理论与实践》2017年第12期。

③ 张卫高：《我国可再生能源补贴法律制度的研究》，浙江财经大学硕士学位论文。

④ 张希：《WTO框架下新能源补贴法律问题研究》，广东外语外贸大学硕士学位论文。

新能源补贴制度的行为之中具有普遍性和较大危害性的行为进行总体的概括，从整体上对违法行为进行评价，进行处罚的确定，有效地从法律层面建立起双罚制的处罚机制。

（四）在WTO框架下看待我国新能源补贴法律制度的构建

中国作为世界上的第二大经济体，以改革开放的姿态走出国门，迎来经济发展的高潮，也在世界舞台上发挥着越来越重要的作用，我国推行的新能源补贴政策的最终目的就是让国产的新能源企业能够走出国门，走向世界。基于此，笔者在谈论新能源补贴的法律制度的建构的时候，有意谈及我国在WTO的框架下进行新能源补贴建构的做法。主要是以下几点：

1. 加强相关的国家法律与能源法律相关的知识融合，防范因新能源补贴不均衡导致的反补贴诉讼。中国在改革开放之后，尤其在加入WTO之后，在新能源补贴方面，国际上针对中国的新能源（尤其是可再生能源）的反补贴的案件有很多。① 早年间，中国的企业家在接到与新能源有关的反补贴调查的时候，积极主动应诉的不在多数，而近几年随着中国国门的深度打开以及贸易与法律人才如雨后春笋般冒出，中国企业在应对反补贴调查中的表现同以往有较大的改善。因而，今后在进行能源立法的过程中，适宜地加入一些与国际能源贸易地有关的法律知识，让面临反补贴调查的企业或者个人能够有足够的法律依据和法律知识去应对反补贴调查，不再惧怕以及消极应对反补贴调查，从而保障中国企业或者个人的利益。法律是保障人民利益不受侵犯的坚强壁垒，将一些贸易法律知识融合在能源立法之中，既能保障新能源补贴接受者的合法利益在对外贸易过程之中少受外来的非法侵害，又能极大促进新能源的国家贸易发展，促进我国的经济发展，实现我国能源强国的国家战略。

2. 通过政府采购来达到调控的目的与扩大政府对新能源的投资补贴。政府采购也是对新能源进行调控的手段之一。我国《政府采购法》第9条明确规定，政府采购应当有助于社会经济的发展目标的实现，有助于促进中小企业的经济发展。② 基于此，我国新能源补贴政策在实行过程之中，也可遵循政府绿色采购的方式，一方面这一方式有助于新能源企业在发展过程中充分把握大方向，获得来自政府的帮助，另一方面新能源作为一项新的能源利用和开发技术，在实行之初应当由政府的宏观手段的进行调控，来保障该新能源的合理健康发展。此外，我国目前是仅针对单一的对于消费者的补贴，这样肯定是无法满足新能源产业的发展要求的，还容易导致补贴的不均衡。据此，笔者认为，政府应当致力于制定有

① 付秋霞：《WTO框架下可再生能源补贴措施的理论与实证研究——兼对我国应对可再生能源补贴争端的启示》，郑州大学硕士学位论文。

② 刘朋：《我国新能源补贴法律问题研究》，对外经济贸易大学博士学位论文。

利于新能源发展的补贴，构建多样式的能源补贴，完善新能源的投资补贴。这样来，可以从根本上形成新能源的发展的良好环境，避免新能源行业的亏损和衰落。

3. 加强与WTO补贴规则的接轨，尽量注意新能源补贴的普遍性的适用，减少使用专向性和禁止性补贴。针对我国在国际上受到了越来越多的反补贴调查，我们应当在进行《能源法》立法的时候，减少具有能源专向性补贴的大量使用以及不使用禁止性的补贴，从而避免出现反补贴的诉讼出现。要知道一项来自政府的资助，必须具有专向性才能认定为一种补贴，因此政府在对企业或者行业进行能源补贴的时候应当避免补贴的“特定性”或者是“特定化”。[①] 尤其是在给予企业或者行业的补贴条件上面，少出现一些明确的条文。此外，对于补贴的对象应当泛化和普适性，不能仅仅将补贴的对象拘束在一个狭小的范围内。在WTO之中，已经将补贴的对象扩大到了政府授权或者指示的私营机构，基于此，我国在将来的《能源法》的立法过程之中，应当在新能源补贴的对象里面适当扩大适用对象。

总体而言，我国的新能源补贴法律制度终归不是长期的策略，因为补贴是暂时的，最终还得要依靠立法来彻底为新能源补贴进行保驾护航，政府以及立法为企业或者个人的新能源发展提供的是法律层面的保护，该法律制度给补贴当事人带来的保护应当是体系化、标准化的，针对我国目前对于新能源补贴政策文件散乱、层级不高、体系不清的情况，除了制定《能源法》以外，还可以再专门制定《新能源补贴管理办法》，通过管理办法来对新能源补贴的目的、新能源补贴的范围、适用条件、新能源补贴的类型、新能源补贴资金的来源等进行细化。[②] 能源发展是事关一国人民和经济健康长期以及良好发展的重中之重的关键。

---

① 韦力铭：《WTO框架下可再生能源补贴的研究》，西南政法大学硕士学位论文。

② 杜玉琼：《“一带一路”背景下我国发展可再生能源补贴的合规性解析》，《四川师范大学学报》2017年第6期。

可燃冰开发风险合作监管法律问题研究

王梦丹[①]

摘　要：对可燃冰等优质高效新型能源进行开发，能极大纾解我国能源危机。但由于作为新矿种的可燃冰的开发具有独特的安全、技术、环境风险，传统的监管体制难以承受可燃冰监管之重，可燃冰监管面临法律挑战。我国应当在法治框架下切实担负起政府监管责任保障公共安全的责任。尽快实现由单一主体的"命令一控制型监管"向"合作监管"转向。因此，具体制度构造上，面临风险的可燃冰监管应当健全回应性规范依据体系；充分发挥企业、协会专业优势，建立监管机构、企业、行业协会合作的体制；将合作监管限定在专业性强、合意性范围中；通过选用激励型监管方式，鼓励其他监管主体积极参与监管；健全协商监管程序机制，最终实现可燃冰有效监管。

关键词：可燃冰开发；合作监管；多元主体

可燃冰，又称天然气水合物，是一种成藏于高压低温状态下的液态天然气，其储量极为丰富，目前已探测到的可燃冰储量规模超出地球上已知其他化石燃料总量的2倍，可以满足人类未来近千年为求生存发展而对能源的需求量[②]。推进可燃冰（天然气水合物）等新型清洁能源开发是缓解我国当前能源危机的突破口。2017年，可燃冰产业迎来重大发展，5月，我国可燃冰首次成功进行试采，11月，可燃冰被正式批准成为新矿种。能源开发的战略部署为可燃冰的开发提供了政策支撑。然而，可燃冰开发却带来远比传统能源资源开发更为严峻的安全、环境、技术风险。传统的"命令一控制型"监管模式难以发挥监管实效。

本文即是在可燃冰开发可能面临风险的背景下，以合作监管为理论展开研究，为可燃冰开采风险构建监管法律制度框架。

---

① 王梦丹：西南石油大学法学院，2019级法律硕士研究生。

② 付玉辉、洪源：《我国可燃冰商业化开采的现状和问题研究》，《船舶标准化与质量》，2018年第4期，第52—55页。

一、可燃冰开发风险亟须政府监管

可燃冰开发所带来的丰富能源资源与各类风险相伴，为实现经济可持续发展、保障能源安全，与此同时规避、解决因开发而产生的各类风险，有必要对可燃冰开发进行有效监管。

第一，可燃冰开发面临安全风险。可燃冰储藏在高压低温的环境中能够保持稳定的状态，但是开采工程的实施会改变可燃冰储藏环境的压力和温度，可燃冰的稳定状态遭到破坏则可能造成其离解。[①] 正是由于可燃冰具有特殊的性质，如其开采不慎可能带来严重的安全风险。党的十九大报告对安全生产做出部署，《安全生产“十三五”规划》强调对深海油气资源的开采应遵循安全这一前提，可燃冰的安全开采是其行业持续健康发展的重要保障，其开发风险亟待监管。

第二，可燃冰开发面临技术风险。可燃冰开采在技术上也面临着巨大挑战。自然资源部已将可燃冰商业性开发关键技术和装备列为当前一个时期国土资源工作的重点攻关内容[②]。而可燃冰开采装备和技术正是目前可燃冰商业开采的最大阻力。一方面，基于现有开采技术，目前国外都选择在粗砂型储层对可燃冰开展试采，而开采过程中砂砾堵住生产管道导致生产无法持续进行，即成为目前可燃冰开采的一大技术问题。另一方面，从开采设备上来说，海底可燃冰大多赋存于距海面以下较深的位置，赋存环境寒冷、黑暗，且其性状与冰类似，故在勘探取样时对可燃冰的保压取芯装置的要求非常高。除此之外，深海的高压也会对可燃冰的采样、钻机等设备材料提出很高要求，设备的耐压性、密封性和精密性都缺一不可。而对可燃冰开发进行监管，能为可燃冰开发的勘探开采设备、开采方式、管道运输等领域制定完善明确的标准，以逐步提升可燃冰开发的设备性能与相关技术。

第三，可燃冰开发环境风险。可燃冰虽然具有极高的经济价值，但是不同于常规能源开发，对其进行开发要求极高的勘探开采技术，一旦开发利用不当，就有可能产生严重的生态环境风险。一方面，我国陆域可燃冰主要分布于我国青藏高原冻土区及东北冻土区，生态环境相对脆弱，大规模开采极易破坏冻土层，造成不可逆的生态破坏。另一方面，海底可燃冰的风险较之陆域风险则更大。首先，可燃冰开采会对海底地质构造产生影响，如若开采不当会破坏海底地质平衡，导致海底滑坡，并可能进一步引发海啸；其次，在开采中可燃冰所含有的甲烷可能泄露，引发海水毒化，对海洋生态造成严重破坏；最后，甲烷气体还可能

---

① 黄河：《美国可燃冰研究及开采技术发展现状》，《全球科技经济瞭望》，2017 年第 9 期，第 60—64 页。

② 《中共国土资源部党组关于认真学习宣传贯彻党的十九大精神的通知》

从海洋中逸出进入大气，加剧温室效应。因此，对可燃冰开发进行监管，能够有效应对可燃冰开发过程中可能产生的各类环境问题，避免因开发不当导致生态环境受到严重破坏，实现可燃冰产业的绿色健康发展。

可见，正是因为可燃冰开发可能引发上述安全、技术、环境风险，为了安全、高效、可持续地开采可燃冰，我国必须加强对可燃冰开发的监管，实现经济效益和环境保护的协同推进，进而保障国家能源安全。

二、可燃冰开发风险给传统监管带来的挑战

从可燃冰开发面临的安全、技术、环境风险中，可以发现，可燃冰监管存在专业性强、技术门槛高、风险表征复杂的特点，这些可燃冰监管的特性，自然给传统单一政府主体下的传统能源监管体制造成挑战。其具体如下：

第一，现行法律对可燃冰开发风险回应不足。从规范的角度而言，由于可燃冰是一种潜在的能源，关键是如何顺利地进入商业开采阶段，而对可燃冰进行商业开发是一个庞杂的系统工程，涉及资堪、评估、开采、储运等多个方面[①]，需要为其提供规范依据。目前，我国没有专门的适用可燃冰开发的法律，主要是通过油气类法律、借鉴页岩气开发的政策，同时，利用法律解释技术为可燃冰开发提供规范依据。具体而言，《矿产资源法》《石油天然气管道保护法》是油气领域主要的两部法律，其中《矿产资源法》总括性地规定了矿产资源的勘查和开采，此外出台了多部管理办法与实施细则为之配套[②]。页岩气开发与可燃冰开发具有高度相似之处。对页岩气开发的相关法律进行考察，可以发现，目前我国虽未专门针对页岩气开发立法，但同样已出台《页岩气产业政策》等多项政策性文件对其进行规范。可见，在没有相关法律基础的前提下，只能将可燃冰纳入我国矿产资源法律体系（进而包括石油天然气法律体系）以及环境保护法律体系当中予以规制，并通过法律解释等法律技术的合理运用，回应可燃冰在开发过程当中出现的权属争议、环境污染、安全风险等问题。然而，通过上述法律与政策的分析，不难发现，可燃冰开发缺乏基本法的指引。最关键的是，可燃冰监管具有复杂性。现行法律仍然沿用的是传统的规制思路，采取的是压制性模式，[③] 单一主体的难以回应监管实践，其对专业性、风险性极强的可燃冰开发风险监管回应不足。

---

① 刘超：《可燃冰开发环境风险法律规制制度探究》，《中国地质大学学报（社会科学版）》，2017 年第 2 期，第 39—48 页。

② 如《矿产资源勘查区块登记管理办法》《矿产资源开采登记管理办法》《矿产资源法实施细则》《矿产资源补偿费征收管理规定》。

③ 刘超：《海底可燃冰开发环境风险多元共治之论证与路径展开》，《中国人口·资源与环境》，2017 年第 8 期，第 44—53 页。

第二，传统单一主体对可燃冰监管能力不足。从体制上而言，我国能源监管形成了“国务院统一领导、能源机关统一管理、各部门分工负责”的能源管理体制。该监管模式由单一主体实施监管。由于可燃冰风险的监管具有极强的专业性，需要企业、协会利用专业优势参与标准的制定，其中可燃冰企业为实现其经济利益在遵循能源监管法律、政策、标准的背景下从事生产；具有专业性的可燃冰行业协会参与到可燃冰法律规范、可燃冰产业相关政策以及技术标准和环境标准等内容的制定当中，并提出建设性意见。然而，实践中，一方面，能源企业凭借其经济实力，出现垄断现象，企业有追逐利益的取向，参与监管的动力不足；另一方面，能源行业协会虽具有专业优势，但因其独立性不够，未能参与监管，解决专业性问题。因此，在传统单一主体的能源监管体制下，能源企业、行业协会尚未发挥作用，导致监管体制难以回应可燃冰开发风险监管，监管能力不足。

第三，传统监管运行机制不利于监管目标实现。一般而言，运行机制包括监管方式的选择、监管程序的设置以及监管责任的配置。然而，传统的能源监管运行机制不能回应可燃冰监管。

其一，监管方式缺乏激励性，监管机制难以发挥实效。由于可燃冰开发所需的经济成本以及可能面临的环境和安全风险都极高，以至于能够进入可燃冰产业的能源企业只有资金雄厚、技术先进的大型国有企业[①]，如果有激励型的监管方式给予能源企业扶持，则中小企业无法跨过可燃冰开发的门槛，不利于可燃冰市场的竞争以及可燃冰开发监管主体的多元化。然则实践中，我国对于能源开发一般采取事前许可、标准规制等命令控制性方式。与此同时，对于新能源开发采取行政补贴等激励方式，但是当下的监管方式却规范依据不足，降低了新型监管方式的实效。其二，监管程序单一，市场主体与社会力量缺乏畅通参与渠道。我国目前尚无可燃冰产业相关项目分析、标准制定的专家咨询论证程序。专家论证咨询是在重大行政决策中搭建平台，让专家专业且中立地参与到决策形成中，并为其提供专业、科学的意见，确保决策的科学、合理[②]。与可燃冰具有一定相似性的页岩气相关决策目前在我国已经通过大量的专家论证而实施[③]。但是我国现有的专家论证咨询程序却存在很多问题，使得各类决策（尤其是能源领域项目分析、标准制定等）的科学性备受质疑。其三，传统能源监管责任分担机制不完善。由于我国石油天然气行业的政府监管采取的是“政监合一”的模式，即油气

---

① 黄德林：《完善财税激励制度对可燃冰发展的研究》，中国环境资源法学研究会、中山大学《生态文明法制建设——2014年全国环境资源法学研讨会（年会）论文集（第一册）》，中国环境资源法学研究会、中山大学：中国法学会环境资源法学研究会。

② 江国华、梅扬：《论重大行政决策专家论证制度》，《当代法学》，2017年第5期，第50－59页。

③ 《江西省页岩气勘查、开发、利用规划（2011－2020年）》《全国页岩气资源调查评价与勘查示范总体方案》等的通过均进行了专家论证。

部门同时具有管理和监管的职能，加之监管职能分散于能源局、发改委、自然资源部等多个部门当中，我国的能源监管实际上为“政监合一”模式，导致我国能源行业监管机构与管理部门的责任划分不清，出现推诿监管责任的问题。

综上所述，由于传统的能源监管依据对风险的回应性不足、单一主体监管能力不足、监管的运行机制对合作因素考虑不足等问题，在面临可燃冰的专业性强、风险性大、复杂性突出等监管难题，自然导致传统监管模式难以回应监管实践。

三、可燃冰开发风险合作监管的理论

从上述传统的能源监管面临的法律困境不难看出，传统单一的政府监管、企业自我监管都难以回应可燃冰开发风险监管实践，因而，可燃冰开发风险亟须引入多主体实现合作监管，与此同时，更需要满足可燃冰合作监管的前提条件。

（一）可燃冰开发风险合作监管的理论

1. 可燃冰开发风险监管的模式考量

传统的政府监管模式下，国家机关具有全方位的监管权力，包括制定、执行监管规则以及对违规行为的惩戒，这种监管方式后也被称之为“命令—控制型”监管，也是我国采用最多的监管模式。传统国家监管中由立法机关制定公共政策及实施手段，由行政机关予以执行，是为了公共目的，而非私利。这种监管模式主要利用强制性的法令，依靠监督和监察来保证法令的执行，具有强制性和不易改变的特征。传统的政府监管集所有权力于一身，其在设置监管机构、制定相应规则时需要经过冗长的程序，耗费很长的时间，因此这种监管模式因其低效率从而可能影响监管的实际效果，在面临社会变革、技术革新时也很难转变其政策和实施方式。

传统的自我监管可以将其理解为没有公权力参与的私人自我管理系统，其主要的特点就是要发挥行业自身的专业性及自律性。在这一系统中，该行业的规则与目标的制定、监督管理、规则实施以及相应责任都是由行业层面的组织或社会团体（相对于政府，也与企业存在一定差别，主要是指由大多数的企业构成的群体或贸易协会）承担，负责对行业内的成员对其规则实施的状况进行监督管理，并对违反规则者处之以相应的惩罚①。这种监管模式设立的原理在于市场内的个人和团体为了实现自身的利益，与其他主体合作创设多方均能接受的行为规则，或是允许这类规则在市场中应用，从而达到自主治理好社会公共事务并且实现公共利益的结果。

从上述的两种主要的监管模式来看，自我监管为政府监管提供了更为高效且

① 檀秀侠：《西方国家行业自我监管的制度设计及其启示》，《新视野》，2014 年第 6 期，第 102—105 页。

专业的监管理念，政府监管也为自我监管提供了国家强制力的有力保障，两者均具有对方所没有的优势，故而将传统的政府监管与自我监管的优势相结合，摒除其缺陷，让国家公权力与私人主体在监管过程中进行合作，形成了本文所讨论的合作监管模式。更深层次来讲，国家与私人的合作并非只是为了摒弃两者所固有的缺陷，也是在经济不断发展、科学技术不断进步、社会风险逐渐增多的社会背景下的必然选择，这促使监管机构强化自身专业监管能力，并从成本—收益的角度优化监管运行，提高监管效率，同时还要求市场内部在遵守国家法律、公共利益的前提下遵守行业内部规则，而非任其自由发展。

合作监管并非严格意义上的法律术语，目前国内外学者没有就合作监管的定义达成一致。如欧盟定义的“使立法者、监管者的活动和利益相关方参与结合”，Heather Jarvis 则从政府和私人各自职能角度定义了合作监管，合作监管是由政府来制定宏观的目标，私人具体实施，但用监管主体和监管对象共同决定目标计划①。Chris Ansell、Alison Gash 强调政府与利益相关者达成共识，通过协商来制定公共政策。国内也有学者定义合作监管是政府、市场、社会等主体协作，共享权力、共担责任的活动。②

基于合作监管的内涵，可以将可燃冰开发风险合作监管定义为，为了实现可燃冰产业管理的目标，由可燃冰多元开发风险监管主体在合作的基础之上依法履行其角色所赋予的监管职能以完成可燃冰开发监管任务的活动，构建可燃冰开发监管的有机体系。具体而言，内涵包含可燃冰开发监管机构、市场主体（可燃冰企业）、社会力量（社会组织和公众）等多方主体通过协商等方式，囊括规范多元主体组成的系列制度程序，综合选用控制型监管手段和激励型监管措施，互相作用，进而实现对可燃冰开发风险的监管③。而合作监管的外延主要是指，可燃冰监管机构、可燃冰企业以及可燃冰行业协会相互协作、共同行使监管权力、担负监管责任，对可燃冰的勘探、开采、运输、储存、销售等全过程面临的安全、技术、环境风险进行监管。

2. 可燃冰开发风险合作监管的制度优势

第一，以多主体参与可燃冰监管弥补政府监管能力不匹配的问题。传统的监

---

① Jarvis H，Xu W. Comparative analysis of air pollution trading in the United States and China. ENVIRONMENTAL LAW REPORTER NEWS AND ANALYSIS，2006，36（3）：10234.

② 朱宝丽：《合作监管的兴起与法律挑战》，《政法论丛》，2015 年第 4 期，第 137－144 页。李洪雷：《论互联网的规制体制——在政府规制与自我规制之间》，《环球法律评论》，2014 年第 1 期，第 118－133 页。

③ 王浩：《论合作监管体系之构建——以石油天然气行业政府监管为例》，《中国行政管理》，2018 年第 3 期，第 43－48 页。

管理论将国家及其职能部门认定为公共事务仅有且唯一的管理主体。[①] 可燃冰开发风险需要多主体协作完成风险监管任务。合作监管则由可燃冰机构、企业、行业协会共同承担监管任务，能够化解监管主体监管能力不足的问题。

第二，以可燃冰激励性手段弥补命令控制性监管方式的缺陷。对于可燃冰开发风险合作监管方式的选择而言，行政奖励、信用监管等激励手段的运用，可以最大限度地激发市场主体及社会主体的监管热情。

第三，以协商程序机制增强传统监管封闭性的不足。在可燃冰开发风险合作监管框架内，所有受到影响的利益相关者都参与可燃冰政策及监管标准的制定，并且建立表达自己意见的协商程序机制。较之于行政机关单一主体制定的政策，这种鼓励合作的可燃冰监管程序，使程序的参加人对结果有了更高的认同。[②]

第四，以各监管主体共担责任增强传统监管主体责任。可燃冰开发风险合作监管制度以解决特定的监管问题为目标，从责任承担的角度而言，可燃冰机构之间与能源企业、行业协会之间彼此合作，不严格区别各个机构之间的职责权限及权力边界，也不需要刻意划分公主体和私主体间的界限，只要能够完成合作监管的任务，即可以动用所有的资源。

四、可燃冰开发风险合作监管的制度构造

（一）建立能回应风险的可燃冰开发风险规范依据体系

有效的法律保障是实现可燃冰开发合作监管的基础，应当通过完善我国相关法律制度将可燃冰开发合作监管模式固定下来，在立法层面为可燃冰合作监管提供法律依据。一方面，健全可燃冰开发风险监管法律体系。第一，将可燃冰监管纳入我国已有法律规范之中。目前我国可燃冰开发尚不成熟，距离规模化商业开采还有许多技术问题需要解决，故而可以先将可燃冰这一新矿种纳入我国现有的矿产资源法律制度规范、石油天然气法律规范当中，具体而言，通过由《矿产资源法》等法形成的矿产资源规范体系[③]，对可燃冰的勘察登记和开采审批、开采企业及个人相应的法律责任进行规范，通过《石油天然气管道保护法》形成的石油天然气规范体系[④]，对可燃冰的管道规划建设、管道运行保护以及相应的法律责任进行调整。另一方面，在可燃冰法律中明确合作监管的依据。在《安全生产法》《矿山安全法》等法律规范中完善可燃冰安全生产的相应内容，而针对可燃

---

① O. LOBEL. “The renew deal: the fall of regulation and the rise of governance in contemporary legal thought” [J]. Minnesota Law Review, vol. 89, n2.

② 喻少如：《合作行政背景下行政程序的变革与走向》，《武汉大学学报（哲学社会科学版）》2017 年第 2 期。

③ 具体包括《矿产资源勘查区块登记管理办法》《矿产资源开采登记管理办法》《矿产资源法实施细则》等。

④ 《对外合作开采海洋石油资源条例》《对外合作开采陆上石油资源条例》。

冰几种目前主要的开采方式，应在可燃冰安全风险监管依据中引入合作监管。

（二）构建由监管机构、企业、行业协会组成的主体制度

为了完善可燃冰开发风险合作监管体制，既需要加强合作制度构建，明确政府、市场、社会的监管主体地位及其职责范围，还要加强监管组织的建设，需要从监管机构出发，明晰我国可燃冰开发监管的机构、权力及其职能。①

具体而言，一方面，要建立统一独立的监管机构作为可燃冰产业的政府监管主体。首先，应当在现有管理体制下，最大程度发挥国家能源委员会作为宏观协调议事机构平台的职能，统一协调油气行业的管理、监管工作；其次，差异化配置监管机构权力。梳理可燃冰纵向的事权，通过行政组织法、授权法、管理法为可燃冰监管机构配置不同的权力。最后，在“政监分离”的前提下，设立独立的油气行业监管机构。应当做能源职能整合的工作，着重调整油气行业的监管职能，基于国家发改委、自然资源部、生态环境部等部门社会性监管职能的现状，将油气产业中上游环节的监督、管理双重职能进行整合，并交由国家能源局和发改委承担②。

另一方面，要明确界定可燃冰开发监管机构与市场（可燃冰企业）以及社会（可燃冰行业协会以及公众）之间的职能范围。可燃冰企业以及行业协会作为可燃冰开发合作监管的主体，应当保障其主体地位以及参与监管的权利。其一，要把握好监管机构与可燃冰企业之间的距离，避免干预可燃冰市场具体运作产生，尊重市场在资源配置中的决定作用，从而提升可燃冰企业尤其是民营中小企业的市场竞争力；其二，要确保可燃冰行业协会的独立性，避免因其受到行政机关的影响而无法发挥行业协会应有的专业性、科学性的作用。

（三）采用激励型的可燃冰开发风险监管方式

为了实现监管的高效，在合作监管中应当针对不同的监管主体而采取不同的监管措施。③ 第一，行政奖励监管。应当给予实现可燃冰开采技术创新的企业、研究机构、高校等以一定奖励，如荣誉称号是对实现可燃冰开采技术突破的人以精神上的肯定；第二，税收优惠监管，例如对引进可燃冰勘探开发技术与专业设备的企业予以优惠，从而提高其研究、投资的积极性；第三，采取信息规制的方式。在可燃冰普遍服务监管中，如果没有充分的可燃冰企业经营信息，就难以制定适当的价格，对可燃冰企业补贴的标准也无法确定，因此应当畅通信息渠道，使监管机构能充分掌握可燃冰行业的现状从而调整相应政策。

---

① 王浩：《我国油气行业政府监管体制改革的路径选择》，《国土资源情报》，2017 年第 5 期，第 14—23 页。

② 武旭：《我国油气行业监管体系目标设计思考》，《西南石油大学学报（社会科学版）》，2015 年第 3 期，第 1—11 页。

③ 李沫：《激励型监管的行政法思考》，《政治与法律》，2009 年第 10 期。

（四）健全促进信任的可燃冰监管协商程序机制

在可燃冰开发合作监管上，需要建立符合监管规律的程序，规范监管权的行使，以程序加强对监管者的监督，从而避免监管失灵的发生。

首先，建议在构造可燃冰开发风险监管程序时，授予监管主体建议权与动议权，并且为保障监管主体提出的建议被认真考虑过，还应规定在不予采纳建议时说明理由。其次要建立专门促进合作的协商程序机制。主要是在可燃冰行业合作监管中，通过对话、磋商、谈判等方式，收集各环节信息，以便形成监管合意。最后，建立规则化的辩论程序机制。在可燃冰行业合作监管中，充分掌握可燃冰监管的信息、数据等资料，以充分讨论、论辩形成的规则为可燃冰合作监管主体提供行为依据①。

（五）在明确各监管主体责任的基础上严格追责

在可燃冰开发监管法律制度构建中，法律责任显得尤为重要。可燃冰开发风险监管机构、企业、协会等各类主体在整个过程中都应当承担相应的责任。一方面，明确各级可燃冰监管部门的监管责任。其一，对于政府未严格按照程序要求对可燃冰开发项目进行审查、监督的情形，责任人员与监管部门因当对此负责，承担相应的行政责任。其二，对于可燃冰监管部门未严格按照要求对可燃冰的勘探、开采进行监管，造成大量负面后果，可燃冰监管部门应当承担责任，相关人员应当追责。其三，对于可燃冰监管部门及其工作人员在制定具体监管决策时滥用监管权力等情形，上级监管机关和人民法院可以依法对监管机构及其工作人员在其应当承担责任的范围内追究相应的法律责任。另一方面，追究未承担责任的可燃冰企业、行业协会。如果可燃冰企业、协会等在参与可燃冰开发风险监管的过程中，存在违法违规行为（如向合作监管组织提供虚假信息等），则应当依照规定对其进行处罚。

---

① 喻少如：《合作行政背景下行政程序的变革与走向》，《武汉大学学报》，2017年第2期。

论污染环境罪的罪过形式

臧桂红[①]

摘　要：环境污染罪自问世以来就存在诸多争议，罪过形式是其中争议最大的问题之一，是关系到罪与非罪的关键问题，司法实践对环境污染罪罪过形式的适用存在不少困惑，过失说、故意说、混合罪过说、严格责任说等学说均存在各自的优劣势，不同学说对同样的污染环境行为的处理方式也存在较大差异。本文将从污染环境罪的立法现状出发，讨论污染环境罪罪过形式实践和理论之争议，并作出评析、给出赞成故意的观点及理由，以期能够对解决司法实践困惑带来一定帮助。

关键词：罪过形态　故意过失混合罪过说

2011年5月1日施行的《刑法修正案（八）》第四十六条对刑法第338条进行了修改，将原来的“重大环境污染事故罪”修改为现有的“污染环境罪”，条文内容也从原来的“违反国家规定，向土地、水体、大气排放、倾倒或者处置有放射性的物质、含传染病病原体的废物、有毒物质或者其他危险废物，造成重大环境污染事故，致使公私财产遭受重大损失或者人身伤亡的严重后果的，处……；后果特别严重的，处……”，改为现行的“违反国家规定，排放、倾倒或者处置有放射性的废物、含传染病病原体的废物、有毒物质或者其他有害物质，严重污染环境的，处……；后果特别严重的，处……”修正案（八）删除了原刑法第338条中规定的“向土地、水体、大气”的规定，对污染行为不再做具体指向方面的要求；将“其他危险废物”，改为“其他有害物质”，扩大了污染物的范围；将“造成重大环境污染事故，致使公私财产遭受重大损失或者人身伤亡的严重后果”，改为“严重污染环境”。

随后，2013年6月最高人民法院、最高人民检察院联合发布了《关于办理环境污染刑事案件适用法律若干问题的解释》，对“严重污染环境”“后果特别严重”“有毒物质”进行了界定，并规定了从宽、从重处罚情节，进一步细化和完

---

① 臧桂红：西南石油大学法学院2019级法律硕士。

善了污染环境罪。并在2017年1月对该解释进行了修改，将“严重污染环境”的具体情形从14项增加到了18项，将“后果特别严重”的具体情形从11项增加到了13项，并对部分“严重污染环境”“后果特别严重”的情形进行了修改……该司法解释的发布和修改为司法实践扫清了大部分的障碍。

即便如此，现有刑法及司法解释的规定仍未解决几个关键问题，有些问题甚至出现了完全对立的观点，比如关于污染环境罪的罪过形式之争就不曾停止……

一、实务界对污染环境罪罪过形式的认定乱象

修改后的污染环境罪刑法条文并未明确规定污染环境罪的罪过形式，通过该罪罪状的表述也难以确定，因此，学界对此仍然存在很大的争议，司法实践中也存在认定混乱的问题。笔者在中国文书裁判网上从罪过形式的角度对污染环境罪的判例进行了检索，找到了判定污染环境罪是故意犯罪、污染环境罪是过失犯罪、过失和故意均可构成污染环境罪以及对罪过形式直接回避的案例。

1. 罪过形式认定为过失的案例

宁波市江北区人民法院于2015年判决对宁波某某公司、石某某污染环境一案进行判决，该案中被告人石某的辩护人提出被告单位及被告人主观上没有污染环境的直接故意，其挖坑存放废渣的行为是一种临时行为，并非排放，且无证据证明坑内有渗透或者溢出的情况，因此被告单位及被告人也不存在间接故意的辩护意见，但是法院未采纳辩护人意见，认定污染环境罪的主观方面表现为过失。该法院认为该案被告人明知无相关批文，也未采取任何措施即行向外环境随意排出、堆放未经处理的废渣，已对环境造成污染，故被告人及其单位虽在主观上没有追求污染环境的故意，但由于疏忽大意、过于自信，实施了污染环境的行为，符合本罪的主观构成要件。①

安徽省淮北市杜集区人民法院2014年判决的王某甲污染环境一案“对辩护人关于王某甲在案发后，积极制止污染源的扩大，无前科及本案是过失犯罪的辩护意见，予以采纳……”②，但是该法院公开的判决书中未对为何采纳“本案是过失犯罪的辩护意见”的辩护意见以及为何认为污染环境罪的罪过形式是过失给出理由，笔者无法得知该案的审判法官是基于何种原因认定本案被告人是过失犯罪。笔者认为该案判决不具有参考意义，判决本身值得商榷。

2. 罪过形式认定为故意的案例

山西省太原市万柏林区人民法院于2018年对赵学义、张会刚污染环境一案

---

① （2015）甬北刑重字第1号刑事判决书。

② （2014）杜刑初字第00058号刑事判决。

作出了判决，该案判决书中明确载明“……四被告人的行为均已构成污染环境罪……关于被告人赵学义辩护人辩护认为污染环境罪是过失犯罪的意见，经查，根据《刑法》共同犯罪只能是共同故意犯罪构成的条文规定，污染环境罪是故意犯罪。辩护人对此的辩护意见不予采纳……”①。

江苏省镇江市中级人民法院 2015 年终审判决的张某甲、李某等三人污染环境一案，也认为环境污染罪是故意犯罪，并从三个方面加以阐述污染环境罪是故意犯罪的原因，第一，刑法条规定的排放、倾倒、处置均为故意行为，无任何揭示过失犯罪的表述。第二，司法解释规定了污染环境罪的共同犯罪情形，而共同犯罪只能存在于故意犯罪中。第三，该案中被告人作为长期从事废重油处置、运输的人员，对非法提炼废重油会污染环境均是明知的。②

3. 罪过形式认定为故意兼过失的案例

湖北省十堰市中级人民法院判决的十堰某某公司、古某某污染环境一案中，被告单位十堰某某公司在搬厂房的过程中，旧厂房无人能操作污水处理设备，但生产负责人古某某明知这样的情况仍安排工人进行生产，使得未经处理的电镀废水非法外排，废水中重金属浓度超过国家排放标准，法院认为该案被告人的行为已构成严重污染环境，根据解释法条原意，污染环境罪既可以是结果犯，也可以是行为犯，也就是说只要行为人排放的污水中，一些重金属浓度达到了法定的认定标准，不论是故意还是过失，都构成污染环境罪。③

4. 小结

在现有判例中还有，很多污染环境案的判决会弱化对罪过形式的谈论，而直接根据司法解释规定的严重污染环境的具体情形来进行判定，只要达到规定情形就判定构成污染环境罪，特别是被告人或者辩护人未以罪过形式作为抗辩理由时，模糊罪过形式的情形更是普遍。

污染环境罪认定为故意犯罪的法院的依据之一是环境污染刑事案件司法解释中规定了污染环境罪的共同犯罪情形，而只有故意犯罪才有共同犯罪这一点是不容置疑的，依据之二是行为人明知可能使得环境受到严重污染的情况下，仍放任危害后果的产生，对危害结果的发生具有概括的故意。而认定为故意和过失均可的法院的依据主要是司法解释规定的情形即可理解为故意也可理解为过失。而认定为过失的法院的依据在笔者查到的案例中无法分析得出。

① （2018）晋 0109 刑初 480 号刑事附带民事判决书。
② （2015）镇环刑终字第 00002 号刑事判决书。
③ （2016）鄂 03 刑终 58 号刑事判决书。

二、污染环境罪罪过形式之理论争议

罪过形态是区分罪与非罪、此罪与彼罪的关键要件之一。污染环境罪究竟是故意犯罪还是过失犯罪，不止实务界存在乱象，理论界同样没有达成一致意见，目前形成了的学说主要有过失说、故意说、混合罪过说、严格责任说等。

1. 过失说

以马克昌、高铭暄、冯军为代表的学者所坚持的“过失说”被认为是刑法学通说坚持的观点。马克昌、高铭暄认为“本罪的主观方面为过失。及行为人应当预见自己排放、倾倒或者处置有害物质的行为可能造成环境严重污染的后果，因为疏忽大意而没有预见，或者已经预见而轻信能够避免”[①]。冯军认为“环境污染罪的罪过形式只能是过失”[②]。坚持过失说的学者给出了自己的理由，总结下来主要有以下几点：一是污染环境罪虽然是“重大环境污染事故罪”的修改罪名，但是修正案（八）并未对行为人的主观心态进行修改，污染环境罪与“重大环境污染事故罪”一脉相承，罪过形式当然为过失；二是污染环境罪的行为人只是明知违反国家规定进行违法排放行为，但对于严重污染环境的后果并不是呈希望的态度；三是污染环境罪的罪过形式为过失更能体现罪责刑相适应的原则。现行的污染环境罪规定了两个量刑档次，第一个档次为 3 年以下有期徒刑或者拘役，并处或者单处罚金，第二个档次为 3 年以上 7 年以下有期徒刑，并处罚金。污染环境罪的法定刑设置模式符合现行刑法对过失类犯罪的法定刑设置，如果认为污染环境罪的罪过形式是故意的话，与 7 年有期徒刑的最高刑不相匹配，无法达到有效惩治故意实施此类犯罪行为的刑法目的。同时过失说还对“不利于惩治故意实施排放、倾倒和处置有毒有害物质并追求或者放任严重污染环境结果行为”的担心给出了解决办法，他们认为故意造成严重污染环境结果的行为可以其他途径来解决，可依据刑法第 114 条和第 115 条第 1 款的规定，以投放危险物质罪定罪处罚，这样的处理办法也符合罪责刑相适应的原则。

2. 故意说

张明楷、王作富、黎宏等学者则坚持认为污染环境罪的罪过形式只能是故意。如张明楷认为“污染环境罪的基本犯的责任形式只能是故意，不可能是过失，因而也不能采取混合说或者模糊罪过说”[③]。“本罪原本为过失犯罪，在《刑法修正案（八）》修改本罪后，刑法理论的通说依然认为本罪为过失犯罪，本书

---

① 高铭暄、马克昌：《刑法学（第七版）》，北京大学出版社、高等教育出版社 2016 年版。

② 冯军：《污染环境罪若干问题探讨》，《河北大学学报（哲学社会科学版）》，2011 年第 4 期，第 20 页。

③ 张明楷：《污染环境罪的争议问题》，《法学评论》，2018 年第 2 期（总第 208 期），第 19 页。

很难赞成这一观点”[①] 故意说的坚持理由主要有：从条文来看，“违反国家规定”一般都是明知，在此前提下仍然排放、处置有毒有害物质是对危害结果的放任，是典型的间接故意；同时2017年《解释》第八条规定了污染环境罪想象竞合犯的情形，投放危险物质罪属于故意犯罪，污染环境罪与投放危险物质罪成立想象竞合，就必须与其罪过形态保持一致。司法解释从侧面证明了污染环境罪的罪过形态是故意。

3. 混合罪过说

赵秉志、汪维才等学者坚持认为污染环境罪的罪过形式既包含故意、也包含过失，即坚持混合罪过说，又称为复合罪过说、双重罪过说。混合罪过说认为，“立法者的立法原意在于使经过修正后的污染环境罪的主观方面既包括故意，也包括过失”[②]。并以《刑法修正案（八）》中新增加的食品监管渎职罪来佐证存在混合罪过的立法模式，因为食品监管渎职罪规定了食品监管滥用职权和食品监管玩忽职守两种行为且法定刑完全相同，突破了罪过形式故意与过失非此即彼的传统。但是同时坚持混合罪过说的学者又不太赞同同一罪名包含两种罪过形式的立法模式。

4. 严格责任说

严格责任说的大致观点为只要行为人违反法律规定实施了排放、倾倒或处置行为，客观上达到严重污染后果，无论其基于什么样的主观心理态度，都应当污染环境罪成立并承担相应法律责任。目前，基于保护生态环境的严峻态势，不少学者赞同适用严格责任说，认为适用严格责任说更有利于环境法益的保护和环境犯罪的打击，同时也更加节约司法资源，免去司法工作人员取证、调查以及认定罪过形式之困境，司法实践中很多案例似乎也是适用了该学说。

三、争议之评析及赞同观点

笔者以“污染环境罪是过失犯罪”为关键词在裁判文书网上查询，只得出了仅有的30多条信息，其中大部分都是辩护人提出的辩护观点。据笔者的不完全统计，在裁判文书网上所能查询到的明确判定污染环境罪是过失犯罪的案例不会超过20件，这一数据连污染环境案件总数的百分之一都未达到。虽然过失说被认为是通说，但是实践中大部分案件仍是以故意对污染环境入罪，在司法实践中通说难以被接受。其中还有一部分案件以司法解释规定的严重污染环境的情形来判决，达到司法解释规定的情形就被判定为污染环境罪，很多案件辩护人不以罪

① 张明楷：《刑法学（第五版）》，法律出版社，2016年版，第1131页。

② 汪维才：《污染环境罪主客观要件问题研究——以〈刑法修正案（八）〉为视角》，《法学杂志》，2011年第8期：第71页。

过形式作为辩护点，判决中不对罪过形式加以过多区分。

我们是否能够用这些为数不多的案件作为对过失说理论的支撑值得商讨。况且笔者认为在这些为数不多的案例中，有些判决并不正确，以前文举例的（2014）杜刑初字第00058号刑事判决书为例，在该案中被告人王某甲2005年违反规定开办电镀厂，直到2014年案发，近十年曾经两次被环保部门责令停止生产、拆除设备，但该水泥厂仍在继续生产，在生产过程中将未经处理的废水直接渗透排放，构成了污染环境罪，就笔者所看到的判决情况，笔者认为王某甲曾经被两次环保处罚，证人证言证实“生产产生的废水流进2013年挖的渗透池里。在挖池子以前废水随便排放”。王某甲供述证实“生产废水在2013年7月份以前随便往外排放。2013年7月份，王某甲雇人在院子里挖了渗坑，废水流到渗坑里慢慢往地下渗透，王某甲知道废水里含有毒物质”。笔者认为根据判决中作为定案的证据有充分理由能够推定王某甲对污染环境的行为和结果有充分认识，对污水不经处理直接渗透排放的行为明显符合故意乃至直接故意的认定标准，笔者不知为什么裁判者会认为该案的罪过形式为故意。

过失说以污染环境罪是重大环境事故责任罪的修改罪名来作为污染环境罪的罪过形式是过失的支撑点过于薄弱，在刑法的各种解释中，文理解释是最基本、最重要的一种，可是过失说并没有忠实于污染环境罪的文理，重大环境事故责任罪的罪过形式被认为是过失，根本原因是中包含的“事故”二字，“过失、事故、失职、玩忽职守”等词语是过失犯罪的明确表述，重大责任事故罪符合我国刑法立法对过失犯罪的固有模式，但是修改后的污染环境罪，将“事故”一次删除，同时条文中也未对主观心态加以说明和表述，刑法第十五条规定“过失犯罪，法律有规定的才负刑事责任”将污染环境罪理解为过失犯罪的文理依据不复存在，重大环境事故责任罪罪过形式为过失并不能当然作为污染环境罪的罪过行形式也为过失的理由；根据污染环境罪的法定刑立法模式与其他过失犯罪法定刑的立法模式相同而认为污染环境罪为过失犯罪，理由更是牵强，我国刑法点从未将法定刑的高低来作为过失犯罪和故意犯罪的区别点，诚然达到同样侵害结果的过失犯罪相对于故意犯罪来说，法定刑确实更低，比如故意杀人和过失致人死亡、放火罪和失火罪，但是将非同种侵害结果的过失犯罪之间的法定刑加以比较，认为污染环境罪的法定刑与多数过失犯罪的法定一致，比多数故意犯罪规定的最高法定刑要低，就将其认定为过失犯罪，这种套用的观点难以让人信服。随便翻开刑法法条，法定刑为“3年以下有期徒刑或者拘役”“三年以上七年以下有期徒刑”两档的故意犯罪也并非个例。

过失说如何处理故意污染环境行为的答案笔者也不赞同。虽然污染环境罪与投放危险物质罪在行为对象和社会危害结果方面具有很大的相似性，但两罪在所侵害的法益方面存在明显的区别。污染环境罪侵害的法益虽然存在一定争议，但是无论是以人为中心的法益论还是以生态为中心的法益论，污染环境罪侵害法益的范围逃不出环境法益这一大范围，而投放危险物质罪是危害公共安全中的一个罪名，顾名思义投放危险物质罪侵犯的法益是公共安全，危害公安安全的犯罪在实践中被定义为“重罪”，“绝大多数故意污染环境的行为，也不可能与放火、爆炸、决水等行为具有相当性”[①]。将危害程度更低的故意污染环境行为以投放危险物质来定罪量刑，会导致轻罪重罚的后果。同时根据现行司法解释，污染环境罪规定只要达到“严重污染环境”的程度即可构成犯罪，而不需要严重的人身伤亡或财产损失后果的发生，将行为人主观上出于追求或者放任严重污染环境的后果而故意排污的行为认定为投放危险物质罪，则明显混淆了两罪所要保护的法益，造成司法实践中定罪量刑的混乱。同时如果故意污染环境的行为可以构成投放危险物质罪，那么过失污染环境造成严重的人身伤亡或者财产损失后果的也就同时构成过失投放危险物质罪和污染环境罪，想象竞合时择一重罪处罚，而污染环境罪只有达到后果特别严重的程度才会升格法定刑为3至7年有期徒刑，一般严重污染环境行为只会在基本法定刑3年以下处罚，过失投放危险物质罪只要达到造成严重的人身伤亡或者财产重大损失后果，法定刑就在3至7年有期徒刑，这样实践中大量的造成人身伤亡或者财产重大损失后果的污染环境行为将应以过失投放危险物质罪论处，而非污染环境罪。同时过失说的处理方式也与现行司法解释中规定不符，现行司法解释规定同时构成污染环境罪、投放危险物质罪等犯罪的，以处罚较重的规定定罪处罚，而非过失投放危险物质罪。

混合罪过说一方面认为污染环境罪的罪过形式包含过失和故意两种，另外一方面又对一罪包含两种罪过形式的立法模式表示不赞同，本身就自相矛盾。同时以食品监管渎职罪作为依据来证明混合罪过说的合理性也并不科学，食品监管渎职罪的条文中有“滥用职权或者玩忽职守”的明确表述，按照一般的理解，滥用职权是故意主观心态的表述、玩忽职守是过失主观心态的表述，并没有违背刑事总则中关于法律规定的过失犯罪才负刑事责任的原则，姑且认为食品监管渎职罪是采用混合罪过的立法模式，但是也不能因此就说明污染环境罪也是混合罪过，污染环境罪中并没有对罪过形式的文字描述，污染环境罪中无法看出类似食品监管渎职罪中的“滥用职权或者玩忽职守”的明确规定。理想状态下的立法模式，应该严格区分同种侵害结果之下的过失犯罪和故意犯罪，已达到对不同主观恶性的犯罪进行轻重不一的处罚效果，以显示公平原则和罪责刑相适应原则，否则也没有必要有故意杀人罪、过失致人死亡罪乃至造成死亡结果类的交通肇事罪，直

① 张明楷：《污染环境罪的争议问题》，《法学评论》，2018年第2期（总第208期），第12页。

接以结果造成死亡为依据规定一个罪名即可，所以对过失犯罪和故意犯罪不加以区分的立法模式显然是不可取的，故我国刑法的绝大部分条文是区分了故意犯罪和过失犯罪的。而坚持混合罪过说的学者们，不以绝大多数条文为例，单单挑出食品监管渎职罪这一个例来作为证明混合罪过说在我国刑事立法中被允许以此论证污染环境罪混合罪过形式的合理性，在方法论上是不可取的。如果我们生硬地将污染环境罪解释为复合罪过，那么刑法第六章第一节“破坏环境资源保护罪”的所有罪名似乎都可被理解为复合罪过的罪名，甚至绝大部分的法定犯罪都可以被途释为复合罪过的罪名。这显然不符合我国当前刑事法治的基本情况，有理论过度创新的嫌疑。

任何一种行为被刑事追责都必须建立在行为人的行为构成犯罪构成要件且违法的基础上，同时要求具有非难可能性，而罪过形式为其中的要素之一，即行为人的行为具有故意或者过失的主观心态，而那些不具有故意或者过失心态仅为意外事件的行为不应当被刑事追责。所以刑法分则规定的任何一个条文都应该对罪过形式加以描述，否则就有可能造成打击面过广和司法实践混乱的局面。所以笔者并不赞同将英美法系国家的严格责任引入到我国的污染环境罪的处理中来，我国环境污染犯罪仍应以明确的罪过形式定罪。我国的污染环境罪是指严重污染环境的犯罪行为，同英美法系国家将环境轻罪包含在环境犯罪中的立法模式不相同，英美法系国家严格责任适用的对象多数为环境轻罪，而在我国与环境轻罪相对应的则是行政违法行为或者民事违法行为，行政违法行为或者民事违法行为并非刑法所处罚的范围之内；同时严格责任也不符合罪刑法定原则，我国刑法总则明确规定行为在客观上虽然造成了损害结果，但是不是出于故意或者过失，而是由于不能抗拒或者不能预见的原因引起的，不是犯罪，适用严格责任会将原本属于意外事件和不可抗力的非犯罪事件被追责，容易导致刑法惩罚范围过大，不仅违反罪刑法定原则，同时有悖刑法的谦抑性原则，不利于尊重和保障人权。

不论是司法实践中还是理论界都对污染环境罪的罪过形式给予了充分的关注和激烈的讨论，在实践中，“过失”和“故意”之争往往是辩护人的一个重要辩护点。虽然现有立法模式下故意说仍存在其无法解决的问题，但是笔者认为不论从文理解释、立法模式、司法实践等各方面来看，故意说都比过失说和混合罪过说、严格责任说更有可取之处。

诚然，就污染环境罪的法条表述来看，其未对罪过形式加以描述，但是根据刑法总则对法律规定的过失犯罪才受法律处罚的原则，大量的故意犯罪均没有在条文中对故意的主观心态加以描述，不能因为未加以描述，就否认污染环境罪的故意罪过形式，反而只有过失犯罪才会有特定的描述。笔者坚持认为在现有刑法条文的表述基础上，污染环境罪只能被认定为故意犯罪。现有污染环境罪的刑法条文和司法解释的立法不足不能作为否认刑法原则的理由，不能因为认为现有条文中未对罪过形式加以描述，就想当然地创设混合罪过说和引入严格责任说，在现有立法模式下只有故意说才是符合罪刑法定的要求。

故意说能够解决实践中经常出现的污染环境罪共同犯罪追责的问题。共同污染环境的行为一般是阶段性的行为，持续在生产、加工的不同的环节中，各个环节的人员都会参与其中，共同犯罪的比率偏高，根据刑法共同犯罪理论，当然不可能认定为共同过失犯罪。分别以过失犯罪论处则需要行为人对自己的行为与严重污染环境的后果之间的因果关系具有预见义务与回避义务，这将可能会导致非直接实施污染环境的行为人躲过刑法处罚，因为共同污染环境行为的实施多数具有阶段性，各个环节有一定时间、空间上的差异，证明行为人对其他环节发生的严重后果已经预见而轻信能够避免或者应当预见而没有预见的难度很大，取证会相对更加困难。将污染环境罪的罪过形式界定为故意，能够克服我国刑法不处罚共同过失行为的法律障碍和按照过失犯罪分别定罪的证明难题。现行的司法解释也是赞成将共同污染环境的行为作为污染环境罪共同犯罪处理，解释第7条明确规定："明知他人无危险废物经营许可证，向其提供或者委托其收集、贮存、利用、处置危险废物，严重污染环境的，以共同犯罪论处。"

不赞成故意说的会认为，在保护环境呼声越来越高的形势下，修改后的污染环境罪只对故意污染环境的行为进行规制，而在污染环境罪问世之前反而会对过失行为进行处罚，这种做法跟越来越严厉的环境保护政策不相适应，也有悖于立法初衷。如有学者认为"在污染环境犯罪相对较少的年代都处罚过失犯（重大环境污染事故罪），而在污染环境犯罪较为严重的当下，却不处罚污染环境罪的过失犯，显然不符合治理污染环境犯罪刑事政策的基本要求"①。故意说给予了有力的还击，"《刑法修正案（八）》对第338条的修改，显然从纯粹人类中心的法益论转向了生态学的人类中心的法益论，于是对结果的要求明显降低，因而符合结果要件的范围明显扩大，在这种情况下，故意说不会缩小处罚范围"②。笔者认为，故意说坚持的处理方式会在一定程度上处理这一问题，过失污染环境行为如造成人身伤亡或者是财产损失，构成过失投放危险物质罪的则做刑法处罚；而过失污染环境行为未达到刑法处罚条件的，当然不构成犯罪，对其进行非刑罚处罚；另外排污行为的过失并不当然是过失污染环境行为，"过失排污行为完全可能产生作为义务，在行为人没有履行作为义务的情况下，同样可以认定为故意的

① 苏永生：《污染环境罪的罪过形式研究——兼论罪过形式的判断基准及区分故意与过失的例外》，《法商研究》，2016年第2期，第116页。

② 张明楷：《污染环境罪的争议问题》，《法学评论》，2018年第2期（总第208期），第17页。

非法处置”[①]。过失排污行为产生事后补救的作为义务，在能够进行有效措施防止严重污染环境的情形扩大的情况下而不作为，导致严重污染环境或者持续严重污染环境的，当然可以以污染环境罪（故意）论处。刑法是最为严厉的处罚方式且具有谦抑性，不能因为现行环境保护政策愈加严厉，就人为将并非刑法管辖范围的行为强行进行刑法处罚。至于对行为人在罪过形式上做文章来逃避处罚的担忧，一方面需要更加有效的证据收集来解决，另一方面就需要尽快完善立法来解决这一问题了。在现行刑法及司法解释规定的情况下，采取故意说坚持的处理方式是较为合理的。

同时对故意说的另外一个质疑是采取故意说会导致刑罚体系不协调。笔者认为，污染环境罪现有立法罪行不均衡的问题确实存在，但是这不是因为坚持污染环境罪的罪过形式是故意导致的，这与刑事立法倾向和污染环境罪所保护的法益有关。将污染环境行为作为犯罪行为写入刑法也就几十年的时间，我国刑事立法确认污染环境行为是犯罪行为的时间更短。改革开放以来我国经济高速发展，不可否认这是以牺牲环境利益作为代价换来的，虽然我们现在已经开始正视环境严重污染的恶果，但是刑法是滞后的，污染环境罪刑罚体系不协调是历史遗留问题，是现有刑事立法模式造成的，我们应该予以正视，并不能将此问题赖在故意说上面。

结　语

笔者对污染环境罪罪过形式的实践和理论争议问题进行了分析，提出赞成故意说的观点和理由，但是笔者并不认为坚持故意说就能解决现有污染环境罪存在的所有争议问题。如在论述过失说对故意污染环境行为以投放危险物质罪论处时提到的污染环境罪保护的法益和投放危险物质罪保护法益不同的问题，故意说将过失污染环境行为以过失投放危险物质的行为论处也会存在同样的问题。同时按照故意说的观点，在危险物质某些情形下的故意污染环境的行为是投放危险物质罪和污染环境罪的想象竞合，而投放危险物质罪的最低法定刑为 3 至 7 年有期徒刑，污染环境罪的最高法定刑仅为 3 至 7 年有期徒刑，在择一重罪处罚的时候，往往会以投放危险物质罪定罪处罚，这样的处理方式会直接导致污染环境罪形同虚设。另外笔者认为投放危险物质罪与污染环境罪相比，故意的程度和内容应该更加严格，投放危险物质罪的故意内容为危害公共安全，是故意想造成对不特定多数人身或者公私财物的威胁，对结果的产生是积极追求的，投放危险物质罪和过失投放危险物质罪的立法设置，就明确划清了故意和过失的界限，而污染环境

① 张明楷：《污染环境罪的争议问题》，《法学评论》，2018 年第 2 期（总第 208 期），第 19 页。

罪的故意，是排污行为的故意，排污行为是故意、结果产生是放任或者过失的行为也会构成污染环境罪，很多案件中行为人知晓排污的结果可能会导致严重污染环境的后果，但是放任严重污染环境的结果的发生，但是其对于严重污染环境的结果并不是积极追求的心态，排污的行为是直接故意，但是对于严重污染环境的行为可能只是过失，故意形式多表现为间接故意，在这种情况下，将过失造成严重人身伤亡或者重大财产损失的污染环境行为以更重的投放危险物质罪来定罪处理，显然不符合罪责刑相适应的原则，笔者认为污染环境罪的故意排污、过失造成后果的罪过形式与过失投放危险物质的罪过形式更为接近，这样一来，过失污染环境罪的行为又应该以何种罪名来定罪处罚就成为一个新的问题。笔者虽然认为在现有刑法及司法解释的前提下，故意说是最合适的学说和处理方式，但是并不否认故意说存在的问题。

在经济高速发展、科技日新月异的今天，以生态环境作为经济发展垫脚石的方式不再适应我国现实国情。但是实践中，不少行为人仍然仍未转变思想，污染环境的致险源也变得越来越多样化，污染环境刑事案件更多更复杂。污染环境罪只规定故意危险犯不能适应变化的复杂的环境问题，加大污染环境行为的处罚力度是适应社会发展的客观需求，对污染环境罪的立法完善刻不容缓，以准确界定污染环境罪的构成要件、以不同罪过形式设置不同罪名、增设过失污染环境罪、提高法定刑等理应是努力的方向。

页岩气开发环境风险防控法律制度研究

郭　莹[①]

摘　要：随着石油和常规天然气的耗尽，各个国家倾向于勘探开发页岩气以替代常规能源。然而，相较于传统的油气资源，页岩气的开发过程中所采用的压裂技术，有着不可避免的环境风险，例如地质灾害、土质污染、水资源污染与浪费等，并且这些环境风险都是无法逆转的。当前我国页岩气开发尚存在风险预防理念不足、环境风险防控法律体系不健全以及环境风险防控体制不顺、运行机制不畅等问题。因此，预期实现页岩气可持续开发，保障我国能源安全，须以环境风险预防理念为指引，完善页岩气开发环境风险规制法律体系；建立政府监管主导的协同监管体制，明确页岩气开发的环境标准，为页岩气开发风险提供监管体制保障，以达到降低页岩气开发所产生的风险的目的。

关键词：页岩气；环境风险；命令控制；规制工具

引　言

2011 年在全球范围内迎来了页岩气开发的黄金时代。我国页岩气不仅储量高，并且具备较为成熟的开发技术，为我国进行新能源与可再生能源的开发利用带来了新的展望。当前在全球范围内我国拥有最高的页岩气储藏量，高达 31.6 万亿立方米[②]。同时，《页岩气发展规划（2011—2015 年）》明确指出要“在页岩气开发各个环节采取针对性措施，减少或杜绝可能产生的各种环境问题”[③]。此外，随着一系列与页岩气开采规划、开发标准、技术规范、开发补贴等页岩气勘探开发政策规定的出台，我国采用大量措施推动页岩气的勘探开发，页岩气开发

① 郭莹（1996—）：女，汉族，西南石油大学 2019 级法律硕士研究生，研究方向：能源法、行政法。

② 刘超：《我国页岩气开发管理的法律制度需求与架构——以波兰页岩气开发管理制度为镜鉴》，《社会科学研究》2015 年第 2 期，第 85—91 页。

③ 《页岩气发展规划（2011—2015 年）》：（二）环境评估。2. 页岩气开发环境保护措施。页岩气开采工艺与常规气大部分相同，可能产生的环境和生态破坏与常规气基本相同。在页岩气开发各个环节采取有针对性的措施，可有效减少或杜绝可能产生的各种环境问题。

已经逐渐扩大规模，走向成熟①。我国西南地区页岩气开发为主，然而，我相较于传统的油气资源，页岩气的开发过程中所采用的压裂技术，有着不可避免的环境风险，例如地质灾害、土质污染、水资源污染与浪费等，并且这些环境风险都是无法逆转的。这导致页岩气开发虽拥有宽广的开采前景，却因环境污染与灾害只能望而兴叹，因此，我国页岩气开发亟须健全环境风险防控制度。

一、页岩气开发环境风险防控的必要性

（一）页岩气开发环境风险防控是实现页岩气可持续开发的前提

以能源消耗为主的产业是我国经济快速发展的主要支撑，但是，这也带来了能源的大量消耗，我国传统油气能源的有限性与不可再生性，使我国面临能源结构亟须转型的困境。而我国页岩气拥有储量大、可再生的特点，实现页岩气可持续开发利用，将大大推动我国能源结构改善。而页岩气的可持续开发亟须实现页岩气环境风险防控。其原因在于，第一，为了推进能源革命，亟需加大推动我国页岩气可持续开发。第二，我国当前要求低碳可持续发展，减少二氧化碳的排放是实现低碳绿色发展的路径之一。我国的煤炭资源是中国最主要能源，但是，煤炭燃烧会排放大量的温室气体导致空气污染，研究表明页岩气燃烧的排放量不足燃煤燃烧的二分之一②。而页岩气能够取代煤炭和石油的使用，正好降低了污染且满足了环境治理需求③。第三，页岩气勘探开发能够提供就业岗位，促进财政增收④，形成长效机制。综上所述，页岩气的可持续开发需要以页岩气开发环境风险防控为前提。

（二）页岩气开发环境风险防控是能源安全的保障

能源安全是实现国家整体安全体系的重要内容，而实现能源安全的前提在于实现能源的持续有效供给以及风险防控。同时，推动页岩气开发是促进能源革命的有效途径。当前我国油气资源面临短缺问题，主要依靠进口，缺乏自主供给，这对保证国家能源安全极为不利。因此，为了保障我国能源安全，需要实现我国清洁能源的持续、自主、有效供给，页岩气作为非常规天然气，其勘探开发在很大程度上解决了能源供给和能源应急的问题，是保障能源安全的重要途径。⑤ 然

---

① 刘超：《矿业权行使中的权利冲突与应对——以页岩气探矿权实现为中心》，《中国地质大学学报（社会科学版）》2015年第2期。

② 具体数据参见：《页岩气商业化开采提速有望改变世界能源版图》，《人民日报》，2012年7月4日。

③ 刘超：《页岩气开发中环境法律制度的完善：一个初步分析框架》，《中国地质大学学报（社会科学版）》，2013年第4期。

④ Zoback M. S. KitaseiB. Copithorn. Addressing the environmental risk from shalegas development. World Watch Institute，2010，(7).

⑤ 许勤华：《中国能源国际合作报告——“一带一路”能源投资（2015/2016）》，中国人民大学出版社，2016年，第32页。

而，中国的页岩气储藏地域异常复杂，结合深层页岩地质工程特征，我国需要进行大规模水力压裂技术来采气，极易导致污染地下水源、提高地震风险、消耗淡水资源。同时，页岩气开采若取水考虑不当，排水时废水处理不及时，会对当地水资源和土壤结构带来极大的影响和破坏，且将废液注入地下可能诱发地震。因此，我们必须未雨绸缪，健全页岩气环境风险防控体制机制。

（三）页岩气开发环境风险防控有助于提升国家环境风险治理能力

对页岩气开发环境风险进行有效规制具有现实意义，有助于提高国家的风险治理能力与治理体系，实现环境风险治理体系现代化。页岩气开发环境风险防控遵循了2013年《页岩气产业政策》规定的“提升页岩气环境风险治理水平”和习近平总书记2018年提出的“有效防范生态环境风险”等要求。众所周知，生态环境脆弱，一旦遭受环境风险，很难修复和逆转。因此，面临页岩气勘探开发中的环境污染风险，需要在当前制度研究的基础上，进行一系列的梳理与检讨，发现其中的问题，尤其是页岩气开发环境风险防控的制度缺失、风险防控体制不顺、运行机制不畅等问题，针对性构建页岩气开发风险防控制度体系。

二、页岩气开发过程中面临的环境风险类型

当前我国页岩气开采主要使用水力压裂技术，在勘探开发的过程中，往往伴随着不可逆的环境风险①。相比常规天然气的开发，由于页岩气的储藏地理位置特殊，在开采过程中会造成更加严重的环境负面影响。② 页岩气勘探开发过程中，可能引致的环境问题主要表现为以下几个方面。

（一）页岩气开发引致地质灾害

我国的页岩气开发主要采用压裂技术作为开采的核心技术，但是，在此过程中，由于页岩气储藏地理环境和岩土构成的特殊原因，大规模开采页岩气，可能导致地质结构的运动，导致山体滑坡，甚至成为地震的诱因。我国西南地区是页岩气开发的主要地域，以重庆涪陵焦石坝地区开采页岩气为例，2013年涪陵焦石坝地区开采页岩气以来，根据重庆市地震局的检测，该地地震活动明显，次数显著增加。经研究表明水力压裂技术的使用与地震之间不排除影响关系③。当前，页岩气开采引发地质灾害已经成为目前国内外最具争议的风险之一。事实上，我国四川自贡地区在开采页岩气后地震频发，2016年共发生地震172次；

① 唐颖、唐玄、王广源、张琴：《页岩气开发水力压裂技术综述》，《地质通报》2011年Z1期。

② 对该报告内容的详细介绍可参见冯洁：《页岩气开发：赢得信任，先须透明》，载于《南方周末》，2012年7月19日。国际能源机构（IEA）在2011年12月发布的《世界能源展望：非常规天然气特别报告》中，旗帜鲜明地表明，所谓天然气的“黄金时代”正是要仰仗页岩气的成功开发，但IEA同时也在该报告中宣称，生产非常规天然气是一种集约化的工业过程，一般会对环境造成比常规天然气开发更大的印记。

③ 参见唐茂云：《重庆涪陵焦石坝页岩气开采诱发地震加密观测》，《国际地震动态》，2018年。

2017年，地震次数增长至608次，同比增长253%；2018年激增到1506次，同比增长147%。① 随着地震次数的增长，引发邻避事件，导致居民恐慌，致使自贡荣县在2019年全面停止开采页岩气。

（二）页岩气开发造成水资源浪费及水污染

1. 页岩气开发造成水资源浪费

水力压裂法作为当前我国开采页岩气的核心技术，其开采原理在于将大量的高压水注入平行井中，同时，在高压水中混合大量的化学成分和沙石，以达到将岩土层中的页岩层冲破的目的，继而释放出页岩气。由于页岩气埋藏深度较深、页岩岩性致密，相比常规的油气井，页岩气开采需要注入超过平常50—100倍的耗水量。② 该方法的使用需要耗费大量水资源，有关调查资料显示，平均情况下，一口使用中的气井，每次开采需要8、9次压裂，每口压裂井需要5000—8000吨水，且其中25%—90%的用水是被消耗的③。如此巨大的水资源需求势必会影响开采地区的水资源分配④。页岩气开发主要地区地处人口密集、种植水产农业集中的西南地区，若取水考虑不当，会给当地水资源带来冲击。⑤

2. 页岩气开发造成地下水污染

页岩气开发对地下水产生污染风险主要包括钻井和采气两个阶段。钻井阶段对地下水产生污染主有三种形式：一是钻井液长期与井壁接触，通过井壁渗透进入地层；二是钻井设备漏油；三是钻井过程中遇到溶洞及较大裂缝时发生钻漏。因此，页岩气开采过程中面临的最大的环境污染在于压裂过程对地下水水质的威胁⑥，压裂过程对地下水产生的污染风险主要来自三个方面：第一，在高强度的水压下，页岩气储层中会产生大量微裂缝，这些微裂缝会逐渐与天然的大型断裂连通，污染物会迁移进入上层含水层。第二，压裂液和返排液经由井筒外层的缝隙迁移到含水层造成污染。第三，水力压裂有可能将不同的含水层互相联通，破坏地下水的稳定和平衡，从而威胁地下水水质⑦。在全球范围内，即使是开发技

---

① 《四川荣县震后全面暂停页岩气开采，数据显示地震频次大幅增加》，《深度聚焦》2019年2月26日。

② VENGOSHA，WARNERN，JACKSONR，etal. The effects of shalegas exploration and hydraulicfracturing on the quality of water resources in the UnitedS tates［J］. Procedia Earth & Planetary Science，2013，7 (Complete)：863—866.

③ 张东晓、杨婷云：《美国页岩气水力压裂开发对环境的影响》，《石油勘探与开发》2015年第6期，第801—807页。

④ 赵悦、蒋金荷、李富强：《中国水资源使用效率影响因素分析》，《水利经济》2018年第1期，第52—55页。

⑤ 陆廷清、胡明、刘墨翰、丁春艳、汪星：《页岩气开发对川渝地区水资源环境的影响》，《科技导报》2016年第23期。

⑥ 邹毓、吴东胜、石文睿等：《页岩气开发的水环境问题及处理方法探讨》，《能源与环保》2017年第39期，第109—114页。

⑦ 江晓益、成春奇：《矿区地下水系统水质分类判别的多元统计分析》，《水文地质工程地质》2009，36（4），第16—20页。

术较为成熟的美国，也面临页岩开发水质污染的困境[①]。

3. 页岩气开发导致地表水污染

当前我国页岩气开采主要使用水力压裂技术，在勘探开发的过程中，需要将大量的水力压裂液体注入地表层，通过释放压力将储藏在岩土层间的气体进行收集。但是，注入的液体中绝大部分会随之返回，形成压裂返排液，大部分的返排液会流入地表造成地表水污染。然而，更严重的污染在于页岩气开采气井所产生的废水。据统计，每开采一百万立方米的页岩气，将伴随着 3 至 13 万升废水的排放。平均一口气井能够持续使用长达四十年的时间，可知每口井在产气过程中将排放高达数百万升的废水，[②] 尤其在我国西南页岩气集中开发地区，页岩气气井集中，对水土的污染亟须进行防控。此外，在排出的返排液和废水中，还包含了大量的化学试剂，数量高达 750 余种，大多数为有毒有害物质，不仅会对地下水造成污染，破坏蓄水层，甚至影响周边居民的健康。此外，压裂返排液还含大量的 TDS，返排液中的 TDS 虽然不会危害人体，但是对周边居民的农作物灌溉和动物养殖的饮水造成了极大的影响，尤其限制了其农业灌溉的用途。除了各种化学添加剂外，废水中还包含岩层中浸出的烃类化合物、重金属等有害物质，这些废水会对当地的地表水环境造成严重威胁。[③] 首先，废水会增加地表水中悬浮物和深沉污染物浓度，使磷等营养物质混入，导致地表水体富营养化[④]；其次，返排液中的重金属及细菌等有害微生物会威胁当地的饮用水源；最后，为了避免污染，需要将废水处理后排放，但是废水处理和回收利用需要大量的物资、建设、财力与人力的投入，对页岩气开发主体和监管主体提出了较高的技术和资金要求。

（三）诱发其他环境负面影响

噪声污染、空气污染也是页岩气开发过程中面临的环境污染问题。一方面，由于页岩气开发勘探需要进行钻井和压裂，并且伴随大量机械的使用、工程施工、气体运输等运作程序，在这一系列过程中会产生大量的噪声，影响周围居民生产生活。另一方面，我国页岩构造中除了页岩气还含有其他成分的气体，例如其中混杂着硫化氢、苯、正己烷等有害气体，在排出后进入大气将影响局部空气

① 《页岩气开发可能污染地下水》，《中国商报》2012 年 8 月 28 日。美国当前的页岩气开发中类似的纠纷频繁发生，奥巴马政府大量面临和处置此类纷争。为此，奥巴马总统呼吁公开页岩气钻井水平压裂开采法中使用的化学品成分，壳牌公司也与环境防卫基金合作联合测量开采带来的甲烷排放量。

② 王尔德、茅玮涛：《页岩气中国开发存巨大“水危机”》，《21 世纪经济报道》2013 年 5 月 14 日。美国自然资源保护委员会完成的报告《借鉴国际经验：中国页岩气资源环境友好开发之路》，细致分析了页岩气开发引致的地表水污染风险，单井的生产废水总量可达数百万升。

③ 徐宽、马来功：《页岩气压裂返排液水质分析及再利用方法研究》，《化工管理》2017 年第 9 期，第 133 页。

④ 付广义、俞盈、叶恒朋等：《广州城市河涌氮、磷污染研究》，《水资源保护》2010 年第 1 期，第 24—28 页。

质量。此外，页岩气开发利用，除了地质灾害、水土污染、噪音、空气等污染外，还可能导致乡村规划以及景观、野生动物保护等方面的不利影响。

三、我国页岩气开发环境问题的法律制度规定

（一）基本法之规定

《环境保护法》是我国环境资源保护领域的基本法，环境保护法的内容适用于一切领域的环境污染治理与规制，自然包括了页岩气开发面临的环境污染防控。《环境保护法》第28条规定了政府应当承担环境治理责任，采取环保措施。[①]《环境保护法》第30条规定了再自然资源开发利用的过程中，应当注重生态文明建设，保护生态安全。[②]

（二）单行法之规定

面临页岩气的开发过程中所产生的不同种类的环境风险，包括地质灾害、土质污染、水资源污染与浪费、噪音大气污染在内，我国各领域环境保护单行法均能作为页岩气开发环境风险防控的重要依据。其一，针对页岩气开发生产导致的土质污染、水资源污染等环境问题，《清洁生产促进法》规定了开采矿产资源应当保护环境、防止污染，提升技术以提高能源利用效率。[③] 其二，页岩气属于我国明确的矿产资源，针对矿产资源开发过程中导致的环境污染等问题，可以直接使用《矿产资源法》，《矿产资源法》规定了开采矿产资源需遵守环境保护规定，防止环境污染。[④] 其三，针对页岩气开发中大量的水资源浪费，《循环经济促进法》规定了对能源开采行业年综合能源消费量、用水量进行重点监督管理。其四，页岩气开发所引发的水污染，《水污染防治法》规定勘探开发等活动需要采取措施保护水质、避免水污染。其五，针对页岩气开发中的大气污染、噪声污染以及土壤污染防治，《大气污染防治法》《环境噪声污染防治法》《土地管理法》等单行法，均规定了污染防治的管理体制、法律制度、法律机制和法律责任。

---

① 《环境保护法》第28条规定："地方各级人民政府应当根据环境保护目标和治理任务，采取有效措施，改善环境质量。未达到国家环境质量标准的重点区域、流域的有关地方人民政府，应当制定限期达标规划，并采取措施按期达标。"

② 《环境保护法》第30条规定："开发利用自然资源，应当合理开发，保护生物多样性，保障生态安全，依法制定有关生态保护和恢复治理方案并予以实施。
引进外来物种以及研究、开发和利用生物技术，应当采取措施，防止对生物多样性的破坏。"

③ 《清洁生产促进法》第25条规定的"矿产资源的勘查、开采，应当采用有利于合理利用资源、保护环境和防止污染的勘查、开采方法和工艺技术，提高资源利用水平"，可以作为规制页岩气勘查、开采中导致环境污染的法律依据。

④ 《矿产资源法》第32条规定的"开采矿产资源，必须遵守有关环境保护的法律规定，防止污染环境"等均可作为页岩气资源开发中环境污染防治的法律依据；并且，探矿权、采矿权的确定也能明晰页岩气勘探开发中环境污染法律责任的承担主体。

（三）配套法之规定

针对页岩气开发导致的环境问题规制的配套法律规范，主要由以下两个部分组成。一方面，在矿产资源法律配套法律体系规定了一系列环境风险防控制度。集中在以《矿产资源法实施细则》为主的有关矿产资源法律法规中①。另一方面，页岩气勘探开发环境评价法律制度。由于我国当前没有专门的页岩气环境评价制度，当前主要依照天然气环境评价标准，主要有《页岩气产业政策》以及《环境影响评价实施细则》，主要包括了页岩气开发环境影响评价的类型、内容以及过程三个方面。第一，环境影响评价类型方面，《页岩气产业政策》对评价的对象和评价的方法也做出了一些规定；第二，环境影响评价内容方面，目前我国还没有专门针对页岩气环境影响评价内容的规定，主要也是参考《环境影响评价法》实施；第三，环境影响评价过程方面，《环境影响评价法》对环境影响评价的流程做出了规定，即首先确定评价的对象和评价的范围，其次编写环境影响报告书，然后向环保部门提出申请，最后由环保部门对符合规定的给予批复②。

四、我国页岩气开发环境规制面临的困境

（一）页岩气开发风险预防理念缺失

由于页岩气主要在西南地区，地质结构活跃，开采技术难度大，开采页岩气过程中采用压裂技术灌水造成水资源浪费，返排液中混有化学液体、重金属、盐等造成水土污染，此外，容易引起大气、噪声等次生环境污染风险，因此，在注重环保的欧盟国家，对页岩气水力压裂技术采取了谨慎态度。但是，我国能源监管机构对于其可能产生的环境风险产生原因以及风险处置办法等防范机制缺乏意识。这表明我国页岩气开采更多的是注重产业发展，对页岩气开发风险预防意识不够、风险预防理念缺失。

（二）页岩气开发风险规范依据不健全

其一，没有专门的页岩气法律法规。页岩气虽然是天然气，但是其勘探、开采等异于常规天然气，需要专门规范。但是作为单种能源的页岩气，其没有相应的规范依据。当前我国没有专门针对页岩气这一能源领域进行立法，其相关法律规制都是参照传统油气能源的勘探开发进行管理，但是即便是针对天然气，也未进行专门的立法。因此，在面临页岩气勘探开发过程中的环境风险问题，只能采用相关法律法规规定的内容予以规制。由于不同资源勘探开发中面临的问题不尽

① 主要有《矿产资源法实施细则》《矿产资源勘查区块登记管理办法》《矿产资源开采登记管理办法》《探矿权、采矿权转让管理办法》和《矿业权出让转让管理暂行规定》等有关矿产资源法律法规。

② 张建良、黄德林：《我国页岩气开发水污染防治法制研究——对美国相关法制的借鉴》，《中国国土资源经济》2015年第2期，第60—64页。

相同，即使能够通过法律解释的方法进行类型化适用，但是页岩气勘探开发中面临由压裂技术所带来的独特环境风险，一般性环境防治法律无法直接适用。此外，没有适用于页岩气勘探开发的专门的规定。矿产、环境、安全生产等法律只是对常规油气资源做了相应的规定，对页岩气没有专门规定。因此，对于页岩气开发所面临的环境风险难以进行制度性回应是当前亟须解决的问题。

其二，页岩气开发缺乏配套的政策法规。我国的页岩气开发没有专门的管理政策，然而传统油气开发的管理政策不再适用于新能源的开发，页岩气虽然属于天然气的一种，但勘探开采与天然气尚存在差异，缺乏相关的政策法规将难以回应页岩气开采过程中的需求，缺乏专门的操作规范。同时，我国也没有针对页岩气专门制定环评技术导则，在实践中，许多实践操作环节仍然参考和借鉴传统油气开采的操作规范和技术指导。例如，尽管《四川省页岩气开采业污染防治技术政策》规范了压裂反排液的回用率和废水的处理或回注，然而，对化学物质对地下水的影响却并没有直接的解决方案。

其三，由于环境风险规制制度的零散性，难以形成页岩气环境风险防控法律体系。页岩气开发所面临的环境风险是贯穿于页岩气资源的勘查、开发、利用和管理全过程的，并非一个个独立的问题，需要对全过程进行预防性和环境监管，但是，由于当前页岩气开发环境规制的内容分散在各单行法与配套法中，而各单行法从制定之初就由各个部门分头制定，不可避免存在内容相冲突和空白之处，在法律法规的应用上操作性难，难以系统对页岩气开发整体系统工程中的环境风险进行规制，从而导致页岩气环境风险防控的权责不明，运行机制不畅。

（三）页岩气开发风险治理的合力尚未形成

页岩气开发需要权威高效的监管体制。但目前，一方面页岩气产业主管部门与环境、应急、监管部门之间的关系尚未理顺。中国现今还没有专门的页岩气监管机构，监管力量分散，实行的是“企业自律监管为主，政府监管为辅”。在能源产业政策决策、安全监管、环境保护、应急处置中国家发改委与国家能源局、应急部、生态环境部之间存在职责交叉的问题，关系需要进一步理顺。另一方面页岩气企业、行业协会风险治理参与度不够。国内页岩气的开采企业不愿配合监管机构获取监管信息。这些相关数据是每个石油公司的资产，只能内部使用或共享给合作单位，任何机构都拿不到这些数据。页岩气开发技术性强，需要专业的行业协会参与，然而，页岩气行业协会参与度不高且作用有限。

（四）我国的页岩气开发的标准尚未体系化

一方面，页岩气开发尚未制定统一的国家标准、行业标准、企业标准。根据国家能源局统计，我国规划制订页岩气国家和行业标准共计 84 项，目前已经完成制订页岩气技术标准48项，正在制定2项，[①] 但是当前尚未制定统一的国家标准、行业标准以及企业标准。另一方面，页岩气开发的安全标准、环境标准尚未体系化，其各项技术标准未完善，距离页岩气标准体系化形成还有较大的距离。页岩气开发用水量大，环境污染风险系数较高，在全球范围内，页岩气开发的环境保护引起了国家和社会的较高关注度[②]。因此应尽快针对页岩气勘探开发中的特色技术独立形成标准体系，规范页岩气的开采过程。

五、我国页岩气开发中环境风险规制制度之完善

（一）树立页岩气开发风险预防理念

环境管理必将由被动走向主动，从环境污染治理转为环境风险防控[③]。环境法的目的是防止环境污染，通过对“防止”的解释，可以发现两层意思，一种是“止”，是在环境治理中，等到污染结果实际发生后，采取措施进行控制和治理，属于事后救济；另一种则是“防”，也就是在面临环境污染风险时即采取措施进行预防，属于事前救济，防止污染后果的产生，使之不产生环境的负面影响，这就是通常说的风险控制。可见，环境风险防控旨在防患于未然，从后果控制到风险预防是环境治理的必然趋势，因为大多数的环境污染都是不可逆的，等到环境污染实际发生，必将影响到人们的日常生产生活，特别是页岩气造成的水土污染影响广泛，因此，在页岩气开发环境管理中，从环境损害救济转向风险预防是必经之路。

综上所述，页岩气开发首先要确立环境风险预防的理念，以达到源头预防、减少环境与健康风险发生的目的。[④] 我国能源监管机构和企业应增强风险防范意识，建立健全的环境风险事前预防和事后处置等页岩气开发风险防范机制，将环境风险预防理念贯穿于页岩气勘探、开采等各个环节，协调好页岩气产业发展与环境保护的关系，做到在良好防范安全风险的前提下，促进页岩气产业的发展。以风险预防原则为指引，考察风险的类型和危害，探讨风险识别、风险评价、风险防控机制的构建，实现页岩气环境风险的预防性治理。

（二）健全页岩气开发规范标准，降低页岩气开发风险影响

完善和扩大既有法律制度体系并进行专门立法，充分反映页岩气开采存在的环境风险对应措施。一是矿产、环境、安全生产等法律应对页岩气进行专门的规

---

① 国家能源局：《页岩气标准体系项目表》，2013年。

② 李劲、孙刚、李范书：《页岩气开发中的水环境保护问题》，《石油与天然气化工》2014年第3期，第339—344页。

③ 张宝：《从危害防止到风险预防：环境治理的风险转身与制度调适》，《法学论坛》2020年第1期。

④ 吕忠梅：《从后果控制到风险预防中国环境法的重要转型》，《中国生态文明·双月刊》2019年第1期。

定。二是总结页岩气勘探开发的规律和规范要点，制定页岩气开发专门的法律。三是针对页岩气勘探、开发等制定配套的政策措施。我国页岩气开发中的环境风险治理散见于各法律规范中，难以形成体系。因此，我们应当针对页岩气开发利用过程环境影响的特殊致害机理，构建专门的针对性制度。包括以下三点内容：第一，对石油和天然气、页岩气勘探开发中所采用的核心技术进行专门立法，规定其适用的环境标准、环境质量标准、排污标准以及监督管理主体、方式和程序，采用规定一系列环境标准和监督管理的方式，控制该技术使用中的环境风险。第二，针对页岩气的勘探开发、滚动式开采过程，制定专门规范页岩气开采过程的制度，对页岩气开发中使用的压裂液的材料和成分、规格、页岩气井套管等进行专门规范；第三，针对页岩气的环境污染的特殊性，出台规范页岩气开发准入、环境监测、有害空气排放标准、废水排放标准和突发环境事件应急预案等内容的专门立法。

（三）凝聚页岩气开发风险治理的合力，为页岩气开发风险治理提供体制保障

理顺页岩气开发管理主体之间的关系，为页岩气提供体制保障。一方面，厘清能源政策决策、产业主管部门与监管部门之间的关系，建立专门的页岩气监管机构，集中监管力量。同时，明确国家发改委、国家能源局与生态环境部、应急部的职责，充分发挥各自的职能，合理配置能源决策、安全监管、环境保护、应急处置的权力，发挥各主体的作用。同时，可以在一定程度上参考域外经验，完善国家页岩气开发环境风险规制的同时，推行不同页岩气环境风险规制需求的区块地方立法。第一，从页岩气开发生命周期的角度，考察页岩气现场准备、钻井、水力压裂、完井、废水处理、生产处理等阶段，关注其风险动态变化，推进页岩气环境风险的动态治理。第二，以整体性治理理论检视页岩气开发各个环节环境风险防控的碎片化问题，推动西南地区页岩气环境风险的系统治理。第三，充分发挥能源企业和页岩气行业协会的作用。其一，充分利用页岩气开发企业掌握信息的优势，承担起责任，参与风险防范；其二，提高页岩气行业协会专业性，加强页岩气行业协会和专家的参与度，为行业提供专业标准。

（四）健全页岩气开发标准体系，助力页岩气产业健康、快速发展

页岩气的技术标准体系是实现页岩气产业安全、持续、快速发展的有效保障，以及实现页岩气环境风险防控的有效途径。页岩气开发技术标准能够使得页岩气的环境防控监管有据可依。因此，一方面，亟须制订页岩气全产业链技术标准体系，形成我国页岩气资源储量、调查与评价、勘探开发、试验分析与测试、环境保护等多个领域的技术标准和规范。制订页岩气标准的原则在于，首先，分析现行已有规定的传统油气的标准，如果能够直接适用于页岩气的勘探开发，则

保留适用。其次，如果与传统油气开发标准相差不大，部分能够使用的标准则针对页岩气的特征进行修改，不制订新标准。最后，与传统油气开采标准相差甚远的具有页岩气独特特征的标准，则需重新制定。另一方面，在健全页岩气开发标准的基础上还需严格执行标准。因此，为了标准制订和管理的标准化，页岩标准体系可依据开采流程制定[①]，如图 1 所示。

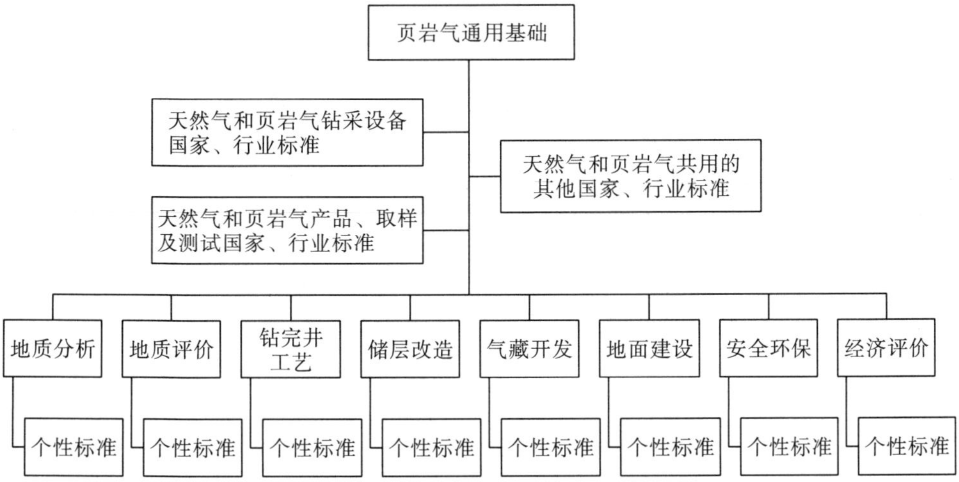

图 1　页岩气标准体系结构图

① 参见：中国标准化研究院、太原铁路局：《标准体系表编制原则和要求：GB/T13016－2009》，中国标准出版社，2009 年版。中国标准化研究院、中国电子技术标准化研究所、清华大学：《综合标准化工作指南：GB/T12366－2009》，中国标准出版社，2009 年版。中国标准化研究院、太原铁路局：《企业标准体系表编制指南：GB/T13017－2008》，中国标准出版社，2008 年版。中国标准化协会：《企业标准体系要求：GB/T15496－2003》，中国标准出版社，2003 年版。中国标准化协会：《企业标准体系技术标准体系：GB/T15497－2003》，中国标准出版社，2003 年版。中国标准化协会：《企业标准体系管理标准和工作标准体系：GB/T15498－2003》，中国标准出版社，2003 年版。中华人民共和国国家发展和改革委员会：《页岩气发展规划（2011－2015)》，2012 年。国家能源局：《页岩气产业政策》，2013 年。